ESQUISSES HISTORIQUES

DES

PRINCIPAUX ÉVENEMENS

DE LA RÉVOLUTION

FRANÇAISE.

IMPRIMERIE DE J. TASTU,
RUE DE VAUGIRARD, N° 36.

ESQUISSES HISTORIQUES

DES

PRINCIPAUX ÉVÉNEMENS

DE LA RÉVOLUTION
FRANÇAISE,

DEPUIS LA CONVOCATION DES ÉTATS-GÉNÉRAUX JUSQU'AU RÉTABLISSEMENT DE LA MAISON DE BOURBON.

PAR DULAURE,
AUTEUR DE L'HISTOIRE DE PARIS.

TOME QUATRIÈME.

PARIS.

BAUDOUIN FRÈRES, LIBRAIRES,
RUE DE VAUGIRARD, N° 36.

1824.

Assassinat du député Ferraud dans la Convention nationale, le 1er Prairial, an 3.

BAUDOUIN frères, Rue de Vaugirard, N° 36, A PARIS.

ESQUISSES HISTORIQUES

DES

PRINCIPAUX ÉVÉNEMENS

DE LA

RÉVOLUTION FRANÇAISE.

CHAPITRE I.

COINCIDENCE DES ÉVÉNEMENS DE PRAIRIAL AVEC D'AUTRES ÉVÉNEMENS; RÉACTION SANGLANTE: PACIFICATION VIOLÉE PAR LES VENDÉENS ET LES CHOUANS; ÉTAT DE LYON; MEURTRES FRÉQUENS QUI S'Y COMMETTENT PAR LA COMPAGNIE DE JÉSUS; EXPLOITS DE LA COMPAGNIE DU SOLEIL; MASSACRE DES PRISONNIERS DU FORT SAINT-JEAN PAR LA COMPAGNIE DU SOLEIL; MORT DU DAUPHIN; COMBAT NAVAL; DÉBARQUEMENT DES ANGLAIS A CARNAC ET A QUIBERON, LEUR DÉROUTE, SE REMBARQUENT EN DÉSORDRE; LAISSENT DANS LA PRESQU'ILE DE QUIBERON DES MAGASINS IMMENSES.

Si les ennemis de la république fussent parvenus à renverser le gouvernement, ils auraient pu, dans les départemens de la France, trouver une opposition assez forte pour le rétablir; ainsi pour prévenir cette opposition, et obtenir entièrement les fruits de la victoire désirée, ces ennemis entreprirent d'opérer une puissante diversion, en excitant en même temps sur plusieurs points des mouvemens séditieux : ils le firent. La coïncidence de ces mouvemens avec ceux des premiers jours de prairial, fait penser que les uns et les autres appartenaient au même plan, étaient dirigés par les mêmes chefs [1].

[1] Les hommes qui, malgré la multitude de faits que j'ai cités pour prouver l'influence étrangère sur les événemens de la révolution, et qui les considèrent comme l'effet naturel des passions, repousseront aussi les témoignages suivans.

Une lettre datée de Soleure du 28 mai, porte :

« J'ai rencontré ici (Soleure) l'ambassadeur anglais; il re-
» vient d'une conférence qu'il a eue à Bâle avec l'ambassa-
» deur d'Autriche et différens autres agens secrets *qui atten-*
» *daient l'événement arrivé le premier prairial.* Il a été joint
» par un courrier qui lui a apporté la nouvelle *que Toulon*
» *est aux Anglais....*
» Je me suis trouvé à Bâle dans la même auberge avec des
» gens ouvertement attachés au gouvernement britannique;
» ce sont les intrigans les plus déliés, les plus actifs, les
» plus infatigables; le personnage le plus marquant parmi
» eux est la comtesse Roch.. Mortem.. Tous attendent la suite
» des événemens. »

Les rédacteurs du Moniteur ajoutent une note qui tend à garantir l'authenticité de cette lettre et la véracité de son auteur. (Moniteur du 17 prairial an III.)

Le même journal garantit aussi la lettre suivante qui vient à l'appui de la première; elle est datée d'Ulm en Allemagne, et du 8 juin :

« Il est hors de doute que les derniers grands mouvemens
» arrivés à Paris, ont été l'ouvrage de l'Angleterre, de l'Au-
» triche et des émigrés. C'était un vaste plan préparé depuis
» bien des mois et mieux combiné que tous les précédens
» complots de la coalition. Ils étaient (les coalisés) tellement
» sûrs de leurs succès qu'ils triomphaient d'avance, disant :

La paix faite avec la Vendée et les chouans paraissait affermie : mais les intérêts de quelques cabinets européens, mais l'orgueil, la vengeance, les prétentions de quelques personnages jadis puissans, vinrent détruire d'aussi flatteuses espérances. Les cabinets, les personnages, ennemis de la prospérité générale, sans être épouvantés des intrigues, des perfidies, des crimes que nécessitait la rupture de la paix, ni des désastres et des calamités qu'elle entraînerait, n'hésitèrent pas à rallumer en France les feux de la guerre civile.

Cette rupture éclata vers les premiers jours de prairial. Le 6 de ce mois, les représentans Grenot et Bollet, en mission près des armées des côtes de

» *Voilà le moment de notre gloire arrivé ; dans quinze jours*
» *nous sommes les maîtres de Paris et de la France.* Toute
» l'armée autrichienne était prête, tous les grands prépara-
» tifs étaient faits..., on devait passer le Rhin pour attaquer
» les Français de toutes parts ; on attendait le signal de la
» grande opération ; c'était un courrier qui devait arriver
» de Bâle et apporter la nouvelle que le grand coup avait
» réussi à Paris ; car personne ne mettait en doute s'il réus-
» sirait.

» Le courrier arrive dans le quartier-général de Clairfayt,
» il arrive dans la nuit du 29 et 30 mai ; il apporte la triste
» nouvelle que le coup a manqué totalement. Voilà des cour-
» riers qui partent comme l'éclair, pour porter aux différens
» corps d'armée des ordres qui changent toutes les dispo-
» sitions. La conjuration de Toulon et la nouvelle révolte
» des chouans ne serviront qu'à montrer de quelle énorme
» étendue avait été le complot, etc. » (Moniteur du 4 messidor an III, n° 274.)

Brest et de Cherbourg, firent à ce sujet une proclamation dont voici quelques phrases dictées par l'indignation : « Français républicains, lisez ! lisez !
» voyez la bonne foi trompée, trahie, les sermens
» violés, et la plus épouvantable hypocrisie, à
» l'ombre des douces paroles de la paix, méditant
» la révolte et le massacre !

» Hommes sincères qui avez posé les armes,
» par le désir de voir cesser les maux qui dévorent
» ces contrées, lisez ! »

Ils recommandent la lecture de plusieurs lettres interceptées, écrites par des chefs de chouans, dans lesquelles on lit que ces chefs nourrissaient l'espérance de pouvoir, à la première occasion favorable, reprendre les armes; qu'ils faisaient des emprunts pour cet effet; qu'ils établissaient entre eux une correspondance secrète; qu'ils étaient liés avec tous les royalistes de France, et *contraints de dissimuler*, etc.[1]

Les chefs du dehors, qui considéraient la pacification comme *une trève*, excitaient les chouans et les Vendéens à une levée de boucliers[2], et faisaient arriver dans les départemens, théâtres des guerres des Vendéens et des chouans, des troupes d'émigrés dont l'orgueil et les prétentions déplu-

---

[1] Moniteur, 15 prairial an III, p. 1027. Correspondance secrète de Charette, Stofflet, de Puisaye, etc., t. I, p. 229 et suivantes.

[2] Même Correspondance, t. I, p. 20.

rent à ceux qui s'insurgeaient. Quelques-uns de ces émigrés promirent de se rendre, ou se rendirent près de ces départemens. Des émissaires, ainsi que des provisions de guerre et de faux assignats, que M. le comte Joseph de Puisaye faisait noblement fabriquer en Angleterre, y arrivaient aussi.

Ces émissaires se répandirent et exercèrent leur funeste influence dans d'autres départemens, et agitèrent horriblement les habitans du midi de la France, où d'affreuses représailles éclatèrent.

A Lyon, le temps avait déjà assoupi tout ressentiment contre les hommes de la terreur. Mais les agens des ennemis de la république vinrent bientôt réveiller les haines, inspirer des alarmes et exciter une classe d'habitans à commettre des excès semblables aux crimes dont ces habitans avaient à se plaindre. Une sanglante réaction s'établit; elle faisait d'affreux progrès. Les assassinats, les noyades étaient exécutés journellement par des jeunes gens organisés en *compagnie* dite de *Jésus*. Une liste fatale fut imprimée dans cette ville, où se lisait le nom de tous ceux qui, sous le règne de la terreur, avaient ou étaient accusés d'avoir fait quelques dénonciations, et en face de chaque nom se trouvait celui des personnes dénoncées. La publicité de cette liste produisit des meurtres innombrables. La vengeance s'exerça à Lyon, non pendant quelques jours, quelques semaines, mais pendant le cours d'une année presqu'entière. Aussitôt que le cri de *Matevon* se faisait entendre dans une rue, des habitans sortaient de leurs maisons, se jetaient, sans examen, sur le passant désigné par ce cri, et le malheureux était égorgé et jeté dans le Rhône. Ces violences étaient journalières. Les magistrats, par peur ou par connivence, autorisaient ces meurtres en les laissant impunis. L'action, toute atroce qu'elle avait été, fut plus illégale, plus criminelle que cette réaction prolongée ; les Lyonnais qui avaient inspiré un vif intérêt comme victimes, n'inspirèrent que de l'indignation dès qu'ils s'abaissèrent jusqu'à remplir le rôle d'assassins, rôle bien plus odieux que celui de bourreau.

Mais ces massacreurs, ces noyeurs lyonnais étaient d'une classe facile à tromper, étaient des hommes séduits, excités par des agens du dehors. La preuve est contenue dans une lettre adressée par un royaliste dont l'initiale du nom est B... Voici ce qu'on y trouve : « Le porteur est un aide-de-camp de M. de Précy : il mérite à tous égards votre confiance.... C'est un des premiers *fondateurs de la Chouannerie dans le Lyonnais, le Forès*, etc. »[1]

Les crimes de l'action, comme les crimes de la réaction, furent l'ouvrage des mêmes auteurs, l'ouvrage des ennemis de la république et de leurs agens. M. l'abbé Guillon, dans son histoire des troubles de Lyon, cite l'écrit d'un négociant de cette ville,

---

[1] Correspondance secrète imprimée sur pièces originales, t. I, p. 46.

M. Guilliaud, dans lequel ce négociant témoigne que les premiers troubles et le siége de Lyon furent commandés ou excités par le ministère anglais [1].

Cette désorganisation, ces assassinats autorisés par l'impunité, réveillèrent la Convention qui commença à s'apercevoir que les agens du royalisme prenaient le masque des passions, des haines et des vengeances, et que, sous ce masque, ils faisaient persécuter et égorger tous les républicains. Chénier, dans la séance du 8 messidor, fit un rapport sur ces désordres et ces manœuvres : «... Faut-
» il que le midi de la France, déjà si souvent déchiré, soit encore le théâtre du crime; et que
» Lyon, cette cité célèbre et malheureuse, soit,

---

[1] M. Guilliaud, dans un Mémoire qu'il publia sur les moyens d'améliorer les manufactures et le commerce, attribue les désastres de Lyon au ministère anglais; après avoir fait valoir des considérations générales, il ajoute : « Pour
» prouver que je suis fondé dans cette accusation, je dois
» dire ici que, dans les premiers jours de mai 1793, une maison de banque de Londres écrivait à l'une de ses correspondantes à Lyon, à peu près en ces termes : *L'attachement que nous vous avons voué, nous oblige à vous faire part que notre cabinet vient d'arrêter la perte de votre ville; profitez de cet avis que vous pouvez regarder comme certain, pour faire vos dispositions pour lesquelles nous vous offrons nos services.* M. Guilliaud donne plusieurs autres notions
» semblables. » (Mémoires pour servir à l'histoire de la ville de Lyon, par M. l'abbé Guillon, t. I, p. 320. — Collect. B. F.)

» pour ainsi dire, le point central où toutes les
» passions aigries, et, plus encore, tous les sou-
» venirs contre-révolutionnaires, tous les préjugés
» royalistes s'unissent pour commander l'assassinat
» et pour attiser, au sein de la république, le feu
» mal étouffé des dissensions civiles!.... »

» Une association de scélérats, ligués pour le
» meurtre, s'est organisée à Lyon. Cette com-
» pagnie, mêlant les idées religieuses aux massa-
» cres, le cri du royalisme aux mots de justice
» et d'humanité, se fait appeler *Compagnie de*
» *Jésus* [1]. C'est elle qui répand dans cette com-
» mune une terreur nouvelle.... C'est elle qui,
» sous prétexte de punir les atrocités commises
» par les brigands qui égorgeaient au nom du
» peuple, commet elle-même au nom du peuple,
» au nom de la Convention, des atrocités plus
» révoltantes. C'est elle qui appelle à grands cris
» les émigrés, qui protège leur rentrée sur le
» territoire de la république, qui les reçoit dans
» son sein, qui obéit à leurs vœux sacrilèges,

[1] Cette *Compagnie de Jésus* qui, à plusieurs reprises, dans Lyon, viola l'asile des prisons pour y massacrer les malheureux détenus, et dont un de ses membres, suivant le discours du maire de Lyon, mandé à la barre, était un homme de haute taille, armé de pistolets et d'un sabre et la face couverte d'un masque de cire, cette *Compagnie de Jésus,* dis-je, ne serait-elle pas une émanation de la *Société de Jésus ?* il existe des rapports frappans entre la *Compagnie* et la *Société*.

» qui réalise leurs espérances parricides, qui force
» l'asile domestique et l'asile plus saint des pri-
» sons, qui montre publiquement, qui proclame
» ses listes de proscription; qui, les mains teintes
» de sang humain, vante hautement ses assas-
» sinats ; qui dévoue aux poignards, non pas
» seulement les vrais terroristes que les tribunaux
» doivent punir, mais sous le nom de *terroristes*,
» tous ceux qui, dans un poste public, ou dans
» leur vie particulière, ont servi la révolution.
» C'est elle enfin, c'est cette compagnie exé-
» crable qui chante sur les cadavres des vic-
» times, et jouit en idée de la destruction pro-
» chaine de tous les patriotes et du retour de
» la royauté, seul objet de ses désirs, seul but
» de ses complots, seule récompense de ses
» crimes..... C'est au nom de l'humanité qu'on
» égorge maintenant à Lyon et dans quelques
» cités du midi de la France; ce serait au nom
» de la Convention nationale que la Convention
» nationale serait égorgée... »

Le 25 prairial a éclairé « des meurtres nou-
» veaux Depuis trois mois cette cité toujours san-
» glante a vu la *compagnie de Jésus*, proscrivant
» à son gré les *Matevons* (c'est le nom qu'elle
» donne à ceux qu'on nomme ailleurs *terroristes*);
» les uns sont égorgés dans les prisons, les autres
» massacrés pendant la nuit dans leur maison,
» ceux-ci poignardés dans les rues en plein jour,
» ceux-là jetés vivans dans le Rhône ou dans la

» Saône. Ces exemples de férocité ne sont que
» trop imités dans d'autres communes importan-
» tes, à Arles, à Aix, à Nîmes, à Tarascon; c'est
» à Lyon qu'est le fil électrique qui menace d'em-
» braser le midi de la France. »

Chénier reproche aux autorités de Lyon, de s'être emparé de dix mille fusils destinés pour l'armée d'Italie, et de les avoir distribués à la garde nationale de cette ville [1].

Il parle d'un cachet qui devait servir de ralliement aux égorgeurs de Lyon, cachet où se trouvaient réunis les noms de Louis XVII et de Précy, et dit que celui qui l'a gravé ainsi que celui qui l'a commandé sont arrêtés; il ajoute que l'immense majorité des habitans de Lyon, si célèbre par son industrie, si utile aux richesses commerciales, ne demande que la sûreté des personnes et des propriétés; et que les auteurs de ces crimes sont pour la plupart étrangers à cette commune.

Chénier proposa de suspendre les pouvoirs de tous les corps administratifs de Lyon; de mander à la barre de la Convention, le maire, le substitut de l'agent national, et l'accusateur public du tribunal, pour y rendre compte de leur conduite; d'ordonner que la police de Lyon serait provisoirement faite par l'état-major de la place; de casser l'état-major de la garde nationale de cette ville,

---

[1] Un représentant eut la maladresse de les autoriser à retenir ces fusils.

de faire restituer dans vingt-quatre heures les dix mille fusils destinés à l'armée d'Italie; de livrer aux tribunaux les auteurs des massacres commis à Lyon, les émigrés, tous les membres de la *compagnie de Jésus*, etc.

Ces propositions furent décrétées; leur exécution produisit dans Lyon un calme qui malheureusement fut peu durable; la *compagnie de Jésus* recommença bientôt ses atroces expéditions, et les continua encore trop long-temps.

Ces assassins, organisés en compagnie de *Jésus*, parcouraient les villes et les campagnes des autres départemens méridionaux; et partout où ils savaient la demeure des républicains, ils s'y transportaient en armes, égorgeaient en plein jour des individus et des familles entières. Les égorgeurs restaient toujours impunis, car ni les juges de paix, ni les témoins, n'osaient désigner les criminels autrement que par le titre d'*inconnus*.

Outre ces assassins, organisés en compagnies, les directeurs du plan de contre-révolution avaient des agens qui parcouraient les communes pour préparer les habitans à voir ces meurtres de sang-froid, et à les considérer comme un acte de justice.

L'accusateur public du tribunal criminel des Bouches-du-Rhône, offre au représentant Fréron le tableau de ces crimes journaliers, et se récrie sur la timidité des juges et des témoins, qui craignaient de poursuivre et de dénoncer les criminels, puis

il ajoute : « Tous les jours étaient marqués par des
» assassinats dans notre malheureux département
» (celui des Bouches-du-Rhône). *Il est certain que
» de perfides émissaires parcouraient les villes et
» excitaient le peuple*[1]. »

Les lois étaient muettes, l'action de la justice paralysée, et les représentans, envoyés en missions dans ces départemens, les uns irrités ou aveuglés par la passion, les autres, complices des contre-révolutionnaires, paraissaient tolérer des meurtres qu'ils pouvaient facilement réprimer.

On alla jusqu'à renouveler, dans les prisons, les scènes sanglantes des premiers jours de septembre. Les contre-révolutionnaires, sous le masque de la vengeance, les terroristes, sous celui d'un patriotisme exagéré, furent, à l'une et à l'autre époque, également criminels et n'eurent pas le droit de se faire réciproquement des reproches.

Les assassins, à Lyon, se nommaient *Compagnie de Jésus*, et, dans les départemens méridionaux, *Compagnie du Soleil*.

Huit jours avant le 1ᵉʳ prairial, la Compagnie du Soleil se porta dans la ville d'Aix, força les portes de la maison commune, enleva les deux canons qui s'y trouvaient, les traîna à la maison de justice, les braqua contre ses portes, les enfonça, et, malgré les efforts de la troupe de

---

[1] Mémoires de Fréron, pièces justificatives, p. 167 et suiv. et p. 176.

ligne, trente prisonniers, parmi lesquels étaient des femmes, furent égorgés¹. La même Compagnie, quelque temps après, y égorgea quarante-deux prisonniers, parmi lesquels étaient encore des femmes.

Le 6 prairial, à Tarascon, vingt-quatre pères de famille furent assassinés dans les prisons et leurs corps, traînés sur la plate-forme du château, furent précipités dans le Rhône qui baigne ses murs ².

Un mois après, la même bande revient dans la même prison et y poignarde vingt-deux hommes et deux femmes.

Des scènes plus sanglantes encore eurent lieu dans une des prisons de Marseille, ville où il était plus facile de les prévenir.

« Il a toujours dépendu d'un représentant du
» peuple, dans une ville où il y a garnison, et où
» il exerce des pouvoirs illimités, je ne dis pas
» de s'opposer à ce qu'il s'élève quelque rixe
» violente ou passagère,.... mais de prévenir
» l'envahissement d'une prison, en plein jour et à
» force ouverte, surtout si cette prison est, comme
» le fort Saint-Jean, garnie de canons, entourée
» de fossés, de ponts-levis, de corps-de-garde
» et de sentinelles. Ne l'avoir pas empêché, c'est
» l'avoir voulu, et on le voulait.

¹ Procès-verbal des massacres dans les prisons d'Aix. Mémoires sur la réaction royale, p. 212, 213.
² Ibid. p. 213.

» Il fallait un prétexte; il fut bientôt trouvé.

» Dans *les premiers jours de prairial*, on fit
» insurger les ouvriers de l'arsenal de Toulon.
» Des émissaires adroits se glissèrent parmi eux
» et s'emparèrent facilement de leur crédule igno-
» rance. On se servit, pour mieux les égarer, de leur
» patriotisme même, dont la chaleur peu éclairée
» se ressent de celle du climat. On les exalta, à
» dessein, par l'image des périls imminens aux-
» quels, leur disait-on, les patriotes, prisonniers
» à Marseille, devaient être exposés avant la fin
» du jour. Ils se levèrent par un mouvement
» spontané pour courir les délivrer. Nul autre
» sentiment, nul autre motif ne les dirigeait. Le
» magasin des armes fut pillé; le représentant
» du peuple *Brunel*[1], après de longs et inutiles
» efforts pour rétablir le calme, se retira, plongé
» dans le plus profond désespoir, s'enferma seul
» chez lui et se brûla la cervelle.

» Quel lecteur, continue le même écrivain, n'est
» pas malgré soi frappé des traits de conformité
» que ce mouvement de Toulon avait avec le
» mouvement de Paris...; même époque, mêmes
» moyens, mêmes résultats, jusqu'à la fin tragique

---

[1] Le suicide de *Brunel* ex-maire de Béziers, député de l'Hérault, est une preuve de sa sensibilité et de son attachement à ses devoirs. Un autre député, *Tellier*, forcé dans la ville de Chartres, par une populace effrénée, de prendre un arrêté contre sa conscience, le 1ᵉʳ vendémiaire an IV, se donna la mort. J'en parlerai dans le chapitre suivant.

» de deux représentans, Féraud qui reçut la mort,
» et Brunel qui se la donna¹. »

Cette conformité devient plus frappante, si on rapproche le passage de la lettre de Soleure citée ci-dessus, qui apprend que l'ambassadeur anglais et autres agens attendaient, à Bâle, l'issue de l'affaire du 1ᵉʳ prairial, et où en même temps ils recevaient un courrier qui annonçait *la prise de Toulon* par la flotte anglaise.

Les ouvriers révoltés mal armés, presque nus et sans ordre, marchaient sur Marseille. Près d'arriver au Beausset, ils voient des dispositions formidables faites contre eux; ils députent auprès des représentans un nommé Briançon, chirurgien. Ces représentans, au lieu de se présenter à la foule de ces ouvriers, au lieu de les ramener à la paix par la persuasion, et d'écouter leur envoyé, ordonnèrent qu'il fût sur-le-champ fusillé. Ils firent charger ces malheureux, plusieurs furent blessés et un grand nombre faits prisonniers; une soixantaine furent exécutés à mort, et on lança des mandats d'arrêt contre un grand nombre de patriotes toulonnais. « La marine se désorganise, dit Fréron; l'ar-
» senal se dépeuple, les équipages désertent; qua-
» tre mille cinq cents matelots abandonnent Tou-
» lon pour soustraire leurs têtes aux recherches de
» la commission, et cependant l'Anglais, maître

---

¹ Mémoires historiques sur la réaction royale et sur les massacres du midi, p. 40, 41, 42.

» de la Corse et de la Méditerranée, promène
» impunément son insolence à la vue de nos bat-
» teries¹. »

L'impulsion était donnée; la réaction, les pré-
tendues vengeances devenaient la contre-révolution; le royalisme ne prenait plus la peine de se
déguiser, tout ce qui avait servi la liberté devait
être immolé; la révolte des ouvriers de Toulon,
évidemment provoquée, allait servir de prétexte
aux massacres.

Dans le fort Saint-Jean de Marseille, étaient détenus plus de deux cents terroristes ou prétendus
tels. Dès le 1ᵉʳ prairial, on avait interdit à ces prisonniers toute nourriture du dehors; ils étaient
réduits à vivre au pain et à l'eau; les malades ne
furent pas même exceptés de cette rigueur².

On les priva de leur lit de sangle, on leur enleva leur couteau et autres instrumens; et de
temps en temps on venait leur annoncer qu'à Lyon,
à Tarascon, à Aix, les hommes de leur espèce
avaient été massacrés et qu'ils devaient s'attendre à

¹ Mémoires de Fréron sur les massacres du midi, p. 46.
² Un prisonnier nommé *Peyre Ferry*, malade, demanda
qu'il lui fût permis de faire venir du dehors une nourriture
plus convenable à son état; le commandant du fort lui répondit : « Citoyen, je viens de recevoir votre lettre; je suis
» fâché de ne pouvoir accéder à votre demande; mais il m'est
» expressément défendu, par un arrêté du représentant du
» peuple, de laisser passer aucuns vivres aux prisonniers, et je
» ne puis qu'obéir aux ordres qu'on me donne. Signé, le com-
» mandant de la place, *Pagès*. »

un sort pareil. La *Compagnie du Soleil*, commandée par un nommé *Robin*, fils d'un aubergiste de Marseille, faisait ces menaces aux détenus, et y paraissait autorisée par les représentans; elle s'empara de l'inspection et de la surveillance du fort, pendant que la garde nationale marseillaise faisait le service.

Le 17 prairial, entre quatre et cinq heures après midi, Robin et sa compagnie du soleil entrent dans le fort, montent chez le commandant, envoient acheter des bouteilles d'eau-de-vie pour s'exalter la tête, et n'avoir point à frémir pendant l'horrible exécution de leurs projets. Le signal est donné; ils prennent chez le concierge les clefs des cachots, attaquent celui du numéro premier, dont les prisonniers s'étaient si bien barricadés, que les assassins, ne pouvant en enfoncer la porte, passèrent au cachot de la Chapelle. Un d'eux, tenant à la main une liste de mort, appelait les malheureux détenus qui, en sortant, étaient l'un après l'autre massacrés. Quelques hommes se défendirent et donnèrent de la peine à leurs meurtriers.

Les prisonniers des numéros 4 et 5 furent mis à mort; ceux du numéro 6 se défendirent pendant plusieurs heures. Un prisonnier, nommé *Carry*, arracha une hache des mains des assassins qui, épouvantés, mirent le feu à ce cachot.

Les égorgeurs ne purent pénétrer dans le cachot numéro 7; ils mirent à mort tous les prisonniers du numéro 8; ils firent d'un coup de canon une brèche à la porte du cachot numéro 9, et par cette brèche introduisirent de la paille, et mirent le feu au cachot; mais les prisonniers se défendirent pendant plusieurs heures, et, en occupant les assassins, ils préservèrent les prisonniers des autres cachots.

A dix heures du soir seulement, les représentans *Cadroy*, *Isnard* et les autorités constituées entrèrent dans le fort Saint-Jean, et firent cesser cette effusion de sang dont les détails font horreur.

Plusieurs prisonniers, échappés à cette boucherie, en donnèrent diverses relations qui peuvent être suspectées d'exagération. Je préfère le récit d'un prisonnier impartial, étranger à la cause des victimes et des bourreaux, qui n'était mu que par l'intérêt de l'humanité, et qui fut témoin d'une partie de ces scènes affreuses. Ce prisonnier, le duc de Montpensier, fils du duc d'Orléans, et son jeune frère, le duc de Beaujolais, étaient, ainsi que l'avait été leur malheureux père, détenus dans les prisons du fort Saint-Jean. Voici le récit que fait l'aîné de ces jeunes princes.

« Vers cinq heures après midi, dit-il, tandis que
» nous étions occupés, Beaujolais à lire et moi a
» dessiner, nous entendîmes tout d'un coup des
» cris de : *Aux armes! levez le pont!* et courant
» aussitôt à la fenêtre qui donnait sur la cour,
» nous vîmes les soldats de garde accourir à leur
» poste, et se porter à la hâte vers le pont-levis.
» Un moment après, ces mêmes soldats revinrent

» en désordre ¹, suivis d'une foule d'hommes ar-
» més de sabres et de pistolets, sans uniformes,
» et la plupart ayant leurs manches retroussées
» jusqu'au-dessus des coudes. Au milieu d'eux
» était un officier qu'on portait, et qui paraissait
» blessé. Ils chantaient à tue-tête le couplet du
» chant appelé *le Réveil du peuple* :

> Mânes plaintifs de l'innocence,
> Apaisez-vous dans vos tombeaux ;
> Le jour tardif de la vengeance
> Fait enfin pâlir vos bourreaux ².

» Il était impossible d'avoir le moindre doute
» sur les intentions de ces forcenés, et même
» sur la facilité avec laquelle ils pourraient les
» exécuter, puisqu'ils étaient parvenus à en-
» trer dans le fort et que les soldats ne parais-
» saient leur opposer aucune résistance. Il était
» certain que nous n'étions pas du nombre de ceux
» auxquels ils en voulaient ; mais il ne l'était pas
» autant, qu'étant ivres comme ils paraissaient
» l'être, et comme ils l'étaient en effet, ils ne com-
» missent quelque erreur dont nous pouvions de-

¹ Le nommé Manoly, secrétaire et adjudant du commandant du fort, en favorisa l'entrée aux assassins nommés *Compagnie du Soleil*.

² J'ai parlé de ce chant de fureur et de vengeance qu'a-
près le 9 thermidor, on chantait journellement dans les places publiques et sur tous les théâtres, avant l'ouverture de la
scène.

» venir les victimes. Ces réflexions, s'offrant à
» nous à la hâte, nous nous hâtâmes de nous bar-
» ricader aussi bien qu'il nous fut possible. Bro-
» ches, chenêts, bûches, tables et chaises furent
» empilés en un moment contre la porte, et dans
» le cas où tous ces remparts eussent été forcés,
» nous étions déterminés à nous sauver par les
» fenêtres qui donnaient sur la mer. A peine avions-
» nous fini de nous barricader ainsi, qu'on frappe à
» notre porte. Nous ne répondons pas d'abord. On
» redouble en criant : « *Ouvrez, qui que vous*
» *soyez ! nous ne voulons pas vous faire du mal ;*
» *nous apportons l'adjoint du commandant du fort*
» *qui se meurt et que nous ne pouvons mettre nulle*
» *part ailleurs ; car toutes les chambres sont fer-*
» *mées* [1].

» Nous répondîmes alors que si nous pouvions
» offrir quelque secours à l'adjoint, nous le ferions
» avec empressement ; mais que nous les priions
» de songer que nous n'étions nullement en prison
» pour cause de jacobinisme, et qu'il s'agissait
» pour nous précisément du contraire. Ils répli-
» quèrent qu'ils le savaient, et nous recomman-
» dèrent d'ouvrir vite, parce qu'il n'y avait pas de
» temps à perdre. Sur cette assurance, nous nous
» déterminâmes à ouvrir.

» Aussitôt dix ou douze jeunes gens, assez bien

---

[1] Cet adjoint au commandant du fort se nommait *Vavasseur*.

» habillés, mais les manches retroussées et le sa-
» bre à la main, entrèrent en portant l'adjoint
» qu'ils déposèrent sur mon lit. Ensuite, nous
» adressant la parole : *N'étes-vous pas*, nous di-
» rent-ils, *messieurs d'Orléans ?* et sur notre ré-
» ponse affirmative, ils nous assurèrent que, loin
» de vouloir attenter à notre vie, ils la défendraient
» de tout leur pouvoir si elle était en danger ; que
» l'acte de justice qu'ils allaient exercer contri-
» buerait autant à notre sûreté qu'à la leur et à
» celle de tous les honnêtes gens. Puis ils nous
» demandèrent de l'eau-de-vie dont assurément ils
» ne paraissaient pas avoir besoin. Nous n'en avions
» pas ; mais ils trouvèrent une bouteille d'anisette,
» dont ils se versèrent dans des assiettes à soupe.
» Après quoi ils sortirent en nous recommandant
» d'avoir soin de l'adjoint ; et, soit pour le garder,
» soit pour empêcher que leurs camarades ne com-
» missent à notre égard quelque fatale erreur, ils
» laissèrent un d'entre eux en sentinelle à notre
» porte.

» L'adjoint était pâle comme un mort, et nous
» eûmes assez de peine à lui faire reprendre con-
» naissance ; mais il n'était pas blessé. On s'était
» empressé de le désarmer sans lui faire la moin-
» dre égratignure, et l'effroi que lui avait causé
» cette cérémonie, joint à toutes les conséquences
» qui allaient en résulter, avait été la seule cause
» de son évanouissement. Revenu à lui, il voulut
» sortir pour tâcher, disait-il, de s'opposer à l'hor-

» rible scène qui allait se passer ; mais il trouva à
» la porte deux sentinelles postées par les massa-
» creurs, qui l'en empêchèrent.

» Dans ce moment, nous entendîmes enfoncer à
» grands coups la porte d'un des cachots de la
» seconde cour, et, bientôt après, des cris affreux,
» des gémissemens déchirans et des hurlemens de
» joie ; le sang se glaça dans nos veines, et nous
» gardâmes le silence le plus profond. Au bout
» d'environ vingt minutes que dura la boucherie
» de ce cachot, nous entendîmes l'horrible troupe
» revenir dans la première cour sur laquelle don-
» nait une de nos fenêtres, et, nous étant approchés
» par un mouvement machinal difficile à décrire,
» nous les vîmes qui s'efforçaient d'enfoncer la
» porte du n° 1, placé précisément en face de notre
» fenêtre, et dans lequel il y avait une vingtaine
» de prisonniers. Ils en avaient déjà égorgé en-
» viron vingt-cinq dans l'autre cachot. Ceux du
» n° 1, dont, heureusement pour eux, la porte
» s'ouvrait en dedans, se barricadèrent si bien,
» qu'après avoir inutilement tenté, pendant plus
» d'un quart d'heure, de l'enfoncer, les massa-
» creurs l'abandonnèrent, après avoir tiré quel-
» ques coups de pistolets à travers les barreaux,
» et avoir promis qu'ils reviendraient lorsqu'ils
» auraient expédié les autres.

» Vers six heures, le commandant du fort nous
» fut amené par deux de ces messieurs qui ne lui
» avaient laissé que le fourreau de son sabre, et

» qui l'enfermèrent avec son adjoint et nous. Il
» s'était présenté au pont-levis qu'il avait trouvé
» levé, et ne pouvant parvenir à le faire baisser,
» il avait pris le parti d'escalader par le fossé; mais
» en arrivant dans le fort, on l'avait désarmé et
» conduit chez nous. Il jurait, il tempêtait, il se
» mordait les poings, et reprochait à son adjoint
» la pâleur et l'effroi qui se peignaient sur son
» visage [1].

» On entendait toujours les cris des victimes et
» les coups de pistolet, de sabre et de massue
» des égorgeurs. Vers sept heures, nous entendî-
» mes un coup de canon, tiré au fort, et nous sû-
» mes depuis qu'il l'avait été par des assassins
» contre le cachot n° 9 [2], dont les prisonniers au
» nombre de plus de trente furent mitraillés et
» brûlés; car pour que la *besogne*, suivant leur
» odieuse expression, allât encore plus vite, ils
» avaient imaginé de mettre le feu au cachot,

---

[1] Cette relation, écrite avec candeur et où n'est mêlée aucune des exagérations de l'esprit de parti, mérite la plus grande confiance. Le sieur Pagès, alors commandant du fort, dans une lettre qu'il adressa des prisons de Nice, au représentant Fréron, fait un récit assez conforme à celui du duc de Montpensier. Il est certain que le commandant Pagès n'était pas dans le fort lorsque les massacres commencèrent; mais il paraît certain que son secrétaire Manoly dirigeait la compagnie du Soleil dans ses sanglantes exécutions.

[2] Ce fait est conforme à celui qui se trouve dans les pièces justificatives, n° 6, du Mémoire de Fréron.

» après y avoir fait entrer une grande quantité de
» paille par les soupiraux.

» Il était près de neuf heures et nuit close, lors-
» que nous entendîmes, dans la première cour :
» *Voici les représentans du peuple ! il faut baisser*
» *le pont ; car ils menacent de nous traiter en*
» *rebelles, si nous différons un moment.* — *Je me*
» *f... des représentans*, dit l'un d'eux; *je brûle la*
» *cervelle au premier lâche qui voudra leur obéir.*
» *Allons, camarades, à la* BESOGNE ; *nous aurons*
» *bientôt fini.* Pendant qu'ils s'éloignaient, les sol-
» dats de la garde baissèrent le pont et les repré-
» sentans entrèrent au milieu des flambeaux et
» suivis d'un grand nombre de grenadiers et de
» hussards à pied. *Malheureux !* s'écrièrent-ils en
» entrant, *faites cesser votre horrible carnage ! au*
» *nom de la loi, cessez de vous livrer à ces ven-*
» *geances odieuses !* Plusieurs répondirent : *Si la*
» *loi nous avait fait justice de ces scélérats, nous*
» *n'aurions pas été réduits à la* NÉCESSITÉ *de nous*
» *la faire nous-mêmes ! maintenant le vin est tiré,*
» *il faut le boire.* »

Certainement il devait se trouver, parmi ces victimes, des hommes coupables d'atrocité ; mais l'é-
taient-ils tous ? Appartenait-il à une jeunesse effrénée, sans autorisation légale, de se faire justice
elle-même, de transgresser les lois, de se révolter
contre l'ordre établi ? Si les victimes étaient criminelles, leurs bourreaux, ou plutôt leurs assassins,
ne l'étaient pas moins. Ce n'est point par des cri-

mes qu'on doit punir des crimes. Ces assassins se disaient réduits à la *nécessité* de se faire justice; mais où était cette nécessité? Des hommes renfermés dans les cachots d'un fort ne sont point dangereux. Tout accuse, rien ne peut justifier ces égorgeurs.

« Le massacre continuait toujours, ajoute le duc
» de Montpensier. *Grenadiers*, crièrent les repré-
» sentans, *hâtez-vous d'arrêter ces forcenés et*
» *qu'on nous fasse venir le commandant du fort!*
» *où est-il donc?* »

On leur apprit qu'il était consigné dans une chambre; ils s'y rendirent, délibérèrent avec lui.
« Cinq ou six massacreurs y arrivèrent alors, tout
» couverts de sang. *Représentans*, dirent-ils, *lais-*
» *sez-nous achever notre* BESOGNE; *cela sera bien-*
» *tôt fait, et vous vous en trouverez bien. Nous*
» *n'avons fait que venger nos pères, nos frères,*
» *nos amis, et* C'EST VOUS-MÊMES QUI NOUS Y AVEZ
» EXCITÉS[1]. »

[1] Ces représentans, *Cadroy* et *Isnard*, semblaient autoriser sourdement ces massacres; au témoignage du duc de Montpensier joignons ceux du capitaine des grenadiers, Lecesne, et de quelques autres grenadiers de l'escorte : « *Lâches que*
» *vous êtes!* dit Cadroy aux égorgeurs, *vous n'avez pas en-*
» *core fini de venger vos pères et vos parens; vous avez ce-*
» *pendant eu tout le temps pour cela.* » (Mém. de Fréron, pièces justificatives, p. 134.)

Suivant la déclaration d'*Uri Bruno*, témoin entendu, Cadroy dit aux égorgeurs : « *Qu'est-ce que ce bruit? Est-ce que*
» *vous ne pouvez pas faire ce que vous faites en silence. Ces-*

« — Qu'on arrête ces scélérats ! s'écrièrent les
» représentans. On en arrêta en effet quatorze ;
» mais ils furent relâchés quelques jours après [1].

» Ainsi se termina cette soirée dont le résultat
» fut la mort de quatre-vingts malheureux [2], parmi
» lesquels, entre beaucoup d'innocens, se trouvait

» sez ces coups de pistolets ? Qu'est-ce que ces canons ? ça
» fait trop de bruit et met l'alarme dans la ville. » Ensuite
sortant de la cantine, Cadroy dit aux égorgeurs : « Enfans
» du Soleil ! je suis à votre tête, je mourrai avec vous s'il le
» faut ; mais est-ce que vous n'avez pas eu assez temps ?
» Cessez ; il y en a assez. » Les égorgeurs l'entourèrent en
criant, et alors il leur dit : « Je m'en vais, faites votre ou-
» vrage. » (Pièces justificatives du Mémoire de Fréron,
p. 135.)

Je cite et ne prononce point.

[1] Toutes les déclarations sont conformes sur ce point ; le
capitaine des grenadiers Lecesne, dit que parmi les massacreurs il arrêta un officier de chasseurs déguisé ; le représentant Cadroy le lui arracha des mains, le fit mettre en liberté
et sortir du fort. Il ajoute qu'il fit cerner quatorze assassins
pris sur le fait, que deux jours après ces quatorze assassins
furent élargis, que les grenadiers qui les avaient faits prisonniers furent dénoncés au club comme terroristes, et que lui-
même fut insulté et qu'on le fit partir de Marseille ; il ajoute
de plus qu'il a reconnu parmi les égorgeurs, le *grand Dragon*,
et *Duteil* de Lyon, un des chefs de la *Compagnie de Jésus*.
(Mémoires de Fréron, pièces justificatives, p. 133, 134.)

[2] Fréron dit, dans son Mémoire, p. 50 : « On porte à deux
» cents le nombre des prisonniers qui périrent en cette abo-
» minable journée. » Deux états nominatifs, imprimés dans les
pièces justificatives de ce Mémoire, donnent pour le nombre
de ces morts un total de cent trente-cinq.

» un cordonnier qui n'était enfermé que pour
» avoir crié *vive le roi !*....

» Le lendemain, le fort était encore jonché de
» cadavres et de mourans comme un champ de
» bataille. On y voyait aussi d'affreuses mares de
» sang, et pour que rien ne manquât à l'horreur
» de ce lieu, l'air y était empesté par la fumée qui
» s'exhalait des cachots brûlés.

» Ce fut seulement alors que nous découvrîmes
» avec horreur sous nos lits et sous quelques-unes
» de nos chaises, trois ou quatre poignards en-
» sanglantés jusqu'à la garde. Il est probable qu'ils
» y avaient été jetés par ceux des assassins qui
» avaient voulu se débarrasser de cette preuve de
» leurs crimes, après s'être introduits dans notre
» chambre au milieu de la foule qui suivait les
» représentans.

» Plusieurs victimes de ce massacre y survécu-
» rent deux ou trois jours, et expirèrent ensuite
» dans des souffrances d'autant plus affreuses qu'on
» ne s'empressa nullement de leur donner des se-
» cours [1]. »

L'objet de ces troubles, de ces atrocités, était de
fatiguer, de démoraliser l'esprit des habitans du
midi, habitans fort irritables, et prompts à la vengeance, et de leur faire désirer le calme de la servitude. On aigrissait les partis l'un contre l'autre,

[1] Mémoires de Louis-Antoine-Philippe d'Orléans, duc de
Montpensier, p. 146 et suiv.

on les mettait aux prises, on leur faisait commettre des actions horribles, afin d'être autorisés à dire : *Voilà les désordres, voilà les attentats qu'a causés votre révolution, voilà le sang qu'elle a fait verser !*

Le cabinet de Londres avait de plus un intérêt particulier à ces troubles; fortement intéressé à empêcher les négociations de paix entamées par quelques puissances avec la république française, il ne l'était pas moins de s'emparer une seconde fois de la ville et de la flotte de Toulon, il paraît que c'était là le projet de ceux qui avaient soulevé les ouvriers de Toulon; ces ouvriers, ignorans, trompés, croyaient servir la liberté, et, sans le savoir, servaient les Anglais ; on les portait à demander la rentrée de l'escadre de quinze vaisseaux de ligne qui se trouvait dans la rade, dans le dessein de s'en emparer et ensuite de la livrer aux Anglais. Les représentans Chiappe et Niou refusèrent constamment de faire rentrer cette escadre, leur résistance déconcerta nos ennemis sans leur faire renoncer à leurs espérances, ni à leurs projets.

Revenons à Paris qui eut aussi ses événemens. Dans la séance du 21 prairial, Sevestre, membre du comité de sûreté générale, dit à la tribune que, depuis quelque temps, le fils de Louis XVI était incommodé par une enflure au genou droit et par une autre au poignet gauche; que le 15 floréal, les douleurs augmentèrent, que le malade perdit l'appétit, eut de la fièvre et fut confié aux soins du célèbre Desault, médecin aussi probe qu'éclairé; rien ne devait manquer au malade; cependant le mal résistait aux remèdes. Le médecin, dans la journée du 16 prairial, mourut lui-même; le comité le remplaça par M. Pelletan, connu par ses talens, et lui adjoignit M. Dumangin, premier médecin de l'hospice de santé. Leur bulletin du matin 20 prairial était inquiétant; à deux heures et un quart après midi ce jeune prince expira.

Le 21 à quatre heures et demie après midi les médecins Dumangin, Pelletan, Lassus et Jean Roi, après avoir procédé à l'ouverture du corps du défunt, en dressèrent un procès-verbal, en vertu d'un arrêté du comité de sûreté générale; en voici la teneur :

« Arrivés tous les quatre à onze heures du matin à
» la porte extérieure du Temple, nous y avons été
» reçus par les commissaires qui nous ont introduits
» dans la tour. Parvenus au deuxième étage, nous
» sommes entrés dans un appartement, dans la
» seconde pièce duquel nous avons trouvé dans
» un lit le corps mort d'un enfant qui nous a paru
» âgé d'environ dix ans, que les commissaires
» nous ont dit être celui du fils de défunt Louis
» Capet (Louis XVI), et que deux d'entre nous
» ont reconnu pour être l'enfant auquel ils don-
» naient des soins depuis quelques jours. Les sus-
» dits commissaires nous ont déclaré que cet en-
» fant était décédé la veille, vers trois heures de

» relevée ; sur quoi nous avons cherché à vérifier
» les signes de la mort que nous avons trouvés
» caractérisés par la pâleur universelle, le froid
» de toute l'habitude du corps, la roideur des mem-
» bres, les yeux ternes, les taches violettes ordi-
» naires à la peau du cadavre, et surtout par une
» putréfaction commencée au ventre, au scrotum
» et au dedans des cuisses.

» Nous avons remarqué avant de procéder à
» l'ouverture du corps, une maigreur générale
» qui est celle du marasme ; le ventre était extrê-
» mement tendu et météorisé ; au côté interne du
» genou droit nous avons remarqué une tumeur
» sans changement de couleur à la peau et une
» autre tumeur moins volumineuse sur l'os radius
» près le poignet du côté gauche ; la tumeur du
» genou contenait environ deux onces de matières
» grisâtres, putriforme et lymphatique, située
» entre le périoste et les muscles ; celle du poignet
» renfermait une matière de même nature, mais
» plus épaisse.

» À l'ouverture du ventre, il s'est écoulé plus
» d'une pinte de sérosité purulente, jaunâtre
» et très-fétide ; les intestins étaient météorisés,
» pâles, adhérens les uns aux autres, ainsi qu'aux
» parois de cette cavité ; ils étaient parsemés d'une
» grande quantité de tubercules, de diverses gros-
» seurs, et qui ont présenté à leur ouverture
» la même matière que celle contenue dans les
» dépôts extérieurs du genou et du poignet.

» Les intestins, ouverts dans toute leur lon-
» gueur, étaient très-sains intérieurement et ne
» contenaient qu'une petite quantité de matière
» bilieuse. L'estomac nous a présenté le même
» état ; il était adhérent à toutes les parties
» environnantes, pâle au dehors, parsemé de
» petits tubercules lymphatiques, semblables à
» ceux de la surface des intestins; sa membrane
» interne était saine, ainsi que le pylore et
» l'œsophage; le foie était adhérent, par con-
» vexité, au diaphragme, et, par sa concavité,
» aux viscères qu'il recouvre ; sa substance était
» saine, son volume ordinaire ; la vésicule du
» fiel médiocrement remplie d'une bile de cou-
» leur vert foncé. La rate, le pancréas, les reins
» et la vessie étaient sains. L'épiploon et le mé-
» sentère, dépourvus de graisse, étaient rem-
» plis de tubercules lymphatiques, semblables à
» ceux dont il a été parlé. De pareilles tumeurs
» étaient disséminées dans l'épaisseur du péri-
» toine, recouvrant la face intérieure du dia-
» phragme. Ce muscle était sain.

» Les poumons adhéraient, par toute leur sur-
» face, à la plèvre, au diaphragme et au péri-
» carde; leur substance était saine et sans tuber-
» cules; il y en avait seulement quelques-uns
» aux environs de la trachée-artère et de l'œso-
» phage. La péricarde contenait la quantité or-
» dinaire de sérosité; le cœur était pâle, mais
» dans l'état naturel.

» Le cerveau et ses dépendances étaient dans la
» plus parfaite intégrité.

» Tous les désordres dont nous venons de donner
» les détails, sont évidemment l'effet d'un vice
» scrophuleux, existant depuis long-temps, et
» auquel on doit attribuer la mort de l'enfant [1]. »

Le 24 prairial, le corps du jeune prince qui, hors de France, était qualifié de roi et auquel on donnait le nom de *Louis XVII*, fut, par le commissaire de police de la section du Temple, mis dans un cercueil, transporté de suite et inhumé dans le cimetière de Sainte-Marguerite, rue du faubourg Saint-Antoine. Le convoi fut escorté, de loin en loin, par des détachemens d'infanterie.

Aussitôt que la nouvelle de cette mort fut parvenue chez l'étranger, l'oncle du défunt prince, Louis Stanislas Xavier de France, frère de Louis XVI, succéda au titre de roi de France sous le nom de Louis XVIII.

---

[1] Ce procès-verbal, imprimé dans les journaux du temps, imprimé séparément, paraîtra superflu ; mais si l'on considère la qualité du défunt, les diverses opinions émises sur les causes de sa mort et les doutes sur la réalité de cette mort, on jugera que la publication de cette pièce était nécessaire. On sait qu'en 1818 *Mathurin Bruneau*, se disant fils de Louis XVI, séduisit plusieurs personnes ; ajoutons que tout récemment, au mois de mai 1824, un autre imposteur a paru dans la ville de Washington, aux Etats-Unis d'Amérique, s'est annoncé aussi comme le fils du même roi, en assurant qu'il était possesseur de toutes les pièces propres à prouver cette filiation. (Voyez le Constitutionnel du 24 juin 1824.)

Pendant qu'à Paris on faisait avec simplicité les obsèques de ce jeune prince, on y apprit que Luxembourg, une des plus fortes places de l'Europe, s'était rendue; elle ne pouvait plus tenir contre l'armée française; le général Bender, dès le 13 prairial, demanda à capituler; le 18, la capitulation fut signée, et le 24, à cinq heures du matin, la place fut entièrement évacuée. La garnison, qui se composait d'environ douze mille Autrichiens, fut faite prisonnière. Les Autrichiens laissèrent aux Français vingt-cinq drapeaux, huit cent dix-neuf bouches à feu, seize mille deux cent quarante-quatre fusils et une grande quantité de bombes, de boulets et de poudre.

La Convention s'occupait toujours à rétablir l'ordre dans les finances, dans la législation; à discuter le code hypothécaire, à se fortifier contre les attaques perfides des ennemis de la république; elle méditait sur les principes qui devaient servir de bases au projet de constitution à présenter à l'acceptation des Français. Le 5 messidor, le député Boissy-d'Anglas, membre de la commission des onze, fit, sur cette matière, un rapport très-satisfaisant. La Convention s'occupait aussi d'institutions scientifiques, dans le but pur et louable de faire avancer les connaissances humaines vers leur perfection et d'accroître, par cette impulsion, la gloire de la nation française. On ne se doutait pas alors qu'un jour des hommes, à vue bornée, éblouis par une masse des lumières qui, en même temps qu'elles profitent aux sciences, étendent le domaine de la raison, éclairent les sottises de la superstition et les crimes du pouvoir; que ces hommes, dis-je, amis des ténèbres, que l'éclat de ces lumières importune, feraient, par des menées, maladroitement cachées, des tentatives pour les éteindre [1].

Le 7 messidor, la Convention entendit avec intérêt le député Grégoire qui, au nom des comités de marine, des finances et d'instruction publique, fit un rapport très-savant sur l'établissement d'un *bureau des longitudes*. Ce rapport, en seize articles, fut adopté. On voit dans l'article IX, parmi les membres de ce bureau, briller des noms revêtus de la véritable illustration, celle qui s'acquiert par le génie, par la supériorité des connaissances et des talens.

L'établissement du bureau des longitudes a survécu aux vicissitudes politiques, et subsiste encore.

Dans la séance du 12 messidor, la Convention rendit le décret suivant: « La Convention, après
» avoir entendu le rapport de ses comités réunis
» de salut-public et de sûreté générale, déclare
» qu'au même instant où les cinq représentans du

---

[1] *Nous n'avons que trop de savans,* disait naguère, en refusant un salaire dû à un homme utile à la science, un ministre plus passionné qu'instruit, plus disposé à ravaler l'espèce humaine qu'à l'illustrer.

» peuple, le ministre, les ambassadeurs français et
» les personnes de leur suite, livrés à l'Autriche
» ou arrêtés et détenus par ses ordres, seront ren-
» dus à la liberté et parvenus aux limites du ter-
» ritoire de la république, la fille du dernier roi
» des Français, sera remise à la personne que le
» gouvernement autrichien déléguera pour la re-
» cevoir, et que les autres membres de la famille
» des Bourbons, actuellement détenus en France,
» pourront aussi sortir du territoire de la répu-
» blique. »

On voit que des négociations étaient entamées pour la délivrance et l'échange des prisonniers d'une part et d'autre. Cet échange ne s'effectua que beaucoup plus tard [1].

Pendant que l'on appelait au sein de la Convention tous les représentans en mission dans les départemens, afin qu'ils pussent coopérer à l'acte constitutionnel, dont le projet commençait à être soumis à la discussion; pendant que Joseph Lebon, d'odieuse mémoire, faisait entendre sa défense inefficace [2], nos armées de terre continuaient à se couvrir de lauriers, et celles de mer à montrer plus de courage que d'ensemble dans leurs opérations.

Le 7 prairial, le général Augereau, dans les Pyrénées-Orientales, mit en déroute, sur les hau-

[1] *Voy.* les Esquisses, t. II, p. 312 et 498.
[2] Dans la séance du 22 messidor la Convention prononça contre lui le décret d'accusation.

teurs de Pontos, dix mille hommes d'infanterie et douze cents de cavalerie espagnole...

Schérer, le 26 prairial, gagna la bataille de la Fluvia dans les Pyrénées-Orientales, défit vingt-huit mille Espagnols, en tua ou en blessa douze cents, prit beaucoup de prisonniers et trois cents chariots de blé.

Le 8 messidor, les armées des Alpes et d'Italie réunies, commandées par le général Serrurier, mirent en fuite un corps nombreux de Piémontais, venus pour s'emparer d'Orméa.

Le 10 du même mois, le général Moncey, dans les Pyrénées-Occidentales, s'empara du camp retranché de la Déva, de deux cents ennemis, d'un drapeau et de deux pièces de canon. Dans les journées des 13, 14 et 15 messidor, le même général enleva toutes les positions ennemies jusqu'à Lecambery et se retira à Yrursum, où le 18 se donna un combat notable : l'infanterie française y chargea et défit la cavalerie espagnole. Cinq cents ennemis restèrent sur le champ de bataille, et deux cents furent pris.

Le 24, la même armée, commandée par le général Dessein, prit le camp retranché de Deybur et onze pièces de canon ; et le lendemain elle s'empara de Durango, de plusieurs magasins et de plusieurs pièces de canon.

Dans les journées des 26, 27 et 29 du même mois, le général en chef Moncey, le général de division Dessein et le général de brigade Willot, harcelèrent les Espagnols avec tant de succès qu'ils les forcèrent à abandonner la Biscaye et à se retirer derrière l'Èbre. Ces diverses victoires de l'armée des Pyrénées-Occidentales déterminèrent le roi d'Espagne à demander la paix aux Français : j'en parlerai dans la suite.

Les exploits de nos armées de mer se composaient de succès et surtout de revers. Le 23 prairial, une escadre sortit de Brest pour débloquer la division du contre-amiral Vence, et dégager Belle-Isle, cernée par les Anglais. Cette escadre remplit cette double destination; en retournant à Brest, elle rencontra une division anglaise, et lui donna la chasse, et, sans l'impéritie ou l'insubordination de quelques capitaines, elle se serait emparée de trois vaisseaux ennemis.

Après cette expédition, et près d'entrer dans la baie d'Audierne, notre escadre fut assaillie par une violente tempête, qui dura trente-six heures, et l'éloigna de vingt à trente lieues de nos côtes.

Le 5 messidor, elle fut rencontrée par une escadre anglaise qui lui barrait le passage et la contraignit à un combat très-inégal. *L'Alexandre*, endommagé par la tempête, et remorqué par une frégate, fut d'abord attaqué. Le feu prit au *Formidable*, qui, pour sauver son équipage, se jeta parmi les Anglais. Cette manœuvre dérangea l'ordre de la retraite, et laissa dans la ligne un vide qui fut à l'instant rempli par un vaisseau anglais à trois ponts, qui coupa le *Tigre*, lequel combattait en héros contre trois autres vaisseaux à trois ponts. Le signal donné au vaisseau du vent de secourir le *Tigre* n'étant point exécuté, il fut abandonné. Le reste de l'escadre rentra dans Brest.

Le comité de salut public, aussitôt après avoir reçu ces nouvelles, donna des ordres pour que les capitaines et officiers, qui n'avaient pas obéi aux signaux, fussent à l'instant démontés et mis en jugement.

Les représentans qui se trouvaient sur l'escadre, et qui rendirent à la Convention compte de cette affaire malheureuse, ajoutèrent qu'il leur paraissait démontré que la réunion d'aussi grandes forces ennemies sur les côtes du Morbihan avait pour objet principal d'y effectuer une descente d'émigrés, depuis long-temps annoncée. Le comité de salut public nomma Blad et Tallien, chargés de diriger et surveiller les mesures que le projet d'une descente sur nos côtes rendait nécessaires. Ces deux commissaires partirent sur-le-champ pour leur destination.

Tout se disposait pour cette descente. Desotteux, dit M. le *baron de Cormatin*, et plusieurs autres chefs de chouans furent pris et enfermés dans les prisons de Cherbourg. On trouva sur eux des lettres dont le *Moniteur* contient les passages que voici :

Le comte Joseph de Puisaye écrivait à M. Cormatin : « Nous avons tout à conquérir, ce n'est » que par le fer que nous pouvons espérer de

» rentrer dans nos propriétés. Préparez, par l'opi-
» nion, notre rentrée dans le royaume ; disposez
» les esprits en notre faveur, etc. »

Une lettre plus récente, écrite par une duchesse, porte : « La vengeance, le pillage, l'in-
» cendie et le meurtre sont des moyens qu'il
» ne faut pas craindre d'employer : *tout est per-*
» *mis pour la défense d'une si belle cause*[1]. »

Les Anglais, le 27 messidor, firent des attaques partielles sur divers points de la côte, notamment sur la Hogue, où ils canonnèrent la frégate la *Vigilante*, dans le but d'intercepter la communication entre le Hâvre et Cherbourg. Cette attaque étant sans succès, ils débarquèrent quelques hommes sur un banc de sable, nommé *les îles Marcou*, et y arborèrent un pavillon blanc.

Ils débarquèrent aussi une centaine d'émigrés sur les côtes de Jard et de la Tranche, près les Sables-d'Olonne. Mais ces attaques n'étaient que des moyens accessoires, propres à faire diversion ; tout annonçait une expédition formidable contre la France.

Le ministère anglais, dans le dessein de rallumer la guerre civile en France, dont les feux s'éteignaient ; pressé d'ailleurs par le comte Joseph de Puisaye, et séduit par les assurances de succès

---

[1] Moniteur, n° 295, du 25 messidor an III, colonne première. Tous les crimes sont permis pour le succès des intérêts particuliers ? Quelle morale !

que lui donnait ce général, consentit à fournir, pour cette expédition, des forces considérables; en voici l'énumération :

« Tout fut embarqué à Southampton ou à Ports-
» mouth. L'on mit à bord quatre-vingt mille
» fusils, de l'artillerie de toute espèce, et en assez
» grande quantité pour toutes les armées roya-
» listes; des vêtemens pour soixante mille hom-
» mes; des magasins de toute espèce, des mu-
» nions de guerre et de bouche en abondance;
» beaucoup d'agent; le régiment d'Hervilly, de
» douze cents hommes; celui de Dudresnay, de
» sept cents hommes; celui d'Hector ou de la
» Marine, de sept cents hommes; un corps d'artil-
» lerie, commandé par M. de Rotalier, de six cents
» hommes; une brigade de dix-huit ingénieurs;
» quatre-vingts gentilshommes officiers; *M. l'évê-*
» *de Dol et cinquante prêtres;* des commissaires
» des guerres, intendans, trésoriers; tout ce qui
» tient aux administrations; des médecins, chi-
» rurgiens, et tout ce qui peut avoir rapport à des
» établissemens d'hôpitaux, etc. » .

Ce convoi était escorté par deux vaisseaux de soixante-quatorze, quatre frégates, quatre chaloupes canonnières, deux corvettes et deux côtres.

L'escadre française ayant été forcée de rentrer à Brest, comme je l'ai dit, le convoi envoyé par

---

[1] Mémoires pour servir à l'histoire de la Vendée, par M. le comte de . . . . , p. 61.

l'Angleterre put, sans obstacles, débarquer ses forces sur les côtes de France.

Le 9 messidor (27 juin), le convoi débarqua d'abord sur la plage de Carnac des troupes d'émigrés auxquels vinrent se joindre quatre mille chouans. Le général en chef de Puisaye, et M. le comte d'Hervilly, qui commandait la troupe à la solde de l'Angleterre, eurent une querelle très-vive à propos de la distribution des armes. Cette querelle eut des suites, et M. de Puisaye écrivit en Angleterre pour demander une solution sur les prétentions de M. d'Hervilly.

Le comte de Puisaye répandit avec profusion une longue proclamation aux Français, où il vantait la bravoure des Vendéens et des chouans, les avantages du royalisme sur le gouvernement républicain. Il assurait que ses troupes, avec les quatre-vingt mille fusils, ne venaient pas répandre le sang, etc.

Cette troupe s'avança, une division se porta sur la montagne de Locmaria, devant Auray; une autre sur la petite ville de Landeran.

Le poste de Carnac, menacé par les républicains, fut abandonné par les royalistes qui, le 16 messidor, se portèrent sur la presqu'île de Quiberon, devant laquelle ils perdirent dix jours. Ils prirent le fort Penthièvre qui fit peu de résistance, et le fort situé à l'extrémité de la presqu'île de Quiberon qui tint plus long-temps.

Les républicains profitèrent de cet intervalle de

temps pour faire arriver sur le point menacé des forces imposantes, et bientôt l'espèce de terreur, causée par les divers débarquemens des ennemis, se dissipa; les autorités se rétablirent dans leurs postes, et des forces militaires, qui d'abord avaient eu ordre de se replier, reprirent l'offensive.

Il y eut plusieurs affaires de peu d'importance dont les succès furent variés.

Le 28 messidor (16 juillet), les ennemis de grand matin attaquèrent avec trois mille hommes les retranchemens du village de Sainte-Barbe; l'armée française, forte de seize à dix-huit mille combattans, avait ses avant-postes sur les hauteurs de ce village. Le combat s'engagea; les colonnes des ennemis furent foudroyées et obligées de fuir après une grande perte: « Alors, dit un émigré, com‑
» mença une déroute épouvantable; des dix-huit
» canons on en perdit cinq, parce que les chevaux,
» blessés ou harassés par les sables, ne pouvaient
» plus s'en tirer. Sur soixante-douze officiers, le
» régiment de la marine en laissa cinquante-trois,
» tués ou blessés sur le champ de bataille. Celui
» de Dudresnay essuya une perte égale. Comme
» la retraite commençait, M. le comte d'Hervilly
» fut blessé d'un coup de canon[1]. »

Cette défaite découragea les ennemis; les principaux chefs de leur armée, dans un conseil de

---

[1] Mémoires pour servir à l'histoire de la Vendée, par M. le comte de . . . . ., p. 110, 111.

guerre tenu le lendemain, regardèrent l'expédition comme absolument manquée; ils éprouvèrent en outre une forte désertion, surtout de la part des soldats français, prisonniers en Angleterre et incorporés parmi les émigrés. A la première occasion favorable, ces Français quittaient leurs rangs et passaient dans l'armée de la république.

Dans la nuit du 1er au 2 thermidor (19 au 20 juillet) à onze heures du soir, trois colonnes furent dirigées sur le fort Penthièvre qui, du côté de terre, ferme entièrement l'entrée de la presqu'île de Quiberon. Après une heure de combat ce fort fut pris. Les généraux Humbert, Valteau, Botte et l'adjudant-général Ménage dirigèrent les attaques. Botte eut le pied emporté par un biscayen; Ménage avec trois cents hommes, bravant le feu du fort, celui des chaloupes canonnières et les flots de la mer montante et fort orageuse, gravit les rochers de la pointe de l'ouest et facilita l'attaque de front que faisait le général Valteau.

Le fort de Penthièvre pris, la conquête de la presqu'île devint facile. Les ennemis venaient de recevoir un renfort de cinq régimens qui composaient la division commandée par le jeune comte Charles de Sombreuil. Mais les Français poursuivant leurs avantages, s'emparèrent du parc d'artillerie, et privèrent par-là les émigrés de leur plus puissant moyen de défense; mais les chefs de l'expédition se hâtaient de fuir et de se rembarquer avec plusieurs régimens; mais le comte de Sombreuil, ignorant l'état des affaires, abandonné, n'avait pu obtenir de cartouches pour sa troupe. Il se retira sur des rochers tandis que ceux de son parti, pour éviter les baïonnettes, se jetèrent dans la mer : les embarcations manquaient aux fuyards, plusieurs régimens anglais mirent bas les armes ; les chaloupes canonnières incommodaient seules les Français qui enjoignirent à leurs ennemis vaincus de faire cesser le feu de ces chaloupes. *Et ne voyez-vous pas*, répondirent-ils, *qu'ils tirent sur nous comme sur vous ?*

Dès quatre heures du matin du 2 thermidor, les ennemis avaient commencé dans le port d'Orange à embarquer les hôpitaux, les blessés, les personnes inutiles, ainsi que le régiment d'artillerie qui ne pouvait servir, le parc d'artillerie étant pris.

Le général Hoche, dans la matinée du même jour, écrivait au général Chérin: « Les principaux
» officiers émigrés sont tués ou blessés à mort.
» Puisaye, l'astucieux Puisaye demande à parle-
» menter, ce que nous ferons à coups de canon.
» Les républicains enrôlés de force dans les pri-
» sons d'Angleterre, viennent en foule pour voir
» leurs amis : nous en avons reçu cette nuit trente-
» trois, etc[1]. »

Puisaye ne tarda pas à renoncer à sa chère expédition et à s'embarquer. M. le comte d'Hervilly

---

[1] Vie du général Hoche, t. II, p. 140.

blessé mortellement, et plusieurs autres chefs suivirent cet exemple, sans en avertir le comte de Sombreuil, qui, ne pouvant faire résistance sur son rocher, fut forcé de mettre bas les armes; il fut, avec sa troupe, fait prisonnier et conduit à Auray.

Le même général Hoche écrivit alors aux généraux Chérin et Lavalette : « Les valeureuses trou-
» pes que je commande ont, à deux heures du
» matin, emporté d'assaut le fort Penthièvre et le
» camp retranché de la presqu'île dont elles se
» sont emparées sans faire halte. N'ayant d'autre
» alternative que de se jeter à la mer ou d'être
» passée au fil de la baïonnette, la noble armée a
» mis bas les armes; elle arrive prisonnière à Au-
» ray, conduite par quatre bataillons, etc. [1] »

Les bords de la mer étaient couverts de fuyards qui, ayant de l'eau jusqu'au cou, attendaient quelques embarcations pour être portés sur les vaisseaux de l'escadre anglaise : le désordre était extrême.

Les Français, en tirant une vingtaine de coups de canon à mitraille sur des embarcations qui ramenaient quelques chefs dans la presqu'île, en firent cesser le service ; la relation officielle porte :
« Là, sur un rocher, en présence de l'escadre an-
» glaise *qui tirait sur eux* (les ennemis) *et sur*
» *nous*, furent pris l'état-major à la tête duquel était

[1] Vie de Hoche, t. II, p. 140.

» Sombreuil, les chefs de corps, les officiers d'ar-
» tillerie et de génie [1]. »

On dit alors, et l'on a répété depuis, que les Anglais avaient tiré sur les émigrés qui venaient chercher un asile sur leurs vaisseaux. Le fait n'est pas certain; il est possible que les canonniers eussent, dans la mêlée, confondu les deux partis; mais on ne peut croire que les reproches adressés, à cet égard, aux officiers anglais, soient fondés [2].

Les Anglais abandonnèrent, à Quiberon, des provisions immenses. Suivant le général Hoche, les magasins qu'ils laissèrent sur nos côtes étaient sans prix; on ne sentait que l'embarras de les transporter. « Quiberon, dit ce général, offre
» à l'œil le spectacle du port d'Amsterdam. Il
» est couvert de ballots, de tonneaux, de caisses
» remplies d'armes, de farine, de légumes secs, de
» vins, liqueurs fortes, sucre, café, selles, brides
» et effets d'équipement et d'habillement. Je ne
» sais, ajoute-t-il, quels étaient les desseins de...
» Puisaye. Il avait apporté avec lui plus de *dix*
» *milliards de faux assignats ;* tous vont être
» brûlés. Nos soldats, chargés de l'or des émi-
» grés, ne les ont touchés que pour les mettre
» en pièces, et aucun n'en a gardé. »

[1] Moniteur, n° 315, du 15 thermidor an III, p. 1269.
[2] Un homme, très-digne de foi, qui a vu de près ces événemens et qui a été à même d'examiner toutes les relations de celui-ci, m'a assuré que le fait restait incertain.

Victoire remportée par les Français à Quiberon,
le 21 Juillet 1795.

BAUDOUIN frères, Rue de Vaugirard, N.º 36. A PARIS.

Le même général assure qu'un bâtiment ennemi, chargé de ris, légumes et sucre, fut pris par un bataillon d'infanterie [1].

Le général Le Moine écrit, le 5 thermidor, au général Hoche, que les magasins laissés à Quiberon sont si considérables que, pendant un mois, quatre mille voitures pourraient à peine les transporter, et que leur valeur a été estimée à dix-huit cents millions [2].

M. de Sombreuil fut conduit, avec trois mille et quelques cents soldats ennemis, dans les prisons d'Auray et de Vannes. Les lois contre les hommes pris armés contre leur patrie, sont terribles; leur exécution, lorsque les coupables sont en grand nombre, fait horreur. Celui qui l'ordonna fut sans doute bien malheureux. Voici ce qu'on lit, à cet égard, dans l'écrit d'un émigré, dont j'ai déjà cité quelques passages :

« M. le comte de Sombreuil, et tous les pri-
» sonniers, n'arrivèrent que le lendemain dans
» les prisons d'Auray et de Vannes : ils marchèrent
» avec une très-faible escorte ; ils passèrent une
» partie de la nuit très-obscure dans un bois assez
» considérable. Pendant cette halte, qui fut de
» plusieurs heures, ils furent à peine gardés. Des
» personnes qui y étaient, entre autres un aide-
» de-camp à moi, que j'ai revu depuis, et qui

---

[1] Vie de Hoche, t. II, p. 144.
[2] Moniteur, séance du 15 thermidor.

» m'a raconté beaucoup de détails sur cette mar-
» che, m'a assuré que tous, sans employer aucun
» moyen de force, auraient pu se sauver. La pro-
» position en fut faite; mais elle fut combattue et
» rejetée par des personnes considérables, par-
» ticulièrement par M. le comte de Senneville,
» lieutenant-général dans la marine royale et
» cordon-rouge, qui était le plus ancien et le
» plus éminent en grade.

» L'on prétend (et ce fait m'a souvent été assuré
» depuis) que les autorités militaires, mécontentes
» de ce que l'envoyé du peuple Tallien avait ma-
» nifesté ne point reconnaître de capitulation (car
» il avait dit que lui seul était en droit d'en faire),
» avaient voulu donner aux prisonniers le moyen
» de sauver leur vie, en les faisant à peine escor-
» ter, et ce n'était assurément pas les troupes qui
» manquaient; je ne peux cependant rien assu-
» rer de positif sur ce fait qui me paraît plus que
» probable [1]. »

Les paroles de celui qui va cesser de vivre sont précieuses, parce que, comme un testament de mort, elles contiennent ordinairement la vérité. Voici la lettre que le jeune comte de Sombreuil adressa à l'amiral Wahren, et qu'il envoya au général Hoche pour la faire parvenir à cet amiral.

[1] Mémoires pour servir à l'histoire de la guerre de la Vendée, p. 137, 138.

Auray, 22 juillet 1795 (4 thermidor).

« Sir,

» Je n'espérais pas avoir à vous envoyer un rap-
» port où je dusse détailler les événemens de la
» malheureuse journée qui m'a conduit ici, pour
» demander la plus scrupuleuse recherche sur la
» conduite du *lâche fourbe* qui nous a perdus.
» M. de *Puisaye*, m'ayant donné ordre de prendre
» une position et de l'y attendre, a eu l'extrême pru-
» dence de joindre bien vite un bateau, abandon-
» nant au hasard le sort des nombreuses victimes
» qu'il a sacrifiées ; les gardes du fort ayant été
» forcées, toute l'aile gauche de la position était
» déjà tournée, et il ne restait de ressource que
» dans l'embarquement le plus précipité, rendu
» presqu'impossible par la proximité de l'ennemi.
» Les régimens d'Hervilly et du Dresnay se ran-
» gèrent entièrement vers lui, abandonnant et
» massacrant leurs officiers; la majorité des sol-
» dats, désespérant d'une si affreuse position,
» s'éparpillèrent dans la campagne. Je me trouvais
» resserré et cerné au rocher à l'extrémité de l'île,
» avec deux ou trois cents gentilshommes et le
» peu d'hommes restés fidèles, *mais sans cartou-*
» *ches*, n'ayant pu en obtenir que pour les gardes
» du fort malgré mes instances réitérées. Sans
» doute M. de *Puisaye* avait eu des raisons qu'il
» expliquera. Plusieurs bateaux, encore à la côte,
» pouvaient me donner la ressource déshonorante
» dont a si promptement profité M. de *Puisaye*.

» L'abandon de mes compagnons d'armes eût été
» pis que le sort qui m'attend (je crois demain matin);
» j'en méritais un meilleur, vous en conviendrez
» avec tous ceux qui me connaissent, si le
» hasard laisse à quelques-uns de mes compagnons
» d'infortune les moyens d'éclairer l'univers sur
» cette journée, sans égale sans doute dans l'his-
» toire..........

» N'ayant plus de ressources, j'en vins à une
» capitulation pour sauver ce qui ne pouvait échap-
» per, et le *cri général* de toute l'armée m'a ré-
» pondu que tout ce qui était émigré serait pri-
» sonnier de guerre et épargné comme les autres;
» j'en suis seul excepté[1]. Beaucoup diront : *Que*
» *pouvait-il faire?* d'autres répondront : *Il devait*
» *périr.* Oui, sans doute, je périrai aussi. Mais
» étant resté seul chargé du sort de ceux qui, la
» veille, avaient vingt chefs, je ne pouvais qu'em-
» ployer les moyens qu'on m'avait laissés, et ils
» étaient nuls : ceux qui me les avaient préparés
» pouvaient m'éviter cette responsabilité. Je ne
» doute pas que le *lâche* ne trouve quelques ex-
» cuses à sa fuite; mais je vous somme, sur les lois
» de l'honneur, de faire connaître cette lettre au
» public, et M. Windham voudra bien y ajouter
» celle que je lui ai écrite de Portsmouth. Adieu,
» etc[2]. »

[1] Un cri général n'est point une capitulation.
[2] Correspondance secrète imprimée sur pièces originales, t. II, p. 320.

M. de Sombreuil adressa une autre lettre au général Hoche pour lui demander quel sort était réservé à ses compagnons d'infortune. On ignore si ce général lui fit réponse.

Tel fut le résultat de cette expédition, préparée depuis long-temps, dont les apprêts immenses et formidables semblaient en garantir le succès. Le ministère anglais avait disposé avec une prévoyance et une superfluité remarquables toute la partie du matériel; mais il avait pris moins de soin pour composer le personnel. Les chefs de cette expédition, honorablement qualifiés, étaient peu propres à la faire réussir. Dès le moment du débarquement, il s'éleva une vive dissension entre MM. de Puisaye et d'Hervilly : les limites de leur autorité étaient incertaines; on envoya à Londres pour solliciter une décision. M. de Puisaye avait beaucoup d'esprit, savait concevoir un plan, conduire habilement une intrigue. Ce fut lui qui souleva une grande partie de la Bretagne, qui y organisa ce qu'on nommait la *chouannerie*, et qui, pendant trois ans, pour la soutenir, employa les séductions du fanatisme et du numéraire, fit fabriquer une quantité innombrable de faux assignats qu'il y répandit; c'est lui qui détermina le ministère anglais à fournir des fonds pour l'expédition, fonds que ce ministère ne refusait jamais pour de tels exploits. Il fut aussi un des premiers à fuir sur les vaisseaux anglais.

M. d'Hervilly, homme plein de courage, de présomption et dépourvu de capacité, fit des fautes graves et nombreuses qui amenèrent la catastrophe : les plaintes les plus vives des émigrés se dirigèrent contre le comte Joseph de Puisaye.

Les troupes républicaines combattirent avec leur courage et leur bonheur ordinaires. Le ministère anglais en fut pour ses frais.

Ce ministère, source intarissable de crimes et de calamités pour la France, ne se découragea point; bientôt il dressa des batteries d'un autre genre, et il eut encore, comme on le verra, la honte d'entreprendre une tentative criminelle sans pouvoir en recueillir les fruits.

CHAPITRE II.

FÊTE ANNIVERSAIRE DU 14 JUILLET ; SYMPTOMES D'UN SOULÈVEMENT PROCHAIN ; FÊTE COMMÉMORATIVE DU 9 THERMIDOR ; TRAITÉ DE PAIX AVEC L'ESPAGNE ; RÉCEPTION D'UN AMBASSADEUR DE VENISE ; DEMANDES VIOLENTES ET PERFIDES DES SECTIONS DE PARIS ; TROUBLES DANS LES DÉPARTEMENS ; ASSASSINATS DANS LES DÉPARTEMENS MÉRIDIONAUX ; PAIX CONCLUE AVEC LE LANDGRAVE DE HESSE-CASSEL ; SUCCÈS DE NOS ARMÉES ; AUDACE DES SECTIONS DE PARIS ; TROUBLES AU PALAIS-ROYAL ; JOURNÉES DES 12 ET 13 VENDÉMIAIRE.

La Convention nationale continuait la discussion de l'acte constitutionnel, et cette discussion, calme et méthodique, faisait espérer un résultat heureux. Le rapporteur de la commission des onze, le savant et ferme Daunou, avec cette puissance de raisonnement qui lui est familière, répondait à toutes les objections. Mais les éternels ennemis de la France avaient dit: *Il ne faut rien laisser faire de solide à ces gens-là*[1].

En conséquence, peu de temps après les événemens des premiers jours de prairial, ils organisèrent, sur un plan plus vaste et basé sur d'autres prétextes, un soulèvement général contre le gouvernement conventionnel. Je dirai comment se manifestèrent les premiers symptômes de ce soulèvement ; comment il acquit de la force et com-

[1] Voy. *Esquisses*, t. II, p. 438.

ment, avec une énergie alarmante, il fit son explosion.

Le 26 messidor correspondait à la mémorable journée du 14 juillet, première époque de la révolution. On en célébra l'anniversaire dans le lieu des séances de la Convention. Le brave Lasalle qui, dans cette journée et dans les suivantes, avait montré tant de zèle, couru tant de dangers, fut présenté par le respectable Dusaulx, placé au sein de la Convention, et accueilli par de vifs applaudissemens. Après une symphonie, fut chanté *l'hymne des Marseillais*. Cet hymne, sa musique, depuis quelque temps négligés, produisirent l'enthousiasme le plus énergique. Lorsqu'on en vint à la strophe qui commence par ces mots : *Amour sacré de la patrie!* etc., tous les députés, spontanément, se levèrent et se découvrirent. Dans la suite, tant que la liberté a régné en France, cet usage à chaque fête fut religieusement observé

On demanda à grands cris l'auteur de la musique et des paroles de l'hymne des Marseillais, Rouget de Lisle; il combattait dans nos armées. On entendit ensuite le chant du départ et plusieurs autres chants patriotiques; mais on n'entendit pas le *Réveil du peuple*, chant de vengeance adopté par les réacteurs.

Le chant de l'hymne des Marseillais et l'exclusion du Réveil du peuple offrirent aux agens de l'étranger un prétexte de trouble. Dans les journées qui suivirent cette fête, ils parvinrent à former des attroupemens de jeunes gens qui se répandirent dans Paris, y semèrent les alarmes, menaçant, au Palais-Royal, les personnes et les propriétés ; troublant les spectacles en forçant les acteurs à chanter le *Réveil du peuple*, prohibé par un arrêté du comité de sûreté générale. Deux acteurs du théâtre des Arts furent arrêtés ; nouveau prétexte d'agitation. Des rassemblemens se forment au Palais-Royal, dans le café de Chartres, au théâtre des Arts, et se portent au comité de sûreté générale ; mais ce comité était protégé par une force armée respectable.

Ces agens répandirent le bruit que la Convention voulait remettre la terreur à l'ordre du jour. Boissy-d'Anglas qui, dans la séance du 1er thermidor, rapporta ce fait, parla avec assurance de l'influence anglaise sur les événemens de la révolution : « Le
» génie machiavélique de la cour de Londres,
» dit-il, cherche à porter dans notre propre sein
» un germe d'anéantissement. C'était lui qui tout
» à l'heure provoquait les crimes du 1er prairial;
» c'est lui qui maintenant fait massacrer, dans les
» départemens du Midi, les hommes qui, quoique
» criminels, sont sous la sauvegarde des lois, tandis
» qu'il vomit sur nos frontières ce ramas de
» traîtres, qu'il souffle dans la Vendée de nou-
» veaux fermens de guerre civile..... Il répand,
» jusque dans cette commune, ses émissaires
» et ses guinées pour égarer vos meilleurs ci-
» toyens, etc. »

Les membres de la Convention se prononcèrent fortement dans cette séance et se déclarèrent hautement les ennemis et du royalisme et du terrorisme.

Boissy d'Anglas continue : « Nous dirons à ces
» jeunes gens, dupes, nous aimons à le croire, de
» leur enthousiasme pour la liberté, de leur haine
» pour la tyrannie : Pourquoi ces chants qui de-
» viennent dans votre bouche le ralliement d'un
» parti ? Ils sont, dites-vous, la commémoration
» de la glorieuse journée du 9 thermidor ; mais
» ils sont aussi un germe de division entre les
» bons citoyens ; ils ont été plus d'une fois à Lyon
» et dans le Midi le signal des égorgemens ¹......
» Pourquoi ces rassemblemens séditieux..... Pour-
» quoi cette opposition aux décrets de la Conven-
» tion, aux arrêtés de ses comités ?..... Dans toute
» autre circonstance, de pareils chants n'au-
» raient rien de répréhensible; mais quand la
» malveillance en abuse, vous devez vous en abs-
» tenir, et la police a le droit d'empêcher qu'ils ne
» se fassent entendre..... Regardez quels sont ceux
» qui font entendre ce chant parmi vous et profi-
» tent de votre effervescence. Hier on en a signalé
» plusieurs qui, le 1ᵉʳ prairial, dirigeaient les coups
» qui devaient frapper vos représentans. Des

¹ On a vu que la Compagnie du Soleil, en égorgeant les prisonniers du fort Saint-Jean à Marseille, chantait *le Réveil du peuple*.

» hommes à l'accent étranger, disaient, devant
» le théâtre des Arts, qu'il fallait égorger la Con-
» vention ; d'autres, qu'il fallait substituer un
» chef à sept cents brigands, oppresseurs du
» peuple. »

La Convention fit une proclamation au peuple français pour le prémunir contre les piéges de l'étranger, et lui faire connaître ses principes; deux agens de l'étranger furent arrêtés, l'un le 3, l'autre le 4 thermidor: ils étaient tous les deux émigrés.

La Convention par sa fermeté mit fin à ce mouvement, et se procura un calme qui ne fut pas de longue durée. Pendant cet intervalle, cette assemblée, le 9 thermidor, célébra l'anniversaire de cette journée fameuse qui éclaira la chute de Robespierre et de ses partisans. Des chants, des symphonies, exécutés par l'Institut national de musique, furent les seuls ornemens de cette fête. On y entendit le chant du 9 thermidor, paroles de Chénier, dont voici quelques strophes :

<blockquote>
Salut neuf thermidor, jour de la délivrance :
Tu vins purifier un sol ensanglanté,
Pour la seconde fois tu fis luire à la France
    Les rayons de la liberté.

. . . .

Vous que chante en pleurant l'amitié solitaire,
Femmes, guerriers, vieillards, beauté, talens, vertus,
Vous ne reviendrez pas consoler sur la terre
    Vos parens qui vous ont perdus.
</blockquote>

>Ah! de vos noms sacrés la mémoire chérie,
>Peut du moins quelquefois soulager nos douleurs;
>Du moins sur vos tombeaux la plaintive patrie
>A vos pleurs mêlera ses pleurs.

Dans la séance du 11 thermidor, de vifs applaudissemens, des cris d'allégresse se font entendre; Treilhard est à la tribune et annonce, au nom du comité de salut public, le traité de paix arrêté entre le roi d'Espagne et la république française. Il donne lecture de ce traité, conclu à Bâle le 4 thermidor. Dans la séance du 14 du même mois, la Convention ratifia ce traité de paix et la ratification du roi d'Espagne fut signée le 17 du même mois.

Dans la même séance, l'ambassadeur de la république de Venise, M. Quirini, fut présenté à la Convention nationale. Il y prononça un discours auquel le président fit une réponse très-remarquable, et lui donna l'accolade fraternelle. La Convention décréta que Noble M. Quirini est reconnu et proclamé Noble de la république de Venise près la république française, et que les lettres de créance de Noble M. Quirini, Noble de la république de Venise près la république française, le discours qu'il a prononcé et la réponse du président de la Convention, seraient traduits en toutes les langues, imprimés, envoyés aux départemens et aux armées de la république, et insérés au bulletin.

Cependant, tous les jours, se présentaient des députations des sections de Paris; leurs discours, évidemment inspirés par l'esprit contre-révolutionnaire qui ensanglantait le midi de la France, tendaient à solliciter des fers et des supplices pour les hommes qui avaient suivi ou paru suivre le parti de Robespierre. Le 11 thermidor, c'est la section du Mont-Blanc qui vient déclarer que la justice est trop lente à les punir, et que la modération de la Convention lasse sa patience.

C'est la section de l'Observatoire, fameuse par ses excès en faveur de tous les partis, qui, dans la séance du 13 du même mois, adresse les mêmes reproches à la Convention et excite du trouble. Une députation de la ville de Moulins fait les mêmes demandes. La Convention sembla répondre à cet appel, et, dans la séance du 21 thermidor, elle rendit un décret d'arrestation contre trois de ses membres, *Lequinio, Lanot* et *Lefiot;* dans celle du 22, elle porta un pareil décret contre les représentans *Dupin, Bó, Massieu, Piorry, Chaudron-Rousseau, Laplanche* et *Fouché* de Nantes. Mais ces décrets arrachés par l'intrigue ne passèrent pas sans une forte opposition; peu s'en fallut que *Hentz, Noël Pointe* et *Francastel* ne fussent compris dans le même décret.

Ce fut après ces actes de sévérité, commandés par des factieux, réprouvés par la politique, que fut célébrée la fête du 10 août. On doit remarquer que, dans cette solennité, le chant nommé le *Réveil du peuple* qui avait été exclus dans la fête de l'anniversaire du 14 juillet, fut chanté avec la Marseillaise et le Chant du départ. La Convention fit à ce sujet une concession sans conséquence au parti contre-révolutionnaire qui l'obsédait et ne lui en sut aucun gré. Dans la séance du 24 thermidor, la section de Bonnes-Nouvelles envoya des pétitionnaires à la Convention. Ils demandèrent, avec le ton impérieux de la malveillance, des lois contre l'agiotage, une loi qui attache chaque citoyen à son état, l'abolition de la loi sur les poids et mesures, et sur leurs noms nouveaux; la contrainte par corps contre les créanciers, et le rétablissement de l'ancien calendrier. Ils demandent des mesures les plus sévères contre les terroristes détenus.

Les intentions des pétitionnaires n'étaient pas douteuses; ils voulaient, comme on le dit vulgairement, chercher querelle à la Convention. Un député parla après les pétitionnaires et dit entre autres choses: « Des hommes viennent se plaindre » des mouvemens révolutionnaires, et ils sont » eux-mêmes toujours en révolution! Ils vous » parlent contre le système de la terreur, et ils veu- » lent eux-mêmes rétablir une nouvelle terreur. »

Jamais la Convention n'avait en effet mérité moins de reproches de la part des Français les plus difficiles; jamais elle ne montra plus de modération, plus d'amour pour la justice et de zèle pour le bonheur des Français. Elle discuta avec calme et sagesse le projet de constitution, qui fut décrété dans la séance du 29 thermidor au milieu de vifs applaudissemens, et qui aurait terminé la révolution sans les attentats toujours renouvelés des ennemis de la liberté. Elle avait sauvé la France du régime de la terreur, réparé tant qu'il lui était possible les maux de ce régime, créé plusieurs institutions utiles; elle avait de plus purgé la France des sociétés populaires, foyer de conspirations, d'abord en suspendant celle de Paris, et puis en décrétant, dans la séance du 6 fructidor, l'entière abolition de ces sociétés; mais ces titres à la reconnaissance publique, ne la rendaient que plus coupable aux yeux de ses antagonistes.

Pendant le mois de messidor, la Convention s'occupa des moyens de terminer la révolution, et de la discussion de plusieurs lois.

Elle apprit que des troubles s'étaient manifestés dans la ville de Nantes; que, dans une commune du district de Montbrison, cinq ou six inconnus, vêtus d'habits blancs, semés de fleurs de lis noires et renversées, et tenant un drapeau chargé des emblèmes de la royauté, avaient sermoné les habitans; et répandu ensuite des cocardes blanches; que le lendemain ils se portèrent chez le percepteur, et voulurent enlever sa caisse, etc.

Dans la séance du 11 fructidor, des sections de Paris vinrent encore faire entendre des propositions perfides, mêlées de paroles qui leur donnaient la couleur de l'intérêt public. La section du Mail demanda que la Convention nationale éloignât les troupes qui se trouvaient aux environs de Paris.

Celle des Champs-Élysées parut ensuite ; elle avait pour orateur M. Lacretelle jeune. Ses plaintes contre la Convention eurent un autre prétexte. Elle dit que le décret qui ordonne le renouvellement par tiers, source d'embarras et de division, fait concevoir de l'inquiétude et donne de l'ombrage.

Le président (Chénier) fit à ces pétitions astucieuses des réponses remarquables par leur noblesse et leur fermeté.

Les adversaires de l'opinion du renouvellement par tiers firent secte, et nommèrent les partisans de cette opinion les *perpétuels.* La première pétition semblait dire : *Éloignez ces troupes ; elles pourraient nuire au mouvement que nous voulons opérer ;* et la seconde : *Le renouvellement par tiers nous contrarie, et nous enlève l'espoir de composer la majorité du corps législatif de nos partisans.* On annonça à la Convention que chaque section de Paris n'était la veille composée que d'une poignée d'intrigans qui voulaient faire passer leurs vœux pour le vœu des habitans.

Une pareille pétition fut, le 12 fructidor, présentée à la barre de la Convention : c'était celle du faubourg Montmartre. L'orateur exprima une opinion pareille à celle de la section des Champs-Élysées, sur le renouvellement par tiers.

Les troubles dans les départemens coïncidaient avec ces pétitions séditieuses. Le 23 thermidor, dans la ville de Besançon, éclata une insurrection sous les couleurs du terrorisme. Un nombreux rassemblement parcourut divers quartiers. Ceux qui le composaient portaient, pour signe de ralliement, à leurs chapeaux, une branche de chêne. Après avoir fait des orgies, ils se répandirent dans les rues, en criant : *Vive la montagne, vivent les sans-culottes!* provoquant à la révolte et maltraitant plusieurs habitans.

Il se manifesta aussi des mouvemens séditieux à Belley, département de l'Ain. Dans le Midi, les troubles, et surtout les assassinats, continuaient. Les contre-révolutionnaires ne cachaient plus leur projet. Les acquéreurs de biens nationaux étaient menacés, obligés de fuir. Le curé de Grace forçait ces acquéreurs à demander pardon à Dieu de leur acquisition et en ordonnait la restitution. Une femme était dans ce cas; elle fut conduite à la municipalité de Solliers; obligée de fuir, elle se retira à Pignan, y fut découverte. On demandait son incarcération; en sortant, elle fut assaillie et si maltraitée par des émigrés, qu'elle mourut en entrant à l'hôpital de Toulon, où on la transporta [1].

Ces mouvemens, ces motions, présages sinistres d'une prochaine catastrophe, donnaient de l'inquiétude pour l'avenir; mais ce sentiment était affaibli par les nouvelles que l'on recevait de notre diplomatie et de nos armées.

Dans la séance du 15 fructidor, le comité de

---

[1] Mémoires de Fréron, pièces justificatives, p. 262.

salut public présenta à la ratification de la Convention le traité de paix conclu, le 11 fructidor, entre la république française et le landgrave de Hesse-Cassel. On recevait fréquemment les nouvelles des avantages remportés par les armées réunies des Alpes et d'Italie : les combats de Bernouil, du Mont-Genèvre, où le général de brigade Moulin mit quatre mille Piémontais en déroute; le combat de Cerise, où le général Serrurier fit six cents prisonniers; et celui de Borghetto, où les généraux Masséna et Saint-Hilaire défirent huit mille Autrichiens, en tuèrent cinq cents et en firent quatre cents prisonniers. Mais l'exploit le plus notable, de cette époque, est le passage du Rhin par l'aile droite de l'armée de Sambre-et-Meuse, commandée par les généraux Kleber, Lefebvre, Grenier, Championnet, passage qui s'effectua dans les journées des 19 et 20 fructidor. L'ennemi, après une perte considérable, fut chassé de tous ses retranchemens. Les Français prirent Keyserwerth, Dusseldorf et plusieurs autres places.

Cependant Paris se remplissait d'étrangers, d'émigrés, de conspirateurs accourus de toutes parts pour participer au mouvement qui s'apprêtait. Ces étrangers s'associèrent tout ce que cette ville contenait d'hommes impurs, et séduisirent par des calomnies, répétées chaque jour, des hommes de bonne foi, et, je le dis avec répugnance, deux ou trois députés séduits se rangèrent sous leurs bannières.

Les mouvemens que se donnaient ces factieux furent bientôt connus de la Convention qui, dans sa séance du 19 fructidor, prit quelques mesures partielles et insuffisantes.

La constitution était adoptée, ainsi que ses lois organiques; elles furent présentées à l'acceptation du peuple réuni en assemblées primaires. A Paris, les sections représentaient ces espèces d'assemblées; et, le 20 fructidor, cette opération dut se faire.

Ce jour, qui devait ramener tous les sentimens vers un but unique, vers l'intérêt général, vit dans cette capitale éclore des troubles et des révoltes. Les séditieux, les agens de l'étranger s'étaient emparés des sections et les dominaient; tous les genres de déception et de moyens séducteurs étaient réunis pour égarer ceux qu'on ne pouvait corrompre.

Tous les matins neuf ou dix journaux vomissaient des injures contre la Convention et répandaient des calomnies ou des erreurs dans le public. Ils étaient soutenus par des pamphlétaires dont les écrits se distribuaient gratuitement à Paris et dans les départemens. Parmi eux on distinguait *La Harpe, Richer-Serisy, J.-J. Dussault, Marchena*[1], l'abbé *Morellet*, etc.

---

[1] Legendre, dans la séance du 22 fructidor, fit une vive sortie contre cet homme : « Où Marchena que nous voyons tous
» les jours sous les livrées de la misère, sans chemises et

Dans ces pamphlets, les conventionnels qui, six mois avant, étaient proclamés *sauveurs de la patrie, libérateurs de la France*, des *législateurs humains*, depuis qu'ils eurent publié la constitution, devinrent subitement aux yeux de ces écrivains, des *brigands*, des *scélérats* dignes de mort : cette constitution était républicaine.

La section Le Pelletier donna aux autres sections de Paris l'initiative de la révolte, et prit, le 20 fructidor, un arrêté qui porte que tout citoyen a le droit d'émettre librement son opinion sur la constitution présentée à l'acceptation du peuple, et sur le décret qui porte que cinq cents membres conventionnels seront réélus par les départemens.

Cet arrêté fut envoyé aux quarante-sept autres sections de Paris.

On fit observer que si toutes les assemblées primaires de France, réunies dans une même commune, faisaient une pareille déclaration, elles en auraient le droit ; mais que ce droit n'appartenait point aux sections de Paris, très-faible fraction de la nation française.

Les écrivains favorables à ces sections turbulentes et leurs orateurs en crédit proclamèrent la souveraineté des assemblées primaires, et, prenant la partie pour le tout, en conclurent

» sans souliers, prend-il de l'argent pour tapisser les murs de
» Paris du venin que sa plume distille? Quelqu'un assuré-
» ment lui fournit des moyens. »

que les sections parisiennes, en leur qualité d'assemblées primaires, étaient souveraines, et que les autorités constituées, le corps constituant restaient sans pouvoir et devaient s'humilier devant cette souveraineté nouvelle.

Presque toutes les sections, ainsi endoctrinées par les conspirateurs, adoptèrent aveuglément ou parurent adopter ces faux principes ; mais je dois le dire, les habitans de la plupart de ces sections, trompés par de pareils sophismes, étaient de plus intimidés, maltraités, expulsés même par les factieux qui les dominaient. Le Moniteur contient plusieurs exemples de pareilles violences [1]. Ainsi les sections manquaient ou de jugement ou de cette liberté absolue, sans laquelle aucun vote n'est légitime.

La section Le Pelletier prit un autre arrêté ; elle proposa de réunir quarante-huit commissaires, pris dans les quarante-huit sections de Paris, et de charger cette réunion ou comité central de la rédaction d'une déclaration des votes de tous les habitans de Paris. La Convention décréta que les commissaires qui se réuniraient en comité central, nommés par plusieurs assemblées primaires, seraient déclarés coupables d'attentats contre la souveraineté du peuple et la sûreté intérieure de la république, et poursuivis et punis comme tels, etc.

Il y eut dans les séances suivantes plusieurs ré-

---

[1] Voyez la séance des 22 et 23 fructidor.

clamations contre les arrêtés pris par les sections de Paris et contre les meneurs qui en avaient expulsé plusieurs citoyens qui s'étaient présentés pour voter pour l'acceptation de l'acte constitutionnel.

Les conspirateurs intimidés semblèrent s'arrêter dans leur marche, et attendre un moment plus propre à l'exécution de leurs projets. Dans l'intervalle de vingt jours, depuis le 20 fructidor jusqu'au 5 vendémiaire suivant, si l'on excepte les troubles des villes voisines et les calomnies des journaux et des placards, les événemens à Paris parurent dans un état de stagnation.

Pendant cet espace de temps, à chaque jour, à chaque heure, arrivait à la Convention, de la part des armées, des assemblées primaires des départemens et même des sections de Paris, l'acceptation de l'acte constitutionnel. Une très-grande majorité l'accepta sans restriction; quelques assemblées, en l'acceptant, rejetèrent les lois organiques des 5 et 13 fructidor. Le nombre de ceux qui rejetèrent la constitution fut infiniment petit [1].

---

[1] Quelques exemples feront connaître la proportion des votes négatifs et des votes affirmatifs à Paris. Dans la section du Mont-Blanc, sur mille quatre cent soixante-neuf votans, mille quatre cent soixante-cinq adoptent la constitution, trois la rejettent et un ajourne son vote.

Dans la section du Mail, sur mille trois cent quatre-vingt-dix-huit votans, mille trois cent quatre-vingt-quinze accep-

Les sections de Paris, atteintes de l'esprit de sédition, venaient à la barre de la Convention porter le résultat des votes de leurs arrondissemens, et disaient presque toutes : On nous accuse d'être influencées par le royalisme; vous voyez que les votans ont à l'unanimité, ou presque en totalité, adopté l'acte constitutionnel. Mais ces sections s'accordaient à rejeter les lois organiques : elles acceptaient une voiture, et lui refusaient les chevaux qui devaient la faire marcher.

La Convention écoutait avec calme les diverses députations de sections, qui, pour la plupart, étaient insultantes et calomnieuses. Le président, respectant les organes du peuple, se rejetait sur des généralités, et montrait, dans ses réponses, une modération admirable. Si les conspirateurs, pendant ce même espace de temps, ne firent aucune tentative ouverte contre le repos de Paris, s'ils laissaient accepter la constitution, c'est qu'ils se proposaient d'influencer les votes des assemblées primaires, lorsqu'elles s'occuperaient de nommer des électeurs. Ils continuèrent leurs calomnies, suscitèrent des disettes et des troubles, afin qu'on en accusât la Convention nationale. Ils

tèrent la constitution, deux firent des réserves, un la rejeta.

Dans la section de la Butte-des-Moulins, sur deux mille quatre cent quatre-vingt-douze votans, deux mille quatre cent cinquante-neuf acceptèrent, dix-huit la rejetèrent, six demandèrent un roi, etc.

expédiaient des courriers dans les villes qu'ils voulaient soulever, entretenaient une correspondance très-active avec leurs agens, dont les uns portaient les habitans à nommer des électeurs royalistes, et les autres les soulevaient contre l'autorité, et les excitaient à des violences déplorables.

Château-Neuf, Nonancourt, Dreux, Verneuil et le département d'Eure-et-Loire où l'on s'efforça d'établir une nouvelle Vendée, celui du Loiret et surtout la ville de Chartres, sentirent les effets sanglans des manœuvres de ces agens de conspiration. On incarcéra, on égorgea dans plusieurs de ces lieux, les membres du bureau des assemblées primaires. De ces divers événemens je ne détaillerai que ceux de la ville de Chartres.

Le 1er jour complémentaire an III (17 septembre 1795), éclata une révolte des plus violentes dans cette ville; le représentant du peuple Tellier, qui s'y trouvait, entouré d'une troupe de femmes ou plutôt de furies qui lui demandaient la diminution du prix du pain, résista pendant quatre heures aux menaces les plus horribles, aux calomnies les plus outrageantes. Ses exhortations ne touchèrent point ces furieuses; il allait être égorgé dans une des salles de la commune. Craignant par une plus longue résistance de causer des massacres, il se résout enfin à céder au vœu de cette foule égarée et à prendre l'arrêté qui réduit le prix du pain à trois sous la livre. On l'oblige à le proclamer dans les carrefours de la ville, entouré des autorités civiles et mi-

litaires. Il entend sur son passage des cris de *Vive le roi!* Après avoir rempli cette formalité, oppressé par la douleur, il rentre dans le lieu où il logeait; il écrit deux lettres, l'une à la Convention, l'autre à ses comités : « J'étais venu pour vous servir
» de tout mon pouvoir, dit-il, dans la première;
» j'espérais quelques succès d'une mission où je
» mettais du dévouement et de la franchise; ma
» récompense a été l'ignominie; je ne veux pas y
» survivre; mais j'ai mieux aimé mourir de ma
» propre main que de laisser commettre un crime
» par l'ignorance et l'aveuglement. Je n'aurais
» jamais consenti un arrêté illégal, si je n'avais
» senti d'un côté l'impossibilité de l'exécution et
» de l'autre le danger de faire répandre beaucoup
» d'autre sang que le mien; ce soir je le rétracte
» formellement.

» Je sors de la vie avec un héritage de probité
» que je transmets à mes enfans, aussi pur que je
» l'avais reçu de mon respectable père.

» *Signé* Adrien TELLIER. »

Voici la seconde lettre qu'il adressa aux comités du gouvernement : « Je n'ai point été lâche en ren-
» dant un arrêté inexécutable; je voulais épargner
» beaucoup de sang et ne verser que le mien. J'a-
» vais même refusé, pendant quatre heures, avec
» courage, cet arrêté insensé, lorsque la pru-
» dence, qu'on appellera faiblesse, me l'a fait ac-
» corder.

» Ma mort volontaire sera plus utile à mon pays
» qu'un assassinat. Mais avant de m'ôter la vie, j'ai
» voulu éviter à la Convention la peine de rappor-
» ter cet acte violenté, en le rétractant moi-même,
» par ma lettre aux autorités constituées. Je meurs
» content de moi. *Signé* TELLIER. »

Il eut une longue et tranquille conférence avec les administrateurs et quelques officiers généraux; et vers minuit, d'un coup de pistolet il se donna la mort[1].

Après avoir cité ce grand acte de vertu, passons aux manœuvres du crime.

« Les agioteurs épuisèrent les richesses de leur
» infernal génie pour faire hausser le prix des
» marchandises; celui des denrées augmenta dans
» une progression désespérante. Dans le même
» moment, on faisait piller les subsistances dans
» Eure-et-Loire; on les arrêtait à l'entour de
» Paris.

» C'est dans ces circonstances que l'on com-
» mença à former les groupes qui toujours pré-
» cèdent et préparent les orages révolutionnaires.
» Des orateurs se relevaient pour échauffer les
» têtes; on s'apitoyait sur la misère du peuple :
» *on n'était pas si malheureux sous un roi; les*
» *maux venaient de la Convention, il faut la*
» *chasser.* Dans quelques groupes, et dans plu-

---

[1] Voyez le rapport d'Isabeau, Moniteur, séance du 2ᵉ jour complémentaire.

» sieurs sections, on parlait d'arrêter la Conven-
» tion¹. »

Les journalistes, les pamphlétaires continuaient à pervertir l'opinion publique. Tallien, dans la séance du 3ᵉ jour complémentaire, dénonce un écrit intitulé : *Mon dernier mot aux Parisiens*, et où se lisent ces passages : « Si le 10 vendémiaire,
» la Convention n'a pas terminé sa longue et
» affreuse session, le titre de conventionnel en
» exercice doit devenir un titre de proscription...
». On doit faire usage contre eux de la mise
» hors la loi... Les votans pour la mort ne
» mourront pas dans leur lit, à moins qu'ils ne
» meurent bientôt, et tous les citoyens doivent
» s'armer de sabres et de pistolets pour les ex-
» terminer. *Tuez-les*, c'est le seul moyen qui vous
» reste². »

On dénonça à la Convention un placard affiché à Beaugency, plus violent encore, car on y demandait le sang de deux millions d'hommes, l'entière destruction de Paris et la mort de tous ses habitans³.

La section Le Pelletier, foyer de la révolte, envoyait dans toutes les villes environnantes des agens

---

¹ Essais sur les journées des 13 et 14 vendémiaire, par P.-F. Réal, p. 19, 20.

² Moniteur, séance du 2ᵉ jour complémentaire, p. 2.

³ Cette pièce est l'ouvrage d'un enragé, ou bien elle est apocryphe : il paraît que l'auteur a voulu ridiculiser les projets des factieux en les outrant.

dé troubles; elle en avait dépêché à Chartres, elle en envoya à Compiègne. Cet émissaire, nommé *Olivier*, y répandit mille impostures pour changer l'opinion, et annonça que dans huit jours les habitans de Paris devaient arrêter les membres de la Convention, former un gouvernement provisoire et appeler un roi.

Jusqu'alors les conspirateurs s'étaient bornés, dans Paris, à faire la guerre au gouvernement avec des écrits chargés de calomnies et d'injures. La Convention, dans le moment de la tenue des assemblées primaires, par respect pour leur liberté, les avait patiemment supportés, mais les conspirateurs en vinrent bientôt aux voies de fait.

Le 2 vendémiaire an IV (24 septembre 1795), le jardin du Palais-Royal, foyer de toutes les intrigues, de toutes les manœuvres des factieux, ordinairement rempli de groupes dont les orateurs prêchaient ouvertement la contre-révolution, fut le théâtre de plusieurs scènes violentes.

Un vétéran de l'Hôtel des Invalides, accompagné de quelques militaires, se promenait dans ce jardin; ils entendirent un colporteur de journaux qui annonçait la prise de Manheim par les Français[1]: A cette nouvelle, qui devait flatter, émouvoir de vieux militaires, ils crièrent : *Vive la république!* Aussitôt une foule d'individus les entourent, leur

---

[1] Le 4 des jours complémentaires ou le 20 septembre, la capitulation de Manheim fut signée.

crient: *A bas les coquins!* en leur annonçant qu'ils seraient hachés s'ils persistaient dans leur opinion. Ces individus menaçans frappèrent le vétéran à coups de bâton.

Le 3, vers sept heures du soir, des habitués de ce jardin s'entretenaient de quelques lois de la Convention et en parlaient avec véhémence. Deux citoyens s'approchent, parlent dans un sens contraire et sont traités de *terroristes*. Cette injure en amène d'autres ; le groupe devient plus nombreux. C'est en vain qu'une patrouille de cinq hommes essaie de le dissiper : une patrouille plus forte se présente ; elle enveloppe les deux citoyens en opposition avec les factieux, et les protège contre la foule qui les menace.

Un individu à collet vert parlait avec mépris de l'acceptation de la constitution, un militaire lui répond ; la conversation s'anime ; des provocations suivent. Le militaire est assailli par une troupe de furieux qui le conduisent au corps-de-garde. Il demande à être traduit au comité de sûreté générale, on s'y refuse, on le mène auprès de l'officier de police de la section, et on l'y accompagne en chantant le Réveil du peuple.

Dans le même temps, on arrêta trois individus perturbateurs dont l'un était étranger.

Le 3 vendémiaire, même multitude, mêmes groupes au jardin du Palais-Royal, même disposition aux troubles. Plusieurs militaires qui se promenaient dans ce jardin furent attaqués. Ceux-ci arrêtèrent leurs agresseurs; alors trois coups de fusil furent tirés sur ceux qui les conduisaient. Un grenadier de la Convention fut légèrement blessé.

Aussitôt ces factieux désertèrent le jardin, se retirèrent dans les sections en criant : *Aux armes, les grenadiers tirent sur le peuple !*

Dans le même temps, d'autres troupes de jeunes gens à collets verts, parcouraient différens quartiers de Paris, en criant : *A bas les deux tiers !* faisant allusion aux deux tiers des conventionnels qui devaient faire partie de la prochaine législature.

Ces rixes, ces insultes, ces cris séditieux, préludes sinistres d'un événement terrible, réveillèrent la Convention; elle adopta des mesures énergiques ainsi que la proclamation suivante :

« Parisiens, souffrirez-vous qu'une poignée d'in-
» trigans, d'agitateurs et d'assassins vous précipi-
» tent dans les horreurs de la guerre civile ? Que
» veulent donc ces hommes criminels ? C'est depuis
» quelques jours seulement qu'ils parlent de la sou-
» veraineté et des droits du peuple ; et quel usage
» ont-ils fait de la confiance que, dans leur aveu-
» glement, leurs concitoyens leur ont momenta-
» nément donnée ? Ils ont divisé cette cité ; ils ont
» aigri les citoyens les uns contre les autres ; ils ne
» veulent plus que vous reconnaissiez la représen-
» tation nationale ; ils cherchent à avilir, ils outra-
» gent le gouvernement........ C'est sous vos yeux
» que les hommes les plus vils organisent la disso-
» lution de la république, la ruine de votre com-

» mune, le pillage de vos fortunes, votre propre
» massacre. Parisiens, au nom de la liberté, au
» nom de votre propre intérêt, cessez d'écouter
» ces hommes pervers, unissez-vous à la représen-
» tation nationale, qu'elle soit votre point de ral-
» liement; vous le devez à vous autant qu'aux dé-
» partemens. Mais si la voix paternelle des repré-
» sentans de la France était méconnue, si la Con-
» vention, abandonnée, devait périr dans vos
» murs, quoique l'assassinat de ses membres ne
» pût jamais vous appartenir, quoiqu'il fût le
» crime des royalistes, n'en doutez pas, la France
» entière vous demanderait compte de votre
» faiblesse. »

A la suite de cette proclamation, la Convention rendit un décret qui déclare les habitans de Paris garans et responsables envers le peuple français, de la conservation de la représentation nationale, et déclare que, si un attentat était commis sur elle, le nouveau corps législatif et le Directoire exécutif se réuniront à Châlons. En même temps, elle ordonna, aux généraux des armées de la république, de tenir, prêtes à marcher, les colonnes républicaines.

Il ne suffisait pas de faire des lois contre un ennemi qui s'avançait, et devenait chaque jour plus formidable ; il fallait s'entourer d'une force armée. La Convention avait nommé trois de ses membres pour diriger les troupes, Goupilleau de Fontenay, Delmas et La Porte. Dans sa séance du 3 au matin, elle adopta un arrêté qu'avaient pris ces trois députés pour réprimer l'attentat de la section du Temple, qui s'était permis de donner des ordres à la force armée, et, dans le même jour, dans sa séance du soir, elle décréta que les représentans du peuple, chargés de la direction et de la surveillance de la force armée de Paris, etc., prendront toutes les mesures propres à assurer la tranquillité publique, à faire respecter les personnes et les propriétés.

Sur le plateau qui domine le bourg de Marly, était un camp composé d'environ quatre mille hommes de troupes de ligne; dans la nuit du 3 au 4 vendémiaire, ce camp fut transféré dans la plaine des Sablons plus rapproché de Paris; la Convention, pour justifier le rapprochement de cette force armée, fit encore une proclamation aux Parisiens. Ces troupes, y disait-elle, s'approchent de la capitale pour maintenir la sûreté publique, garantir vos propriétés, protéger l'arrivage des subsistances, et faire respecter la volonté nationale [1].

La séance du 4 vendémiaire s'ouvrit par le discours de Marec, qui, au nom du comité de salut public, fit un rapport sur l'état de Paris, sur les entraves qu'éprouvent la circulation des grains, et leur arrivage dans cette ville : « Par-
» tout, dit-il, où les écrits des royalistes et leurs

---

[1] Procès-verbal de la Convention, t. 70, p. 82.

» infâmes émissaires ont réussi à distiller leur ve-
» nin, à accréditer leurs infâmes calomnies, il y
» a eu, et il y a encore des obstacles à l'enlèvement
» des grains et farines achetés pour la subsis-
» tance de Paris. C'est en nous comblant d'outra-
» ges, c'est en nous peignant comme une réunion
» d'assassins et de brigands, comme des usurpa-
» teurs qui voulons nous perpétuer dans l'exer-
» cice de nos pouvoirs, qu'on est parvenu jus-
» qu'à présent à énerver l'autorité nationale, à
» faire méconnaître et nos lois et les arrêtés du
» gouvernement. »

L'orateur parle encore de la funeste influence des journaux, des soulèvemens causés dans diverses communes, par de perfides émissaires, et notamment de la révolte de la ville de Chartres; parle de pareils troubles excités dans la ville de Senlis.

« Il y a trois jours, dit-il, qu'une insurrection
» s'y est manifestée avec les caractères les plus
» alarmans; on y répandait, contre la Conven-
» tion nationale, les mêmes écrits, les mêmes
» calomnies qui salissent en ce moment les murs
» de Paris, et qui remplissent les journaux dont
» j'ai parlé. On demandait, à Senlis, la tête du
» représentant du peuple *Jacomin*, connu par
» son extrême douceur, sa probité et son zèle
» infatigable dans l'exercice de la mission qui lui
» a été confiée. Sa fermeté et la courageuse assis-
» tance des braves défenseurs qui se trouvent en

» cantonnement à Senlis, de la garde nationale
» et des autorités constituées de cette commu-
» ne, ont réussi à déjouer les complots de la
» malveillance....

» Il existe à Paris des individus qui se disent
» commissaires de l'assemblée primaire de Dreux.
» Les rapports de la police annoncent que ces
» hommes se transportent de section en section pour
» y décrier toutes les opérations du gouverne-
» ment, principalement en matière de subsistances,
» pour y vanter la possibilité d'avoir des grains et
» des farines en abondance, moyennant qu'on
» s'adresse à eux directement, ou à leurs pareils,
» et pour proposer enfin aux assemblées primaires
» de Paris de s'occuper elles-mêmes, par des
» commissaires, du soin d'approvisionner cette
» immense commune.

» Ce serait, en effet, une nouvelle manière de
» réaliser ce *comité central* que les factieux cher-
» chent à former ici depuis quelque temps[1], pour
» opposer une Convention communale à la Con-
» vention nationale de France, pour s'emparer
» de l'autorité légitime, confiée, par le peuple
» tout entier, à sa représentation; pour relever

---

[1] « La section Le Pelletier, dès le 20 fructidor, deve-
» nue *Société-mère*, proposa aux quarante-sept (sections) affi-
» liées de Paris, la création d'un *Comité central :* un décret
» rédigé par Daunou frappa de mort cet acte d'anarchie. »
(Essai sur les journées des 13 et 14 vendémiaire, par Réal,
p. 13.)

» les débris du trône, et le poser sur vos ca-
» davres ensanglantés[1].

Plusieurs décrets, pendant cette séance du 4 vendémiaire, furent rendus pour arrêter les entreprises des sections : dans la séance du soir de ce jour, on dénonça leurs actes illégaux ; Mariette dit : « Plusieurs sections, au mépris de la consti-
» tution, prennent des arrêtés, les font afficher,
» donnent des ordres aux comités civils, s'envoient
» réciproquement des députés. »

Merlin de Douai assure que les comités de gouvernement viennent d'être instruits que, dans quelques sections, les agitateurs frappent aux portes des citoyens qu'ils ont désignés, leur font prendre les armes, et qu'ils se permettent des arrestations illégales. Il fut fait défense aux geôliers des prisons de recevoir aucun individu qui ne serait pas mis en arrestation par décret de la Convention nationale, ou par arrêté de ses comités.

Dans la séance du 5 vendémiaire, un membre donna lecture d'une lettre à lui adressée par la commune des Sables, datée du 26 fructidor. Suivant son contenu, un courrier, dépêché par Charette, avait été arrêté dans la commune de Niort. Ce courrier se dirigeait sur Paris, et il était porteur d'une lettre dont voici l'extrait :

Charette a de belles correspondances à Paris ;

---

[1] Moniteur du 4 vendémiaire, p. 38.

il disait à ses coopérateurs dans cette ville, qu'il lui était désormais impossible de continuer la guerre; qu'il était sans moyens pour cela, et que si l'on persistait à vouloir la contre-révolution, c'était à Paris qu'il fallait désormais se réunir pour la faire.

J'ai des preuves matérielles de l'existence d'un *comité central* à Paris, dit un député. Il y a quatre mois, dit un autre, qu'il fut trouvé une pièce originale, adressée *au comité central des puissances étrangères à Paris.* Cette pièce fut remise au comité. Tallien, mieux instruit à cet égard que ses collègues, traite cette découverte de ridicule. « Oui, dit-il, ce *comité* existe; il est composé de gens résidans à Paris : le comité de sûreté générale le sait bien. »

Oui, il existait à Paris un comité central de conspirateurs étrangers ou nationaux; il existait de plus une armée organisée, et un état-major, des généraux qui devaient attaquer la Convention à force ouverte; tandis que les calomnies des écrivains à gage, sans cesse répétées, enfin admises, préparaient les voies.

Talot déclare qu'il existe à Paris une foule d'officiers de chouans et d'émigrés. Il demande qu'un conseil de guerre soit établi pour prononcer sur leur sort. Tallien dit que le général Saint-Cyr, venu à Paris pour y porter le vœu de ses frères d'armes sur la constitution, lui a dit qu'il avait rencontré au Palais-Royal plus de quarante chefs de Chouans. En annonçant ce fait assez grave, Tallien s'oppose à la création d'un conseil militaire et demande à cet égard l'ordre du jour.

Tous les faits déclarés, ainsi que la conduite des sections de Paris, mettaient la conspiration en évidence. On ne pouvait plus douter que la Convention ne fût alors entourée d'ennemis qui, ayant projeté sa ruine ou sa dispersion, commençaient l'exécution de ce projet; que ces ennemis étaient nombreux et formidables, et que le péril chaque jour devenait plus imminent. La Convention, qui en devait être persuadée, agissait comme si elle ne l'était pas. Dans les comités, les uns craignaient la crise, et voulaient la détourner en temporisant; les autres, accoutumés au succès en pareil cas, et ne voulant point être agresseurs, se reposaient avec confiance sur la fortune. Tous semblaient attendre que les coups leur fussent portés pour les parer.

La Convention en général paraissait ferme et impassible; elle montrait le calme de la force, et, pour ses ennemis, une indifférence qu'elle porta trop loin.

Elle s'occupait des importans travaux de la législation, des intérêts généraux et privés, de l'instruction publique, de la réunion de la Belgique et du pays de Liége à la France, dont la discussion, qui occupa plusieurs séances, se fit avec une solennité digne du sujet; cette réunion fut décrétée dans la séance du 9 vendémiaire; au milieu de la tourmente des factions, la Convention s'occupa même de donner une fête.

En lisant les procès-verbaux des séances de cette époque, on est étonné de la multitude des décrets de la Convention nationale et de ses nombreux travaux; on est étonné de n'y voir que très-peu de passages concernant l'épouvantable conspiration dont elle était menacée.

Le 10 vendémiaire, au commencement de la séance, Baudin, au nom de la commission des onze, fit décréter que l'ouverture des séances du corps législatif, indiquée au 15 brumaire, était définitivement fixée au 5 du même mois.

« Ce décret était une réponse tranchante et dé-
» cisive à cette calomnie, tant de fois répétée,
» que la Convention voulait éterniser le gouver-
» nement révolutionnaire et retarder celui des lois.
» Ce décret arrachait dix jours aux factieux, et,
» au milieu d'une pareille tempête, dix jours en-
» levés aux conjurés pouvaient sauver la chose
» publique[1]. »

Quelques heures après ce décret rendu, la section Le Pelletier leva l'étendard de la révolte, en prenant un arrêté dont voici les principaux passages : « Considérant que le terme de dix jours
» que la Convention a prétendu marquer entre la
» clôture des assemblées primaires et la convoca-

[1] Essai sur les journées des 13 et 14 vendémiaire, par Réal, p. 20, 21.

» tion des corps électoraux, *ne tend qu'à se ména-*
» *ger les moyens d'en reculer encore le terme*, d'a-
» journer la constitution acceptée par le peuple
» entier, de prolonger le gouvernement révolu-
» tionnaire, de diviser, séduire et terrifier les
» électeurs [1]. »

Après plusieurs autres considérans, aussi absurdes que dépourvus de vérité, cette section arrête
1° « Demain, a dix heures du matin, sans nul dé-
» lai, les électeurs de toutes les assemblées pri-
» maires de Paris se réuniront dans la salle du
» Théâtre-Français [2]. Les assemblées dont les
» électeurs ne sont pas en nombre, y enverront
» ceux qui sont déjà nommés, et hâteront la no-
» mination des autres autant que possible.

» 2°. Aussitôt que les électeurs seront assemblés,
» ils en donneront avis aux assemblées primaires
» des cantons ruraux du département.

» 3°. Chaque assemblée primaire ouvrira demain
» sa séance, à sept heures du matin, et là, les
» électeurs *feront serment*, entre *les mains de leurs*
» *commettans, de les défendre jusqu'à la mort*,
» et les commettans jureront, à leur tour, de *dé-*
» *fendre jusqu'à la mort* les électeurs, tant qu'ils
» rempliront *fidèlement leurs devoirs.*

» 4°. Chaque assemblée primaire prendra les

---

[1] C'était avec de pareilles absurdités qu'on parvenait à séduire les Parisiens.

[2] Aujourd'hui l'Odéon.

» mesures nécessaires pour que ses électeurs sor-
» tent accompagnés, jusqu'au Théâtre-Français,
» par une force armée capable d'assurer leur mar-
» che.

» 5°. Dans le cas où la tyrannie oserait empê-
» cher les électeurs de s'assembler au lieu indiqué,
» ils se retireront dans leurs assemblées respecti-
» ves, et là, ils aviseront aux moyens de s'enten-
» dre avec toutes les assemblées primaires de Paris,
» pour indiquer un autre local.

» 6°. Les assemblées primaires de Paris jurent
» que, regardant cette mesure comme la seule qui
» puisse sauver la patrie, *en mettant promptement*
» *en activité la constitution républicaine*[1], elles ne
» désempareront pas leurs séances de demain,
» que le corps électoral ne soit définitivement ins-
» tallé.

» *Signé* Bonhomet, président; Saint-Julien, se-
» crétaire. »

Il est risible de voir des royalistes, pour séduire
les Parisiens, se déguiser en défenseurs zélés de la
constitution républicaine.

Cet arrêté dont l'objet principal était de former
un *comité central* de dupes, dirigé par le *comité
central des puissances étrangères*, fut colporté dans
les sections de Paris. « Quelques sections, telles
» que celles des Gardes-Françaises et des Quinze-
» Vingts, étaient fermées; quelques-unes de celles

---

[1] Quel moyen de séduction!

» qui s'étaient déclarées en permanence passèrent
» à l'ordre du jour ; de ce nombre était la section
» de Bon-Conseil¹... »

Trente-deux autres sections, notamment celles du *Théâtre-Français*, de la *Butte-des-Moulins*, de *Brutus*, de la *Halle-au-Blé*, du *Mail*, de *Bondi*, adoptèrent avec empressement, dans la matinée du 11 vendémiaire, l'arrêté de la section Le Pelletier.

Au milieu de ces orages, la Convention décréta que le lendemain, 11 vendémiaire, jour correspondant au 3 octobre 1793, on célébrerait, en conformité de la loi du 14 prairial dernier, une fête funèbre en l'honneur des amis de la liberté, immolés par la tyrannie décemvirale.

En conséquence, au 11 vendémiaire, la séance offrit, à son ouverture, tous les députés en costume et ayant un crêpe au bras. Au bas de la tribune, se voyait une urne funéraire, couverte de crêpes et de couronnes, entourée de guirlandes de chêne et de cyprès et surmontée par une palme. Sur le socle on lisait ces inscriptions :

Ils ont recommandé à la patrie leurs pères, leurs épouses et leurs enfans.

Aux magnanimes défenseurs de la liberté, morts dans les prisons ou sur l'échafaud pendant la tyrannie.

¹ Essai sur les journées des 13 et 14 vendémiaire, par Réal, p. 27.

« La Convention, dit Thibaudeau, ne peut se dissimuler que les périls de la patrie vont en croissant, et je pense que nous serions la risée de l'Europe si nous nous occupions de fêtes lorsqu'il s'agit de parer aux dangers. Nous nous occuperons des morts quand nous aurons sauvé les vivans. »

Cette observation fit naître une légère discussion. « Il serait indigne de la Convention, dit un député, de ne pas célébrer cette fête lorsque tout est disposé. Je veux pleurer sur les mânes des *Vergniaud*, des *Condorcet*, des *Camille-Desmoulins*, avant de marcher contre ceux qui disputent de puissance avec la Convention. »

Il fut arrêté que la fête serait célébrée. Le conservatoire de musique exécuta des chants funèbres qui produisirent sur les spectateurs une vive impression.

Cependant l'arrêté de la section Le Pelletier s'exécutait, et les électeurs de plusieurs sections de Paris s'étaient réunis dans la salle du Théâtre-Français, au nombre de soixante ou quatre-vingts. Le représentant Daunou, au nom du comité de salut public, fit un rapport fort étendu sur cet acte manifeste de rébellion : on lui répondit que le comité aurait fait plus sagement de punir cette infraction aux lois que de la dénoncer à l'assemblée. A la suite du rapport, Daunou proposa et la Convention adopta un décret dont voici la substance : Il est enjoint aux citoyens, composant les assemblées primaires de Paris, qui ont terminé leurs élections, de se séparer à l'instant ; ils pourront seulement se réunir une fois pour la lecture du procès-verbal de leurs séances. Les assemblées qui n'auront pas terminé leurs élections ont jusqu'au 15 de ce mois pour y procéder. L'assemblée électorale du département de Paris ne pourra s'ouvrir que le 20 de ce mois. Il est expressément défendu aux électeurs de se réunir avant ce terme. Sont déclarés nuls et attentatoires à la souveraineté du peuple français, les actes, les délibérations des électeurs faits après ce terme ; et il est défendu aux autorités constituées d'y obéir.

L'article VII caractérise les principes de modération que depuis le 9 thermidor la Convention avait adoptés : « La Convention nationale, toujours péné-
» trée des obligations d'un gouvernement pa-
» ternel, mais en même temps invariablement dé-
» cidée à faire respecter la loi et punir ses infrac-
» teurs, déclare qu'il ne sera fait aucune recherche
» ni poursuite contre ceux qui, jusqu'à ce jour,
» se sont laissé entraîner à des mesures illégales à
» l'occasion des assemblées tenues en cette com-
» mune. »

Les administrateurs du département de la Seine étaient chargés de publier sur-le-champ ce décret. Lorsqu'ils se présentèrent sur le perron du Théâtre-Français pour faire cette publication, les gardes des électeurs sortirent en foule de l'intérieur de la salle, se joignirent à plusieurs individus qui déjà entouraient les publicateurs, les accablèrent de cris, de huées, de coups de sifflets et cherchèrent à plusieurs reprises à éteindre leur flambeau; enfin ils interrompirent la publication, forcèrent ceux qui la faisaient à descendre du perron et les poursuivirent jusqu'au Pont-Neuf. Parmi leurs huées on entendait les cris de : *Vivent les dragons!* ils voulaient par cette flatterie attirer à eux les six dragons qui servaient d'escorte à l'autorité chargée de publier le décret.

Il fut ordonné à la force armée de se rendre sur-le-champ au Théâtre-Français; le général Menou, qui commandait en chef l'armée de l'intérieur, avec des troupes tirées du camp de la plaine des Sablons, marcha vers ce foyer de rébellion; mais quand les troupes arrivèrent, les électeurs avaient disparu.

Ce fut alors que plusieurs patriotes de 1789 se présentèrent au nombre d'environ quinze cents, pour défendre la Convention en danger; ils demandèrent des armes; avant de leur en distribuer, on s'assura, par des attestations et par leur carte de sûreté, de leur attachement aux lois et au bon ordre. La Convention nomma le corps que formaient ces hommes, le *bataillon sacré*, et les ennemis du gouvernement le qualifièrent de *bataillon des terroristes*; ils publièrent partout que le règne de Robespierre allait renaître et que Paris serait bientôt au pillage. C'est avec ce levier qu'ils parvinrent à soulever une grande partie des Parisiens. Alors ils abandonnèrent entièrement le prétexte du renouvellement par tiers, pour ne parler que de la terreur.

« La journée du 12 vendémiaire, dit Merlin de
» Douai, a commencé sous les plus sinistres aus-
» pices. Les sections. *Le Pelletier, Butte-des-Mou-*
» *lins, Contrat - Social, Théâtre - Français,*
» *Luxembourg, Poissonnière, Brutus, le Temple*
» et quelques autres avaient, dès la veille, porté
» l'insolence jusqu'à se déclarer en état de rébel-
» lion contre la Convention nationale, et annon-
» cer hautement qu'elles ne reconnaîtraient plus
» aucun de ses décrets[1]. »

Plusieurs de ces sections, instruites que la Convention s'était mise en permanence, déclarèrent aussi leurs assemblées permanentes; d'autres arrêtèrent que les citoyens de leur arrondissement seraient sommés de se rendre en armes près d'elles, sous prétexte qu'on armait les terroristes pour égorger les femmes et les enfans. Des arrêtés dans ce sens étaient hautement proclamés dans Paris au son du tambour, et placardés à chaque coin de rue. La rébellion des sections n'était plus douteuse. La Convention ne devait plus temporiser; les troupes de la plaine des Sablons, qui, après la tentative inutile contre les électeurs du Théâtre-Français, étaient retournées à ce camp, furent rappelées de nouveau, et campèrent dans le jardin

---

[1] Rapport fait au nom des comités de salut public et de sûreté générale, par Merlin, p. 7.

des Tuileries. La Convention prit plusieurs autres mesures pour sa défense, déplaça plusieurs généraux, qui, dans l'exécution des ordres qu'ils recevaient, avaient montré une mollesse, une froideur peu convenables à la crise présente. Avant de recourir à la force, cette assemblée voulut encore employer les moyens de conciliation, et, dans sa séance du 12 au soir, elle ordonna la publication, et l'affiche dans Paris, d'une proclamation dont voici les premières phrases :

« Après avoir épuisé tous les moyens paternels
» pour éclairer les esprits et ramener les hommes
» égarés, la Convention nationale est enfin ré-
» solue de faire cesser une lutte scandaleuse,
» entre la volonté du peuple français tout en-
» tier et l'opposition d'une poignée de conjurés
» royalistes.

» Décidée à périr ou à faire triompher la
» loi, elle poursuivra les factieux partout où ils
» se trouveront, et brisera tous les appuis dont
» ils chercheront à s'étayer. Elle compte au sur-
» plus, dans cette entreprise, sur le secours de
» tous les républicains, soldats citoyens, citoyens
» soldats.

» Cependant les ennemis de la liberté osent
» publier que, pour soutenir une cause aussi
» sainte, la Convention nationale a appelé à
» son secours l'affreux terrorisme.

» Non, citoyens, dussions-nous périr sous le
» fer des assassins ou des bourreaux, jamais nous

» n'invoquerons le crime pour fonder le règne
» de la vertu; jamais la Convention nationale
» ne tendra la main au terrorisme : elle l'a
» détruit pour toujours. Ce n'est qu'une affreuse
» calomnie pour diviser les citoyens. Les mé-
» chans vous ont trompés si souvent! quelle
» foi devez-vous à leurs discours? Ne les croyez
» jamais que lorsqu'ils diront que nous organi-
» sons la république au prix de tout notre
» sang. »

La Convention, pour démentir les bruits de son alliance avec le terrorisme, venait, dans cette séance, de rapporter quelques lois qui restaient encore de cet odieux régime.

La section *Le Pelletier*, centre de tous les mouvemens de la conspiration, était en état de rébellion ouverte; il fut résolu de l'attaquer, et d'arrêter ou dissiper ceux qui en composaient le bureau.

Les colonnes de troupes conventionnelles, entre neuf et dix heures du soir, se mirent enfin en marche, et, par trois points différens, se rendirent à leur destination respective. La colonne du centre arriva par la rue Vivienne, celle de droite par la rue Notre-Dame-des-Victoires, et celle de gauche par la rue des Filles-Saint-Thomas. Le chef-lieu de la section Le Pelletier se trouva investi.

Le bureau de cette section était abandonné, et l'assemblée, dissoute, se convertit en force armée, qui, son président à la tête, défendait l'entrée du lieu de ses séances.

Les forces conventionnelles et celles des sectionnaires se trouvaient en présence. On a évalué les troupes sectionnaires à sept à huit cents hommes, celles de la Convention devaient être plus nombreuses. Quel sera le résultat de cette expédition ? Quel sort éprouveront les troupes rebelles ? Les vengeurs des lois, les exécuteurs de la volonté nationale, triompheront-ils des conspirateurs ? Voici ce qu'on lit dans le rapport fait à la Convention par le député Merlin de Douai.

« Si les instructions de vos comités avaient été
» suivies, les colonnes ne se seraient pas retirées
» sans que cette troupe séditieuse n'eût mis bas
» les armes; car ces instructions portaient for-
» mellement qu'elle serait désarmée ; mais la
» crainte de voir couler le sang toucha justement
» notre collègue *Laporte* qui était avec le géné-
» ral *Menou* à la tête de la colonne la plus rap-
» prochée des forces sectionnaires, et, entraîné
» par ce sentiment d'humanité qu'il savait bien
» être partagé par tous ses collègues, il autorisa
» le général à faire retirer les troupes républi-
» caines, immédiatement après la séparation et la
» retraite des citoyens armés de la section.

» Une partie de la force sectionnaire simula
» en conséquence un mouvement pour défiler;
» l'autre partie resta; et cependant le général
» *Menou*, contre les instructions de notre collègue

» *Laporte*, fit de suite retirer toutes les troupes [1]. »

Les comités de la Convention destituèrent le général Menou; son humanité, sans doute louable, était intempestive; et d'autres généraux qui avaient paru craindre de prendre part à la défense de la République, furent aussi destitués. La Convention nomma, pour général en chef de l'armée de l'intérieur, Barras, un de ses membres, qui déjà, au 9 thermidor, avait rendu d'éclatans services à la Convention, et lui adjoignit les représentans *Delmas*, *Goupilleau de Fontenay* et *Laporte*. A quatre heures et demie du matin, ces nominations furent adoptées, et la séance fut suspendue.

Pendant la nuit toutes les mesures furent prises pour opposer aux forces sectionnaires une résistance nécessaire. Les rebelles, de leur côté, faisaient battre la générale et réunissaient le plus grand nombre d'hommes qui leur était possible; ils nommèrent, pour leur général en chef, Auguste Danican, qui avait, du temps de la terreur, servi la République dans la Vendée. Il s'était montré dans plusieurs sections de Paris, et notamment dans celle des Thermes, avait laissé voir sa haine vigoureuse contre la Convention; assemblée qu'il supposait toujours être composée de terroristes et de massacreurs. Il savait cependant que, depuis le 9 thermidor, depuis plus de quinze mois, la Con-

---

[1] Rapport fait au nom des comités de salut public et de sûreté générale par Merlin de Douai, p. 9.

vention n'avait pas cessé de poursuivre, de désarmer le terrorisme, et de réduire ses partisans à l'impuissance de nuire[1].

De l'ouvrage de ce général, je ne citerai que ce passage : « Dans la nuit, j'avais été nommé, par
» le *comité central*, commandant les sections réu-
» nies, et je ne devais cette marque d'estime et
» de confiance, qu'à une conduite franche et à
» la haine que je n'ai cessé de témoigner *aux*
» *massacreurs*[2].

» Dans la presque totalité des sections de Paris,
» la générale battait, et, au nom des assemblées
» primaires, appelait le *massacre* et l'assassinat
» sur la représentation nationale. Bientôt la ré-
» volte prit un caractère décidé et ne ménageait
» plus rien; une commission centrale fut organisée
» dans la section Le Pelletier, sous la présidence
» de Richer-Sérizy; les dépôts des chevaux de la
» République sont au pouvoir des rebelles; les
» envois d'armes à la fidèle section des Quinze-

---

[1] Le général Danican a cru justifier sa conduite en composant un ouvrage, rempli de mauvaises pointes et surtout d'invectives, où il parle sans cesse de *terroristes*, de *massacreurs* qui existaient parmi les hommes de son parti, mais qui depuis le 9 thermidor ne se trouvaient plus dans la Convention. Son ouvrage intitulé *les Brigands démasqués*, est du nombre de ceux que l'histoire repousse parce qu'ils ne contiennent que les expressions de la colère. (*Voyez* sur ce général les Esquisses, t. III, p. 122.)

[2] Les brigands démasqués, p. 40.

LE GÉNÉRAL HOCHE.

BAUDOUIN frères, Rue de Vaugirard, N.º 36, A PARIS.

» Vingts sont interceptés¹; la trésorerie nationale
» est occupée par la section Lepelletier; les sub-
» sistances destinées à nos troupes sont enlevées;
» un hussard d'ordonnance reçoit, en traversant
» la rue Saint-Honoré, plusieurs coups de fusil
» qui le blessent à mort et tuent son cheval; les
» représentans du peuple que leurs fonctions ou
» le besoin de rafraîchissement conduisent hors
» de l'enceinte du palais national, sont arrêtés,
» insultés, gardés en ôtages; vos comités de gou-
» vernement sont mis hors la loi; un tribunal ré-
» volutionnaire est nommé pour assassiner, avec
» quelques apparences de formes, les proscrits
» qui échapperaient du premier abord au fer des
» meurtriers; tout enfin caractérise une guerre
» ouverte, tout annonce les coups que la rébellion
» va frapper². »

Les sections établirent un gouvernement central, une commission des onze, et une commission militaire. Elles eurent recours à tous les moyens de séduction pour déterminer les Parisiens à venir grossir leur force armée.

« C'est surtout à trois heures du matin, au mi-
» lieu d'une pluie affreuse et de la nuit la plus
» obscure, que le son lugubre et mortuaire de
» ces tambours détendus arrachait les citoyens à

---

¹ La section des Quinze-Vingts est constamment restée fidèle à la Convention nationale.

² Rapport de Merlin de Douai, p. 10 et 11.

» leurs femmes, à leurs enfans. On frappait à
» toutes les portes, on appelait les citoyens par
» leurs noms, on les conjurait de s'armer et de
» se réunir au chef-lieu pour défendre leurs pro-
» priétés, exposées au pillage, etc.[1]. »

Ces attentats, ces actes d'hostilités, ces mesures menaçantes, étaient favorisées par le défaut d'énergie des membres des comités de gouvernement. La Convention, sur les bords de l'abîme, s'indigna de leurs fautes qui tendaient à l'y précipiter. Les reproches qu'ils reçurent, la nomination des nouveaux généraux, ranimèrent les travaux de la défense. Barras, général en chef, s'adjoignit un jeune officier destitué qui, depuis, a rempli le monde de sa renommée, ébranlé les trônes et dépouillé la France de sa liberté; c'était Bonaparte déjà connu par ses habiles dispositions, à la reprise de Toulon sur les Anglais[2].

Sous ces nouveaux chefs, tout prend une nouvelle vie, tout se dispose pour ramener l'espérance évanouie. Dans peu d'heures, les désordres, les négligences sont réparées : la Convention peut résister à ses ennemis.

La ligne de défense s'étendait depuis le Pont-Neuf, longeait les quais de la rive droite de la Seine jusqu'aux Champs-Élysées, et se prolongeait sur les boulevards. Les rebelles étaient maîtres de toute

[1] Essais sur les Journées des 13 et 14 vendémiaire, par Réal, p. 45.

[2] Voyez ces Esquisses, t. III, p. 45.

la rue Saint-Honoré, de la place Vendôme, de Saint-Roch et du Palais-Royal.

On renonça bientôt à comprendre le Pont-Neuf et le Louvre dans la ligne de défense. Le général Carteau était sur ce pont, menacé par des forces très-supérieures aux siennes. Il sentit la nécessité d'abandonner ce poste difficile à défendre, et se replia vers la Convention.

Conformément à la résolution des comités de la Convention, le général en chef donna partout l'ordre aux militaires de s'abstenir de toute agression, de supporter même avec patience tout ce qui ne serait qu'insulte et escarmouche, et de ne déployer la force que lorsque les rebelles en feraient usage.

Peu de temps avant l'attaque, le général Danican adressa aux comités une lettre par laquelle il leur demandait une explication, et faisait entendre que si la Convention consentait au désarmement des patriotes auxquels elle avait la veille donné des armes, il ferait tout son possible pour désarmer les sections. Sans doute le général Danican faisait cette démarche pour empêcher l'effusion du sang français ; sans doute ses intentions étaient pures ; mais les comités n'y crurent point, et la dépêche qui donna lieu à une ample discussion resta sans réponse.

Les comités, enclins à la douceur, avaient résolu de faire encore une tentative et d'envoyer auprès des sections insurgées, vingt-quatre représentans pour éclairer les citoyens égarés et les ramener par l'instruction. On discutait sur les moyens de mettre à exécution ce projet dont l'inutilité et le danger étaient évidens, lorsqu'un grand mouvement se fit sentir sur la place du Carrousel. On crie *aux armes!* Tous les citoyens se disposent à la défense : bientôt, à quatre heures et demie du soir, des décharges de mousqueterie frappent les oreilles. Toute délibération cesse dans la Convention. Plusieurs députés, et surtout ceux de l'état militaire, se portent en face de la rue de l'Échelle, où les rebelles avaient commencé l'attaque et où ils se trouvaient en force supérieure. En face de cette rue était un hôtel, aujourd'hui démoli, qui servait à la section de police du comité de sûreté générale. Là se trouvait un corps de troupes républicaines et une pièce de canon.

Ces républicains qui avaient patiemment enduré les injures et les provocations des rebelles, dès qu'ils virent un de leurs camarades tombé mort, et plusieurs autres blessés, répondirent par un feu de mousquetterie qui produisit de l'effet. Voici ce qu'on lit dans plusieurs écrits du temps. « Tout-à-
» coup les premiers rangs des rebelles s'ébranlent,
» mais avec des dehors pacifiques, le fusil sous le
» bras, les chapeaux en l'air, le drapeau baissé;
» ils s'avancent en prononçant les doux noms de
» paix et de fraternité ; leur chef vient embrasser
» le commandant du poste, et au même instant :
» (ô crime, ô scélératesse!), au même instant

Attaque de la Convention Nationale.
13 Vendémiaire, an 4.

» deux décharges de mousqueterie partent der-
» rière eux et abattent vingt-trois de nos braves
» défenseurs [1]. »

Les républicains répondent par un feu terrible. L'adjudant-général Blondeau, furieux, s'écrie : *Misérables, vous ne savez pas que vous avez affaire à Jacques Blondeau de la Côte-d'Or; canonniers, à vos pièces.* Le coup part, l'un des ennemis qui avait mis la main dessus le canon, est frappé, et la rue est balayée en un instant. Dès-lors les rebelles se retranchèrent dans quelques maisons, et tiraillèrent pendant deux heures sur les républicains [2].

La rue du Dauphin qu'on nommait alors *rue de la Convention*, qui, de la cour du Manége (aujourd'hui faisant partie de la rue de Rivoli), débouche dans la rue Saint-Honoré, en face du portail de l'église Saint-Roch, fut un des principaux théâtres du combat. Les rebelles, montés sur les marches du perron de cette église, avaient un grand avantage sur les républicains qui essayaient d'entrer dans cette rue. Ils pouvaient, en s'é-

[1] Rapport fait au nom des comités de salut public et de sûreté générale par Merlin de Douai, p. 13 et 14. Essais sur les journées des 13 et 14 vendémiaire, par Réal, p. 68, 69.

Cette action pourrait bien ne pas être une trahison. Ceux qui marchaient sur les derrières pouvaient ignorer l'intention des premiers et se méprendre sur les témoignages d'amitié qu'ils donnaient aux républicains. Dans un moment d'agitation, il est facile de se tromper. Je ne puis croire à cette trahison; elle n'est ni française ni dans le caractère parisien.

[2] Essais sur les journées des 13 et 14 vendémiaire, p. 70.

cartant de l'alignement de la rue, ou en se retirant dans l'édifice de Saint-Roch, échapper à la mousqueterie des républicains. Ceux-ci, ne pouvant endurer un combat aussi inégal, et perdant beaucoup de monde, dans un moment d'irritation s'écrièrent: *A l'ennemi; marchons sur Saint-Roch.* Ils engagent, dans cette rue étroite et périlleuse, une pièce de huit, en font une décharge de vingt pas en vingt pas, et l'avancent vers la rue Saint-Honoré, malgré la foudroyante mousqueterie des ennemis, qui fait tomber plusieurs républicains. Il ne restait plus que trois canonniers pour servir la pièce, les autres étaient blessés ou tués.

Cette pièce n'était plus qu'à six pieds de la rue Saint-Honoré, lorsque les républicains s'écrièrent: *A l'arme blanche, à la baïonnette;* ils font une nouvelle décharge à mitraille, s'élancent témérairement dans la rue Saint-Honoré, et la traversent. Le brave *Rouget de Lille*, auteur de l'hymne des Marseillais, le représentant *Cavagnac*, le général *Vachot*, etc., commençaient à monter les premières marches du perron de Saint-Roch, lorsque, de chaque côté de la rue Saint-Honoré, du côté de la rue Neuve-Saint-Roch, de l'intérieur de l'église et des fenêtres des maisons voisines, des torrens de balles fondent sur les malheureux républicains et les accablent.

Le général Béruyer, que les patriotes venus au secours de la Convention avaient choisi pour leur chef, s'élance aussi dans la rue Saint-Honoré. Son ordonnance est tuée, son cheval, percé de trente balles, est renversé; il reste seul pendant quelques minutes à l'entrée de la rue de la Convention, exposé à la tempête de la mousqueterie.

L'ennemi, qui manquait d'artillerie, mettait le plus grand intérêt à s'emparer du canon que les républicains avaient aventuré à l'extrémité de la rue de la Convention. On donna l'ordre de se replier; le canon pendant la retraite ne cessa de tirer sur les rebelles, et des tirailleurs placés sous les portes des maisons les contenaient. Le combat, dans cette rue étroite, se soutint avec ardeur jusqu'à six heures du soir. Alors l'ennemi diminua son feu. Néanmoins quelques rebelles restèrent dans la rue Saint-Honoré, et continuèrent à tirer des coups de fusils sur ceux qui se présentaient à l'extrémité méridionale de la rue de la Convention : à huit heures, le combat cessa dans cette rue : il fut très-sanglant.

Pendant les attaques sur ces deux points, la séance n'offrait qu'un petit nombre de représentans qui, calmes au milieu du danger, attendaient le résultat des événemens; plusieurs étaient à la tête des colonnes et les dirigeaient; d'autres dans le jardin des Tuileries se promenaient le long de la façade du palais. Ils entendirent, à plusieurs reprises, des balles siffler à leurs oreilles, et ne savaient d'où elles partaient. On découvrit enfin quelques personnes, qui, placées à des fenêtres de la maison occupée par un restaurateur nommé Venua, près de la rue de la Convention, tiraient des coups de fusil sur les députés groupés dans le jardin. Goupilleau de Fontenay fit conduire une pièce de deux, la pointa sur les fenêtres d'où partaient les coups de fusil, et une seule décharge à mitraille fit entendre le bruit des vitres cassées, et taire les coups de fusils.

Le spectacle le plus pénible était celui qu'offraient les blessés que l'on transportait sur des brancards dans une des salles des Tuileries. Cette salle, située en face de l'entrée des anti-salles du lieu des séances, était rougie de sang; il coulait même jusque sur l'escalier qui y conduisait. On entendait ces malheureuses victimes des intrigues contre-révolutionnaires, crier : *Vive la République! vive la Convention! Je meurs content, si elle triomphe!* Je l'ai vu, je l'ai entendu.....

Le représentant Baudin présidait la Convention; en sa qualité de garde des archives, il avait sa demeure dans le palais des Tuileries. C'était le seul ménage qui s'y trouvait. Son épouse s'empressa de venir au secours des blessés; elle porta des linges et tous les liquides nécessaires à leur pansement; les députés qui avaient exercé les professions de chirurgiens ou de médecins accoururent pour leur donner des soins. Plusieurs épouses de représentans, menacées dans leur domicile d'être prises pour ôtages et même d'être décapitées, s'étaient réfugiées à la Convention et dans des tribunes particulières. Là elles s'occupaient de faire de la charpie pour les pansemens.

Parmi les blessés se trouvait un ennemi. Il était

honteux et inquiet; on lui prodigua des soins comme aux blessés républicains.

Les rues de l'Échelle et de la Convention ne furent pas les seules ensanglantées; la rue Saint-Nicaise eut part à cette gloire ou plutôt à ce malheur.

Pendant qu'on se battait dans les rues voisines, celle de Saint-Nicaise, qui offrait comme les autres une entrée au Carrousel et aux Tuileries, eut aussi ses événemens. A son extrémité, du côté de la rue Saint-Honoré, la section des Tuileries était en bataille et menaçait d'attaquer les républicains. Barras fait sommer ces rebelles de se retirer. A cette sommation ils répondent par une décharge générale de mousqueterie. Alors les républicains ripostent par deux coups de canon à mitraille, et arrivent au pas de charge, la baïonnette en avant sur les sectionnaires, les obligent à se réfugier sous les arcades du théâtre de la République, aujourd'hui Théâtre-Français. Le poste de cette section fut désarmé, ce qui n'empêcha point quelques rebelles, réfugiés dans les maisons, de tirer, jusqu'au soir, par les fenêtres, des coups de fusil sur les républicains.

Une autre attaque se faisait presque en même temps du côté du faubourg Saint-Germain. Ici le cours de la Seine séparait les deux partis, et le Pont-Royal formait entre eux le point le plus facile de communication.

La section de l'Unité, avant cinq heures du soir, déboucha, par la rue des Saints-Pères, sur le quai Voltaire; mais la bonne contenance des républicains postés sur le Pont-Royal, et une pièce de quatre placée à la hauteur de la rue de Beaune, déterminèrent cette section armée à se replier sur la place des Quatre-Nations.

Une demi-heure après, une nouvelle colonne des sections du Théâtre-Français, de la Fontaine-de-Grenelle et de Bon-Conseil vint se réunir à la section de l'Unité. Sur les cinq heures et demie, ces deux colonnes, qui formaient un total d'environ trois mille hommes, s'ébranlèrent, s'avancèrent en silence sur le quai Voltaire.

Le poste du Pont-Royal n'était défendu que par deux pièces de quatre. Le général Verdières, qui le commandait, fit arriver bientôt une pièce de douze qui fut chargée à mitraille. Après avoir recommandé le silence et le plus grand ordre, il envoya en reconnaissance trois officiers à cheval, qui s'avancèrent près de la colonne ennemie. Celui qui la commandait, le comte de Maulevrier, dit à ces officiers qu'il demandait le passage pour sa troupe, en déclarant que l'intention de ceux qu'il commandait était de *fraterniser*. L'adjudant-général Pléchard, un de ces trois officiers, répondit que ce n'était point le moment de fraterniser, et lui ordonna de se retirer. Après ce dialogue, les deux autres officiers allèrent rendre compte au général de la réponse du commandant de la colonne, et laissèrent Pléchard seul, qui bientôt fut accablé d'injures, cerné et chargé par deux cavaliers ennemis ; il se défend avec sang-froid ; un aide-de-camp vole à son secours, le dégage ; mais à peine l'un et l'autre sont-ils retirés derrière leur avant-poste que la colonne ennemie fait une décharge. Les républicains, retranchés derrière des amas de pierres qui bordaient le quai, leur répondent par un feu très-vif.

Pendant que sur le quai Voltaire les deux troupes ennemies étaient aux prises, une colonne de républicains, placée sur le quai opposé, sur le quai du Louvre, avec deux pièces de quatre, prend l'ennemi en flanc, tandis que le poste du Pont-Royal le chargeait en tête et le foudroyait avec sa pièce de douze. Les rebelles alors se débandent, fuyent et ne reparaissent plus.

La nuit était close ; mais il existait encore des troupes en état d'hostilité. Il fallait les poursuivre. On les chassa de l'église de Saint-Roch, on les chassa de l'édifice du Théâtre-Français, de la place du Palais-Royal : ils se barricadèrent à l'extrémité septentrionale de la rue Richelieu, ils en furent chassés. A la barrière des Sergens, ils dépavèrent la rue et tentèrent de s'y barricader ; mais trois coups de canon et quelques décharges de mousqueterie, mirent les travailleurs et la troupe en déroute.

Ces derniers exploits eurent lieu pendant la nuit ; et le 14, à six heures du matin, les coups de fusils retentissaient encore dans les quartiers voisins des Tuileries.

Ainsi fut repoussée et terminée cette attaque des sections, ce combat de poste, excités, dirigés par les agens de nos ennemis. La victoire fut complète, elle sauva la Convention, et préserva la France d'affreux déchiremens; mais toute victoire remportée sur des concitoyens est déplorable et calamiteuse. La Convention ne fit point éclater sa joie : cette assemblée, sur la proposition de Merlin de Douai, ordonna le plus grand silence dans le lieu des séances, et défendit toute espèce de témoignage d'allégresse.

Les massacres, les pillages que les écrivains et les orateurs du parti contre-révolutionnaire avaient prophétisés, pour épouvanter et armer les Parisiens, ne s'effectuèrent point [1]. Ces terroristes qui devaient se livrer à tant d'excès, n'en commirent pas un seul. La Convention pardonna à l'erreur, et ne punit que les chefs de la rebellion dont il fut possible de se saisir; la plupart prirent la fuite après la déroute.

Cette victoire parut d'autant plus étonnante, que ceux qui attaquèrent la Convention étaient au

---

[1] Dans la rue Saint-Honoré, près celle des Bons-Enfans, la commotion de deux coups de canon fit ouvrir la porte d'une boutique; un grenadier s'approche de cette porte, invite le marchand à descendre pour la fermer; personne ne répond, il en avertit le représentant Bellegarde. *Des coquins pourraient bien*, dit le grenadier, *s'introduire dans cette boutique, la voler et nous jeter cela sur le corps;* je vais y rester en sentinelle, jusqu'à ce que le marchand soit de retour. (Essais sur les journées des 13 et 14 vendémiaire, par Réal, p. 78.)

moins cinq contre un. On évalua leur nombre à vingt-cinq ou trente mille hommes, tandis que la Convention avait à peine quatre mille hommes disponibles. Il est vrai que, pour se ménager une retraite, à Meudon, une partie de ces forces avait été postée sur la route qui conduit à ce château. Mais la Convention avait des canons, ses ennemis en manquaient et furent obligés d'aller demander ceux de Belleville et de Choisy.

Parmi les scènes multipliées de la journée du 13 vendémiaire se présentent plusieurs actes de générosité, de dévouement et de courage : j'en ai cité quelques-uns ; mais devant me borner aux sommités des événemens, je n'ai pu tout dire. Dans le chapitre suivant je parlerai des suites et des auteurs de cette journée.

CHAPITRE III.

SUITE DE LA JOURNÉE DU 13 VENDÉMIAIRE; TENTATIVES DE DIVISION DANS LA CONVENTION; TALLIEN DÉNONCE QUELQUES MEMBRES DE CETTE ASSEMBLÉE QUI SE FORME EN COMITÉ SECRET; ARRESTATION DE DEUX DÉPUTÉS COMPLICES DE LA CONSPIRATION; EXTRAITS DES PIÈCES TROUVÉES CHEZ LEMAITRE; ESPRIT ET CARACTÈRE DES ÉMIGRÉS; MASSACRES DANS LE MIDI DE LA FRANCE PAR LES COMPAGNIES DE JÉSUS ET DU SOLEIL; DÉNONCIATION DE THIBAUDEAU CONTRE TALLIEN; RÉPONSE DE CE DERNIER; INSTITUTIONS CRÉÉES PAR LA CONVENTION; DÉCRET D'AMNISTIE; ABOLITION DE LA PEINE DE MORT; COUP-D'OEIL SUR LA SESSION CONVENTIONNELLE.

Les conspirateurs, chassés de leurs postes, ne continuèrent à batailler pendant la nuit du 13 au 14 vendémiaire, que dans l'espoir d'être secourus par la jeunesse des communes voisines de Paris. Belleville, Vincennes, Choisy avaient fait quelques dispositions hostiles; mais les jeunes gens de ces lieux, instruits de bonne heure des succès de la Convention, renoncèrent à leurs projets. Plus éloignée de la capitale, moins instruite des événemens, la ville de Saint-Germain-en-Laye prit un parti différent.

Vers six heures du matin, du 14 vendémiaire, le poste de la barrière de Neuilly, composé de quarante cavaliers, commandés par l'adjoint Laporte, aperçut environ cent cinquante jeunes gens qui s'avançaient avec deux pièces de canon. Ils venaient de Saint-Germain-en-Laye, et ne doutant point du succès de la conspiration, ils eurent l'imprudence de répondre à la question *Qui vive?* le mot, *rebelles*. Un coup de canon à mitraille en mit une partie en fuite; le reste fut pris et conduit au comité de sûreté générale. Ils avaient tous les cheveux en tresses retroussées avec un peigne, le collet de leur habit en velours vert, et l'air très-consterné. Ils venaient trop tard pour contribuer à l'extermination des membres de la Convention, et assez tôt pour éprouver, de la part de ces membres, une clémence qui dut les couvrir de confusion et de repentir.

Comme il arrive ordinairement en pareille occasion, les vaincus vinrent affirmer aux vainqueurs qu'ils n'avaient pris aucune part aux hostilités : aucun d'eux ne s'était écarté de son devoir; la section du faubourg Montmartre avait donné des preuves de son dévouement; la conduite de celle de la Fraternité était entièrement étrangère aux complots des royalistes; cette section n'avait pris les armes que pour satisfaire à l'engagement contracté par l'*acte de garantie*. Plusieurs autres vinrent à la barre de la Convention protester de leur innocence.

Il est certain que les sectionnaires, séduits, trompés depuis quelques mois par ceux qui dirigeaient les sections, par les journalistes vendus au parti corrupteur, et par les pamphlétaires, furent dupes de leur crédulité extrême, et ne s'en aperçurent qu'après l'événement. Les royalistes leur avaient prédit que si la Convention triomphait, elle exercerait sur eux de cruelles représailles, et que Paris serait mis au pillage. La Convention triompha, et les rebelles n'éprouvèrent ni vengeances ni pillages.

Ils crurent, et on sentit la nécessité de leur faire croire, que les principaux agens du royalisme étaient d'excellens républicains. Ces agens en avaient pris en effet le masque et le langage.

Cependant, la marche de la conspiration seule suffisait pour éclairer les Parisiens de bonne foi; car, malgré les soins que prenaient les conspirateurs pour cacher leur royalisme, il en échappait toujours quelques traits [1]. Mais l'homme, une fois engagé dans un parti, ne voit rien, ou ne veut rien voir que ce qui est favorable à ce parti.

---

[1] Les hommes et les choses concouraient à démontrer l'esprit royaliste de cette révolte: Deux députés, très-dignes de foi, *Paganel* et *Boussion*, rapportèrent avoir vu un révolté à cheval, portant au pommeau de son épée un drapeau blanc d'un pied et demi de longueur.

A Nonancourt, où, ainsi qu'à Dreux, à Verneuil, etc., dominaient les conspirateurs, cinq cents hommes égarés par eux marchaient sous un drapeau blanc et bleu, chargé de fleurs de lis. Ces cinq cents hommes mirent bas les armes; le drapeau fut saisi et exposé aux yeux de la Convention. (*Moniteur*, séance du 16 vendémiaire.)

La Convention nationale prit, pour sa sûreté, des mesures contre les principaux conspirateurs et contre leurs crédules auxiliaires. Dans la séance du 15 vendémiaire, elle ordonna la formation de trois conseils militaires chargés de juger les conspirateurs civils et armés, et les écrivains provocateurs à la révolte. Les fonctions de ces conseils ne devaient durer que dix jours. Pendant ce temps, ils condamnèrent à mort plusieurs chefs de rebelles; mais presque tous avaient pris la fuite. Cependant un sieur *Lafont*, ancien garde-du-corps, fut condamné à mort et exécuté. Quelques-uns furent, dans la suite, arrêtés et renvoyés au tribunal criminel de la Seine, qui les acquittait sous prétexte qu'il *n'y avait pas eu de révolte au* 13 *vendémiaire*. On raconte à ce sujet le fait suivant : Le comte de Castellane, condamné à mort par contumace, ne quitta point Paris, se montra publiquement, et, rencontré la nuit par une patrouille, il répondit au *qui vive? Eh parbleu c'est moi, Castellane contumace!*[1].

Cette assemblée fit des proclamations pour éclairer le peuple, et des lois pour se préserver elle-même de nouveaux attentats. Dans la séance du 16 vendémiaire, elle rendit un décret qui supprimait l'état-major de la garde parisienne, déclarait que cette garde ne serait composée que d'infanterie, réformait les compagnies de grenadiers,

---

[1] Mémoires de Thibaudeau, tom. I, page 234.

de chasseurs et de canonniers, et réduisait chaque bataillon à huit compagnies.

Il fut ordonné que les sections de Lepelletier et du Théâtre-Français, les grenadiers et chasseurs de la garde parisienne déposeraient leurs armes; elles furent déposées sans difficulté.

Aux communes des environs de Paris, qui avaient pris part à la révolte, telles que celles de Belleville, de Saint-Germain-en-Laye, de Choisy-sur-Seine et de Vincennes, voici quelle peine fut infligée: la Convention manda à la barre leurs maires et procureurs, pour y rendre compte de leur conduite, avec ordre d'y apporter les registres de leurs délibérations.

Ces maires et procureurs se présentèrent à la barre, se justifièrent comme ils purent, et furent renvoyés au comité de sûreté générale qui, dans la séance du 18 vendémiaire, proposa de renvoyer à leurs fonctions ceux de Vincennes, de Saint-Germain et de Belleville; quant aux maire et procureur de la commune de Choisy, le comité demanda qu'ils fussent destitués. La Convention adopta ces propositions.

Telle fut la conduite des vainqueurs envers leurs ennemis vaincus, elle fut juste et même indulgente; et, suivant M. Lacretelle jeune, dont le témoignage ne doit pas être suspect, la Convention illustra sa victoire par la clémence [1].

[1] *Précis historique de la révolution française*, Convention, tome II, page 451.

La Convention récompensa ses défenseurs; elle accorda des gratifications, des pensions à ceux qui furent blessés en combattant pour elle; l'officier de génie *Bonaparte* que Barras avait pris pour son adjoint, et qui, par ses savantes dispositions, contribua au salut de la Convention, fut, d'après le rapport de Barras, le 18 vendémiaire, nommé général en chef de l'armée de l'intérieur.

Il arriva après vendémiaire ce qui était arrivé après les journées de germinal et de prairial. Les chefs de la conspiration permanente, peu touchés de la conduite généreuse de la Convention, et du sang qu'ils avaient fait verser, dédaignant les leçons de l'expérience, reprirent bientôt leur plan d'extermination, et leurs manœuvres souterraines contre la république. Ces chefs résidaient paisiblement à Paris, sous la protection de quelques députés influens, leurs complices ou leurs dupes, et y méditaient de nouveaux crimes, de nouveaux malheurs.

Ils tentèrent d'établir, parmi les membres de la Convention, une division dont la séance du 17 vendémiaire offrit les premiers symptômes. A propos du député Jean-Baptiste Lacoste, décrété d'arrestation, il s'éleva une discussion dont la violence obligea le président à se couvrir. Le député qui, au nom du comité de législation, avait fait un rapport tendant à mettre Lacoste en liberté, fut censuré pour l'avoir fait sans l'aveu de ce comité.

Quelques députés avaient peur du terrorisme, et cette faction n'existait plus; seulement une poignée d'hommes, agités par leurs passions, par des intrigues, semblaient vouloir troubler l'assemblée conventionnelle et jouer le rôle de chefs de cabale.

Tallien, toujours au premier rang dans les partis les plus opposés, figurait à la tête de celui-ci; il avait rendu des services en contribuant à détrôner Robespierre; il s'en prévalait pour dominer la Convention nationale; il cédait moins à sa passion qu'à une impulsion étrangère; il a toujours été l'homme d'un parti ennemi, et le voile dont il couvrait sa perfidie fut souvent soulevé [1].

[1] On accuse, et non sans raison, Tallien d'être un agent de l'étranger, et cette phrase que j'ai citée de mémoire, (tome III, page 365) tend à le prouver : *Je savais déjà... que Tallien était royaliste; mais j'ignorais s'il était du bon parti.* Thibaudeau, dans ses Mémoires (tome I, page 229), ayant publié le texte entier de la lettre, ce passage s'y trouve avec quelques différences; c'est bien le même sens, mais ce ne sont pas les mêmes paroles; le voici textuellement : *Je ne peux pas douter que Tallien ne penche vers la royauté; mais j'ai peine à croire que ce soit la véritable.* Cette lettre fut prise sur le paquebot *la Princesse royale*, elle est datée du 3 janvier 1795.

Thibaudeau ajoute qu'au Comité de salut public, section des Relations extérieures, étaient déposées d'autres pièces contre Tallien; que Sieyes, après une brouillerie, s'étant raccommodé avec ce dernier, les lui communiqua; Tallien promit de les rendre et les garda. (*Mémoires de Thibaudeau,* tome I, page 233.)

D'autre part, des députés que l'expérience de la journée de vendémiaire avait éclairés, ne craignaient que le royalisme, considéraient ce parti comme l'unique moteur des troubles, et demandaient contre lui des mesures sévères, propres à préserver le gouvernement de nouvelles atteintes. Ajoutons que des intrigans, pour opérer une division plus marquée, passaient d'un parti à l'autre, les trompaient et les calomniaient tous. A ceux qui redoutaient le retour de la terreur, ils disaient qu'un parti voulait en rétablir le régime; aux ennemis de la royauté, ils insinuaient que quelques députés travaillaient à en relever le trône. Par ces insinuations, qui n'étaient pas sans fondement à l'égard d'un très-petit nombre de députés, ils soufflaient le feu de la discorde, et auraient amené de fatales divisions, si le bon esprit de la masse de la Convention ne l'eût promptement étouffé.

La majorité de la Convention, juge de ces luttes éphémères, faisait ordinairement pencher la balance vers le parti le plus sage. Les députés qui la composaient ne recevaient l'influence ni de la réunion de Clichy ni de celle de Formalaguez [1], réunion où

---

[1] On peut voir, dans les Mémoires de Thibaudeau (t. I, p. 220) les noms d'environ une douzaine de députés qui dînaient chez ce Formalaguez, et où les députés, étrangers aux intrigues, avaient l'honneur de ne pas dîner; on y verra aussi la querelle qui s'éleva entre Tallien et quelques-uns de ses collègues, pendant laquelle celui-ci traita Formalaguez d'*espion*.

l'on dînait splendidement aux dépens de je ne sais qui, et où l'on ne cessait de faire apparaître, comme un épouvantail, le fantôme du terrorisme, afin de pousser, dans le parti opposé, les assistans de bonne foi. Cette masse de députés, plus solide que brillante, inaccessible à la séduction des dîners et des discours, instruite par les leçons de l'expérience, ferme dans ses principes, neutralisait par ses votes toutes les propositions inspirées par l'intrigue ou par les passions.

Tel était l'état des esprits dans la Convention : une poignée de membres tendaient évidemment à troubler et à diviser cette assemblée imperturbable.

Les germes de cette division s'étaient déjà manifestés ; leur développement fut plus sensible dans la séance du 23 vendémiaire.

Delaunay d'Angers, au nom des comités de gouvernement, fit un rapport sur la conspiration du 13 de ce mois ; il dit que les conspirateurs de l'intérieur étaient unis au parti de l'étranger ; qu'on avait saisi des correspondances précieuses, où se voyait tracé le plan suivi par les sections ; que les lettres d'un comité secret établi à Bâle, annonçaient que, pour le rétablissement de la royauté, on comptait beaucoup sur la constitution de 1791. Un membre de ce comité de Bâle écrit : « Les prê-
» tres colportent nos écrits avec beaucoup de suc-
» cès. Ce corps est devenu fort désintéressé. »

« Je crois, porte une autre lettre, que les

» chansons sont les ouvrages qui conviennent
» davantage au peuple français; nous en établis-
» sons une fabrique; je vous envoie le prospectus;
» distribuez-le au peuple et à l'armée. »

Une lettre du même comité contient cette phrase : « l'empereur entrera-t-il en conquérant?
» Ce système nous paraît impolitique, il peut faire
» manquer l'entreprise et donner de la force à la
» Convention contre les assemblées primaires. »

Dans d'autres lettres, on lit : « Paris, d'après les
» papiers, me paraît aller bien, mais le Midi ne
» l'imite pas; Troyes a accepté la constitution : si
» cela prend cette tournure, c'est aux sections à faire
» un coup de tête et elles le peuvent avec succès...
» Une fois les têtes montées, il y a de l'écho dans
» les départemens......»

Ailleurs on lit : « Les armées sont en présence
» et on doit s'attendre, d'un moment à l'autre, à
» les voir agir; tout s'annonce pour donner l'avan-
» tage aux sections, et quelle force n'auraient-elles
» pas, aidées de l'opinion, de la coalition, de la
» majorité des départemens et du vœu de l'armée
» qui paraît décidément pour elles ?......... Toutes
» les sections sont menées par dix ou douze per-
» sonnes dont les principaux sont *Laharpe, Lacre-*
» *telle et Richer-Serizy.* »

Le rapporteur tire toutes ces citations des papiers trouvés chez *Lemaître*, ancien secrétaire des finances, qui venait d'être arrêté comme un des agens de l'étranger¹. On lira bientôt un extrait beaucoup plus ample de ces pièces.

Delaunay annonce que Lemaître sera traduit, avec ses complices, devant un des conseils militaires établis à Paris.

---

¹ A certains hommes la nature a donné un tempérament qui dispose entièrement de leur conduite, qui fait leur destinée. C'est ce tempérament que les bonnes gens nomment *fatalité*. La fatalité de M. *Lemaître* le portait à conspirer contre toute espèce de gouvernement; sous le despotisme, il conspira pour la liberté. Sous le régime de la liberté, il conspira en faveur du despotisme, et toujours avec des correspondances mystérieuses et des pamphlets. M. Lemaître avait, sous ce rapport, acquis, avant la révolution, une sorte de célébrité.

A Belleville près Paris, avec une imprimerie clandestine, et au rouleau, il imprimait plusieurs écrits contre le ministre Calonne. Le 6 décembre 1785, il fut arrêté, mis à la Bastille, et, vers la fin de ce mois, transféré dans les prisons du Châtelet. Son épouse, sa mère et sa cuisinière *Gothon*, furent aussi arrêtées. On avait saisi chez lui un grand nombre de pamphlets. Le 11 janvier 1786, sa cause, portée à la cour du parlement, fut défendue par l'avocat Martineau. Le 14, cette cour mit hors de l'accusation mesdames Lemaître, mère et fille, et la fille *Gothon*; annula les décrets décernés contre les sieurs *Lemaître* et *Augeard* son co-accusé; fit défense à *Lemaître* de récidiver, sous peine d'être poursuivi extraordinairement, et ordonna le dépôt au greffe des caractères et autres ustensiles d'imprimerie, ainsi que des manuscrits et des libelles imprimés.

On verra que, sous le régime monarchique, comme sous celui de la république, M. Lemaître n'a pas été heureux dans ses intrigues politiques.

A peine ce rapport était terminé, que Tallien, du haut de la montagne où il venait de se replacer, se lève pour en demander l'impression, ainsi que celle des lettres dont on a lu des fragmens. « Il
» faut que chaque représentant du peuple, chaque
» Français puisse les lire et s'y convaincre de toute
» la scélératesse des conspirateurs. Quant à moi,
» j'ose le dire, les comités de gouvernement n'ont
» pas nommé les hommes qu'ils auraient dû vous
» faire connaître. Il faudra cependant les signaler
» enfin ; il faudra savoir pourquoi cette conspi-
» ration, qu'il y a deux mois je voulus dévoiler
» à cette tribune, a été continuée avec plus de
» succès encore, et a failli renverser la républi-
» que ; il faudra savoir quels hommes étaient à
» la tête de cette conspiration ; il faudra savoir
» pourquoi les hommes qui, le 13 vendémiaire,
» dirigeaient les rebelles contre la Convention
» nationale, sont encore libres au milieu de Paris
» (plusieurs voix : *cela est vrai*) ; il faudra savoir
» pourquoi on a paralysé l'énergie de ceux qui
» voulaient dénoncer et détruire ce repaire, qui
» porte le nom *d'Assemblée électorale du dépar-*
» *tement de la Seine,* de cette assemblée, du bu-
» reau de laquelle nous avons vu s'emparer les
» hommes que la correspondance saisie indique
» assez comme les agens les plus intéressés de la
» faction royaliste. »

On invita Tallien à parler de la tribune ; il y monta. « J'ai consenti à me taire ; j'ai eu tort,

» continua-t-il, et je m'en accuse devant les amis
» de la liberté. J'aurais dû, je l'avoue, dénoncer
» ceux qui, le 13 vendémiaire, conspiraient avec
» les factieux de Paris ; ceux que les sections
» avaient pris sous leur protection, et qui, par
» une réciprocité facile à concevoir, prenaient
» sous leur protection les sections de Paris; ceux
» qui auraient été épargnés du massacre général
» de la représentation nationale; ceux pour les-
» quels des chevaux étaient prêts, non loin d'ici ;
» ceux qui recevaient les présidens et les secré-
» taires des sections rebelles; ceux auxquels les
» sections faisaient des appels, auxquels on n'a
» pas répondu, auxquels on disait : *Dormez-*
» *vous?* Non sans doute, ils ne dormaient pas ;
» ils conspiraient; ils conspiraient, dis-je, le ren-
» versement de la république; leurs chevaux, je
» le répète, étaient prêts, et ils marchaient bien-
» tôt au-devant du nouveau roi, dont ils auraient
» sans doute été les principaux ministres.... Dans
» quelques jours, on doit vous accuser d'avoir
» fait tirer sur le peuple, et déjà la journée du
» 13 vendémiaire a été nommée *un massacre*[2].

[1] Une affiche portant ce titre : *Dormez-vous*, se lisait sur les murs des Tuileries. Les conspirateurs, qui l'avaient fait placer, y provoquaient quelques députés, tels que *Saladin* et *Rovère*, à prendre une part manifeste à la révolte.

[2] Thibaudeau atteste qu'un député, aujourd'hui pair de France, dans la réunion de *Formalaguez*, qualifia la journée du 13 vendémiaire de *massacre*. (Mémoires, t. I, p. 221.)

Plusieurs députés demandent que l'on fasse connaître les conspirateurs. « Je les connais ceux qui » s'agitent encore, s'écrie Tallien, ceux qui sont » unis aux conspirateurs de l'intérieur. — *Nommez-les, nommez-les*, lui crie-t-on. — Je les » démasquerai à l'instant, reprit-il ; je demande » que l'assemblée se forme en comité général. »

L'Assemblée se lève en signe d'adhésion. Le président invite les personnes qui occupent les tribunes à se retirer ; elles se retirent en criant : *Vive la république !.. Sauvez la patrie !.. A bas les royalistes!*

Les journalistes, les huissiers, les employés au bureau, sortent de la salle ; les portes en sont fermées et toute communication est interdite. C'était la première fois que la Convention nationale se formait en comité général[1].

La Convention étant sans témoins, Tallien nomma ceux qu'il voulait dénoncer : il nomma *Lanjuinais*, *Boissy-d'Anglas*, *Henri Larivière et le Sage* d'Eure-et-Loir.

Soit que l'Assemblée n'accordât pas une grande confiance aux paroles de Tallien, soit qu'elle conservât de l'estime pour quelques-uns de ces dénoncés, il arriva qu'à l'exception d'un petit nombre de membres qui parut approuver la dénonciation, la grande majorité n'en fut point satis-

---

[1] L'article 66 du titre V de la constitution de l'an III, autorise les deux conseils à se former en comité général et secret pour discuter et non pour délibérer.

faite. On récrimina contre Tallien, on lui reprocha ses sorties contre la république ; mais récriminer n'est pas répondre, et si Tallien avait par intermittence servi le parti de l'Angleterre, celui de l'émigration et celui de la république ; si personne ne le considérait comme sans reproches ; il est certain aussi que, parmi les députés qu'il dénonçait comme partisans des sanglantes manœuvres du royalisme, quelques-uns en étaient coupables, comme l'événement l'a démontré.

Louvet, cruellement persécuté par Robespierre et par ses adhérens, qui avait fait à sa patrie le sacrifice de ses ressentimens et dont les malheurs n'avaient point refroidi le zèle, Louvet fut juste en cette occasion comme dans plusieurs autres ; il vit avec douleur la dénonciation de Tallien, et s'étonna de ce qu'il avait ménagé deux députés, *Rovère* et *Saladin*, qui s'étaient le plus effrontément montrés les partisans, les protecteurs des sections rebelles. On proposa de décréter d'arrestation ces deux députés.

Pons de Verdun parla avec une originalité piquante des différens partis qui successivement avaient dominé ou troublé la Convention nationale, et la séance du conseil général fut levée bien avant dans la nuit.

Dans la séance du 24 vendémiaire, on fit contre le corps électoral de Paris une motion séduisante et dangereuse qui fut détournée par les sages observations de Daunou.

Legendre accusa *Rovère*, et le représenta comme un agent de l'étranger. Louvet offrit le tableau des manœuvres récentes des ennemis de la république et accusa *Rovère* et *Saladin*, comme les instrumens les plus actifs de la faction qui, sans cesse, renouvelait ses attaques contre la république. Il cita plusieurs faits qui ne laissaient pas de doute sur la conduite perfide de *Rovère*, sur sa complicité avec les principaux moteurs de la révolte des sections de Paris.

La Réveillère-Lepaux qui n'avait jamais dénoncé personne, convaincu de la trahison de *Rovère*, ajouta aux faits avancés par Louvet de nouveaux faits, et la Convention, sans hésiter, décréta que *Rovère* serait mis en état d'arrestation.

On demanda aussi l'arrestation de *Saladin* qui avait ouvertement figuré dans la révolte des sections, et qui, monté sur une table, dans le jardin du Palais-Royal, demandait aux révoltés qui l'entouraient une garantie dans le cas où il serait attaqué. Thibaudeau s'opposa à cette arrestation et motiva son opposition sur ce que *Saladin* venait d'être nommé membre du Corps-Législatif, et sur un article de la constitution qui porte, qu'un membre de ce corps, depuis le jour de sa nomination jusqu'au trentième jour après l'expiration de ses fonctions, ne peut être mis en jugement que suivant les formes prescrites[1]. On lui objecta que la

---

[1] Article 111 de la Constitution de l'an III.

France ne se trouvait pas encore sous le régime constitutionnel, et que la nomination de Saladin n'avait pas été officiellement notifiée; Saladin fut décrété d'arrestation.

On avait demandé la lecture de la correspondance saisie chez *Lemaitre*; quelques fragmens avaient été cités dans la séance du 23 vendémiaire[1]; dans celle du 25 ces pièces furent lues tout entières. Je les ai sous les yeux; je vais en donner une analyse sans m'astreindre à celle qu'en a faite le rapporteur.

On remarque dans cette correspondance que les émigrés étaient mécontens, se méfiaient beaucoup du ministère anglais, et ne voyaient, dans la guerre sourde et ouverte que faisait cette puissance à la république française, que l'exécution d'un plan conçu par le ministre Pitt, dont le but était la ruine entière de la France.

Une lettre, datée du 24 juillet 1795 (6 thermidor an III), porte : « La Rosière paraît fort mécontent de la préférence donnée à Puisaye. On est bien embarrassé à Londres pour se tirer des pattes de cet homme. Il avait été *trop enfoncé dans les confidences ministérielles*. Je suis fâché que Saint-Maurice fils, qui a épousé à Coblentz la nièce de Calonne, ait été nommé intendant de l'armée des Chouans que Puisaye doit commander. Il est parti avec *huit millions d'assignats*

---

[1] Voyez ci-dessus, présent volume, page 118.

» *faux*, et autres drogues de cette espèce. Pauvre
» ouvrier! son oncle est bien plus dangereux, mais
» il est coulé [1].... »

« Il paraît seulement, porte une autre lettre,
» que l'Angleterre presse et fait feu de toutes
» parts; elle *donne de l'argent tant qu'on veut pour*
» *renforcer l'armée de Condé*, achète des che-
» vaux, bons ou mauvais... L'empereur donne six
» mille prisonniers français que *l'évêque de Nancy*
» *et des prêtres ont choisis depuis long-temps et*
» *qu'il disent être très-bons* [2].

» L'empereur tortille, suivant une de ces lettres,
» autant que Londres le presse; pendant ce temps
» Pitt fait son affaire et nous mine; de son côté, il
» désire sûrement de nous mettre en France, d'y
» voir reconnaître le roi, et de nous dire quand
» nous serons en pleine guerre civile: *Nous vous*
» *fournirons des moyens, agissez par vous seuls....*
» *Voilà*, monsieur, *comme nous sommes joués, et*
» *comme les alliés se jouent; et d'eux tous, l'empe-*
» *reur se trouvera sûrement le plus attrapé* [3].

» Il est certain que ces gens-là (les Anglais) vou-
» draient qu'on n'agisse que par eux, et leur mé-
» fiance est extrême sur tout ce qui fait des ob-
» jections [4]. »

Un autre correspondant, à propos de l'affaire de

[1] Recueil de la Correspondance saisie chez Lemaître, p. 5.
[2] *Idem*, page 18.
[3] *Idem*, page 19.
[4] *Idem*, page 20.

Quiberon, traite M. de Puisaye *d'intrigant*, parle d'une vive querelle entre ce général et le duc d'Harcourt. « Tout son ouvrage, soyez-en sûr, » ajoute-t-il, est bien combiné avec l'Angleterre ; » il faut espérer que l'aventure de Quiberon aura » fait ouvrir les yeux. *Mais le but est rempli, la* » *noblesse est détruite et le corps de la marine* » *anéanti. Voilà qui vaut mieux* pour (l'Angle- » terre) *qu'une victoire*[1]. Il embarrassera Pitt, qui, » à coup sûr, veut finir, non pas par intérêt pour » nous (émigrés), mais pour lui et éviter la bou- » rasque de la rentrée du parlement.[2] »

Il est curieux de voir les trompeurs trompés; un agent de l'Angleterre qui, pour trahir cette puissance, se concerte avec un agent de l'émigration, lui envoie le modèle d'une lettre qu'il doit lui adresser et ajoute : « Il faut convenir de nos faits, » c'est-à-dire que, comme les Anglais verront les » lettres originales, il faut qu'elles ne contiennent » que ce qu'ils devront savoir. Par exemple, tout » ce qui serait *projet de mouvement intérieur*, ou » de toute autre chose qui tiendrait à *déjouer les* » *puissances*, tout cela doit être pour nous écrit » séparément... Tout cela doit être tu. Sur toute » chose ne *parlons pas de la perfidie anglaise, de* » *celle de Pitt*, etc.[3]

---

[1] Recueil de la Correspondance saisie chez Lemaître, p. 25.
[2] *Idem*, page 27.
[3] *Idem*, page 32.

« Il (le roi de Prusse) s'est aperçu un peu tard » que *l'Angleterre ne pouvait avoir qu'un but, ce-* » *lui d'écraser la France*.... Malgré les démarches » et les dépenses énormes des Anglais, je ne puis » les voir que comme ennemis. On croirait qu'ils » auraient un intérêt à conserver la France dans » l'intégrité de son territoire sur le continent, sur- » tout pour la conservation de la Hollande et » de l'Hanovre ; à ce moment-ci, *tous n'ont qu'un* » *but celui de l'anéantissement de la France*, sans » trop calculer si sa chute ne les entraînerait pas » eux-mêmes. Nous n'avons et ne devons avoir » qu'un seul espoir, c'est *dans les troubles inté-* » *rieurs*, Charette et l'horreur que doit inspirer » la Convention [1]. »

Les émigrés ne parlaient pas avec plus de respect de l'Empereur d'Autriche et ne lui accordaient pas plus de confiance. « Si *cette coalition* ne se dé- » range pas, le reste de l'Europe, l'Empire même » chercheront à se troubler [2]. »

« M. de Wurmser (général autrichien) doit être », arrivé à Fribourg, et, comme il est *un vieux ra-* » *doteur*, il aura, dit-on, un bon second [3]. »

---

[1] Recueil de la Correspondance saisie chez Lemaître, p. 45, 46. Le roi de Prusse était bien instruit : le plan du ministre Pitt consistait à favoriser, tour à tour, les deux partis qui divisaient les patriotes, à les armer l'un contre l'autre, et à ruiner la France par ses propres habitans.

[2] *Idem*, page 19.

[3] *Idem*, page 25.

« Si le passage du Rhin s'effectue, comment se
» conduira-t-on? L'Empereur sera-t-il auxiliaire,
» ou agira-t-il pour son compte? C'est là la
» grande question : *s'il agit pour lui* en tenant in-
» décemment *au système de démembrement*, la
» chose ira mal et sera totalement imparfaite; au
» lieu que *s'il agissait pour nous*, que le roi fût à
» la tête de l'armée, et que là, il fît des procla-
» mations, et qu'il donnât des ordres, beaucoup
» de personnes se réuniraient à lui, etc[1]. »

Les émigrés accusaient l'Empereur d'Autriche
de s'opposer à ce que Louis XVIII fût reconnu
roi de France. « C'est donc Vienne qui retient
» aujourd'hui par la ténacité de *son système*
» *épouvantable*[2]. »

« On voit ici (à Bâle) toutes sortes de figures,
» envoyées par des petits princes d'Allemagne, qui
» tripotent des paris ou des ouvertures de paix.
» *Tous ces envoyés font pitié, ce sont les figures*
» *les plus hétéroclites* et *les plus plates*: on les re-

---

[1] Recueil de la Correspondance saisie chez Lemaître, page 26. Le système de démembrement avait été adopté par l'Empereur qui, pour se récupérer des frais de la guerre, devait s'approprier l'Alsace, la Lorraine, la Franche-Comté, etc. Les émigrés s'étaient persuadé que les Autrichiens se battaient généreusement pour leur cause; mais ils furent détrompés. On sait ce qu'à cet égard dit le comte de Merci à M. Malouet : *Vous croyez donc que nous faisons la guerre pour vos beaux yeux?* (*Voyez* Esquisses, tome II, page 259.)

[2] *Idem*, page 27.

Echange des prisonniers en Autriche
le 20 Frimaire an 4.

BAUDOUIN frères, Rue de Vaugirard, N°.36, A PARIS.

» connaîtrait dans cent mille ; mais tous ces ap-
» prentifs ambassadeurs ne font ni chaud ni
» froid, ils ne traitent ici que de petits intérêts
» domestiques¹. »

Une autre lettre du 7 septembre 1795 (21 fructidor an IV), à propos des négociations entamées à Bâle pour l'échange de la princesse fille de Louis XVI, porte : « *Il faut bien se méfier de l'Em-*
» *pereur* ; peu d'accord avec l'Angleterre, il crai-
» gnait d'être *enfilé* par Londres ; il était de son in-
» térêt d'avoir un nantissement, et ayant peut-être
» trouvé quelque résistance à ce que le roi lui-
» même se mît à sa dépendance, on croira avoir
» un otage dans la princesse pour la rançon de la-
» quelle on traitera sans rendre l'argent de la
» prétendue dot que l'on aura touchée. *Voilà en-*
» *core une autre infamie*². »

Un correspondant dit à ce sujet : « Je serai assu-
» rément bien content de voir sortir des fers cette
» princesse ; mais *je ne la vois pas avec plaisir en-*
» *tre les mains autrichiennes, j'aimerais mieux la*
» *voir entre les mains de Charette*³. »

A propos du prince de Condé, un de ces émigrés écrit que l'Autriche tient ce prince *en tutelle*, qu'*il ne peut pas faire un pas sans son consentement, qu'il sera toujours paralysé.* « Et comme

¹ Recueil de la Correspondance saisie chez Lemaitre, p. 29.
² *Idem*, pag. 40.
³ *Idem*, page 37.

» l'Empereur fournit les subsistances, il les *laissera*
» *manquer* quand il jugera à propos. Les magasins
» ne sont pas seulement fournis, *on a été dix jours*
» *sans avoine....* » Un autre correspondant dit :
« Imaginez-vous que l'armée manque d'avoine
» *depuis huit jours* : il y a, entre nous soit dit,
» *beaucoup de gens à qui on devrait en faire man-*
» *ger...* C'est au mois de septembre que l'on pré-
» pare et que l'on se pourvoit des objets pour faire
» la campagne. *Cela fait pitié.* Personne ne paraît
» content[1]. »

Un émigré dit à l'anglais Wickam : « Si vous ne
» vous pressez, si vous allez franchement, *vous*
» *serez trompé par Vienne*[2]. »

« *Tout ceci est un bois*, continue le même cor-
» respondant, *l'Empereur n'a pas voulu que l'on*
» *répande de son côté la déclaration du roi*[3]. »

Un autre se plaint de l'aveuglement de l'Autriche qui la porte à ruiner la France, et ajoute insolemment : *Il n'y a que la bêtise des princes alle-*
mands qu'on peut comparer à celle de l'Autriche.

Dans une de ces lettres, les officiers de l'armée
autrichienne sont pareillement maltraités : « Les
» généraux et officiers sont *presque tous détestables*
» *et atroces* ; oui, c'est le mot. Cette armée man-
» que absolument de fourrages ; le peuple de ce

---

[1] Recueil de la Correspondance saisie chez Lemaitre, p. 40.
[2] *Idem*, page 43.
[3] *Idem*, page 44.

» pays est jacobin, dans toute l'expression. Il nous
» tue des soldats, des *gentilshommes*, à coups de
» fusil[1]. »

Les émigrés ayant placé leur plus grande espérance dans la révolte des sections de Paris, son succès les eût comblés de joie et affranchis de la dépendance de l'Autriche. C'est dans la supposition de ce succès qu'un émigré s'écrie : « Alors l'Em-
» pereur, avec sa conduite *traîtresse et tranchante*,
» restera avec un pied de nez [2]. »

Une lettre du 30 septembre 1795 (8 vendémiaire an IV), contient les mêmes reproches contre la cour de Vienne : « L'Angleterre, il est certain, doit voir
» clairement la perfidie du cabinet autrichien.... je
» me méfie de son allure; sa conduite en ce mo-
» ment est traîtresse sûrement[3]. »

« Il y a une chose bien extraordinaire, mande
» un des correspondans, l'Empereur a écrit à la
» diète de Ratisbonne pour lui demander comment
» serait puni le prince de Hesse-Cassel pour avoir
» fait (avec la France) sa paix particulière. Vous
» conviendrez que cela est étonnant lorsque lui-
» même abandonne l'Empire d'une manière si
» indécente[4]. »

Les émigrés ne pardonnaient ni au roi de Prusse ni à celui d'Espagne, d'avoir conclu la paix avec

[1] Recueil de la Correspondance saisie chez Lemaitre, p. 52.
[2] *Idem*, page 60.
[3] *Idem*, page 63.
[4] *Idem*, pag. 67.

la république française; quelques-uns cherchaient à s'en consoler en se persuadant que ces paix étaient feintes et que ces rois avaient traité dans l'intention de violer leurs promesses. Ils avaient là une étrange idée de la probité de ces souverains.

« Vous croyez toujours au *masque de Berlin*, » je voudrais y croire comme vous; mais rien ici » ne constate aucun projet hostile contre la France... » on a fait l'impossible pour ramener Frédéric. *Son* » *oncle est rentré dans son taudis.* Jamais il ne sor- » tira de la boue dont il s'est couvert.

» Frédéric paraît vouloir ne pas aliéner l'Em- » pereur qui est déjà très-ulcéré : les deux cours » s'observent et se détestent[1]. »

Sur la paix de l'Espagne, un agent écrit : « Que » voulez-vous que je vous dise de cette paix *im-* » *broglio*? C'est du tripôt tout pur. Cet *Yriarte* » (le négociateur) *est un gueux*, voilà le mot (il » est poli). Il a fait ici le *Scapin maladroit*, et a » servi, pour de l'argent, le parti qui, à Madrid, » a intrigué à déshonorer Charles. *Yriarte est un* » *républicain prononcé*; il a eu l'impudence de » dire, il y a quelque temps, à quelqu'un qui lui » faisait des observations très-sages et justes sur la » position de la France : *Que voulez-vous faire* » *quand les trois quarts de la France veulent la ré-* » *publique?* Y a-t-il rien de *plus coquin qu'un pa-* » *reil propos?* Après cela, vous voyez dans quel-

[1] Recueil de la Correspond. saisie chez Lemaitre, p. 11, 12.

» les mains nous sommes ! Si, comme vous le
» croyez, cet Yriarte *trompe les républicains*, alors
» je me prosterne¹.... »

Le négociateur Yriarte était un *gueux*, un *coquin*, parce qu'il exprimait un fait reconnu par toute la France, et méconnu par les émigrés. Voilà comment jugeaient les agens de l'émigration ; mais si par bonheur Yriarte était un fourbe, un scélérat, s'il trompait les Français, ces agens alors sont au comble de la joie, ils se prosternent ; voilà quels étaient leurs principes de morale.

Une lettre qualifie cette paix de *paix infâme de l'Espagne*². Une autre dit : *Tant mieux si la paix d'Espagne est un jeu* ³.

Ces agens ne parlaient pas avec plus de respect des princes de la famille royale. « Votre 77 (le
» prince de Condé) mérite tout ; mais *c'est l'être*
» *le plus maussade qui existe* ; soyez sûr *qu'il est*
» *toujours au-dessous*. — Je ne vous en prouverai
» pas moins, quelque jour, que, dans toutes les
» occasions, depuis deux ans qu'il se montre si
» bien, j'ai toujours pris hautement sa défense⁴. »

L'auteur d'une lettre adressée à M. Lemaitre, le 7 août 1795 (20 thermidor an III), se donne de grandes libertés ; il se permet de critiquer une lettre

---

¹ Recueil de la Correspondance saisie chez Lemaitre, pages 15 et 16.
² *Idem*, page 19.
³ *Idem*, page 26.
⁴ *Idem*, page 6.

que Louis XVIII adressait au prince de Condé, à l'occasion de la mort du jeune fils de Louis XVI, détenu dans la prison du Temple. « La réponse à » 77 (au prince de Condé) ne vaut rien. A mon » avis, *il ne fallait pas mentir au Saint-Esprit, en* » *disant que la perte d'un marmot était irrépa-* » *rable*[1]. » J'omets le surplus qui n'est pas moins audacieux. Ces agens, persuadés que leur correspondance serait ensevelie dans le plus profond secret, s'exprimaient sans contrainte et sans respect.

Dans une lettre de 7 septembre 1795, Catherine, impératrice de Russie, est encore plus insolemment traitée : « *Cateau*, dit l'auteur, a les jambes » enflées et ne marche presque plus ; mais elle » s'occupe toujours à dépouiller son roi de Polo- » gne. » Je ne puis transcrire la réflexion qui vient à la suite ; les expressions grossières, obscènes ne peuvent être citées que par périphrase : « *Satis-* » *faites donc les désirs* de ces belles dames ; *quand* » *vous cessez de le pouvoir*, elles vous reprennent » ce qu'elles vous ont donné [2]. »

Dans cette correspondance se trouve l'annonce de plusieurs événemens : on y parle beaucoup du débarquement du comte d'Artois à l'île d'Yeu, avec une armée de quatre mille hommes, destinée à une descente sur les côtes du Poitou et à renforcer celle de Charette. Cette descente sur les côtes du Poi-

---

[1] Recueil de la Correspondance saisie chez Lemaître, p. 12.
[2] *Idem*, page 39.

tou ne put s'effectuer. M. le comte de V....... entre sur cet objet dans beaucoup de détails; mais il s'exprime avec tant de passion et d'irrévérence sur le prince placé à la tête de cette expédition, qu'il ne doit pas être cité [1].

Ces agens parlent aussi beaucoup de la prise de Manheim par les Français, et se plaignent de ce que cette place s'est rendue sans tirer un seul coup de canon, ce qui était inexact.

Ils mettent leur espoir dans une armée considérable, rassemblée sur la rive droite du Rhin, destinée à franchir ce fleuve et à pénétrer en France; ils disent même que cette armée violerait le territoire de Bâle pour opérer ce passage, et que les Suisses seraient obligés de le souffrir [2]. Cette expédition n'eut pas lieu.

Mais ce qui, dans cette correspondance, paraît le plus rassurer les émigrés, l'objet sur lequel reposent leurs plus chères espérances, ce ne sont point les forces des puissances coalisées dont ils se méfiaient, c'est l'armée de Charette; et après Charette, c'est la révolte des sections de Paris. « Si Paris était ferme, dit un des correspondans, » tout irait [3]. Si Paris voulait aller!.. grand Dieu! » que ces gens fourbes, atroces, petits dans leurs

[1] Mémoire pour servir à l'histoire de la guerre de la Vendée, troisième époque, pages 206 et suivantes.
[2] Recueil de la Correspondance saisie chez Lemaitre, pages 23, 42.
[3] *Idem*, page 44.

» moyens (les puissances coalisées), seraient at-
» trapés. Paris tient bon; voilà l'essentiel; et s'il
» ne mollit pas, c'est un grand point¹. »

Après avoir parlé de la prise de Manheim et des craintes qu'inspiraient les succès des armées de la république, un correspondant du dehors écrit à Lemaître..... « A vous, *à vos sections*..... *et à Cha-*
» *rette* à réparer cela : il faut un coup d'État, *qu'il*
» *n'existe plus de Convention*, et cela tient à un
» vouloir bien prononcé de Paris. J'attends avec
» impatience que vous me mandiez quelque chose
» de relatif à cela, car sans cela il ne reste qu'un
» *faible espoir.*

» Si Paris veut sentir tous les avantages; si les
» sections sentent qu'elles peuvent devenir le point
» d'union et d'accord avec la France entière, elles
» conserveront leur attitude, etc.². » C'est ainsi que s'exprime ce correspondant étranger qui, comme les autres, paraît très-mal informé.

Cette correspondance fourmille de traits pareils : ces agens étaient aveuglés par leur inexpérience et leurs désirs ; ils considéraient Paris et ses sections comme un individu qui n'a qu'une tête facile à diriger ; ne fréquentant que les personnes de leur parti, c'était parmi elles qu'ils puisaient leurs renseignemens sur l'esprit public. Ils pensaient que la majorité des habitans de la France adoptait l'opi-

---

[1] Recueil de la Correspondance saisie chez Lemaitre, p. 57.
[2] *Idem,* page 59.

nion de leur coterie; trompés, ils trompaient leurs commettans, et d'après leurs faux rapports on entreprenait des attaques qui ne réussissaient jamais.

Si ces hommes, qui croyaient ou qui feignaient de croire que toute la France désirait leur retour, désirait le rétablissement de l'ancien régime, eussent examiné de bonne foi les ressorts de la révolte de vendémiaire, les moyens employés pour l'exciter et la soutenir, ils auraient appris que, sur plus de deux cent mille Parisiens en état de porter les armes, il ne se montra qu'environ vingt-cinq mille jeunes gens, parmi lesquels se trouvaient plusieurs étrangers, plusieurs émigrés; encore ces gens armés étaient-ils séduits, trompés par les discours fallacieux des membres des bureaux de leurs sections, par les calomnies, les mensonges, les faux bruits des journalistes et des pamphlétaires. Pour les porter à la révolte, les conspirateurs furent obligés de les induire en erreur, de les aveugler, de prendre eux-mêmes le masque de l'opinion dominante; il fallut leur parler de la *république*, de la *constitution républicaine*; de *liberté*, de *patrie* pour les attirer dans le piége [1].

Non, la très-grande majorité des Français ne voulait point le retour de l'ancien régime; elle le redoutait, elle était disposée à verser son sang pour l'empêcher; et malgré les crimes et les maux dont

---

[1] Voyez l'arrêté de la section Le Pelletier, présent volume, page 86.

les factions étrangères avaient souillé la révolution pour en dégoûter les Français, cette majorité était attachée au régime de cette révolution par trop de liens pour s'en séparer facilement. Les directeurs en chef des conspirations ont, à cet égard, été constamment induits en erreur; et cette erreur a produit des maux continuels.

Parmi les papiers saisis chez Lemaître, se trouvaient encore des notes, la plupart abrégées, et que Lemaître seul pouvait expliquer. C'était un *memento* de nouvelles qu'il avait reçues, ou qu'il avait à faire savoir.

Un nommé *Boissy* y est souvent mentionné. « *Boissy*, associé de Marat.... J.-C. Boissy écrivait » qu'il écrirait contre les royalistes *pour mieux* » *servir*..... Boissy il faut un R. constitutionel. » J'ignore quel est ce *Boissy*.....

Plusieurs députés sont simplement nommés, comme *Lanjuinais*, *Rovère*, *Larivière*, etc., et d'autres sont désignés par les initiales de leur nom, accompagnées d'expressions menaçantes ou injurieuses. Tel est: *Tall. est un scélérat, et succombera.* Ailleurs on lit: *Guerre à Tall.* — *Plan de pendre Tall....*

On y donne le nom de quatorze sections de Paris; on y lit aussi: *Pas d'argent pour espion.* — *Ne peut trouver 3000;* — *Pas d'argent pour les agens du dehors.* Ce qui prouve que les contre-révolutionnaires, lorsque le ministère anglais ne venait pas à leur secours, n'étaient guère pécunieux.

On y lit aussi ces mots: *Terroristes soldés.* —

Terroristes exclus partout, etc. Quelques députés se récrièrent contre l'insertion de leur nom dans ces notes fort insignifiantes, d'autres ne s'en mirent pas en peine.

Les papiers trouvés chez Lemaître et ses complices, déterminèrent la Convention à proroger, jusqu'au 5 brumaire suivant, l'activité des conseils militaires établis par la loi du 15 vendémiaire, conseils dont les fonctions ne devaient durer que dix jours. Un de ces conseils, saisi de cette affaire, devait nécessairement la terminer.

Pendant que la Convention repoussait les attaques de ses plus redoutables ennemis, d'autres ennemis de la même couleur, désolaient, ensanglantaient les départemens méridionaux. La coïncidence des attentats des uns et des autres fait croire que tous agissaient d'après un même plan.

Dans la séance du 27 vendémiaire, une députation de ces départemens offrit à l'Assemblée l'affreux tableau des désordres du midi de la France; dans celle du 29 du même mois, une autre députation, du département de la Loire, vint ajouter de nouveaux traits à ce tableau. J'ai décrit les scènes horribles, dont la ville de Lyon et le département des Bouches-du-Rhône furent le théâtre[1]. Eh bien ! ces épouvantables exploits se continuaient sans obstacle, et les égorgemens, les assassinats commis par les *compagnies, dites de Jésus*

---

[1] Voyez pages 5 et suivantes du présent volume.

et du *soleil*, semblaient acquérir plus d'activité aux approches de l'événement de vendémiaire, dont ils attendaient le succès avec inquiétude. Entre les chefs des sections rebelles de Paris et les assassins du midi, il existait une correspondance activée par l'uniformité d'opinion et d'espérances : dans l'une et l'autre partie de la France, les factieux obéissaient aux articles du même plan.

Chénier, qui déjà avait fait des rapports sur ces bandes d'assassins, dans la séance du 29 vendémiaire, en fit un nouveau sur la continuation de leurs crimes : « Ils ne sont pas rassemblés dans
» une seule commune, dit-il : dix départemens,
» trente cités, ont vu se perpétuer ces scènes san-
» glantes. A Marseille, à Tarascon, à Aix, dans
» le département des Bouches-du-Rhône; à Avi-
» gnon, à l'Isle, dans le département de Vau-
» cluse; à Nismes, dans le département du Gard;
» à Sisteron, dans le département des Basses-
» Alpes; à Toulon, dans le département du Var;
» à Montélimart, dans le département de la Drôme;
» on a lutté de crimes avec les assassins de Lyon.

» La fureur des royalistes ne s'est pas encore
» arrêtée dans ces communes; elle s'est prononcée
» dans les contrées de l'est. Elle a souillé Saint-
» Étienne et Montbrison, dans le département de
» la Loire; Bourg, dans le département de l'Ain;
» Lons-le-Saulnier, dans le département du
» Jura[1]. Elle a pénétré jusqu'à Sedan, au sein du

[1] Dans les pièces saisies chez Lemaitre, à propos du pro-

» département des Ardennes, dans le centre même
» de la France; à Ronsières, district de Chinon,
» département d'Indre-et-Loire, et jusqu'aux por-
» tes de Paris, à la ferme de Boisblanc, commune
» d'Arainville, district de Corbeil, département
» de Seine-et-Oise.

» Mais nulle partie de la république n'a vu des
» massacres aussi fréquens que le département des
» Bouches-du-Rhône, et ce département de Vau-
» cluse, déjà souillé depuis près de quatre ans par
» les forfaits de la Glacière. »

Raconter en détail les actes sanguinaires des hommes des départemens, possédés par le double fanatisme religieux et politique, c'est une tâche très-pénible à remplir. Chénier l'a senti, il n'a cité que peu de ces faits déshonorans pour l'espèce humaine; je me bornerai à rapporter le suivant :

« Dans l'Isle, petite commune voisine d'Avignon,
» Prade, gendarme, et père de cinq enfans, est
» assailli par une troupe de forcenés; on le traîne
» à l'autel de la patrie; les poignards sont levés
» sur lui; son épouse accourt, croyant fléchir les
» bourreaux : elle s'élance, et, à l'instant même
» qu'on immole son mari, un coup de sabre lui

jet formé par l'armée autrichienne d'entrer en France par le Jura, un émigré dit : « Je ne crains qu'une chose, c'est que les Lyonnais et les montagnes n'éclatent avant l'époque nécessaire. » Page 21.

» coupe le bras qu'elle lui tendait pour lui faire
» au moins ses derniers adieux [1]. »

A la suite de ce triste rapport, Chénier proposa un décret qui tendait à destituer et à mettre en arrestation les maires et procureurs de communes qui n'avaient pas dénoncé les assassinats commis par les *compagnies de Jésus* et *du Soleil*, et les juges de paix et accusateurs publics qui ne les avaient pas poursuivis.

On fit observer que les représentans du peuple, envoyés dans ces diverses contrées, exerçant un pouvoir très-supérieur à celui des autorités subalternes, étaient plus qu'elles coupables de n'avoir point réprimé ces attentats. Les représentans Chambon et Cadroy, en mission sur le théâtre des massacres, ne les ayant point empêchés, furent dans cette séance vivement inculpés [2] : le projet de Chénier fut adopté avec des amendemens.

A la fin de la séance, on annonça qu'un des chefs des égorgeurs du midi, le nommé *Roustan*, venait d'être arrêté.

Dans les séances suivantes, la Convention rendit des décrets sur l'instruction publique, et Barras fit un rapport détaillé sur les événemens du 13 vendémiaire.

La séance du 1er brumaire fut orageuse ; une

---

[1] Moniteur, n° 34, an IV, page 135.
[2] « Tous les deux dévoués au royalisme : Chambon était
» faible, et Cadroy violent et cruel. » (Mémoires de Thibaudeau, tome I, page 239.)

partie de l'assemblée manifesta hautement son opposition contre l'autre partie: les uns demandaient depuis quelque temps que la Convention annulât les élections de Paris, faites sous l'influence des conspirateurs de vendémiaire, disant qu'on ne pouvait, sans danger, admettre dans le corps législatif des contre-révolutionnaires; les autres soutenaient que le danger était plus grand encore de transgresser la constitution, au moment où elle allait être mise en activité; que c'était sacrifier à des circonstances passagères le sort de cette loi fondamentale, et donner au peuple un exemple qui diminuerait son respect pour elle.

On s'opposait vivement à cette transgression proposée, lorsqu'un pétitionnaire se présente à la barre, et se plaint de l'assemblée électorale du département du Lot; il est interrompu par Thibaudeau qui se récrie contre les pétitionnaires lesquels viennent, chaque jour, retarder les travaux de la Convention, et solliciter des mesures qui portent atteinte à la constitution : on lui répond, on se laisse aller à des personnalités; Thibaudeau réplique : « Je prends l'engagement de dénoncer à la
» nation la nouvelle tyrannie qu'on lui prépare...
» Qu'on crée des dictateurs, je me dévoue à leurs
» proscriptions; je braverai leur poignard. Je serai
» toujours la *barre de fer* contre laquelle viendront se briser les complots des factieux. Déchirons le voile qui couvre d'horribles manœuvres. Une nouvelle terreur plane encore sur

» cette enceinte; à la fin de la séance, il faut
» qu'elle ait fait place à la sécurité. Il faut savoir si
» quelques hommes, dont l'amour-propre est irrité
» parce qu'ils n'ont point la priorité de la con-
» fiance du peuple, doivent aujourd'hui s'en ven-
» ger sur lui.

» Tout est préparé. N'avez-vous pas remarqué,
» depuis quelques jours, le développement de leurs
» audacieuses combinaisons, les huées et les ap-
» plaudissemens séditieux des tribunes remplies
» de leurs affidés?

» N'avez-vous pas vu un homme, qui a changé
» de masque à toutes les époques marquantes de
» la révolution, se placer naguère à droite pour
» dénoncer à gauche; et se placer, il y a peu de
» jours, à gauche pour dénoncer à droite? Ai-je
» besoin de le nommer? Ne reconnaissez-vous
» pas *Tallien?*

» Je le dénonce au peuple français comme
» l'auteur des troubles qui nous agitent, des dis-
» sensions qui nous déchirent.... »

Thibaudeau parle ensuite d'une dénonciation faite contre plusieurs députés, laquelle ne réussissait pas au gré des dénonciateurs; il dit qu'il ne s'agit rien moins que de faire arrêter ces députés dénoncés, de casser les corps électoraux, et de suspendre la convocation du corps législatif. A ces mots, la presque totalité de l'Assemblée se lève, et crie : *Jamais! jamais! nous mourrons plutôt!*

« Je connais, continue Thibaudeau, ceux qui,
» en agitant la Convention, veulent agiter la
» France; je regarde comme une telle calamité
» que la Convention ait encore été entamée, que
» je m'oppose même à tout ce qui pourrait at-
» teindre le membre que je vous dénonce.

» Apologiste au moins des massacres de sep-
» tembre, Tallien ose s'ériger en accusateur; il
» accuse ses collègues de royalisme? (On mur-
» mure à gauche.) Mais vous qui murmurez,
» vous l'avez dénoncé vous-mêmes comme pro-
» tégeant le royalisme, et vous serez obligés de
» convenir que si, après le 9 thermidor, il y a
» eu une réaction royaliste, c'est à Tallien qu'on
» doit principalement l'attribuer.

» Qui donc avait provoqué, autorisé, protégé
» ces compagnies de jeunes gens qui allaient por-
» ter le trouble dans les spectacles; assiégeaient,
» insultaient vos comités et violaient vos décrets
» jusque dans la cour du Palais-National? Qui
» avait des prôneurs, des aides-de-camp parmi
» les autres, si ce ne sont Tallien et Fréron?
» Tout cela se faisait à Paris, tandis que des bandes
» de jeunes gens, organisées en *compagnies de*
» *Jésus* et *du Soleil*, assassinaient dans le Midi.
» Vos envoyés à Venise, à Gênes et à Bâle
» n'écrivaient-ils pas à vos comités que les en-
» nemis de la république comptaient sur Tallien
» pour le rétablissement de la royauté?.... N'avait-
» on pas saisi une lettre écrite toute entière de

» la main du prétendant, dans laquelle il annonçait
» les mêmes espérances [1] ?

» Je ne prétends tirer, continue l'orateur, au-
» cune induction contre Tallien; mais je demande
» si, lorsqu'il y a contre lui des préventions fon-
» dées sur les lettres officielles des agens de la
» république, sur une lettre signée du préten-
» dant, Tallien devait venir accuser avec si peu
» de décence les hommes les plus estimables,
» parce que leurs noms se trouvent inscrits sur
» des notes insignifiantes, notes qui ne sont véri-
» tablement qu'un mémorial...

» C'est l'ambition qui conduit Tallien; il n'é-
» coute que le dépit de n'avoir pas été nommé un
» des premiers à l'Assemblée législative.... Ne
» dirait-on pas, en voyant les prétentions de
» Tallien, que la république ne peut se passer
» de lui ?

» Quelques jours avant le comité général, on
» disait à Tallien : *La montagne se relève. Bah!*
» répondit-il, *c'est la faction des mâchoires; ils*
» *n'ont pas un seul orateur*; et le lendemain il
» s'est constitué le leur....

» Dans un des dîners où Tallien avait montré
» beaucoup d'humeur, parce qu'on était d'un avis
» contraire au sien, il dit : *Puisqu'il en est ainsi,*
» *tirez-vous-en comme vous pourrez; je vous aban-*

[1] Nous en avons cité le passage qui concerne Tallien. (*Voy.* présent chap.tre, page 116.)

» donne; j'aurai toujours un endroit pour me
» réfugier; je ne suis pas embarrassé. »

Thibaudeau reproche ensuite à Tallien d'être comblé des dons de la fortune, tandis que ceux qu'il accuse ont langui dans la persécution, et vivent dans la médiocrité[1].

Tallien monte à la tribune. Il n'a pas entendu le discours de Thibaudeau; il ne peut répondre à toutes ses dénonciations : « Que Thibaudeau les
» signe, dit-il, et je m'engage, sur mon honneur,
» à répondre à tout en public, et le peuple ju-
» gera. »

Il parle des intrigues employées pour porter dans les assemblées électorales des partisans du royalisme, des émigrés et des hommes qui ont pris part à la conspiration du 13 vendémiaire.

« Oui, s'écrie-t-il, la victoire a profité aux vain-
» cus; car ils ont eu toutes facilités imaginables
» pour s'échapper[2]; aucun d'eux n'est tombé sous
» le glaive de la loi. J'ai dit qu'il fallait rendre cette
» victoire avantageuse au peuple. Je n'ai pas dit,
» et j'ai dû le faire, que le mouvement du 13 ven-
» démiaire avait été amené, protégé; j'aurais
» pu dire que, le 13, on voulait capituler avec

[1] Moniteur, séance du 1er brumaire an IV; Mémoires de Thibaudeau, tome I, pages 247 et suivantes.

[2] Lacretelle dit qu'on laissa les barrières de Paris ouvertes, pendant trois jours, à tous ceux qui avaient à redouter la colère de la Convention. (Précis historique de la révolution française; Convention, tome II, page 451.)

» les rebelles, et que j'ai vu le moment où
» l'on aurait donné l'accolade au chef des ré-
» voltés.¹.

» La commission (des cinq) vous dira que ce
» n'est pas seulement à Paris qu'on a voulu para-
» lyser le courage des patriotes; que partout on a
» arrêté les courriers extraordinaires envoyés par le
» gouvernement; que des représentans eux-mêmes
» ont intercepté des paquets; que, le 24, on n'avait
» point encore reçu à Toulon la nouvelle officielle
» des événemens du 13; tandis que l'on avait vu
» le courrier passer la Durance cinq jours aupa-
» ravant; qu'au lieu d'annoncer la victoire que la
» Convention avait remportée, on répandit qu'elle
» avait éprouvé un échec dans lequel la moitié
» de ses membres avait péri.

» La commission vous prouvera que c'était à l'é-
» poque de la réunion des assemblées électorales
» que devait éclater la véritable conspiration,
» que presque tous les corps électoraux corres-
» pondaient avec les chouans de Paris, et qu'au
» moment où l'on parlait ici de vous détruire, les
» vedettes autrichiennes disaient aux nôtres : *On*
» *égorge votre Convention à Paris.* »

Tallien propose à la Convention de rester en
permanence jusqu'au 5 brumaire, époque déter-

---

¹ Tallien veut sans doute parler de la lettre que Danican
adressa au comité de sûreté générale, pour négocier. Sa proposition fit naître une discussion un peu trop longue; mais
elle fut rejetée : on ne répondit pas à Danican.

minée pour l'organisation du corps législatif. Cette proposition fut combattue et rejetée.

Cette discussion jette quelques lumières sur les intrigues du moment, sur l'état de la Convention dans ses derniers jours, et montre le danger que courent les grandes assemblées en s'occupant des personnes.

Dans la séance du 2 brumaire on donna lecture de nouvelles lettres adressées à *Lemaitre* pendant sa prison. Elles n'ajoutent rien à l'analyse que j'en ai donnée.

La Convention nationale, avant de clore sa session, avait, le 30 vendémiaire, organisé des écoles dont voici la dénomination : l'*École Polytechnique*, les *Écoles d'Artillerie*, l'*École des ingénieurs militaires*, l'*École des ponts-et-chaussées*, l'*École des mines*, l'*École des géographes*, l'*École des ingénieurs de vaisseaux*, les *Écoles de navigation*, les *Écoles de Marine*.

Le 2 brumaire elle rendit une loi concernant l'organisation du *tribunal de Cassation*.

Le 3 brumaire une loi fut rendue sur l'organisation de l'*Instruction publique*, sur les *écoles primaires*, les *écoles centrales*, les *écoles spéciales*; enfin cette même loi établit l'*Institut national des Sciences et des Arts* qui fut alors divisé en trois classes. La première classe fut celle des *sciences physiques et mathématiques;* la seconde, des *sciences morales et politiques*, et la troisième, de *littérature et des beaux-arts*.

La Convention, dans le même temps, rendit quelques autres lois administratives.

La bonté de ces diverses institutions est attestée par leur durée ; la plupart, malgré les divers gouvernemens qui se sont succédés, subsistent encore.

Le sage Baudin des Ardennes, au nom de la commission des onze, fit, dans la séance du 2 brumaire, un rapport et des propositions dont nous allons donner l'analyse :

« Représentans, vous touchez au terme de vos
» travaux, dit-il, et bientôt vous allez vous des-
» saisir des pouvoirs immenses dont vous étiez in-
» vestis. Le moment est arrivé d'en faire, avant
» votre séparation, un usage qui vous console de
» ce que leur exercice a souvent eu d'indispensa-
» blement rigoureux. » Après ce début, Baudin prononça le mot d'*amnistie*.... « Tous voudraient,
» ajoute-t-il, qu'on jetât un voile épais sur leurs
» propres torts ; mais il en est peu qui soient dis-
» posés à pardonner ceux des autres. Chacun veut
» que le pardon ne soit que pour lui.....

» Qu'il s'avance cet homme privilégié, citoyen
» ou magistrat, ou représentant du peuple, qui
» pourrait dire que, dans le cours d'une si longue
» et si orageuse révolution, ses opinions ont tou-
» jours été, non-seulement conformes aux prin-
» cipes, mais applicables aux événemens et aux
» circonstances, sans aucune teinte d'exagération,
» sans aucune aspérité, sans aucun mélange de
» faiblesse.....; qui n'ait point à regretter ou quel-

» ques excès d'un emportement excusable dans
» ses motifs, ou quelques ménagemens qui soient
» dégénérés en mollesse, ou des variations équi-
» voques ou des momens d'indécision, où même
» une inaction nuisible au progrès de la liberté! »

Baudin demande l'oubli des fautes passées, l'amnistie pour excès commis en révolution, excepté pour l'émigration; il demande aussi l'abolition de la peine de mort. Ce projet est ajourné.

Dans la séance du 4 brumaire, ce projet fut reproduit, discuté et adopté, ainsi qu'il suit : « A
» dater du jour de la publication de la paix géné-
» rale, la peine de mort sera abolie dans toute la
» république française¹.

» La Place de la Révolution (Place de Louis XV)
» portera désormais le nom de *Place de la Con-*
» *corde ;* la rue qui conduit du boulevard à cette
» place, portera le nom de *rue de la Révolution.*

» La Convention abolit, à compter de ce jour,
» tout décret d'accusation ou d'arrestation, tout
» mandat d'arrêt, mis ou non à exécution, toutes
» procédures, poursuites et jugemens portant
» sur des faits purement relatifs à la révolution.
» Tous détenus à l'occasion de ces mêmes événe-
» mens seront immédiatement élargis, s'il n'existe
» point contre eux de charges relatives à la cons-
» piration du 13 vendémiaire dernier. »

---

¹ Je ne crois pas que cette loi ait été rapportée; si elle ne l'a pas été, aujourd'hui que la paix est faite, on peut en réclamer l'exécution.

Les articles suivans contiennent encore des exceptions et des moyens exécutifs.

Après la discussion de ce décret dicté par la justice et la générosité française, le président prit la parole, et dit : *La Convention nationale déclare que sa mission est remplie et que sa session est terminée.*

Ainsi, le 4 brumaire an IV (26 octobre 1795) finit la session de cette fameuse assemblée qui avait duré trois années et près d'un mois.

Ses travaux, ses fautes, ses crimes, ses malheurs, ses triomphes, tout en elle porte un caractère de grandeur, de dignité qui seront honorablement signalées par l'impartiale postérité. Forte de l'assentiment, du patriotisme et du courage de la grande majorité des Français, avec ses douze et longtemps ses quatorze armées, elle résista aux agressions continuelles de presque toutes les puissances de l'Europe, en força plusieurs à lui demander la paix, et enleva aux autres une partie de leur territoire.

Sa marche franche, découverte, l'élevait fort au-dessus de ses ennemis, qui ne rougissaient pas de souiller leur cause par des manœuvres sourdes, par des moyens honteux et criminels, par la perfidie, la corruption et les assassinats. Ce fut par ces seuls moyens, toujours dédaignés par la Convention, que ses agresseurs obtinrent quelquefois de déplorables succès.

Ce fut au milieu des orages, assaillie par des factions, des malheurs et des embarras de toute espèce, que les étrangers ne cessaient de lui susciter; ce fut, entourée de dangers imminens, qu'elle médita et fonda, pour le bonheur des Français, des institutions que le temps et les gouvernemens divers qui suivirent, ont en grande partie respectées.

Dans le commencement de sa session, deux factions s'accordèrent à calomnier, persécuter avec fureur et faire mourir sur l'échafaud ses membres les plus illustres; bientôt après, une de ces factions persécutrices fut anéantie par l'autre, par celle de Robespierre, qui, restée seule, établit, sur la Convention comme sur la France entière, son épouvantable tyrannie. Au 9 thermidor, le tyran et ses satellites furent détrônés, et les Français délivrés.

Alors les suprêmes directeurs des troubles, affligés, déconcertés, suspendirent quelque temps leurs manœuvres, dressèrent de nouveaux plans, et bientôt parurent les attentats des journées du 12 germinal, des premiers jours de prairial et du 13 vendémiaire; tous, coïncidant avec les égorgemens du midi de la France, attestèrent l'identité du plan de ces divers forfaits, attestèrent la scélératesse des moyens de ces ennemis et leur continuelle impuissance.

J'ai cité des exemples du courage des conventionnels, de leur attachement à leur devoir, de leur dévouement héroïque à la cause nationale; j'aurais pu en citer plusieurs de leur noble désintéressement.

Sur sept cent cinquante membres qui composaient la Convention, par l'effet des crises produites et des passions qu'excitaient les factions de l'étranger, plus de cent trente périrent de mort violente.

Malgré les préventions que l'esprit de parti a propagées, l'opinion formée par la continuité de la calomnie, les déclamations que les partisans des priviléges ne cessent de répéter contre les membres de cette assemblée politique, ces membres, si l'on en excepte une trentaine, d'hommes élus par la faction de la commune de Paris, faction, instrument sanguinaire des ennemis de la France; si l'on en excepte un nombre pareil d'hommes que leur tempérament portait à la méfiance, à l'exagération, mais dont la bonne foi et le dévouement étaient sincères, ces membres, dis-je, étaient tous recommandables par leurs talens, leur fermeté et par la pureté de leurs intentions; presque tous, dans un poste très-dangereux, se sont livrés à des travaux législatifs très-pénibles, et aux hasards des combats; ont beaucoup souffert, ont altéré leur santé, épuisé leur fortune : je n'en connais aucun qui se soit enrichi; leurs ennemis sont d'accord sur ce point [1].

Un homme qui ne déguisa jamais la vérité, dont

[1] Ajoutons que le ministre *De Serres* a déclaré à la chambre des députés, que la masse de la Convention se composait d'hommes purs et recommandables par leurs vertus.

le caractère ferme, inflexible lui valut le surnom de *barre de fer*, Thibaudeau, qu'on doit croire lorsqu'il se décide à louer, parle ainsi de la Convention :

« Pendant une session de trois ans, la Conven-
» tion avait résisté à l'Europe, vaincu ses enne-
» mis, dicté la paix, constitué la république,
» amené des rois coalisés à la reconnaître et à
» conclure la paix avec elle, ajouté la Belgique à
» son territoire, élevé la France au premier rang
» parmi les nations, triomphé de ses ennemis et
» pacifié la Vendée.

» Elle avait établi l'uniformité des poids et me-
» sures, préparé une législation égale pour tous,
» jeté les principales bases du Code civil, constitué
» la dette civile en l'inscrivant sur le *grand livre*.

» Elle avait décrété des codes pour toutes les
» branches du service militaire.

» Elle avait fondé le Musée national des arts, des
» écoles pour les sciences, les lettres et toutes les
» parties de l'enseignement public.

» Elle léguait à l'avenir d'abondantes ressour-
» ces, de terribles leçons et de grands exemples.

» Le bien qu'elle avait fait ou préparé, était
» son ouvrage ; les calamités qui, sous son rè-
» gne, avaient affligé la patrie, étaient le résultat
» des *circonstances*[1].

[1] Ces *circonstances* sont la séduction, la corruption, les menées souterraines, les calomnies, les faux rapports de cette
armée d'agens étrangers qui, depuis l'ouverture de la session

» Jamais assemblée n'avait été convoquée dans
» des conjonctures plus difficiles. Trois ans de ré-
» volution avaient miné le trône, ébranlé la mo-
» narchie dans ses antiques fondemens, allumé les
» haines et enflammé les partis. La France était
» un volcan, et la Convention fut appelée au mo-
» ment où l'explosion ne venait que de commen-
» cer ; le cratère était ouvert et vomissait des tor-
» rens de laves embrasées. Il était au-dessus de la
» nature humaine de leur assigner des bornes.....
» Quels étaient donc ces conventionnels que l'es-
» prit de parti a représentés comme des hommes
» ignorans, grossiers, féroces, comme la lie de la
» nation? Excepté une *cinquantaine* d'individus
» parmi lesquels figurait une grande partie de la
» députation de Paris, cette Convention, dont on
» fait une si monstrueuse peinture, se composait,
» d'hommes qui, avant leur nomination, jouis-
» saient, dans leur département, à un degré plus
» ou moins éminent, de la considération et de
» l'estime dues aux lumières, aux talens, aux ver-
» tus ; d'hommes pris dans les classes les plus es-
» timées et les plus utiles de la société, dans les
» professions les plus libérales. *Vergniaud, Gua-*
» *det, Gensonné*, ornemens du barreau de Bor-
» deaux, si riches en talens; *Ducos, Boyer-Fon-*
» *frède*, tous députés de la Gironde ; *Hérault-*

conventionnelle jusqu'à la fin, n'a pas cessé d'assiéger cette assemblée, et d'exercer sur ses membres influens son vil et perfide ministère.

» de-Séchelles, *Le Pelletier Saint-Fargeau*, *Con-*
» *dorcet, Fourcroy, Lanjuinais, Daunou, Sieyes,*
» *Baudin, Boissy-d'Anglas, Buzot, Cambacérès,*
» *Carnot, Treilhard, Merlin de Douai*, et cinq
» cents autres qui, avant d'arriver à la Conven-
» tion, dans le cercle où ils étaient connus, avaient
» fait honorer et respecter leur noms, étaient-ils
» donc des êtres grossiers, ignorans et féroces ? »

Thibaudeau ajoute que les assemblées électorales qui nommèrent les conventionnels se composaient de tout ce qu'il y avait en France de plus considérable parmi les magistrats, les administrateurs, les propriétaires, les négocians et les citoyens fidèles à la cause nationale [1].

Lorsque le temps et les lumières auront fait taire les clameurs des intéressés, effacé les préventions, les ressentimens [2], détruit l'effet des calomnies que répètent des hommes qui n'exami-

---

[1] Mémoires de Thibaudeau, tome 1, page 264 et suiv.

[2] Les calomniateurs de la Convention nationale montrent une grande ignorance, ou une insigne mauvaise foi, lorsqu'ils affectent d'attribuer à la majorité de cette assemblée les crimes de Robespierre ; ils ignorent ou feignent d'ignorer que cette majorité n'était pas libre, qu'elle gémissait sous le joug de cette effroyable tyrannie, qu'elle a saisi avec zèle la première occasion de s'en affranchir. Ils ignorent ou feignent d'ignorer que cette majorité qu'ils calomnient a le plus souffert, a eu, proportion gardée, un plus grand nombre de victimes de ce tyran que le reste des Français. Enfin, ils sont assez injustes pour attribuer aux victimes les forfaits de leurs bourreaux.

nent rien, croient tout, ne pensent que d'après les autres; lorsque le flambeau de la vérité pourra briller dans tout son éclat, on jugera la Convention; on s'étonnera de voir cette assemblée gouvernante, entourée de tant de piéges, attaquée par tant d'ennemis connus et cachés, continuellement en butte à la force et à la perfidie, sortir triomphante de tant de dangers, sauver la liberté publique que la nation française avait confiée à sa garde, à sa direction et avec succès, malgré les tempêtes, conduire le vaisseau de l'État au port du salut.

CHAPITRE IV.

ORGANISATION DES DEUX CONSEILS ET DU DIRECTOIRE EXÉCUTIF; ÉTAT DES FINANCES; SOMME D'ASSIGNATS ÉMIS; LOI SUR CETTE MATIÈRE; ÉCHANGE DES DÉPUTÉS, MINISTRE, AMBASSADEURS FRANÇAIS, PRISONNIERS, CONTRE UNE PRINCESSE FRANÇAISE; INTERVENTION DU MINISTRE DE TOSCANE; CAUSE DE SON RAPPEL; DÉTAILS DES MAUVAIS TRAITEMENS QUE CES PRISONNIERS ONT ÉPROUVÉS DANS LES PRISONS DE L'AUTRICHE.

LE 5 brumaire an IV (27 octobre 1795), après avoir rempli plusieurs formalités nécessaires, le corps législatif se forme sous la présidence du citoyen Rudel, doyen d'âge; les députés les plus jeunes, tels que *Penières, Gamon, Dubouloz, Tallien, Guillemardet,* etc., remplissent provisoirement les fonctions de secrétaires. On procède, conformément à la loi du 1er vendémiaire, à la division du corps législatif en deux conseils. Cette opération, commencée à neuf heures du soir, ne se termine que le lendemain à quatre heures du matin.

Le 6 brumaire, à deux heures après-midi, on donne lecture des noms des députés désignés pour l'un et l'autre conseil.

Les membres destinés à former le *conseil des cinq cents* se rendent, escortés par un détachement de troupes, dans la salle dite du *manége*, où avait siégé l'Assemblée constituante. Là, par la voie du scrutin on procède à la nomination du bureau. *Daunou* obtient la pluralité des suffrages pour la présidence ; et *Rewbell*, *Thibaudeau*, *Chénier et Cambacérès*, sont nommés secrétaires.

Le conseil des anciens, composé de deux cent cinquante membres, resta dans la salle des Tuileries, qu'avait occupée la Convention. Provisoirement présidé par le député Rudel, doyen d'âge, il nomme pour son président *Laréveillère-Lépaux*, et pour secrétaires *Baudin des Ardennes*, *Lanjuinais*, *Bréard* et *Charles Lacroix*.

Ces choix honorèrent les deux conseils, prouvèrent la pureté de leurs intentions, furent la récompense des services rendus et un témoignage de l'estime dont les membres élus jouissaient parmi la majorité de leurs collègues.

Les deux conseils nommèrent leurs secrétaires rédacteurs et leurs messagers d'État; puis ils se déclarèrent définitivement constitués.

Ces deux conseils formaient ensemble le corps législatif : le conseil des cinq cents proposait les lois, les discutait, et le résultat de la discussion était nommé *résolution*. Les résolutions de ce conseil étaient portées au conseil des anciens, qui, après une discussion, les rejetait ou les approuvait. Lorsqu'il les rejetait, le projet ne pouvait plus être représenté qu'après une année révolue, et lorsqu'il les approuvait, la résolution recevait le caractère d'une loi.

Pour compléter les premières autorités de la

république, il restait à nommer le *Directoire exécutif*, conformément au titre VI, article 133 de la constitution: le conseil des cinq cents forma au scrutin secret une liste de cinquante membres, la présenta au conseil des anciens qui choisit cinq membres parmi ces cinquante; dans la séance du 11 brumaire, le résultat du scrutin donna pour les cinq directeurs *Le Tourneur de la Manche*, *La Réveillère-Lépaux*, *Reubell*, *Barras* et *Sieyes*. Ce dernier refusa d'accepter, et *Carnot* fut nommé à sa place.

Le 13 brumaire, le Directoire exécutif entré en fonctions, nomma le citoyen *Trouvé* pour son secrétaire[1], nomma *Merlin de Douai* au ministère de la justice, *Charles Delacroix* à celui des relations extérieures, *Gaudin* aux finances, le général *Aubert Dubayet* à la guerre, *Benezech* à l'intérieur, et *Truguet* à la marine.

Après l'organisation du gouvernement, son attention se dirigea sur un objet de première nécessité, sur les finances; elles étaient dans un état déplorable. L'agiotage, dirigé par les ennemis de la république, tendait constamment à faire diminuer la valeur des assignats; l'émission de ce papier monnaie croissait à mesure que sa valeur décroissait. L'introduction en France d'une quantité considérable de faux assignats, les dépenses extraordinai-

---

[1] Le 15 brumaire suivant le citoyen Trouvé donna sa démission au Directoire qui, à sa place, nomma le citoyen Lagarde.

res que les malheurs des temps avaient nécessitées, furent les causes de ce discrédit qui devint plus sensible depuis la journée du 13 vendémiaire.

Dans la séance du 8 brumaire, un député dit : « Les royalistes n'ont plus qu'une ressource, celle » d'anéantir entièrement votre papier monnaie..... » Ce matin l'agiotage est parvenu à faire monter » le louis (pièce d'or de vingt-quatre livres) à qua- » tre mille deux cents livres. Certes, ce ne sont pas » les assignats, émis depuis le 13 vendémiaire, qui » ont pu opérer une baisse aussi effrayante.... On » veut, en mettant la misère du peuple à son com- » ble, le pousser aux excès qu'entraîne le déses- » poir, etc. »

Un membre du comité de sûreté générale confirma tout ce que le précédent orateur venait de dire [1].

Le 15 brumaire, le Directoire exécutif demanda au conseil des cinq cents qu'il fût mis à sa disposition la somme de trois milliards pour les services courans. Il accorda la somme, mais sa résolution fut rejetée par le conseil des anciens : le Directoire, en faisant sa demande, avait négligé quelques formes constitutionnelles.

Le Directoire par un autre message du 17 brumaire, redemanda les trois milliards en désignant

---

[1] Le 8 brumaire, le cours du change donne la valeur du louis d'or; elle est marquée à 3,450 et 3,650 liv., le lendemain elle était à 2,550. 2,450 liv. On voit que cette valeur variait d'un moment à l'autre.

les divers emplois de cette somme. La commission des finances fit dans la séance du 21 son rapport sur ce message. Les détails en étaient alarmans, et les directeurs qui en avaient fourni les élémens, semblaient les avoir dictés dans un moment de désespoir : pour entendre ce rapport et pour la discussion qui en résulta, le conseil des cinq cents se forma en comité général, et tint des séances secrètes pendant plusieurs jours.

Dans la séance du 22 brumaire, le conseil des cinq cents résolut qu'il serait fait au département de la Seine et autres qui seront déterminés, la sommation de fournir deux cent cinquante mille quintaux de grains, cette résolution fut le même jour approuvée par le conseil des anciens.

La discussion du projet des finances durait encore; le rapporteur avait établi que les assignats émis depuis leur origine, s'élevaient à la somme de vingt-neuf milliards quatre cent trente millions six cent vingt-trois mille livres; que, sur cette somme, il fallait déduire les assignats brûlés et destinés à l'être, les assignats démonétisés, lesquels se montaient à la somme de dix milliards cent un millions dix-sept mille cent cinquante-neuf livres; et, qu'au 15 brumaire, il restait en circulation la somme de dix-huit milliards neuf cent trente-trois millions quatre cent soixante-quatre mille quatre cent soixante-quatre livres en assignats; mais que plus de *sept milliards*, valeur métallique, étaient disponibles. Le rapporteur ajoute que, sans compter plusieurs ressources qu'il énuméra, « la nation française conservait encore *cinq milliards*, valeur métallique, en domaines nationaux, pour parer aux événemens de la guerre. »

Dans la séance du 4 frimaire, le conseil des cinq cents, à la suite de la longue discussion qui avait eu lieu dans le comité général, prit une résolution dont voici la substance :

A dater du 30 nivôse prochain, toutes les formes, poinçons et matrices, servant à la fabrication des assignats, seront brisés.

Les assignats en circulation, joints à ceux dont les besoins du service peuvent exiger l'émission, ne pourront, sous aucun prétexte, excéder trente milliards.

Un milliard de biens nationaux, valeur métallique, est distraite de leur masse et consacré aux défenseurs de la patrie.

Un autre milliard, également en valeur métallique, est affecté au retirement des trente milliards d'assignats par le moyen des *cédules hypothécaires*.

La valeur des assignats, dans les transactions, sera fixée sur le cours du change avec le numéraire; ce cours sera réglé suivant les transactions dans les principales places de commerce, et publié tous les quinze jours.

On fit quelques amendemens au projet de résolution qui fut adoptée par le conseil des anciens.

Le corps législatif promulgua plusieurs lois sur diverses parties des finances, entendit un long et savant rapport sur les livres élémentaires relatifs à l'instruction publique, et rendit plusieurs autres lois administratives.

Les paiemens se faisaient avec régularité; l'équilibre s'établissait parmi les divers pouvoirs, et les difficultés que présentait le passage d'un gouvernement à l'autre disparaissaient. Tout, dans le gouvernement, recevait un nouveau caractère de stabilité qui rassurait ses partisans, et faisait le désespoir de ses ennemis.

J'ai parlé du décret de la Convention relatif à l'échange des cinq députés, du ministre et des ambassadeurs français qui, par une insigne violation du droit des gens, étaient prisonniers en Autriche, avec la princesse, fille de Louis XVI, détenue au Temple[1].

L'échange allait s'effectuer, lorsque le ministre du grand duc de Toscane auprès de la république, *Carletti*, le 27 novembre 1795 (6 frimaire an IV), écrivit au ministre des relations intérieures, qu'il avait appris que la fille de Louis XVI allait être échangée : « et comme seul ministre étranger en
» France, dit-il, qui représente un souverain,
» parent de la susdite fille de Louis XVI, je crois
» que si je ne cherchais pas, par des voies direc-
» tes, à faire une visite de complimens à la pri-
» sonnière illustre, en présence de tous ceux qu'on
» jugerait à propos, je m'exposerais à des repro-

---

[1] Voyez présent volume, pag. 34.

» ches et à des tracasseries, d'autant plus qu'on
» pourrait supposer que mes opinions politiques
» m'ont suggéré de me dispenser de cet acte de
» devoir... »

Le ministre de l'intérieur répondit qu'il soumettrait sa demande au Directoire exécutif qui prit l'arrêté suivant.

« .... Arrête, qu'à compter de ce jour, toute
» communication officielle cessera entre M. Carletti et le gouvernement français, et néanmoins
» que le ministre des relations extérieures continuera de communiquer avec la légation toscane
» par l'organe du premier secrétaire de légation
» qui sera considéré comme chargé d'affaires pour
» tous les objets qui peuvent intéresser les deux
» nations.

» Arrête en outre que copie de la note de M. Carletti et de la réponse du ministre de l'intérieur
» sera officiellement communiquée, par le ministre de la république française, au grand duc de
» Toscane, en l'assurant toutefois que la démarche
» du gouvernement français est entièrement personnelle à M. Carletti, que le Directoire espère
» qu'elle n'altérera en rien la bonne union et l'intelligence qui règnent entre les deux gouvernemens, etc. »

Le Directoire avait le sentiment de sa force.

La cour de Toscane rappela le comte Carletti et le remplaça par M. Neri Corsini qui, en se présentant au Directoire, dit que le Grand-Duc avait jugé que la conduite de son prédécesseur était contraire aux instructions que lui avait données cette cour.

Le ministre de l'intérieur alla prendre au Temple la princesse prisonnière, la conduisit à son hôtel où l'attendaient les personnes qui devaient l'accompagner dans son voyage, et, le 28 frimaire, à quatre heures du matin, elle partit, accompagnée de la dame Soucy, fille de la dame Makau, mère-nourrice de Louis XVI; du sieur Hue, son ancien valet-de-chambre, d'un capitaine de cavalerie, d'un des gardiens de la tour du Temple, et d'un garçon de service. On procura à cette princesse tout ce qui pouvait, pendant la route, lui être utile et agréable. Le 4 nivôse (25 décembre), les députés qui attendaient avec impatience à Fribourg en Brisgaw le moment d'être délivrés de leur prison encore rigoureuse, et de revoir leur patrie, apprirent avec joie que la princesse était arrivée à Huningue. A Richen, bourg situé en Suisse, à une lieue de Bâle, devait s'opérer l'échange. Dans ce lieu arrivèrent, le 5 nivôse, vers les trois heures après midi, les cinq représentans du peuple, *Camus*, *Bancal*, *Quinette*, *Lamarque* et *Drouet*, le ministre *Beurnonville* et *Menouard* son aide-de-camp; les ambassadeurs *Maret* et *Sémonville* et les autres prisonniers français de sa suite s'y trouvaient aussi. Le citoyen *Bacher* se rendit à Huningue, en ramena la princesse; l'échange fut consommé alors. Le bailli de Richen annonça aux Français qu'ils étaient libres; alors ils consacrèrent à leur patrie leurs premiers sentimens de joie en s'écriant: *Vive la république.*

Le 12 nivôse suivant, dans la séance du conseil des cinq cents, on entend un tumulte qui va toujours croissant. Le président, qui en ignore la cause, réclame l'exécution des lois, et rappelle à l'ordre les perturbateurs. Des voitures sont arrêtées à la porte; bientôt entrent dans la salle, les représentans *Camus*, *Lamarque*, *Bancal* et *Quinette;* la discussion est suspendue: on s'empresse autour d'eux; on les embrasse; on verse des larmes de joie; tous les députés se lèvent; la salle, les tribunes retentissent d'applaudissemens et de cris d'allégresse. Le président, après cette effusion de sentiment, prend la parole: « Si des marques éclatantes d'approba-
» tion peuvent être permises dans cette enceinte,
» c'est uniquement au moment où des représen-
» tans du peuple, si long-temps victimes de la
» plus odieuse et de la plus lâche des trahisons,
» rendus enfin à leurs frères et à leurs amis, re-
» cueillent, dans leur sein, des témoignages flat-
» teurs et touchans d'un intérêt qu'ils inspirent à
» tant de titres.

» Approchez, illustres victimes, venez combler
» l'espoir de tous vos concitoyens, en occupant
» une place que la volonté nationale ne vous a
» conservée, que parce que vous l'avez déjà rem-
» plie avec gloire; venez, par de nouveaux efforts
» et par de grands exemples, vouer tout ce qui

» n'est pas républicain et vertueux, à la honte, au
» remords et au désespoir. »

Camus obtint la parole et dit : « Depuis le jour
» où après trente trois mois de captivité, la liberté
» nous a été rendue, nous n'avons pas perdu un
» instant pour venir remplir avec vous les fonctions
» dont le peuple nous a honorés, et vous rendre
» compte de notre conduite.

» Passés rapidement du séjour hideux du despo-
» tisme sur la terre de la liberté, des pays de
» l'esclavage, au sein de notre patrie, des prisons
» de Maëstricht, des cachots de Coblentz, des
» bastilles de Kœnigsgratz, de Spilberg et d'Olmutz,
» dans l'assemblée des représentans du peuple fran-
» çais, comment exprimer les émotions que nous
» éprouvons? Le bonheur, si long-temps attendu
» de revoir nos collègues, est troublé uniquement
» par le regret de n'avoir pas participé à vos im-
» menses travaux.

» Il eût été dans nos souhaits d'arriver dans cette
» enceinte, réunis au général *Beurnonville* qui,
» dès le moment de la trahison dont nous avons
» été les victimes, s'est déclaré inséparable des
» représentans de la nation, et qui malgré, soit
» les offres, soit les menaces de l'ennemi, a cons-
» tamment partagé notre sort; nous aurions désiré
» entrer avec notre collègue *Drouet*, qui, com-
» battant pour la même cause, a partagé les mêmes
» souffrances; accompagnés des citoyens *Sémon-*
» *ville* et *Maret*, chargés d'une mission publique,

» arrêtés contre le droit reçu par toutes les na-
» tions; enfin nous aurions voulu vous présenter
» l'aide-de-camp du général *Beurnonville* (*Me-*
» *nouard*), notre secrétaire *Foucauld*, le secrétaire
» général (*Villemur*), les personnes de la suite du
» général et de celle des ambassadeurs, tous
» braves citoyens qui, sans y être astreints par
» un devoir rigoureux, mais poussés par les sen-
» timens que les vertus républicaines inspirent,
» ont refusé d'obtenir leur liberté sous la condi-
» tion à laquelle il fallait l'acheter, de se séparer
» des représentans et des agens de la nation. La
» nécessité de faire route séparément pour hâter
» notre retour, nous prive de ces avantages; mais
» rien ne peut me dispenser de vous attester dès
» ce moment le courage de ces fidèles républi-
» cains, sur lesquels le despotisme a appesanti
» long-temps son sceptre de fer, sans pouvoir ja-
» mais courber la tête d'aucun d'entre eux. »

Camus demande ensuite qu'il soit accordé, à lui et à ses collègues rentrés, une dixaine de jours pour rédiger leur rapport dans une forme convenable; le conseil arrête qu'ils seront entendus le 22 de ce mois, et le président leur donne l'accolade fraternelle.

Le 22 nivôse an IV, Camus fit le récit de la trahison de Dumouriez, et de l'arrestation des représentans du peuple et du général Beurnonville, arrestation dont j'ai parlé [1].

[1] Voy. le tome II des Esquisses, pages 304 et suiv.

Dans la séance du 26, Lamarque fit l'historique des événemens que lui et ses compagnons d'infortunes éprouvèrent depuis leur sortie de la prison de *Maëstricht*, jusqu'à leur rentrée en France.

Le 23 mai 1793, on les tira de cette prison; et après s'être saisi de leurs papiers et de leur voiture, on les plaça dans une espèce de chariot couvert; une demi-heure après leur départ le prince de Hesse, commandant de Maëstricht, vint pour converser avec les représentans, bien résolus de ne pas le voir. Ce commandant avait aussi envoyé directement au général *Beurnonville*, pour lui annoncer qu'il se trouverait sur son passage, et qu'il eût à le saluer : *Je ne connais*, dit Beurnonville, *ni prince ni général; je n'ai vu que des geôliers, et je n'ai aucun salut à leur faire.*

Les prisonniers se flattaient encore d'être reconduits en France; mais les mauvais traitemens de leurs conducteurs, et leur approche de la ville d'Aix-la-Chapelle firent évanouir cette espérance.

Arrivés à midi dans cette ville, ils furent assaillis d'injures, d'outrages, de menaces, de prédictions sinistres par un grand nombre d'émigrés de tout sexe, qui, d'accord avec leurs conducteurs, ne montraient aucun respect pour le malheur, aucun intérêt pour des victimes de la plus odieuse des trahisons.

Les voitures qui conduisaient les prisonniers furent arrêtées à l'entrée de Juliers; le gouverneur, sans doute indigné de la conduite de l'Autriche, refusa le passage.

On changea de route et l'on arriva à Cologne; le lendemain on passa le Rhin, et les prisonniers furent, à onze heures du soir, introduits dans la citadelle d'Ehrenbresthein.

Depuis Aix-la-Chapelle jusqu'à leur entrée dans cette forteresse, les prisonniers n'avaient reçu sur la route, de la part des habitans, que des témoignages de bienveillance; il en fut autrement dans leur nouvelle prison. On les logea dans des cases séparées, où ils ne trouvèrent pour tous meubles que deux ou trois bottes de paille et une chaise de bois; les murs de leurs cachots offraient des inscriptions injurieuses et menaçantes, et des images épouvantables. On leur refusa d'abord, puis on leur permit la promenade sur les parties les plus élevées de la citadelle.

Le 29 avril on vint leur annoncer qu'ils allaient être transférés dans une autre prison; mais leur départ fut retardé par la maladie grave dont fut attaqué le général *Beurnonville*. Ce général, son aide-de-camp, son secrétaire, son piqueur et le domestique de l'aide-de-camp, étaient tous cinq renfermés dans une même chambre de douze pieds carrés, meublée de deux ou trois bottes de paille. On obligea, pendant cinq à six jours, le malade à prendre une quantité excessive de quinquina; la fièvre cessa, mais le principe de la maladie ne fut point détruit.

Le 4 juillet, les prisonniers transférés à Francfort, y furent visités par le commandant de la place, qui se montra honnête et humain, et parut fortement improuver la volonté qui enlevait à la liberté et à leurs fonctions, des hommes livrés par la trahison. Ils arrivèrent à Aschaffenbourg.

Ils étaient descendus de voiture et s'entretenaient ensemble dans une salle commune, lorsqu'un étranger entra sans aucune opposition de la part des sentinelles. « Cet homme, dit » l'orateur, dont les yeux nous parurent égarés et » les manières extrêmement indécentes, était le » *prince de Ligne*. Il s'avança vers nous et adres- » sant la parole au général *Beurnonville*, il lui » demanda grossièrement *ce qu'il faisait avant* » *la révolution. — Qu'entendez-vous par-là?* ré- » pondit le général. — *Je demande*, dit-il, » *dans quel corps vous avez servi? Beurnonville* » répondit brièvement à cette question et avec » la fierté convenable. De notre côté, nous » continuâmes à nous promener dans la salle, » comme si nous eussions été seuls, et sans » dissimuler à cet homme le mépris qu'il nous » inspirait. Alors, changeant de ton, il dit au » général, sans néanmoins le regarder directe- » ment, qu'il était bien dommage qu'il servît une » si mauvaise cause, qu'on le disait brave. — *Je* » *sers*, répliqua Beurnonville, *la plus belle de* » *toutes les causes, celle de la liberté contre la* » *tyrannie : quant à la bravoure, avez-vous ja-*

» *mais douté de celle des Français? — Il n'y a*
» *plus de Français*, dit l'Autrichien d'un ton fu-
» rieux, *vous êtes tous des scélérats, des assassins,*
» *des régicides; vous allez être pendus.* A ces mots,
» nous fîmes quelques mouvemens pour lui faire
» sentir toute l'indignité d'un pareil propos contre
» des prisonniers sans défense ; et celui d'un
» d'entre nous fut tel que l'insolent agresseur en
» parut ému et se hâta de sortir de la chambre.

» Dans le même instant, le major Pradache (le
» conducteur en chef des prisonniers) ayant re-
» paru, nous nous plaignîmes à lui d'une si
» atroce violation du droit des gens; et le général
» *Beurnonville* dit hautement que, sans examiner
» si cet individu était prince et sans s'embarrasser
» des suites ; il était disposé, s'il continuait ses ou-
» trages, *à le jeter par les fenêtres.* Cette sortie
» chaleureuse étourdit Pradache, qui répondit en
» balbutiant *que le prince de Ligne était fou.*

Camus raconte une autre scène dans un sens
différent, dans une ville qu'il ne veut pas nommer
et où ils étaient arrêtés. « Un officier de l'armée
» impériale, s'apercevant que nos gardes s'étaient
» éloignés, s'avança vers nous avec empressement
» et débuta par ces mots : *Vous n'aimez pas les*
» *rois.* Comme nous paraissions étonnés ; *je ne les*
» *aime pas plus que vous*, poursuivit-il; *mais*
» *soyez tranquille, vous avez beaucoup d'amis en*
» *Allemagne; vous en avez même à Vienne.* En-
» fin, dit-il, alors en langue latine et avec une sorte

» d'enthousiasme ; *Respublica manebit et florebit.*
» La république se soutiendra et fleurira. Ces
» mots nous firent une impression si vive que nos
» yeux se mouillèrent de larmes[1]... »

Le 7 juin les prisonniers partirent de Aschaffenbourg, pour être tranférés à Wurtzbourg, capitale de la Franconie. Là, le général *Beurnonville* étant retombé malade, et son état de faiblesse ne lui permettant pas de continuer la route, on fut obligé de séjourner. Le major Pradache envoya au prince de Cobourg un courrier pour l'informer de cet incident et lui demander ses ordres. Pendant ce séjour les représentans eurent la faculté de se promener chaque jour dans un jardin ; ils se louent beaucoup des marques de bienveillance que leur donnèrent les habitans.

Le 21 juillet arriva l'ordre de faire partir les représentans et tous les prisonniers à l'exception du général *Beurnonville*, de son aide-de-camp *Menouard* et de son piqueur. La séparation fut douloureuse, le général dit à ses compagnons d'infortune : « Il serait cruel que ma destinée fût de mou-
» rir sur ce lit étranger, tandis que ce devrait être
» d'un coup de canon, pour le salut de ma patrie ;
» mais quels que soient les événemens, souvenez-

---

[1] Rapport des représentans du peuple Quinette, Lamarque, Bancal et Camus, seconde et troisième parties, pages 90 et suivantes.

» vous qu'en partant de Paris nous sommes con-
» venus d'être indivisibles; rien désormais ne peut
» nous désunir. Si je survis à cette maladie cruelle,
» si vous devez être victimes des tyrans, je vous
» suivrai partout, je monterai avec vous sur l'é-
» chafaud, comme sur un théâtre d'honneur et
» nous y mourrons en vrais républicains. Si je suc-
» combe et que vous ayez le bonheur de revoir
» le peuple français, je vous charge solennelle-
» ment d'attester que je meurs fidèle à la républi-
» que, à mes devoirs et martyr de la liberté. »

Les représentans partirent le 2 juillet de Wurtzbourg. « Ici la scène change, dit l'auteur du rap-
» port, nous touchons aux frontières de cette par-
» tie de l'Allemagne où quelques cantons conser-
» vent encore au moins l'image de la liberté, et
» nous allons entrer dans ces vastes asiles de l'igno-
» rance et de la servitude, connus sous le nom de
» *Pays héréditaires*. »

Lamarque fournit une preuve de cette affligeante servilité : Les représentans arrivés à Egra, quelques habitans ayant occasion de les approcher pour des fournitures nécessaires, les saluèrent de la manière la plus rampante, se prosternèrent et leur prirent les mains qu'ils baisaient avec respect.

Les prisonniers français, partis d'Egra le 26 juillet, furent conduits le même jour à Prague, ils eurent un moment l'espérance de voir leur sort adouci; mais, à peine entrés dans une salle où se

trouvaient le commandant général de la Bohême et le commandant particulier de Prague; par leur ordre, ils furent séparés sur-le-champ; ils eurent encore la douleur d'entendre ces officiers se répandre en injures contre la nation française, et même contre le roi de Prusse. A minuit on les fit partir; ils s'aperçurent que leurs conducteurs devenaient plus sévères. Enfin, *Camus* et *Villemur* furent enfermés dans les prisons de Kœnigsgratz, dans la Bohême orientale; *Bancal* et *Constant Laboureau*, dans celles d'Olmutz en Moravie; *Lamarque*, *Quinette* et *Foucauld*, dans celle de Spielberg, aussi en Moravie. Avant d'être distribués dans ces diverses prisons, on les fouilla, et, pour cela, on les obligea, malgré leur refus, à se dépouiller entièrement. « L'on nous enleva donc nos papiers,
» nos couteaux et rasoirs, nos épingles, nos bou-
» cles, jusqu'à nos rubans, et même les lettres que
» le prince de Cobourg nous avait fait remettre à
» Maëstricht. L'on nous prit aussi nos montres et
» le peu d'argent qui nous était resté. Ensuite
» chacun de nous fut conduit dans une prison sé-
» parée, dont l'horreur nous parut fort au-dessus
» de ce qu'on nous avait dit autrefois de la Bas-
» tille.

» Nous y aperçûmes un petit grabat avec un peu
» de paille, une lampe attachée au haut du mur,
» la porte garnie de plusieurs verroux et cadenas,
» et la fenêtre close et grillée de la manière qui

» suit : premièrement, un treillis de fer en dedans;
» après le treillis, un vitrage ; à la suite des vitres,
» de grosses barres de fer, et une autre fenêtre
» au dehors..... On avait enduit les vitres d'un ver-
» nis épais, qui, sans intercepter la lumière, em-
» pêchait qu'on ne pût apercevoir à travers aucun
» objet extérieur [1]. »

Quelques-uns, en entrant dans leur prison, étaient déjà malades, quelques autres le devinrent en y restant. Ils demandèrent s'il leur serait permis de faire des observations à la cour de Vienne, sur l'insalubrité des prisons. Toute pétition est interdite, leur répondit-on. Un des officiers ajouta que tous les prisonniers d'état étaient traités de la même manière, et dit en latin, non d'un ton ironique mais avec l'accent de l'esclave avili, que c'était le caprice de l'Empereur, *est capricium Cæsaris.*

Les médecins furent enfin appelés, et d'après leurs avis, on ordonna que les triples fenêtres seraient ouvertes pendant le jour. Ils obtinrent aussi quelques livres. Les premiers qu'on leur laissa lire fut l'histoire de Struensée, décapité à Copenhague, le poëme de Cartouche et autres ouvrages semblables; dans la suite on fut assez généreux pour leur permettre la lecture de l'Émile de J.-J. Rousseau et le Voyage du jeune Anacharsis.

---

[1] Rapport des représentans du peuple, etc., 2ᵉ partie, pag. 99, 100.

Beurnonville, après avoir souffert environ six semaines à Wurtzbourg et à Egra, fût conduit à Olmutz. *Je n'ai qu'une question à vous faire de la part de l'Empereur,* lui dit le général autrichien Darco, *Quelle est votre religion?* Beurnonville répondit : *Ma religion est une affaire entre Dieu et moi, et je vous déclare que votre empereur ne sera jamais mon dieu.* Sur cette réponse, on le sépara de son domestique et on lui enleva ses effets. Il demanda que sa fenêtre fût ouverte; on lui fit observer qu'au coin de sa croisée était une plaque de fer-blanc, percée de cent quatre-vingt-quatorze trous, où il pourrait recevoir de l'air. Il demanda un rideau à son lit pour se préserver de l'humidité; on lui répondit que les douleurs que lui causerait l'humidité lui rappelleraient ses crimes. Dans un autre temps il demanda un chirurgien. *Il ne s'agit pas d'adoucir votre sort,* lui dit le général Darco; *pourvu que vous existiez de manière à ne mourir que le lendemain du jour où vous arriverez sur le territoire français; cela suffit. Telle est,* ajouta-t-il, *la réponse que je reçois de son excellence M. le maréchal de Branta, gouverneur de la province, et tel est l'ordre de sa majesté l'Empereur.*

On voulait leur supplice et non leur mort.

Lamarque, malade et désespérant de recouvrer la santé, avec un clou qu'il avait arraché des murs de sa prison de Coblentz, sur un des livres qu'on lui prêtait, et qui devaient être transmis à ses collègues, traça ces mots : *Si je meurs, et si tu vis libre, je te recommande ma famille et ma réputation.*

Huit jours après, il trouva dans un autre livre cette réponse : *Nos familles sont communes, ta réputation est mienne ; mais notre destinée est de revoir nos concitoyens, et de vivre libres.*

Cette correspondance innocente ne put, par la surveillance toujours croissante des officiers de garde, être long-temps continuée.

Enfin, au commencement de l'an 1795, on leur rendit, pour la première fois, des lettres qui remontaient à deux ans de date, et on leur annonça qu'ils pouvaient y répondre. L'espoir commença à naître dans leurs ames, et s'y fortifia, lorsque, le 11 brumaire, on vint leur annoncer de se tenir prêts à partir; mais, comme on leur laissait ignorer le motif de ce départ, ils restèrent incertains sur leur sort, et ne savaient s'ils devaient se livrer à l'espoir d'être reconduits en France, ou à la crainte d'être traduits dans une autre prison. Ils furent transférés à Fribourg, où ils séjournèrent en attendant leur échange.

Lamarque termina ici son rapport, et dans la même séance le représentant *Bancal* fit le récit de ses malheurs. A Prague, séparé de ses collègues, à Olmutz, séparé du citoyen Constant, auquel on l'avait adjoint, il obtint avec peine un rafraîchissement de bière et de pain. Il dormit sur des planches, on le tira de son sommeil pour le faire passer au milieu d'une garde de vingt fusiliers, et placer dans le fond d'une voiture; on ordonna aux habitans d'une maison placée sur la route d'éteindre ses lumières [1].

Dans sa prison le défaut d'air le fit beaucoup souffrir; il demanda au commandant de la citadelle la communication des papiers publics; le commandant lui répondit que s'il accédait à cette demande, il lui en coûterait la vie.

« J'ai vu presque chaque jour une mort pré-
» sente, une mort prochaine, dit-il; j'ai entendu
» les soldats de la garde prononcer le mot de mon
» exécution. J'ai vu l'échafaud dressé pendant
» deux mois, j'ai vu une potence long-temps atta-
» chée dans la guérite de la sentinelle qui était
» en face de mon logement [2]. »

Les craintes de Bancal étaient-elles fondées ou chimériques? Ses geôliers auraient-ils pris un barbare plaisir à tourmenter, par de sinistres images, un esprit déjà atteint par la frayeur, afin d'aug-

---

[1] Le gouvernement d'Autriche, rougissant sans doute de se montrer le continuateur, le complice du crime de Dumouriez, prenait les plus grandes précautions pour cacher au public la translation et la prison de ces Français : c'était toujours au milieu de la nuit qu'on les faisait partir d'un lieu, au milieu de la nuit qu'on les faisait arriver dans un autre; précaution fort utile!

[2] Rapport des représentans du peuple, page 139.

menter ses alarmes et ses souffrances? C'est ce que je n'examinerai pas; je dirai que chaque fois qu'on menait ce prisonnier en voiture à la promenade, il se persuadait, ou on lui faisait craindre qu'on le conduisait au dernier supplice. L'effroi a laissé dans son ame une empreinte que le temps n'a pas effacée. Bancal avait du talent, de l'instruction, son patriotisme pur ne fut entaché d'aucune exagération.

Drouet, représentant du peuple, partagea le sort malheureux des premiers; mais la perte de sa liberté eut des causes différentes. Le 24 nivôse, il fit le récit de ses événemens, en voici la substance.

Le 14 septembre 1793, nommé représentant près l'armée du nord, il se transporta avec ses collègues, Bar et Isoré, au camp retranché devant Maubeuge, et contribua puissamment à ravitailler le camp et la ville qui n'avaient de vivres que pour quinze jours. L'armée ennemie attaqua les Français qui furent obligés de rentrer dans leur camp. Drouet s'exposait à tous les dangers et marchait à tête des colonnes. Pendant la nuit, après plusieurs accidens, il se trouva seul au milieu des troupes ennemies; monté sur un excellent cheval, il part au galop dans le dessein de passer la Sambre; mais l'obscurité l'empêchant d'apercevoir un ravin, l'homme et le cheval s'y précipitent : l'animal blessé se relève et part; Drouet évanoui reste à terre; il est bientôt retiré de cet état par des coups de sabre dont il est accablé. Un officier ennemi survint, fit cesser les coups, et ordonna qu'il fût porté auprès d'un chirurgien qui pansa ses blessures; mais les ennemis apprennent bientôt que le blessé se nomme *Drouet;* que c'est lui qui, en 1791, avait arrêté Louis XVI dans sa fuite; alors il est dépouillé entièrement, chargé de chaînes, jeté sur une charrette, et promené dans cet état pendant plusieurs jours dans les rangs de l'armée autrichienne.

Pressé par la faim, il demanda du pain à un officier, qui lui répondit : *Marche, coquin, ce n'est pas la peine de t'en donner.* Il fut conduit chez le général Colloredo qui l'accabla de reproches, puis chez le prince de la Tour dont il décrit ainsi l'entrevue.

« J'avais les pieds et les mains enchaînés, la tête
» nue, les cheveux épars, le visage ensanglanté;
» une blessure considérable au genou m'empê-
» chait de me soutenir; j'étais en un mot dans un
» état à inspirer la pitié à des bourreaux et de
» l'admiration aux braves guerriers. Ce lâche gé-
» néral m'aperçoit à peine, qu'il me saute à la
» gorge, me porte deux coups de poing dans
» l'estomac, puis me crachant au visage, il m'a-
» postrophe à peu près en ces termes : *Monstre,*
» *nous te tenons maintenant, tu vas bientôt porter*
» *la peine due à tes forfaits;* et se tournant vers
» ceux qui l'entouraient : *Il n'y a pas,* leur dit-il,

» *de supplice assez cruel pour un pareil scélérat;*
» *il faut le pendre avec ses chaînes, les pieds en*
» *haut, et le laisser mourir en cet état.* »

Lâche que tu es, répondit Drouet, *tu m'insultes parce que je suis sans défense*, etc.

Drouet fut conduit à Bruxelles, puis à Luxembourg. Chargé de chaînes, couché sur la paille dans un cachot fétide, il ne pouvait ni se faire la barbe, ni couper ses ongles.

Dans la suite, les conquêtes des Français lui furent profitables; on le fit sortir de Luxembourg, on lui ôta ses fers, et on le transféra à Spielberg en Moravie.

Quoique traité avec distinction, il était toujours au secret; livré à ses rêveries et poussé par le vif désir de sortir de la prison, il imagina un moyen d'évasion fort hardi.

Sans instrumens, si ce n'est des mouchettes, des crampons arrachés de la muraille, et les draps de son lit, il parvint à se fabriquer une sorte de parachute, dont il fit dans sa prison une expérience satisfaisante. Il parvint aussi à détacher la grille d'une fenêtre; et dans la nuit du 5 au 6 juillet, de cette fenêtre il passa sur une terrasse, qui s'élevait au-dessus du sol d'environ deux cents pieds. Après quelques hésitations, il s'élance; un paquet du poids de vingt-cinq à trente livres qu'il portait, rendit sa descente plus rapide qu'il ne l'avait prévu. En tombant son pied gauche fut fracassé. Il veut encore franchir un autre mur de terrasse, pour arriver jusqu'au bord de la rivière qui baignait le pied de la forteresse, mais son pied lui refusa tout secours. La douleur qu'il éprouvait était si vive, qu'il poussait des cris aigus. Les sentinelles épouvantées, et qui avaient fui lors de sa chute, n'osèrent approcher du patient qu'au point du jour. Alors on le reporta dans sa prison; on le jeta sur le plancher où on le laissa étendu sans secours pendant près de huit heures. Les gardes, voyant qu'il n'était pas mort, firent venir un chirurgien qui le pansa. Il resta trois mois au lit; enfin le jour de la délivrance arriva; il fut tiré de sa forteresse où étaient aussi enfermés ses collègues *Lamarque* et *Quinette*; ils furent conduits ensemble à Fribourg en Brisgaw, et de là en France[1].

Dans la séance du 26 ventose, le représentant *Quinette* fit le récit des faits relatifs à l'arrestation des citoyens *Sémonville* et *Maret*, ainsi que de leur suite; j'ai parlé de leur arrestation, je ne répéterai point les actes de perfidie, la violation du droit des gens, les outrages qu'ils éprouvèrent à Chiavenne, dit le représentant Quinette; « les
» portes enfoncées, les armes saisies, vos ambas-
» sadeurs garrottés; leur suite, leur famille même,
» rien ne fut respecté, ni l'innocence du premier
» âge, ni la faiblesse du sexe, ni le front vénérable

---

[1] Esquisses, tome II, page 498.

» du vieillard; tous furent outragés, frappés,
» dépouillés; les habitans du village fuient dans
» les campagnes, et une partie des barbares pillent
» les bagages de leurs victimes. »

On les pousse à coups de crosse de fusil sur un bateau, où ils sont liés les uns aux autres sur deux files. On part, et ces Français-enchaînés font retentir les échos du rivage de chants patriotiques, de l'hymne des Marseillais. Ces chants ne sont interrompus que par les paroles outrageantes que des émigrés adressent à ces malheureux. *Sajou*, homme de confiance de l'ambassadeur *Sémonville*, se soulève du fond de sa barque, secoue ses chaînes, et fait entendre ces mots remarquables : *Un Français qui n'est pas un lâche ne peut paraître ici que les fers aux pieds ou les armes à la main.*

Ces malheureux Français furent traduits dans les prisons de Gravedonne; là, on les déchargea de leurs chaînes; puis ils furent transférés dans les prisons de Mantoue, prisons meurtrières qui, avec les mauvais traitemens, les privations, causèrent la mort de trois détenus. Le général *Montgeroult*, employé auprès de la légation de Naples, vieillard de soixante-dix ans, mourut dans les prisons de cette ville. *Tasistro*, ingénieur interprète, attaché à la légation de Constantinople, y termina aussi sa carrière : les mêmes causes enlevèrent à la vie le jeune et intéressant *Lamarre*, secrétaire de légation. Il demandait à faire son testament; ses geôliers lui refusèrent cette satisfaction. Il fait alors un dernier effort, se lève de son grabat, se traîne vers les barreaux de sa prison, appelle d'une voix languissante Merger, un de ses compagnons d'infortune, frappé lui-même d'une maladie qui ne l'a point quitté : *Ami*, lui dit Lamarre, *reçois mon dernier soupir, il appartient à l'amitié et à la patrie.*

Dans les premiers temps, on permit aux ambassadeurs de correspondre avec leur famille, on leur permit la lecture de quelques livres; bientôt on les priva de cette consolation. Le 22 octobre 1793, les rigueurs s'accrurent; les mauvais traitemens remplacèrent quelques démonstrations de bienveillance ; plus de correspondance, plus de livres, plus de visite de la part des officiers préposés à leur garde. Outre ces privations, ils éprouvèrent des duretés, des menaces barbares. A ces maux se joignirent l'effet de la température insalubre de Mantoue, ville entièrement entourée de marais. Presque tous ces prisonniers tombèrent malades ou furent alités. D'après l'avis du médecin, qui ne répondait pas de leur existence dans un lieu si malsain, les citoyens *Maret* et *Sémonville* furent transférés de Mantoue dans une forteresse du Tyrol, nommée *Kustain*. Quoique dans un état de faiblesse extrême, attaqués d'un commencement d'hydropisie et qu'il leur fût impossible de se mouvoir sans secours, pour les transporter on les chargea de chaînes. On les déposa dans leur nouvelle prison, qui n'offrait qu'une surface de huit pieds carrés et où ils languirent dix-neuf mois. Les autres Français de la suite des ambassadeurs furent retenus dans les prisons de Mantoue, exposés aux ravages de l'air pestilentiel de cette ville.

Les uns et les autres furent tirés de leur prison et conduits à Fribourg en Brisgaw où ces Français emprisonnés, et presque aussi gênés que dans les bastilles qu'ils venaient de quitter, passèrent cinq semaines dans un état de privation et d'impatience. Enfin, l'échange les rendit à la liberté et à leur patrie.

Quinette parla aussi de l'accueil que les ex-prisonniers reçurent en Suisse : « Dès le moment
» où les captifs français entrèrent sur le territoire
» suisse, ils sentirent le bienfait de respirer l'air
» pur de la liberté. Les officiers autrichiens les
» accompagnaient encore; mais il était facile et
» doux de les oublier. Le caractère franc, ouvert
» et élevé des Suisses qui se rendirent à Richen,
» leur empressement à leur témoigner la joie qu'ils
» avaient de voir des Français si long-temps vic-
» times de leur amour pour la patrie, leur fit une
» impression profonde et délicieuse. On ne voulut
» plus les quitter; on les accompagna jusqu'à Bâle;
» là, on vint les visiter en foule. L'intérêt qu'on
» portait à leur sort multipliait les questions; à
» des réponses courtes et précises, succédait l'ex-

» pression des sentimens les plus vifs. Les ci-
» toyens français ne virent dans les Bâlois que
» des frères; on se félicita d'être réunis; un ban-
» quet patriotique où se firent entendre les hym-
» nes de la liberté, termina un jour mémorable
» pour tous les amis de l'humanité. Le lendemain
» la même scène se renouvela chez le ministre
» de la république française et dans une société
» d'amis de la révolution française. Ce sont eux
» qui, dans des récits intéressans, le fruit d'une
» observation constante, levèrent le voile épais
» qui depuis trois ans cachait aux citoyens fran-
» çais les événemens politiques de leur patrie. La
» foule des objets les empêcha de les distinguer,
» ils reconnurent seulement le génie républicain,
» planant sur toutes les factions, poursuivant éga-
» lement l'anarchie et le royalisme; ses ennemis
» acharnés réunis en secret contre elle, et for-
» mant une phalange formidable de ses amis,
» éprouvés par le malheur et demeurés fidèles,
» courageux et sages [1]. »

Le 7 nivose, ils entrèrent sur le territoire français et à Schelestat, à Saint-Dié, à Toul, etc., ils furent visités par les autorités constituées et reçurent de précieux témoignages de l'affection publique; mais l'accueil de leurs concitoyens, en les comblant de joie, n'effaça point le ressentiment des maux

[1] Rapport des représentans, etc., pages 130, 131.

qu'ils venaient récemment d'éprouver chez les ennemis de la France; ils ne les avaient pas tous racontés dans leurs rapports, et Quinette dit « qu'il » ne veut point dévoiler les horribles secrets des » prisons d'Etat de l'Autriche; leurs détails, dit-il, » feraient frémir l'humanité et répugneraient à nos » sens. »

Quand ceux qui exercent le pouvoir ordonnent des persécutions, les exécuteurs vont presque toujours au-delà des ordres et ajoutent, par excès de zèle ou de servilité, leur cruauté personnelle à la cruauté de leurs maîtres : c'est ce que ceux qui commandent devraient savoir.

LE Gal MARCEAU.

BAUDOUIN frères Rue de Vaugirard N.º 36. A PARIS.

CHAPITRE V.

CONDAMNATION DE LEMAITRE; FAUX RAPPORTS DES AGENS DE L'ÉMIGRATION; LEURS FUNESTES CONSÉQUENCES; L'ÉMIGRÉ GESLIN; CONSPIRATION DE BABEUF; ATTAQUE DU CAMP DE GRENELLE; MORT DE STOFFLET ET DE CHARETTE; LES DÉPARTEMENS INSURGÉS SONT PACIFIÉS; SUCCÈS DE NOS ARMÉES; TRAHISON DU GÉNÉRAL PICHEGRU; EST REMPLACÉ PAR MOREAU; CONQUÊTES DE BONAPARTE EN ITALIE; M. LE COMTE DE LILLE S'ÉLOIGNE DE VÉRONE.

J'AI parlé du conspirateur *Pierre-Jacques Lemaître*, j'ai cité les fragmens de sa correspondance[1]. La commission militaire saisie de cette affaire, à la fin de brumaire an IV de la république, prononça son jugement, et le condamna à la peine de mort. Parmi ses complices, *Jacques-François Brière* fut condamné à six années de détention; *Charles Perrin*, à deux années; *Antoine Huguet*, dit *Desfargues*, à une année; *Nicolas Laurent*, *Favier* et *Théodore André*, le furent à six mois. Elle condamna deux absens à la déportation et renvoya absous trois autres accusés.

Ces condamnations et les résultats de l'événement de vendémiaire plongèrent dans la consternation ceux qui en étaient les auteurs secrets, mais ne les corrigèrent pas. Leurs tentatives toujours

[1] Voyez présent volume, pages 119, 120, 126, 127 et suivantes.

souterraines et fondées sur la corruption et la perfidie, quoique toujours malheureuses, ne furent jamais abandonnées. Les défaites multipliées ne leur enlevaient point l'espoir du succès. Cette persistance opiniâtre avait pour principale cause l'erreur dans laquelle les agens de l'émigration maintenaient les chefs. La contre-révolution, suivant ces agens, était une opération facile ; la très-grande majorité de la France la désirait ; une poignée de jacobins et de fonctionnaires publics étaient les seuls obstacles à vaincre. On pouvait les intimider ou les corrompre : tel était le langage de la plupart de ces agens. Cette erreur, qu'ils propageaient par leurs rapports inexacts, cette erreur qu'on adoptait volontiers parce qu'on en désirait l'objet, a produit les désordres, les crimes, les nombreuses conspirations qui ont désolé la France et fait verser le sang de plusieurs de ses habitans.

Néanmoins on remarque, dans des correspondances d'émigrés, quelques plaintes sur les faux rapports des agens. On lit dans les mémoires indiscrètement écrits par l'émigré comte *Geslin*, des lamentations sur les funestes effets de ces rapports infidèles. Il dit qu'un prince a été « *cruellement* » *trompé* dans les détails qui lui ont été donnés » sur les chouans et la Vendée[1]. » Il dit aussi qu'on s'est pareillement mépris dans l'affaire de vendémiaire, et qu'on a mal jugé l'état de l'opi-

---

[1] Correspondance secrète, etc., affaire de Geslin, pag. 517.

nion publique de Paris. Outre que le plan en était mal conçu et plus mal exécuté, on se tromperait, ajoute-t-il, « si l'on concluait que les Pa-
» risiens voulussent substituer l'ancien ordre de
» choses à leur gouvernement républicain. Mettant
» à part la classe *malheureusement peu nombreuse*
» *des honnétes gens* et une poignée d'artisans la-
» borieux et *bien pensant*, le reste n'aspirait qu'à
» un changement qui lui procurât plus d'aisance,
» qui lui laissât sa licence, sa chimérique égalité,
» son irréligion : telle est, je frémis de le dire ;
» mais j'en dois l'aveu, telle est la façon de penser
» des *sept dixièmes* de Paris.

» D'après ce calcul, on peut apprécier les res-
» sources que promet la classe préservée de la
» corruption ; c'est en général la plus aisée ; mais
» combien elle renferme encore d'égoïsme, de
» faiblesse, de crainte et de lâcheté ! Il ne faut
» donc point en attendre cette hardiesse qui fait
» braver les dangers, cette énergie qui fait tout
» entreprendre [1]. »

Après avoir ainsi fait le tableau de l'opinion publique de Paris, M. *Geslin* parle des *honnétes gens et des gens bien pensant*, c'est-à-dire pensant comme lui, et ne donne pas, dans ses mémoires, une haute idée de leur moralité ni de la sienne, comme on va le voir.

[1] Correspondance secrète, etc., affaire de Geslin, tome II, page 513.

La disette faisait souffrir les Parisiens, et M. Geslin ne voyait de ressources pour les partisans de la contre-révolution que dans cette disette. « Si » l'on avait, dit-il, des sommes à distribuer à pro- » pos en numéraire...., on pourrait tirer parti du » mécontentement. Les *assignats anglais* (il n'ose » dire les *faux assignats* fabriqués en Angleterre) » feraient merveille, et l'on ne risquerait pas de » s'appauvrir en les prodiguant [1]. »

Il a conseillé la corruption, il va conseiller la perfidie. Cet homme *bien pensant* est d'avis que l'on « ouvre *des négociations* avec la république » française. » Mais il entend que ces négociations ne seront que *simulées ; qu'on les traînera en longueur, en multipliant les difficultés* [2].

L'auteur de ces mémoires parle d'un *conseil général* de l'émigration, d'un représentant de ce conseil, d'une association financière, et d'un emprunt; il se plaint de ce que M. *Lemaître* avait gardé sa correspondance chez lui, imprudence qui avait causé sa perte et compromis tant d'honnêtes gens [3].

On donne aux autres des conseils qu'on ne suit pas soi-même. M. Geslin, venant de Paris, passant dans le département de l'Eure, fut arrêté et l'on saisit sa correspondance [4]. Ses renseigne-

---

[1] Correspondance secrète, affaire de Geslin, t. II, p. 515.
[2] *Idem*, p. 521.
[3] *Idem*, p. 517.
[4] *Réné-Guillaume-Paul-Gabriel-Etienne Geslin de La*

mens et ses conseils n'arrivèrent point à leur adresse, et bientôt on vit éclater une nouvelle conspiration.

Celle de vendémiaire, suscitée par l'émigration, eut les couleurs royalistes; celle qui survint ensuite et dont je vais parler, parut sous une couleur différente. Elle fut annoncée par une lettre, datée de Bâle, le 28 novembre 1795 (7 nivose an IV). « Vous êtes assuré que l'Angleterre » et l'Autriche, dit cette lettre, font leurs derniers » efforts pour vous porter un coup mortel, et » s'appuieront particulièrement sur la *corruption,* » *la perfidie et la trahison*, etc.[1] »

Cet avis était fondé, et Paris ne tarda pas à voir les signes précurseurs d'une sédition. Pendant le mois de pluviôse an IV, on remarquait dans cette ville des agitations et des groupes; il s'y formait des sociétés turbulentes, notamment celles qu'on nommait du *cercle de fer*, des *Patriotes de* 89, *du Panthéon*, etc. On y prêchait ouvertement la haine contre la prétendue tyrannie du gouvernement nouveau; des journaux parlaient de son renversement comme d'un devoir, et parmi ces derniers se faisait remarquer l'audace du *Tribun du peuple*, rédigé par

---

Ville-Neuve fut, le 2 nivose an IV, arrêté à Tillières; il portait le *faux* nom de *Lesage*, et deux *faux* assignats de 400 livres. Ses Mémoires manuscrits furent trouvés dans la coiffe de son chapeau. Traduit à Paris, il fut, le 6 nivose, condamné à mort par une commission militaire.

[1] Moniteur, an IV, n° 74.

Babeuf; des affiches, placées sur tous les coins des rues, enseignaient au public une doctrine subversive de toute liberté légale, de tout ordre politique. La classe qui souffrait de la disette, dans l'espérance d'un état meilleur, recueillait ces insinuations, et les personnes éclairées par les événemens, voyaient avec douleur, dans toutes ces manœuvres, les indices d'un prochain soulèvement.

Le gouvernement sentit la nécessité d'arrêter les progrès de cette entreprise menaçante. Déjà les sociétés populaires nouvellement formées se composaient de quatre mille membres, curieux, trompés ou conspirateurs. Leurs séances se prolongeaient fort avant dans la nuit; elles distribuaient des diplômes et des réglemens imprimés; elles comptaient parmi ses plus véhémens orateurs *plusieurs étrangers*, et correspondaient avec un grand nombre d'affiliés dans les départemens. On y entendait sans contradiction les motions les plus séditieuses. Dans les unes on parlait de rappeler la royauté; dans les autres d'établir une dictature; là on demandait la constitution de 1791, ici celle de 1793; ceux-là voulaient l'esclavage et la tyrannie; ceux-ci réclamaient l'égalité des fortunes, la communauté des biens et la loi agraire: tous tendaient à la dissolution de l'ordre social.

Tel est le tableau que le directoire, le 9 ventôse an IV, fit au conseil des cinq cents, lorsqu'il eut ordonné la fermeture de ces sociétés.

Le conseil des cinq cents arrêta qu'une commission de cinq membres serait nommée pour faire un rapport sur le message du directoire.

Dans la séance du 8 germinal suivant, Mailhe, chargé de ce rapport, offrit d'abord la série des conspirations qui, depuis l'aurore de la révolution, avaient tourmenté la république et l'avaient souvent placée sur le bord de l'abîme. Il passa ensuite à l'influence des sociétés populaires, utiles dans leur origine, et nuisibles lorsque les intrigans les dominèrent. « Le premier soin de ces intri-
» gans, dit-il, fut d'en exclure les francs, les éner-
» giques ennemis de toute tyrannie, et d'admettre
» ceux qu'ils jugeaient propres à favoriser leur
» système. Des hommes qui depuis, comme avant
» la révolution, n'avaient vécu que de crimes;
» des scélérats qui n'avaient su être attachés qu'à
» la cause royale, mais qui sentaient qu'il n'était
» plus possible de la servir dans l'intérieur qu'avec
» les vociférations de la démagogie; des étrangers
» mêmes, se disant victimes de leur amour pour
» la révolution française, mais qui n'étaient réel-
» lement que des envoyés clandestins de leurs
» maîtres, se présentèrent et furent admis comme
» des héros de la liberté!... Faut-il s'étonner,
» ajoute-t-il, si la coalition des rois y dicta des
» délibérations favorables à sa cause.... »

Le rapporteur vient ensuite aux clubs séditieux dont le directoire venait d'ordonner la fermeture. Aux renseignemens qu'avait fournis sur elle le message du directoire, il en joint de nouveaux que la commission avait recueillis, et rapporte les maximes professées dans ces sociétés, les propositions qui s'y faisaient; les voici :

« L'apôtre du meurtre et du pillage, *Marat*, fut
» le véritable ami du peuple. Le 9 thermidor fut
» un massacre des plus chauds patriotes. La mort
» de Robespierre fut celle de la liberté. La consti-
» tution de l'an III est l'ouvrage des chouans ; ce
» sont eux qui ont dicté les dernières élections.
» Les hommes du 2 septembre et du 31 mai sont
» dignes, seuls capables de sauver la patrie. Il faut
» chasser le dernier tiers de la représentation na-
» tionale, épurer les deux premiers et rappeler
» les ex-membres de la Convention non réélus.
» Il faut que le peuple se lève, se venge, fonde
» la véritable égalité, et prenne des mesures telles
» qu'il ne soit plus obligé d'y revenir [1]. »

Ces principes, ces propositions étaient le levier qu'avaient mis constamment en jeu les puissances ennemies de la république, toutes les fois qu'ils voulurent soulever contre le gouvernement français, les hommes violens et irréfléchis.

Le rapporteur ne doute pas que ces réunions séditieuses ne fussent établies et inspirées par les ennemis coalisés, par l'Autriche et les chouans; il cite l'exemple de Monck en Angleterre, qui, à la faveur de l'anarchie, ramena la royauté, et dit : « Ainsi le cabinet britannique trouve dans l'his-

---

[1] Rapport de Mailhe, p. 6.

» toire de son pays des leçons utiles à donner
» aux agens qu'il entretient depuis si long-temps
» en France¹. »

A la suite de ce rapport, Mailhé propose une résolution tendante à régulariser la composition des sociétés de manière à ce qu'elles ne puissent devenir la proie des intrigans.

Cette mesure nécessaire, loin de l'abattre, releva l'audace des conjurés; ils se donnèrent une organisation complète, ils dressèrent un plan de conspiration dont l'exécution était prochaine, lorsque, le 21 floréal, le directoire envoya, au conseil des cinq cents, un message ainsi conçu :
« Un horrible complot devait éclater demain, dès
» la pointe du jour; son objet était de renverser
» la constitution française, d'égorger le corps-
» législatif, tous les membres du gouvernement,
» l'état-major de l'armée de l'intérieur, toutes les
» autorités constituées de Paris, et de livrer cette
» grande commune à un pillage général et aux
» plus affreux massacres. Le directoire exécutif,
» informé du lieu où les chefs de cette affreuse
» conspiration étaient rassemblés et tenaient leurs
» comités de révolte, a donné des ordres pour les
» faire arrêter; plusieurs d'entre eux l'ont été en
» effet, et c'est avec douleur que nous vous ap-
» prenons que parmi eux se trouve un de vos

¹ Rapport de Mailhe, p. 10 et 22.

» collègues, le citoyen *Drouet*, pris en flagrant
» délit!. »

Le directoire demande que le conseil lui trace la conduite qu'il doit tenir à l'égard de ce représentant.

Dans la nuit du 19 au 20 floréal, une force armée avait, par ordre du directoire, arrêté plusieurs conspirateurs et mis les scellés sur leurs papiers. Ces papiers saisis mirent au jour le plan de la conspiration, les noms ainsi que les espérances des conspirateurs.

Au premier rang des conjurés figure *Babeuf* qui se surnommait *Gracchus*². Cet homme doué de plus d'énergie que de jugement, de plus d'exaltation que de véritable patriotisme, était, pour les suprêmes ordonnateurs des mouvemens populaires, un véritable trésor, un instrument puissant dont ils se servirent.

---

¹ Drouet, homme exalté, ami chaud de la liberté, et absent de la Convention pendant plus de deux années de prison en Autriche, n'avait pu profiter de la leçon des événemens qui s'étaient passés dans cette assemblée; il fut trompé, séduit : il n'était ni méchant, ni vrai conspirateur; il y avait plus de chaleur que de raison dans sa tête et nulle perversité n'existait dans son cœur.

² *Gracchus Babeuf*, natif de Saint-Quentin, âgé de 34 ans, d'abord féodiste, puis homme de lettres, auteur d'une feuille périodique intitulé le *tribun du peuple*, avait déjà été dénoncé et arrêté pour la véhémence de ses opinions. (Voyez ces Esquisses, tom. III, pag. 387.)

Babeuf fut circonvenu, excité par des intrigans qui affectaient de partager l'exagération de ses principes démocratiques; il était crédule et ne savait pas se méfier des insinuations concordantes à ses opinions; il y céda avec satisfaction et fureur.

La conjuration était habilement organisée : un *directoire secret de salut public*, composé de quatre membres, inconnus aux agens inférieurs, dirigeait la machine. De ce directoire partaient toutes les instructions.

Un *comité insurrecteur de salut public* lui était subordonné et s'occupait spécialement de l'exécution.

Le directoire avait trois espèces d'*agens principaux*.

Un dans chacun des douze arrondissemens de la commune de Paris; des *agens militaires*, employés à entraîner dans la révolte les divers corps de troupes placés dans l'intérieur et aux environs de la capitale; enfin des *agens intermédiaires*, chargés de transmettre la correspondance et les ordres du directoire aux deux premières espèces d'agens, et celle de ces derniers au directoire.

On trouva chez Babeuf un grand nombre de pièces de conviction; la suivante est remarquable.

« *Le comité insurrecteur de salut public au peu-*
» *ple; acte d'insurrection, égalité, liberté, bon-*
» *heur commun.*

» Des démocrates français, considérant que l'op-
» pression et la misère du peuple sont à leur com-

» ble, que cet état de tyrannie et de malheur est
» du fait du gouvernement actuel;

» Considérant que les nombreux forfaits du gou-
» vernement ont excité contre eux les plaintes
» journalières et toujours inutiles des gouvernés;

» Considérant que la constitution du peuple,
» jurée en 1793, fut remise par lui sous la sauve-
» garde de toutes les vertus;

» Qu'en conséquence, lorsque le peuple entier
» a perdu tous ses moyens de garantie contre le
» despotisme, c'est aux vertus les plus courageuses,
» les plus intrépides, à prendre l'initiative de l'in-
» surrection et à diriger l'affranchissement de la
» masse, etc. »

Ces considérans, beaucoup plus nombreux, se
terminent ainsi : « Considérant enfin que tous les
» défenseurs de la liberté sont prêts; après s'être
» constitués en *comité insurrecteur de salut public*,
» prenant, sur leurs têtes, la responsabilité et
» l'initiative de l'insurrection, arrêtent ce qui suit :

» Art. 1er. Le peuple est en insurrection contre
» la tyrannie.

» Art. 2. Le but de l'insurrection est le rétablis-
» sement de *la constitution de* 1793, de la liberté,
» de l'égalité et du bonheur de tous.

» Art. 3. Aujourd'hui, dès l'heure même, les ci-
» toyens et les citoyennes partiront de tous les
» points, en désordre, et sans attendre le mouve-
» ment des quartiers voisins qu'ils feront marcher
» avec eux. Ils se rallieront, au son du tocsin et des

» trompettes, et sous la conduite des patriotes aux-
» quels le comité insurrecteur aura confié des
» guidons portant l'inscription suivante :

» *Constitution de 1793, égalité, liberté, bon-*
» *heur commun.*

» D'autres guidons porteront ces mots :

» *Quand le gouvernement viole les droits du peu-*
» *ple, l'insurrection est pour le peuple et pour cha-*
» *que portion du peuple; le plus sacré, le plus in-*
» *dispensable des devoirs.*

» *Ceux qui usurpent la souveraineté du peuple*
» *doivent être mis à mort par les hommes libres.*

» Les généraux du peuple seront distingués par
» des rubans tricolores, flottant très-visiblement
» autour de leurs chapeaux. »

Dans les articles suivans le comité insurrecteur
ordonne aux citoyens de Paris de se rendre en armes au chef-lieu de leur arrondissement respectif,
d'enlever des armes de toute espèce, de faire soigneusement garder les barrières et le cours de la
rivière, afin que personne ne puisse sortir de Paris, sans la permission du comité insurrecteur; de
s'emparer de la trésorerie nationale, de la monnaie, de la poste aux lettres, des maisons des ministres et de tous magasins publics.

« La Convention, ajoute cet acte, se réunira à
» l'instant et elle reprendra ses fonctions.

» Les deux conseils et le directoire, usurpateur
» de l'autorité populaire, seront dissous; tous les

» membres qui les composent seront *immédiate-*
» *ment jugés par le peuple.*

» ... Toute opposition sera vaincue par la force ;
» les opposans seront exterminés.

» Seront également mis à mort ceux qui bat-
» tront ou feront battre la caisse, les étrangers de
» quelque nation qu'ils soient qui seront trou-
» vés dans les rues [1]. »

Par les articles suivans, on voit que Babeuf était révolutionnaire de bonne foi, puisqu'il menace pareillement les présidens, secrétaires et commandans de la conspiration royale de vendémiaire, s'ils osaient se mettre en évidence. Si ce chef de faction avait reçu l'impulsion de l'étranger, il y cédait sans s'en apercevoir, et en supposant qu'il agissait à l'instigation du cabinet britannique, comme j'ai des motifs pour le croire, on ne devrait pas s'étonner de voir Babeuf comprendre dans la proscription les insurrecteurs de vendémiaire ; parce qu'il importait peu à ce cabinet que tel parti fût victime de tel autre parti, pourvu que les victimes fussent des Français, et que de violentes convulsions déchirassent la France. L'existence de ce système destructeur est reconnue par les patriotes et même par les émigrés [2].

[1] Pièces lues dans l'exposé par l'accusateur public, p. 53.
[2] Cette opinion est exprimée notamment par les émigrés, (voyez présent volume, pages 127, 128, 129.) Quant à l'opinion que j'émets sur l'instigation du cabinet britannique dans toutes les séditions de couleur anarchique, elle s'appuie sur un

Une autre pièce contient aussi les moyens d'exécution, propres aux conspirateurs, moyens d'une naïveté atroce; la voici :

« Tuer les cinq;
» Les sept ministres;
» Le général de l'intérieur et son état-major;
» Le commandant temporaire et son état-ma-
» jor;
» S'emparer des salles des anciens et des cinq
» cents;
» Faire main-basse sur tout ce qui s'y ren-
» drait. »

Ces conspirateurs paraissaient persuadés que ces égorgemens étaient aussi faciles à exécuter qu'à en écrire l'ordre; qu'un gouvernement établi se laisserait renverser et tous ses membres massacrer, sans opposer de résistance. On voit qu'à des projets atroces se mêlaient dans le plan des conjurés, des espérances absurdes. Mais continuons.

« S'emparer des barrières; ne laisser sortir qui
» que ce soit sans des ordres formels et précis;
» S'emparer du télégraphe du Louvre et de
» celui de Montmartre;
» Se rendre maître de la rivière;
» Il est essentiel qu'on ait Meudon et l'artillerie

grand nombre de faits répandus dans le cours de ces Esquisses. La machine que Pitt faisait mouvoir à Paris ne se composait que de pièces de nature jacobine ou anarchiste.

» qui s'y trouve, au nombre de 80 pièces, de huit
» et de quatre;

» La poudrière de Grenelle;

» Les dix-huit pièces qui sont dans le jardin
» des Feuillans;

» Les fusils aux Feuillans et sous la salle des
» cinq cents;

» L'Arsenal n'est point à négliger;

» La trésorerie nationale; s'assurer de la per-
» sonne des administrateurs et des employés. »

Les auteurs de ce plan recommandent de ne laisser entrer aucun corps de troupes dans Paris; mais ils invitent les militaires à déserter, à venir se ranger parmi eux, et leur promettent une bonne part au butin. « Les braves, disent-ils,
» qui auront concouru à renverser le gouverne-
» ment *seront logés, hébergés et nourris chez les ci-*
» *toyens.* »

On voit ensuite, dans la même pièce, des paragraphes qui semblent dictés par la politique infernale qui a présidé à toutes les séditions dont la France et Paris ont été troublés.

Les auteurs de celle-ci devaient mettre à mort tous ceux qui voudraient se prévaloir d'une autorité, autre que celle du peuple.

« Il faut aussi que, l'épée tirée, le fourreau soit
» jeté au loin; il faut *prévenir toute réflexion de la*
» *part du peuple; il faut d'abord qu'il fasse des*
» *actes qui l'empêchent de rétrograder.* »

Dans la pièce précédente les rédacteurs semblent vouloir tout faire pour ce qu'ils appellent le *peuple*, et ici ils proposent de le tromper, de l'empêcher de réfléchir, de le pousser dans un torrent de crimes, de telle sorte qu'il ne puisse s'arrêter quand même il le voudrait. Le peuple n'est plus leur idole, il est leur instrument.

J'ai dit qu'outre le comité insurrecteur, les conjurés avaient établi un *directoire secret de salut public* composé de quatre membres dont les noms devaient être *inconnus aux premiers agens*. Ce directoire secret et ses quatre membres, inconnus à tous les conjurés, ne pouvaient-ils pas recéler quelques agens d'une puissance ennemie?

Les conjurés promettent au peuple le pillage des maisons des fonctionnaires mis à mort; et aux militaires qui auront concouru à renverser le gouvernement, un congé pour retourner dans leurs foyers. Ils promettent aussi de leur payer la valeur de leur équipement : c'était favoriser la désertion. Ils imposent plusieurs obligations aux habitans de Paris et menacent sans hésiter les délinquans de la peine de mort.

Une autre pièce, contenant un arrêté du comité insurrecteur de salut public, porte, article premier :

« *Les comités révolutionnaires de Paris sont ré-*
» *tablis* tels qu'ils étaient le 8 thermidor an II. Les
» citoyens qui les composaient sont tenus de s'as-
» sembler sur-le-champ dans le lieu de leurs

» séances et ils rendront compte de leur installa-
» tion au comité insurrecteur¹. »

Le but des conjurés n'était plus douteux, ils voulaient rétablir le *régime de la terreur*. C'était le
bonheur commun qu'ils promettaient à la France.

La publicité de ces horribles secrets aurait dû
couvrir de honte les principaux conjurés et leur
imposer l'attitude du criminel convaincu. Au contraire, quoique dans les fers et s'avouant coupables
de la conjuration, ils prirent le ton menaçant d'une
puissance outragée : voici la lettre que leur chef,
Gracchus Babeuf, adressa, le 23 floréal, au directoire :

« Regardez-vous comme au-dessous de vous,
» citoyen directeur, *de traiter avec moi comme de*
» *puissance à puissance?* Vous avez vu à présent
» de quelle vaste confiance je suis le centre ; vous
» avez vu que mon parti peut balancer le vôtre ;
» vous avez vu quelles immenses ramifications y
» tiennent : j'en suis presque convaincu, cet aperçu
» vous a fait trembler.

» Est-il de votre intérêt, est-il de l'intérêt de
» la patrie, de donner de l'éclat à la conjuration
» que vous avez découverte? Je ne le pense pas.
» Je motiverai comment mon opinion ne peut
» être suspecte.

» Qu'arriverait-il si cette affaire paraissait au
» grand jour? Que j'y jouerais le plus glorieux

---

¹ Pièces relatives à la conspiration de Babeuf, p. 151.

» de tous les rôles ; j'y démontrerais, avec toute
» la grandeur d'ame, avec l'énergie que vous me
» connaissez, la sainteté de la conspiration dont
» je n'ai jamais nié d'être membre. Sortant de
» cette route lâche et frayée des dénégations, dont
» le commun des accusés se sert pour parvenir à
» se justifier, j'oserais développer les grands prin-
» cipes et plaider les droits éternels du peuple
» avec tout l'avantage que donne l'intime péné-
» tration de la beauté de son sujet. J'oserais, dis-
» je, démontrer que ce procès ne serait pas celui
» de la justice, mais celui du fort contre le faible,
» des oppresseurs contre les opprimés et leurs ma-
» gnanimes défenseurs. On pourrait me condamner
» à la déportation, à la mort ; mais mon juge-
» ment serait aussitôt réputé prononcé par le crime
» puissant contre la vertu faible. Mon échafaud
» figurerait glorieusement à côté de ceux de Bar-
» nevelt et de Sidney. Veut-on, et dès le lendemain
» de mon supplice, me préparer des autels auprès
» de ceux où l'on révère aujourd'hui comme d'il-
» lustres martyrs, les *Robespierre* et les *Goujon?*
» Ce n'est point là la voie qui assure les gouver-
» nemens et les gouvernans. »

Babeuf s'efforce d'épouvanter le gouvernement
par l'étalage de la puissance d'opinion qui le pro-
tége et par ses nombreux partisans..... « Vous ne
» tenez rien lorsque je suis sous votre main ; je ne
» suis pas toute la conspiration, il s'en faut bien ;
» je ne suis même qu'un simple point de la longue

» chaîne dont elle se compose.... Vous la jugeriez
» bien mieux, si vos captureurs avaient saisi la
» grande correspondance qui a mis à portée de
» former des nomenclatures dont vous n'avez
» aperçu que quelques fragmens, etc.[1] »

Quarante-six individus furent d'abord arrêtés et accusés, parmi lesquels, outre Babeuf, on distingue *Jean-Baptiste Didier*, *Charles-Antoine-Guillaume Germain*, *Philippe Buonaroti*, *Jean-Joseph Fyon*, ex-général; *Augustin-Alexandre Darté*, *Jacques-Maurice Duplay*, *Maurice Duplay*, *Jean-Baptiste Cazin*, *Pierre-Antoine Antonelle*, etc. Il s'y trouvait aussi quelques conventionnels, tels que *Marie-Guillaume-Alexis Vadier*, *Joseph-François Laignelot*, *André Amar*, etc.

Parmi les accusés contumaces on remarque les noms de *Vacret*, de *Félix Lepelletier*, de *Rossignol* ex-général; des représentans *Robert-Lindet* et *Jean-Baptiste Drouet*[2]. L'instruction du procès fut, à

---

[1] Suites des pièces relatives à la conspiration de Babeuf, p. 235.

[2] Je suis bien éloigné de considérer ces accusés comme complices de toutes les atrocités, de toutes les extravagances projetées par les chefs des conjurés. Ceux-ci se méfiaient notamment des députés que d'abord ils avaient cru leur être favorables; ils les qualifiaient de *faux-frères*, ayant des vues différentes des leurs. Ils invitent leurs agens principaux à prémunir le peuple contre eux et à lui faire sentir les fâcheux résultats de deux directions rivales qui *s'entraveraient en ne marchant pas de concert*. (Voy. Pièces relatives à la conspiration de Babeuf, p. 65.)

cause de la qualité de ce dernier, renvoyée à la haute cour de justice qu'on établit à Vendôme.

Avant de parler de la procédure, il importe de rechercher le but des chefs des conjurés et notamment de ce *directoire secret* composé de quatre membres inconnus aux agens principaux. Ces chefs avaient un but apparent et un but caché.

Le but apparent présentait des moyens propres à séduire la classe la moins éclairée, la moins fortunée, et la plus agissante de la population; les conjurés ne redoutaient guère sa raison; ils voulaient se servir de ses bras, en lui promettant une égalité entière.

Périssent, disaient-ils, s'il le faut, tous les arts, pourvu qu'il nous reste l'égalité réelle [1].

Ils lui promirent le *bonheur commun*, et ce *bonheur commun* devait résulter du *régime de la terreur* et des *comités révolutionnaires* qu'ils se proposaient de rétablir. Ils firent d'abord consister ce *bonheur commun* dans la *loi agraire* ou dans le partage de toutes les propriétés; mais bientôt se ravisant, ils allèrent plus loin et promirent *le bien commun* ou la *communauté des biens*. « La loi
» agraire, disent-ils, ou le partage des campa-
» gnes, fut le vœu instantané de quelques soldats
» sans principes, de quelques peuplades mues par
» leur instinct plutôt que par la raison. *Nous ten-*
» *dons à quelque chose de plus sublime*, de plus

[1] Pièces relatives à la conspiration de Babeuf, p. 161.

» équitable, le *bien commun* ou la *communauté*
» *de biens !* Plus de propriétés individuelles des
» terres, *la terre n'est à personne.* Nous réclamons
» nous voulons la jouissance commune des fruits
» de la terre : les fruits sont à tout le monde[1]. »

Ils ne veulent pas que la majorité continue à travailler pour le plaisir de la minorité, etc.; ils veulent que tous les hommes aient la même éducation et la même nourriture et la même occupation.

Ce *bonheur commun*, cette oisiveté, cette abondance en promesse, pouvaient séduire un instant la multitude irréfléchie ; mais elle n'aurait pas tardé à revenir de son erreur, en sentant que l'inégalité des passions, des talens, de l'activité, des forces individuelles devait bientôt renverser le chimérique édifice de *l'égalité réelle.*

Dans les auteurs de ce système, on trouve insigne méchanceté, ou insigne folie.

Les chefs des conjurés avaient mis en avant la constitution de 1793 qui, créée par Robespierre, fut, après sa naissance, condamnée à la réclusion dans un coffre, ne fut jamais mise en activité; mais cette constitution, toute imparfaite qu'elle était, consacrait le principe du respect pour les propriétés, et se trouvait par conséquent en contradiction avec celui de la *communauté des biens.* Aussi, dans la même pièce, le *manifeste des égaux*, on déclare cette constitution insuffisante : « Celle de 1793, y

---

[1] Pièces relatives à la conspiration de Babeuf, p. 160.

» dit-on, était un grand pas de fait vers l'*égalité*
» *réelle*, on n'en avait pas encore approché de si
» près; mais elle ne touchait pas encore le but et
» n'abordait point le *bonheur commun* dont pour-
» tant elle consacrait solennellement le grand prin-
» cipe [1]. »

Le but caché de cette conjuration est évident. La nature des piéges tendus à cette classe de la société, plus recommandable par la force de ses bras que par la force de sa raison; les institutions qui devaient remplacer celles du gouvernement qu'on se proposait de renverser, décèlent les intentions des chefs de la conspiration, le projet de ces quatre membres du directoire secret. Leurs institutions auraient fait déserter les armées, armé le pauvre contre le riche, les hommes sans propriétés contre les propriétaires; auraient produit une guerre civile, et rougi le sol de la France de torrens de sang; car quel homme se verrait dépouillé de sa propriété sans s'armer pour la défendre?

Si l'on demande quel est le ministère européen qui, secouant les torches de la discorde, mettant le feu aux têtes sulphureuses d'une centaine de révolutionnaires aigris, et réunissant en faisceau les passions d'une poignée de mécontens, les ont soulevés contre le gouvernement solennellement établi; quel est le ministère qui travaillant constamment à tout désorganiser en France, à plonger ses

---

[1] Pièces relatives à la conspiration de Babeuf, p. 163.

habitans dans un abîme de maux : les patriotes purs et éclairés et les événemens répondront comme ils l'ont fait plusieurs fois : *C'est le ministère anglais.* Les émigrés, d'accord avec les patriotes sur ce point, à propos de l'affaire de Quiberon, diront : *Le but de l'Angleterre est rempli, la noblesse est détruite et le corps de la marine anéanti; voilà qui vaut mieux qu'une victoire;* ils diront encore : *L'Angleterre ne peut avoir qu'un but, celui d'écraser la France. Les Anglais n'ont qu'un but, celui de l'anéantissement de la France* [1].

Je rapporte les opinions diverses, et j'attends que l'histoire s'enrichisse de nouvelles vérités, pour prononcer.

Les accusés arrêtés furent traduits à Vendôme où la haute cour de justice établit son siége, et les débats de ce procès, commencés le 2 ventose an V, ne furent terminés que le 7 prairial de la même année, époque où cette cour prononça son jugement. Les accusés, convaincus par leurs écrits et par leurs aveux, rendaient leur cause bien difficile à défendre; ils s'attachèrent aux formes, accusèrent leurs accusateurs, et les débats imprimés remplirent quatre gros volumes en petit-texte.

Gracchus Babeuf et *Augustin-Alexandre Darthé* furent condamnés à la peine de mort. *Philippe Buonaroti, Charles-Antoine-Guillaume-Germain, Just Moroy, Jean-Baptiste Cazin, Louis-Jacques*

---

[1] Voy. présent volume, p. 128, 129.

Blondeau, *Bouin* et *Menessier*, subirent la peine de la déportation ; tous les autres furent renvoyés absous.

Babeuf et Darthé, après avoir entendu prononcer leur arrêt de mort, se portèrent plusieurs coups de poignard [1].

Pendant que ce procès s'instruisait à Vendôme et que les accusés s'y défendaient avec une assurance et un talent dignes d'une meilleure cause, il se manifesta, à Paris, dans le sens de leur conspiration, un mouvement qui fut heureusement réprimé.

Pendant la nuit du 23 au 24 fructidor an VI, une troupe de six à sept cents hommes armés se porte dans la plaine de Grenelle, où se trouvait un camp nombreux. Les conspirateurs étaient parvenus, par des écrits et de l'argent, à séduire plusieurs soldats du bataillon du Gard qui faisait partie de ce camp. Le ministre de la police, informé de cette manœuvre et du projet d'attaque, fit déplacer ce bataillon ; il occupait la droite du camp, il le fit transférer à la gauche. Lorsque les révoltés, commandés par des hommes vêtus en officiers-généraux, se portèrent du côté du camp où ils comptaient trouver des amis ou des complices, au lieu

---

[1] On lit dans la Biographie des Contemporains que le fils aîné de Gracchus, *Emile Babeuf*, âgé de 12 ans, s'élança au milieu des gendarmes pour apporter à son père le poignard dont il se frappa mortellement en faisant des vœux pour que ses enfans n'héritassent point de son amour pour la patrie.

d'être accueilli amicalement, ils le furent par une décharge de mousqueterie qui en tua une vingtaine et en blessa plusieurs autres; cent trente-trois furent faits prisonniers; le reste, déconcerté par cette résistance inattendue, s'évada.

Parmi ceux qui furent arrêtés se trouvaient trois ex-conventionnels, *Cusset*, *Javogues*, et *Huguet*, de plus, l'ex-général *Fyon*, et d'anciens membres des comités révolutionnaires.

Une commission militaire fut établie au Temple pour juger les prévenus dont le nombre s'était accru par le résultat des visites domiciliaires faites, seulement pendant le jour, dans la journée du 27 fructidor.

Le 1er vendémiaire, treize de ces personnes arrêtées furent condamnées à mort, vingt à la réclusion ou à la déportation, et dix-huit furent acquittées.

Le 10 du même mois, quatre prévenus furent condamnés à mort, six à la déportation et deux à la réclusion. *Fyon*, ex-général, *Bertrand*, ex-maire de Lyon, et *Gagnant*, secrétaire de *Drouet*, furent renvoyés à la haute cour de justice, séante à Vendôme, comme complices de la conspiration de Babeuf.

Le 18 vendémiaire, neuf accusés, parmi lesquels étaient les ex-conventionnels *Javogues* et *Huguet*, furent condamnés : ceux-ci à mort; deux à la déportation, quatre à la détention, et cinq furent acquittés.

Cette révolte était une dépendance, un auxiliaire

de la conspiration de Babeuf ; l'une et l'autre se présentaient sous les mêmes couleurs, étaient composées d'hommes qui affectaient les mêmes principes, et parmi ceux de la troupe qui vint attaquer le camp de Grenelle, se firent entendre des cris de *vive le roi!* Ces cris étaient alors séditieux[1].

Si l'on rapproche cette acclamation du tableau que fit le directoire, lorsqu'il eut, dans le mois de ventose, ordonné la fermeture des sociétés populaires, où l'on voit que les membres de ces sociétés émettaient, en même temps, les uns des vœux anarchistes, les autres des vœux favorables à la royauté, on sera autorisé à soupçonner que le royalisme, déguisé sous le manteau de l'anarchie, était le secret moteur de cette conspiration.

La conspiration, dite de *Babeuf*, fut suivie de quelques autres dont il sera parlé dans la suite. Il faut varier les récits et passer à d'autres matières.

Dans la Vendée, le temps, les défaites et surtout la pacification dont les insurgés venaient de goûter les douceurs, y avaient refroidi le zèle guerrier et tempéré le fanatisme des insurgés; plusieurs chefs avaient fait leur soumission aux lois de la république; les autres ne se battaient plus que pour se défendre.

Les chefs ne vivaient pas en bonne intelligence. Les Vendéens voyaient avec indignation l'orgueil

---

[1] Rapport du général Latour-Foissac.

des émigrés qu'on leur avait envoyés pour auxiliaires; l'expédition de l'île d'Yeu était manquée [1]; *Charette*, chef des armées vendéennes, se montrait l'ennemi de *Stofflet*, autre chef vendéen [2].

Stofflet, avant la révolution, garde-de-chasse, et l'un des plus courageux chefs de la Vendée, fut pris dans la nuit du 4 au 5 ventose an IV, dans la ferme de la Saugrenière; il y était accompagné de deux aides-de-camp et de trois domestiques. On le traduisit dans la ville d'Angers où, le 5 ventose an IV, il subit un interrogatoire. Lorsqu'on lui demanda « si depuis la pacification, » faite avec les représentans, il n'avait pas repris » les armes contre la république, et s'il n'avait » pas, dans une proclamation, qui a la date d'en- » viron un mois, engagé tous les royalistes et ha- » bitans des pays insurgés, à se réunir à lui, à » marcher contre les républicains; il répondit » que oui, parce qu'on n'avait pas tenu les condi- » tions de la pacification passée avec les repré- » sentans du peuple [3]. »

---

[1] M. le comte de Vauban, dans ses Mémoires pour servir à l'histoire de la Vendée, en expose les causes; je ne le citerai pas.

[2] « Charette condamna Stofflet à mort, en décembre 1794, » pour avoir créé des obligations imprimées et commerciales, » afin de discréditer les assignats: ce qui a réussi. » (Correspondance secrète, t. II, p. 519.)

[3] Correspondance secrète, interrogatoire de Stofflet, t. I, p. 88.

Il est prouvé, par pièces authentiques, que la reprise d'armes ou la violation de la pacification, lui avait été suggérée par des personnages éminens, dont les espérances étaient déchues par cette pacification; et, peu de temps avant cette levée de bouclier, le fameux curé Bernier, conjointement avec Stofflet, écrivait à un de ces personnages : « Vos vues sont remplies, vos intentions » satisfaites; l'armée d'Anjou, que des considéra- » tions politiques et majeures avaient jusqu'ici » conservée en état de paix, vient de se déclarer » fidèle à ses principes, elle n'a pas cru devoir » hésiter plus long-temps [1]. »

Stofflet, dans le même temps, adressa à ses compagnons d'armes une proclamation où il emploie les paroles propres à insurger les Vendéens, et, dans cette proclamation, il ne fait aucun reproche aux républicains.

Ce chef, avant son arrestation, avait reçu de l'Angleterre une somme considérable de louis faux, ou pièces de vingt-quatre livres, qui ne contenaient chacune que sept livres dix sous d'or fin [2]. Il fut condamné à mort.

Charette, chef indépendant dans le Bas-Poitou, quoique habile et intrépide général, était incapable de commander une armée contre un en-

[1] Mémoires de madame de Bonchamps et de madame de La Rochejaquelein; Éclaircissemens historiques, p. 480, 481.

[2] Moniteur, an IV, n. 173.

nemi rangé en bataille. Cet homme qui se proclamait le *défenseur de Dieu* et *de la religion*, était cruel jusqu'à la férocité. Les massacres de Machecoul, qu'on nommait *le Chapelet*, où près de six cents Français furent égorgés de sang-froid par ses ordres, durèrent plus de cinq semaines. D'autres massacres, tels que ceux de Legé et de Rocheservières, accusent la cruauté de ce chef [1].

A la nouvelle de l'affaire de Quiberon, il fit fusiller tous les prisonniers républicains. Depuis, il n'en prit que pour les tuer. Le général Hoche écrit, le 7 germinal, au général Hédouville :
« Il est bon que l'Angleterre sache, par la voie
» des journaux, que les deux émigrés qu'elle
» envoya porter à Charette quarante mille li-
» vres, ont été assassinés par les ordres de ce
» scélérat [2]. »

M. le chevalier *de Charette de la Contrie*, car c'est ainsi qu'il se qualifiait, ce guerrier religieux, outre sa cruauté, avait des habitudes moins odieuses, mais plus méprisables. « On trouvait ce
» général entouré de femmes et de jeunes gens,
» mollement assis sur un sopha, prenant part à
» des conversations frivoles, et se livrant à des
» danses folâtres avec cette cour efféminée. »

Le fils de madame Sapinaud, qui a composé des

---

[1] Mémoires de mesdames de Bonchamps et La Rochejaquelein, Éclaircissemens historiques, p. 482, 483.

[2] Lettres de Hoche, p. 343.

notices sur les généraux vendéens, parle avec éloge du courage de Charette, et n'oublie pas *son goût effréné pour les plaisirs*. Il ajoute : Que la vue des jolies femmes avait refroidi sa valeur guerrière; mais que les faiblesses du héros disparurent devant sa gloire; il vante en même temps sa dévotion, qu'il nomme *piété*, et nous apprend qu'il faisait jeûner ses soldats la veille des batailles et qu'il disait son *chapelet* avec eux[1].

M. Bouvier-Desmortiers, qui a écrit pour défendre Charette, avoue qu'il avait beaucoup de maîtresses : « Fidèle observateur du culte, dit-il, » il *s'échappait des bras de la volupté pour aller à* » *l'église*[2].

Il est de par le monde, dans les palais et dans les chaumières, une infinité d'individus qui se croient bons chrétiens, parce qu'ils observent, comme le faisait Charette, des pratiques qui ne sont que l'accessoire du christianisme, tandis qu'ils en dédaignent le principal qui consiste dans la morale; quand on méprise cette morale pour ne suivre que des pratiques, on n'est pas chrétien, on n'est que superstitieux. Charette, très-débauché, très-cruel, n'observait certainement pas la religion de l'Évangile.

Plusieurs de ceux qui ont écrit sur la Vendée,

---

[1] Mémoires de madame Sapinaud, p. 114.
[2] Réfutation des calomnies publiées contre le général Charette, p. 20.

rapportent que le gouvernement fit offrir à Charette une somme considérable, à condition qu'il sortirait de France; Charette parle de cette proposition, et se glorifie de l'avoir repoussée. Le 20 février 1796, ou 1er ventose an IV, il écrivit ainsi à Stofflet : « J'ai l'honneur de vous adresser
» ci-joint l'extrait des propositions que vient de me
» faire la république de passer à l'étranger; ma
» réponse n'exprime que bien faiblement encore
» mon attachement à la cause glorieuse pour la-
» quelle nous combattons [1]. »

Si le gouvernement eût fait une pareille proposition à Charette, le général Hoche, qui commandait en chef les armées de la république dans ces contrées, en aurait eu connaissance. Il n'en savait rien. Voici ce que neuf jours avant, le 21 pluviose, il écrivait au général Gratien: « Mon
» cher général, vous me donnez connaissance,
» par votre lettre du 16 du courant, que *Cha-
» rette demande à passer à l'étranger*, et vous
» me demandez la marche que vous avez à
» suivre, etc. [2] »

Voilà Charette démenti par le général Hoche dont la loyauté n'est pas douteuse. C'est Charette qui demande à sortir de France; ce n'est pas le gouvernement qui le lui propose. Cependant il paraît qu'il a existé à cet égard une négociation et un négociateur.

[1] Correspondance secrète, t. I, p. 57.
[2] Lettres de Lazare Hoche, p. 302.

Le sieur Guesdon, curé de la Rabatelière, chargé, par on ne sait qui, ou de son propre mouvement, fut l'entremetteur de cette affaire. Voici ce que, à ce sujet, on lit dans un écrit sur la Vendée : « Quelques jours après la rupture de cette
» négociation, le malheureux curé de la Rabatelière
» et ses deux domestiques furent arrachés, au mi-
» lieu de la nuit, de leur lit, et égorgés à quelque
» distance du presbytère. Cette catastrophe glaça
» tous les esprits que la pacification, qui s'avançait,
» ramenait insensiblement à des principes d'huma-
» nité ; elle fut uniquement imputée aux royalistes[1]. »

C'est un royaliste qui parle ; il semble soupçonner Charette d'être l'auteur de cet attentat. Ce chef, pour le commettre, aurait donc eu des motifs puissans. Il avait peut-être des indiscrétions à punir ou à redouter. Le général Travot écrit, le 18 ventose, que Charette lui-même a égorgé de ses mains le curé, sa servante et un ouvrier attaché au curé.

Cet événement dut lui enlever plusieurs de ses partisans; les combats le privèrent de beaucoup d'autres; ceux-là firent leur soumission à la république, ceux-ci périrent les armes à la main. Charette, abandonné, cerné par ses vainqueurs devant lesquels il fuyait, après un combat acharné qu'il soutint, le 9 ventose, contre une colonne

---

[1] Mémoires de mesdames de Bonchamps et de La Rochejaquelein, Eclaircissemens historiques, p. 507, 508.

républicaine, où il perdit une grande partie de ses soldats, reçut une blessure au bras, et resta sans force.

Le 3 germinal suivant, cherchant à s'échapper, il fut rencontré dans un défilé, à Saint-Sulpice près de Montaigu, par une colonne que commandait l'adjudant-général *Travot*. Charette était dans un tel état de fatigue qu'il ne pouvait marcher qu'à l'aide de deux hommes qui le soutenaient. Travot le fit prisonnier; ce chef vendéen témoigna sa satisfaction d'être tombé entre ses mains, et lui dit que, puisqu'il était maître de sa personne, il l'était aussi de ce qu'il possédait. Alors, il détacha sa ceinture qui contenait son argent et la lui présenta. Le général Travot repoussa cette offre, en disant que la capture de sa personne perdrait de son prix, s'il acceptait sa dépouille.

Il fut, par ce général, traité avec douceur et humanité. Conduit à Angers, il reçut un pareil traitement de la part du général Hédouville. Traduit à Nantes, où il arriva le 7 germinal, on le renferma dans la prison du Bouffay; il s'écria, dit-on, en y entrant: *Voilà donc où ces misérables Anglais m'ont conduit!*

Le 8 germinal, il subit un interrogatoire d'où il résulte que *François-Athanase Charette de la Contrie*, âgé de trente-trois ans, natif de Couffé, département de la Loire-Inférieure, lieutenant de vaisseau avant la révolution, fut, par Louis XVIII, nommé lieutenant-général, puis chef de l'armée royale de la Vendée; qu'il s'était soumis aux lois de la république et avait ensuite repris les armes contre elle, parce que les républicains avaient marché contre l'un de ses chefs et enlevé un autre. On lui fit observer qu'il ne devait point se formaliser de ce que le gouvernement républicain exerçait sa surveillance dans le pays de la Vendée.

Il répondit qu'il ne s'était soumis au gouvernement qu'autant qu'il n'établirait aucun poste dans l'intérieur de son armée, et que la surveillance du pays insurgé lui serait confiée comme chef de la garde territoriale, et qu'il ne rompit ses engagemens que lorsque le gouvernement eut rompu les siens. Ce fait n'était pas entièrement exact; et on a la certitude que Charette et Stofflet ne violèrent la pacification et ne reprirent les armes, que parce qu'ils y furent portés par d'autres considérations, et par des personnages puissans.

Son acte d'accusation le charge de plusieurs délits. Outre ceux d'avoir récemment provoqué le soulèvement des Vendéens et entretenu des intelligences avec les émigrés, les chouans et les Anglais, on lui reproche d'avoir fait plusieurs prisonniers républicains pendant le temps de la pacification, et de les avoir fait égorger parce qu'ils s'étaient refusés à prendre les armes pour le parti royaliste [1].

Il fut condamné à être fusillé. Sur son passage,

---

[1] Correspondance secrète, t. I, p. 58, 66.

insulté par des femmes nantaises, il leur dit qu'il respectait les lois qui le frappaient, et qu'on devait aussi le respecter dans son malheur. Arrivé à la place de Bretagne, lieu de son supplice, il ne voulut pas qu'on lui bandât les yeux. Il demanda qu'il lui fût permis de donner lui-même le signal aux fusiliers. Après un moment de recueillement, il donna le signal convenu, il inclina la tête et tomba sous les coups de fusils [1]. Ainsi, le 9 germinal à quatre heures du soir, disparut de la scène militaire, cet homme, l'idole de ceux de son parti, et l'un des fléaux de la France.

« Charette était d'une haute stature, mais un
» peu grêle; il avait les traits et la physionomie
» délicats et peut-être même efféminés : le son de
» sa voix n'était pas mâle, et sa prononciation
» était maniérée; mais un regard vif et perçant,
» et une expression de noblesse et de fierté ré-
» pandue sur sa figure, témoignaient qu'il était né
» pour commander [2]. »

La mort de Stofflet et celle de Charette abattirent le parti royaliste dans les départemens de la Vendée, et les tentatives faites pour le remettre en vigueur n'eurent que des succès faibles et intermittens. Le général Hoche, grâce à son système de *colonnes mobiles*, parvint à désarmer une très-

---

[1] Guerre civile de la Vendée, p. 222.

[2] Mémoires de mesdames de Bonchamps et La Rochejaquelein, Éclaircissemens historiques, p. 409.

Exécution de Charette,
à Nantes le 9 Germinal, an 4.

grande partie des Vendéens. Par arrêté du 7 nivôse an IV, le directoire l'avait autorisé à mettre à exécution ce système d'attaque et de désarmement, et lui avait confié la direction des trois armées de Cherbourg, de Brest, et de l'Ouest, qui ne firent qu'une sous le nom *d'armée des côtes de l'Océan*. Lorsqu'il reçut la nouvelle de cette autorisation, il dit : *Je suis enfin libre de faire finir cette malheureuse guerre.*

Il employa le même système contre les départemens occupés par les chouans. Il franchit la Loire avec cinquante bataillons et deux régimens de cavalerie. « Il attaqua de front et à la fois les
» départemens de la Sarthe, Maine-et-Loire, Loi-
» re-Inférieure et Morbihan : ces parties étaient
» les mieux défendues par les rebelles. Leur ré-
» sistance fut terrible, lorsque, par l'effet des
» colonnes mobiles d'infanterie, ils se trouvèrent
» acculés sans munitions, ils se battirent à la
» baïonnette et corps à corps. *Ces malheureux*
» *étaient Français*, dit Hoche. Les poignards qui
» restaient la dernière ressource de leur fanatisme,
» furent très-meurtriers ; mais plusieurs combats,
» de jour et de nuit, ayant anéanti les plus dan-
» gereux de ces rebelles, les autres plièrent et,
» s'avouant vaincus, déposèrent leurs armes [1]. »

Plusieurs chefs firent leur soumission ; et Scépeaux fut le premier qui en donna l'exemple. Le

---

[1] Vie de Lazare Hoche, par Rousselin, p. 188.

département du Morbihan fit la plus longue résistance ; il recevait des secours de l'Angleterre. *Frotté*, un des principaux chefs de la chouannerie, et quelques-uns de ses compagnons, cherchèrent un asile en Angleterre. Tous les désordres, les violences, les massacres et les alarmes des guerres civiles cessèrent dans les départemens insurgés, le règne des lois y succéda à l'anarchie militaire ; et *Hoche*, auteur de ce bienfait inappréciable, mérita, par son amour pour sa patrie, son activité, sa droiture, ses talens, par son caractère éminemment français[1], le titre glorieux de *pacificateur de la Vendée*. Il accrut sa gloire en combattant moins pour elle que pour le bonheur de son pays.

Portons nos regards sur l'armée de Sambre-et-Meuse, commandée par le général en chef *Jourdan*. Cette armée avait franchi le Rhin, et s'était emparée de plusieurs places situées sur la rive droite de ce fleuve, notamment de Manheim : dans la suite, le 3 frimaire an IV, elle obtint de grands avantages à Stromberg, et en chassa l'ennemi.

Bernadotte, général de division de la même armée, le 10 frimaire, attaqua et prit Creutzenach.

Le 26 frimaire, sous le commandement des généraux de division *Marceau* et *Poncet*, dans le Hundspruck, il se donna une attaque générale sur

---

[1] Voyez présent volume, p. 64.

toute la ligne où l'ennemi fut battu sur tous les points.

Mais l'exploit le plus notable de cette armée fut la bataille d'*Altenkirchen*, donnée le 16 prairial. Les généraux *Kléber* et *Lefebvre* mirent l'ennemi dans une déroute complète : 3,000 prisonniers, quatre drapeaux, douze pièces de canon, quantité de caissons et d'équipages, des magasins de vivres, etc., furent le fruit de cette victoire. Ces succès se maintinrent, s'accrurent pendant quelque temps, et furent suivis de revers dont je parlerai.

L'armée de Rhin-et-Moselle, commandée par le général *Pichegru*, se trouvait dans un état de dénuement qui faisait déserter plusieurs soldats : ils mouraient de faim. Pichegru, dont les victoires avaient immortalisé le nom, ternit sa gloire en se laissant entraîner dans les souillures de la corruption ; il trahissait secrètement son pays : voici l'historique de cette trahison.

Un libraire de Neufchâtel, partisan enthousiaste du royalisme, nommé *Fauche-Borel*, part de Mulheim où se trouvait le quartier-général du prince de Condé, et se rend à Strasbourg où séjournait le général Pichegru ; il suit les pas de ce général, épie l'occasion de lui parler ; et le 24 thermidor an III (11 août 1795), il apprend qu'il doit se rendre dans le Haut-Rhin ; il s'attache à sa suite, arrive à Huningue, et parvient à l'auberge où Pichegru était descendu.

Ce général remarqua l'homme qui le suivait et dit assez haut pour être entendu de lui : *Quelque temps qu'il fasse je ne dînerai pas ici ; je vais aller dîner à Altkirch près du Fort-Louis, chez madame Salomon.*

Pichegru ayant déjà remarqué Fauche-Borel et son empressement à le suivre, soupçonnait les propositions qu'il avait à lui faire. Celui-ci employa pour n'être point suspect, plusieurs ruses et se rendit à Altkirch; il y vit Pichegru. Pour débuter avec lui, il s'annonça comme possesseur d'un manuscrit, encore inédit, de J.-J. Rousseau, et dit qu'il désirerait le publier sous ses auspices. Pichegru refusa cet honneur : il n'adoptait pas les principes de J.-J. Rousseau, et ajouta : *Est-ce là tout ce que vous avez à me dire?* — *J'aurais encore à vous parler*, lui dit Fauche-Borel. Puis après quelques hésitations, il déclara que le prince de Condé l'envoyait pour lui proposer de joindre son armée à la sienne et de marcher ensemble sur Paris.

L'envoyé ajouta que le prince croyait connaître ses principes; que la France allait périr et ne pouvait être sauvée que par son roi. Le général lui fit plusieurs questions, auxquelles Fauche-Borel répondit en disant qu'il avait quitté le prince le 28 juillet; qu'il était muni d'un passe-port que Pichegru trouva en règle; mais qu'il n'avait aucun billet du prince. *Il faut pourtant savoir à qui l'on parle*, dit ce général; *retournez vers le prince et rapportez-moi un mot de sa part; dites-lui dès à présent que s'il* m'a cru un BON FRANÇAIS, *il ne s'est pas trompé. Allez, et soyez ici après demain, à cinq heures du matin ; vous avez tout le temps pour cela* [1].

Fauche-Borel n'était qu'un agent subalterne de cette intrigue ; c'était M. de Montgaillard qui en était l'ame ; c'est lui qui va donner les détails suivans sur l'homme et sur l'entreprise.

« Je me rendis avec quatre ou cinq cents louis
» à Neufchâtel, dit-il ; je jetai les yeux, pour
» faire les premières ouvertures, sur Fauche-
» Borel..... Homme fanatique de la royauté, plein
» de courage, de zèle, d'enthousiasme ; ayant peu
» d'esprit, mais y suppléant par de la sûreté et
» de la probité. Je lui associai M. Courant, Neuf-
» châtelois ; je leur persuadai de se charger de la
» commission. Je les munis d'instructions et de
» passe-ports, etc. [2] »

Fauche, après son entrevue avec Pichegru, vint à Bâle, et rendit compte du résultat à M. de Montgaillard : « Je passai la nuit, dit celui-ci, à
» rédiger une lettre au général Pichegru..... Je lui
» dis d'abord tout ce qui pouvait réveiller en lui
» le noble sentiment du véritable orgueil, qui est
» l'instinct des grandes ames ; et, après lui avoir
» fait voir tout le bien qu'il pourrait faire, je lui
» parlai de la reconnaissance du roi pour le bien

---

[1] Mémoires de Lombard de Langres ; Mémoires de Fauche Borel, t. II, p. 202.

[2] Pièces trouvées à Venise dans le porte-feuille de d'Antragues, p. 3.

» qu'il ferait à sa patrie, en y rétablissant la royauté.
» Je lui dis que sa majesté voulait le créer (ici est
» un mot illisible dans le manuscrit) maréchal de
» France, gouverneur d'Alsace; nul ne pouvant
» mieux la gouverner que celui qui l'avait si vail-
» lamment défendue;

» Qu'on lui accorderait le cordon rouge, le
» château de Chambord, avec son parc et douze
» pièces de canon enlevées aux Autrichiens; un
» million d'argent comptant, deux cent mille li-
» vres de rentes, un hôtel à Paris. La (mots illi-
» sibles) d'Arbois, patrie du général, porterait le
» nom de *Pichegru*, et serait exempte de tout
» impôt pendant quinze ans. La pension de deux
» cent mille livres de rente, reversible par moitié
» à sa femme et cinquante mille livres à ses enfans
» à perpétuité, jusqu'à extinction de sa race.

» Telles furent les offres faites, au nom du roi,
» au général Pichegru.

» Pour son armée je lui offrais, au nom du roi,
» la confirmation de tous ses officiers dans leurs
» gardes, un avancement pour tous ceux qu'il re-
» commanderait, un traitement pour tout com-
» mandant de place qui livrerait sa place, et une
» exemption d'impôt pour toute ville qui ouvrirait
» ses portes... J'ajoutai que M. le prince de Condé
» désirait qu'il proclamât le roi dans ses camps,
» lui livrât la ville de Huningue et se réunît à lui
» pour marcher sur Paris [1]. »

[1] Pièces trouvées à Venise dans le porte-feuille de d'Antragues, p. 5.

Pichegru voulait qu'un écrit du prince de Condé confirmât les promesses faites par M. de Montgaillard. On eut beaucoup de peine à l'obtenir; et M. de Montgaillard, tout en faisant l'éloge du courage de ce prince, parle de son caractère, de ses facultés intellectuelles et des émigrés qui l'entouraient et le dirigeaient, en termes peu honorables. Il expose ainsi la résistance du prince à correspondre avec le général français, et les peines prises pour la vaincre.

« Il fallut neuf heures de travail, assis sur son
» lit, à côté de lui, pour lui faire écrire, au gé-
» néral Pichegru, une lettre de neuf lignes. Tantôt
» il ne voulait pas qu'elle fût de sa main, puis il
» ne voulait pas la dater, puis il ne voulait pas l'ap-
» peler *général Pichegru*, de peur de reconnaître
» la république, en lui donnant ce titre; puis il
» ne voulait pas y mettre l'adresse, puis il refu-
» sait d'y mettre ses armes; enfin il combattit pour
» éviter d'y placer son cachet. Il se rendit à tout
» enfin, et lui écrivit qu'il devait ajouter pleine
» confiance aux lettres que le comte de Mont-
» gaillard lui avait écrites en son nom et de sa
» part [1]. »

Pichegru lut la lettre, la remit à Fauche-Borel, en disant : *J'ai vu la signature, cela me suffit.* Fauche dit que le prince désirait de lui qu'il proclamât

[1] Pièces trouvées à Venise dans le porte-feuille de d'Antragues, p. 9.

le roi dans son armée, arborât le drapeau blanc, et qu'il lui livrât Huningue. Pichegru s'y refusa en disant : « Je ne ferai rien d'incomplet.... Je ne veux
» rien faire de partiel; il faut en finir, la France ne
» peut exister en république; il lui faut un roi, il
» faut Louis XVIII; mais il ne faut commencer la
» révolution que lorsqu'on sera certain de l'opérer
» efficacement et promptement...... Le plan du
» prince ne mène à rien; il serait chassé de Hu-
» ningue en quatre jours, et je me perdrais en
» quinze jours..... J'offre de passer le Rhin, on
» me désignera le jour et l'heure, et avec la quan-
» tité de soldats, et de toutes les armes qu'on
» fixera.

» Avant, je placerai dans les places fortes des
» officiers sûrs et pensant comme moi. J'éloigne-
» rai les *coquins* (c'est ainsi que Pichegru, ou
» plutôt celui qui le fait parler, qualifiait les ré-
» publicains). Dès que je serai de l'autre côté
» du Rhin, je proclame le roi; j'arbore le drapeau
» blanc; le corps de Condé et l'armée de l'Empe-
» reur s'unissent à nous. Alors je repasse le Rhin,
» j'entre en France; les places fortes sont livrées
» et gardées au nom du roi par les troupes impé-
» riales.... Nous marchons sur Paris et nous y se-
» rons en quinze jours, etc. [1] »

Le prince de Condé refusa constamment d'a-

---

[1] Pièces trouvées dans le porte-feuille de d'Antragues, pag. 10, 11, 12.

dopter le plan de Pichegru ; il ne voulut point consentir à ce que ce plan fût communiqué aux Autrichiens qui auraient pu concourir à son exécution. Il voulait avoir lui seul la gloire et le profit de la contre-révolution ; il persistait à demander que Pichegru proclamât le roi dans son armée, sans passer le Rhin, et lui remît Huningue où il irait le joindre.

Pichegru ne goûta, ni les motifs, ni le plan de ce prince ; il dut d'ailleurs être irrité de ce qu'au lieu des magnifiques promesses que M. de Montgaillard lui avait faites au nom du roi, de ce qu'au lieu du million d'argent, des deux cent mille livres de rentes, d'un hôtel à Paris, et de la terre et du parc de Chambord, M. le prince de Condé ne lui promettait plus que « cent mille écus en louis et » quatorze cent mille livres en lettres de change[1]. »

Alors ce général renonça à l'entreprise ; il en eut la honte sans en recueillir les fruits, et la contre-révolution fut encore une fois ajournée.

Pichegru n'était pas libre dans ses actions. Les comités de gouvernement, vers la fin de la Convention, instruits de son changement d'opinion et de ses manœuvres perfides, avaient placé près de lui quatre représentans, et notamment Merlin de Thyonville, qui le surveillaient soigneusement. De nouveaux renseignemens fortifièrent les soupçons de ces comités, et le directoire qui leur succéda,

---

[1] Pièces trouvées dans le porte-feuille de d'Antragues, p. 12.

prit le parti de rappeler *Pichegru*; mais, par égard pour les grands services qu'il avait rendus à la république, le 14 germinal an IV, il nomma ce général ambassadeur en Suède.

Pichegru mécontent refusa l'ambassade et se retira à Arbois, lieu de sa naissance, où il fut, dans la suite, nommé député. Le directoire confia le commandement de l'armée de Rhin-et-Moselle au général *Moreau* qui, le 6 messidor suivant, passa le Rhin à *Khel*, s'empara du fort de ce nom, fit à l'ennemi huit cents prisonniers, lui prit seize canons et deux mille fusils. Le lendemain il prit *Wilstett* et cent cinquante cuirassiers, soixante chevaux et un canon; le surlendemain, 8 messidor, la division que commandait le général *Desaix* s'empara d'Offembourg.

Moreau signala son début dans l'armée de Rhin-et-Moselle par des actions d'éclat qui furent suivies d'une retraite fameuse dont je parlerai.

Une autre armée, celle d'*Italie*, réclame une mention particulière. Cette armée obtenait de temps en temps des succès; mais faute de moyens, et non faute de courage, elle gardait la défensive. Scherer, général en chef, avait pour généraux de division des hommes éprouvés et capables de soutenir honorablement la gloire des armées françaises; tels étaient *Serrurier*, *Augereau*, *Masséna*, *Laharpe*, *etc.*; mais le matériel de l'armée d'Italie était dans un désordre, dans une pénurie qui ne permettaient aucune conquête. Pour la tirer de cet état de léthargie et d'impuissance, il lui fallait une secousse extraordinaire et un homme assez fort pour la lui donner.

Bonaparte parut; il venait, le 4 ventose an IV, d'être nommé général en chef de l'armée d'Italie. Il vit le mal et ses causes ; il vit les ressources, il vit un vaste champ de victoires, et peut-être son ambition lui fit-elle dès-lors apercevoir dans le lointain une proie dont il fut toujours très-avide, le pouvoir suprême.

Ces aperçus encourageans, l'ardeur de vingt-cinq ans, du génie, du talent, de l'expérience pour les faire valoir, agrandirent toutes les facultés de son ame éminemment énergique.

Voici comme il présente l'état de l'armée d'Italie lorsqu'il y arriva. Elle était composée de quatre divisions qui pouvaient, l'une portant l'autre, se montrer de six à sept mille hommes. La cavalerie s'élevait à trois mille chevaux en mauvais état. « L'arsenal d'Antibes et celui de
» Nice étaient bien pourvus; mais on manquait
» de chevaux de transport : tous les chevaux
» de trait avaient péri de misère. La pénurie des
» finances était telle que, malgré tous les efforts du
» gouvernement, on ne put donner que deux
» mille louis en espèces au trésor de l'armée pour
» l'ouverture de la campagne. Toutes les ressources
» désormais ne pouvaient s'attendre que de la
» victoire. Ce n'était que dans les plaines de l'Italie
» que l'on pouvait organiser les transports, atte-

» ler l'artillerie, habiller les soldats, monter la
» cavalerie. On conquerrait tout cela, si l'on for-
» çait l'entrée de l'Italie[1]. »

L'armée française ne pouvait opposer qu'environ trente mille hommes à une armée ennemie de quatre-vingt-dix mille, commandée par le général Beaulieu, militaire expérimenté et qui, dans les campagnes du Nord, avait acquis une réputation distinguée. Cette armée se composait d'Autrichiens, de Sardes. Elle devait s'accroître des troupes de Naples, de Modène, de Parme et notamment des troupes du pape.

Le nouveau général français voulut débuter par un coup d'éclat; l'état-major résidait depuis longtemps à Nice, il le fit transférer à Albenga. Il passa la revue des troupes et leur tint ce discours : « Soldats, vous êtes nus, mal nourris; on nous doit
» beaucoup; on ne peut rien nous donner. Votre
» patience, le courage que vous montrez au milieu de ces rochers sont admirables; mais ils ne
» vous procurent aucune gloire. Je viens vous conduire dans les plus fertiles plaines du monde;
» de riches provinces, de grandes villes seront en
» notre pouvoir, et là vous aurez richesses, honneurs et gloire. Soldats d'Italie, manqueriez-vous
» de courage [2] ? »

Ce discours fut accueilli par de vives acclama-

---

[1] Mémoires de Sainte-Hélène, par Las Cases, t. II, p. 230.
[2] *Idem*, p. 232.

Bataille de Montenotte.
(G.ᵃˡ Bonaparte)
22 Germinal, an 4.

lions. La campagne s'ouvrit le 20 germinal an IV, et le 23 (11 avril 1796), tout étant disposé, Bonaparte donne la bataille de *Montenotte;* l'armée ennemie éprouve une déroute complète et perd quatre mille hommes. Cette victoire fut décisive et ouvrit l'Italie à l'armée française.

Le 25, Augereau, général de division, prend *Cossaria* et fait prisonnière la garnison composée de treize cent vingt-sept hommes.

Le lendemain Bonaparte est vainqueur à *Millesimo;* il fait huit mille prisonniers, prend vingt-neuf pièces de canon et quinze drapeaux.

Le même jour, 26 germinal, se donnent le combat de *Dego* où l'on fit quatorze cents prisonniers; ceux de la *Barmida* où l'on prit le fort Saint-Jean et cent cinquante prisonniers; de *Batisolo*, de *Bagnosco*, de *Pontenocetto* et de *Montezemo* où furent prises les redoutes de ce lieu.

Le 27, l'armée française s'empara du camp retranché et de la ville de *Ceva* où, le lendemain, le général en chef porta son quartier-général. L'armée, arrivée sur les hauteurs de *Montezemoto*, découvrit les riches plaines du Piémont.

Le 30, le général s'empare de Saint-Michel, et Masséna passe le *Tanaro;* après quelques difficultés, il marche sur *Mondovi.*

Le 3 floréal, la ville de *Mondovi* est prise; on y fait treize cents prisonniers dont trois officiers généraux, quatre colonels piémontais, et on prend onze drapeaux, huit bouches à feu et quinze caissons.

Le 5, l'armée française entre dans la ville de *Bene*.

Le 6, *Fossano*, *Cherasco* et d'*Alba* tombent au pouvoir des Français qui y gagnent vingt-huit pièces de canon et des magasins considérables.

Le 10, la citadelle de *Céva* et la ville de *Coni* se rendent à l'armée française.

Le 16, cette armée victorieuse fait son entrée dans la ville de *Tortone*.

Le 18 floréal, les Français s'avancent sur la rive du Pô, vers Plaisance, prennent cinq bateaux où se trouvent cinq cents Autrichiens, beaucoup de riz et la pharmacie de l'armée.

Le 19, l'avant-garde des Français passe le Pô. Un combat s'engage à *Fombio*; l'ennemi, mis en déroute, est poursuivi jusqu'à l'Adda avec perte de cinq cents tués, de cent cinquante prisonniers, de trois cents chevaux et de beaucoup de bagages.

Le 20, la division du général *Laharpe* s'empare de *Casale*, de cinquante prisonniers et de plusieurs effets militaires. Le duc de Parme conclut le même jour un armistice avec les républicains.

Le lendemain 21, se donne la fameuse bataille de *Lodi*, où les Français, malgré l'armée entière de Beaulieu, franchirent le pont de Lodi, tuèrent ou blessèrent trois mille ennemis, firent huit cents prisonniers et prirent vingt pièces de canon.

Le 22, les Français prennent Pizzighitone, cinq

canons de bronze et plusieurs magasins, et entrent dans *Crémone*.

Le 26, un traité de paix est conclu entre la république et le roi de Sardaigne. Ce traité fut ratifié le 30 floréal.

Le 28, les Français occupent *Milan*, *Pavie* et *Côme*, où ils trouvent d'immenses magasins, et le 1er prairial, ils concluent un armistice avec le duc de Modène. Les conquêtes rapides de Bonaparte effrayèrent le sénat de Venise qui avait donné asile à un prince Français, aujourd'hui Louis XVIII. Après quelques notes échangées, ce prince fut forcé, le 13 avril 1796, de quitter Véronne et de se retirer à l'armée de Condé [1].

Laissons Bonaparte suivre le cours des victoires que lui assuraient son audace, ses talens militaires et son brillant début. Il a, jusqu'ici, travaillé pour sa gloire, pour celle des armées françaises et pour le salut de sa patrie. Des intérêts moins nobles seront dans la suite l'ame de ses actions. Accoutumé aux succès militaires, il en sera

---

[1] Lorsque le prince reçut la notification de son éloignement, il répondit à celui qui en était chargé : « Je partirai ; » mais j'exige deux conditions, la première qu'on me présente le livre d'or, où le nom de ma famille est inscrit, afin » que je raye ce nom de ma main; la seconde qu'on me » rende l'armure dont l'amitié de mon ayeul, Henri IV, a » fait présent à la république. »

Le podestat fit contre cette réponse une protestation que le prince français refusa de recevoir et il partit pour l'armée de Condé.

toujours plus avide; il se fera un titre de ses victoires, de ses services éclatans pour dominer, inquiéter, menacer, et enfin renverser le gouvernement qui lui avait ouvert la carrière de la fortune et des triomphes; il s'en autorisera pour anéantir la liberté publique à laquelle il devait toute sa renommée. Sans ce gouvernement, sans cette liberté, Bonaparte, pendant toute sa vie, serait resté simple officier d'artillerie.

CHAPITRE VI.

TRAVAUX DES CONSEILS; FINANCES; MANDATS; DÉCRET CONTRE LE REPRÉSENTANT DROUET; TROUBLES ET ASSASSINATS DANS LES DÉPARTEMENS MÉRIDIONAUX; FÊTE DES VICTOIRES; PLUSIEURS MANDATS D'AMENER LANCÉS CONTRE DES REPRÉSENTANS; PLAINTES QUI EN RÉSULTENT; TENTATIVES D'UNE RÉVOLTE; TROUBLES ET MEURTRES DANS LE MIDI DE LA FRANCE; EXPLOITS DES COMPAGNIES DE JÉSUS; FÊTE DE L'AGRICULTURE; DÉTAILS DES TROUBLES DANS LES DÉPARTEMENS MÉRIDIONAUX; FÊTE DES 14 JUILLET ET 9 THERMIDOR, FÊTE DU 10 AOUT, FÊTE DE LA VIEILLESSE; CONSPIRATION NOUVELLE; RÉUNION DES ROYALISTES ET DES ANARCHISTES.

Les deux conseils, composant le corps législatif, se maintenaient et se sont toujours maintenus dans un accord parfait; quoique souvent ils différassent d'opinion, ils se respectaient réciproquement. Le conseil des anciens rejetait de temps à autre les résolutions du conseil des cinq cents, et ce dernier conseil voyait cette réjection sans animosité, comme l'exécution respectable de l'acte constitutionnel. Les séances de ces deux assemblées, assez paisibles comparativement à celles de la Convention, n'étaient cependant pas sans chaleur. Ces conseils s'occupaient des diverses parties de la législation, de l'instruction publique, des livres élémentaires qui pouvaient la faire prospérer; s'occupaient aussi des prêtres perturbateurs, du régime hypothécaire, des finances, etc.

Les assignats perdaient chaque jour de leur valeur nominale. Le passage brusque du régime de ce papier-monnaie à celui du numéraire métallique, aurait blessé trop d'intérêts, aurait pu causer une secousse fâcheuse. Pour éviter les accidens de la chute rapide des assignats, on prit un terme moyen, une espèce de *plan incliné*, si je puis m'exprimer ainsi; par la résolution du 20 ventose an IV, on créa un nouveau papier-monnaie, appelé *mandats*. Ces mandats, quoique solidement hypothéqués, quoique pouvant être échangés en assignats, et par conséquent bons à employer en acquisition de domaines nationaux, tombèrent bientôt en discrédit, et ce fut ce discrédit même qui, sans efforts, fit sortir et circuler le numéraire.

Les conseils furent aussi occupés de la loi du 3 brumaire dont on demandait l'abolition. Cette loi excluait les parens d'émigrés des assemblées électorales; injuste en principe, mais très-nécessaire dans la circonstance, son application eût été funeste à la liberté publique. La France était entourée d'ennemis au-dehors, et tourmentée dans l'intérieur par des ennemis cachés qui espéraient trouver, dans l'acte constitutionnel, des moyens d'opérer doucement la contre-révolution. Ces derniers avaient, comme on le verra, organisé un gouvernement occulte : on ne pouvait, sans danger, être privé de cette loi : la discussion fut longue, chaleureuse, mais décente.

Les alimens trop nutritifs, quoique très-sains

pour les hommes en parfaite santé, ne sont point ordonnés aux convalescens. La France sortie d'une longue maladie, se trouvait encore dans un état de convalescence, et même n'était pas exempte de crises. Le principe de sa conservation devait passer avant un principe qui n'est utilement applicable que dans un temps de calme et de sécurité. La loi fut maintenue et même étendue sur les amnistiés.

Le corps législatif eut aussi à s'occuper de la conspiration de *Babeuf* dont j'ai parlé, et notamment à prononcer sur le sort du représentant Drouet, compromis dans cette conspiration. Ce représentant après de longs débats, fut décrété d'accusation et emprisonné à l'Abbaye d'où, par le moyen d'une corde, le 30 thermidor an IV, il parvint à s'évader.

Pendant ces travaux du corps législatif, la rapidité et l'importance des victoires du général Bonaparte étaient l'objet de l'admiration générale; les institutions de la révolution, par ces conquêtes, semblaient être plus que jamais consolidées. Nos ennemis prenaient une attitude moins hostile; l'Angleterre faisait des propositions. Dans ces circonstances favorables et conformément au vœu de la constitution, le directoire arrêta que la fête *de la reconnaissance et des victoires* serait célébrée le 10 prairial.

Ce jour, à dix heures précises du matin, une salve d'artillerie annonça la solennité. La garde nationale, en armes, avec ses drapeaux, se rendit au Champ-de-Mars et à l'École-Militaire. L'armée de l'intérieur et son artillerie se placèrent sur des points qui furent assignés à ses différens corps.

A onze heures du matin les autorités constituées, en costume, se rendirent au Champ-de-Mars, et y occupèrent une enceinte qui leur était désignée.

Le directoire, précédé de ses gardes, suivi des ministres et du corps diplomatique, arriva en même temps à l'École-Militaire.

A onze heures et demie, les présidens des corps constitués quittèrent leur place, se portèrent à l'École-Militaire, servirent de cortége au directoire, et l'accompagnèrent jusqu'au lieu de la cérémonie.

En arrivant au Champ-de-Mars, on apercevait, au centre, à la place de l'autel de la patrie, un monticule régulier, haut de douze pieds sur trente toises de diamètre. On y montait par quatre rampes, chacune de soixante pieds de largeur; au bas de chaque rampe étaient placées les figures colossales de deux lions; symbole de la force.

La plate-forme du monticule était ombragée par quatorze arbres, représentant les quatorze armées qui, avec tant de courage et de succès, avaient défendu la patrie et la liberté. Chaque arbre portait des trophées, composés de drapeaux, et au-devant se voyait un bouclier sur lequel on lisait le nom de l'armée qu'il figurait. Des guirlandes de chêne réunissaient ces arbres.

Sur un piédestal s'élevait la figure de la liberté, assise, entourée de divers trophées d'armes; d'une main elle s'appuyait sur la charte constitutionnelle, de l'autre elle tenait une haste, surmontée par le bonnet de la liberté. Autour de cette figure on voyait quatre trépieds de forme antique, d'où sortait la fumée des parfums; derrière le piédestal paraissait un grand arbre, chargé des drapeaux pris sur les ennemis de la France. Sur des piédestaux moins élevés, paraissaient deux statues de victoires qui, figurant des renommées, tenaient chacune d'une main des palmes chargées de couronnes et de l'autre une trompette guerrière qu'elles embouchaient.

Des décharges d'artillerie, des évolutions militaires, des couronnes de laurier et de chêne distribuées par le directoire et dont il orna les drapeaux des vétérans; un discours que prononça le président; des symphonies et des chants civiques qu'exécutait un nombreux orchestre, enfin des danses, furent les principaux actes de cette fête.

Elle fut suivie d'un banquet pour lequel le poëte Lebrun composa un chant dont voici les premières strophes :

O jour d'éternelle mémoire,
Embellis-toi de nos lauriers !
Siècles, vous aurez peine à croire
Les prodiges de nos guerriers.

L'ennemi disparu, fuit ou boit l'onde noire.
Sous des lauriers que Bacchus a d'attraits!
Enivrons, mes amis, la coupe de la gloire
D'un nectar pétillant et frais.
Buvons, buvons, à la victoire,
Fidèle amante des Français,
Buvons, buvons à la victoire.

Liberté! préside à nos fêtes;
Jouis de nos brillans exploits;
Les Alpes ont courbé leurs têtes,
Et n'ont pu défendre les rois :
L'Eridan conte aux mers nos rapides conquêtes.
Sous des lauriers que Bacchus a d'attraits!
Enivrons, mes amis, la coupe de la gloire, etc.

L'Adda, sur ses gouffres avides,
Offre un pont de foudres armé :
Mars s'étonne! mais nos Alcides
Dévorent l'obstacle enflammé.
La victoire a pâli pour ces cœurs intrépides.
Sous des lauriers que Bacchus a d'attraits !
Enivrons, mes amis, la coupe de la gloire, etc.

Le corps législatif n'assista point à cette fête : la constitution s'y opposait. Les députés ne s'y présentèrent que comme particuliers [1].

Cette fête déplut aux factieux, et réchauffa le zèle des patriotes. Elle fut belle, majestueuse et bien ordonnée, comme le furent toutes celles que le directoire donna dans le Champ-de-Mars.

Des malveillans profitèrent de l'immense con-

[1] « Le corps législatif, porte l'article 72 du titre II, n'assiste à aucune fête et n'y envoie point de députation. »

cours de citoyens, pour achever de discréditer les assignats qui, chaque jour, diminuaient de valeur. Ils en répandirent plusieurs sur un des chemins qui conduit au Champ-de-Mars. Parmi les personnes qui les aperçurent, un petit nombre seulement se baissa pour les ramasser.

Dans les départemens, dans les armées, pareille fête fut célébrée.

La république se consolidait. La trace des maux passés s'effaçait; l'organisation des administrations se perfectionnait, et les succès de nos armées dissipaient toutes les craintes sur une invasion à force ouverte. Tout semblait promettre à la France le triomphe de la raison, de la liberté et un avenir prospère. Mais les ennemis les plus dangereux, parce qu'ils étaient les plus cachés, avaient, comme ces insectes dévorateurs de l'espèce humaine, pénétré dans le corps social pour en déchirer les entrailles : toutes les autorités, les conseils, le directoire même en étaient plus ou moins infectés.

Dans la journée du 21 prairial an IV, quatre représentans reçurent, de grand matin, des mandats d'amener que des agens leur signifièrent au nom du comité central de la police. Cet acte inconstitutionnel causa une vive rumeur dans le conseil des cinq-cents. Plusieurs se plaignirent des agens du directoire qui, néanmoins, ignorait ce fait. Tallien, surtout, parla avec vivacité contre les agens de la police qui suivaient les représentans, épiaient leurs actions, leurs discours. « Eh ! com-

» ment, s'écria-t-il, un tel outrage ne serait-il pas
» fait à la représentation nationale ? Comment les
» patriotes, les républicains ne seraient-ils pas par-
» ticulièrement en butte aux poursuites de la police,
» lorsque c'est un baron de *Batz* qui est à la tête de la
» police de Paris; *Batz*, l'ennemi juré de tout ce
» qui fut patriote; *Batz*, compromis dans toutes les
» affaires où il y a eu des contre-révolutionnaires à
» punir; *Batz*, correspondant avec les émigrés,
» avec l'étranger; *Batz*, poursuivi à juste titre,
» échappé par miracle, et agent des princes[1].
» Comment, dis-je, de tels outrages ne seraient-
» ils pas répétés contre la représentation nationale,
» quand un autre chef de la police est *Dossonville*,
» chef de la police d'Amar, assassin des républi-
» cains, et l'un des premiers agens du système de
» terreur qui a précédé le 9 thermidor, etc. »

Le conseil arrêta que les rapports faits par les représentans seraient rédigés par eux et insérés dans un message que le conseil adresserait au directoire, en lui demandant compte des mesures qu'il avait dû prendre pour la punition de ceux de ses agens qui ont méconnu la représentation nationale.

Le ministre de la police, dans son rapport au

---

[1] Tout ce que dit Tallien sur le baron de *Batz* est vraisemblable. Batz pouvait bien être à la tête d'une police; mais cette police n'était certainement pas celle du gouvernement. Voyez ce que j'ai dit sur cet adroit intrigant qui a pris tous les masques dans la révolution, t. III, p. 187.

directoire, déclara que le baron de Batz n'était point à la tête de la police de Paris ; qu'il avait déjà donné l'ordre de l'arrêter ; « qu'il ne paraît » pas, dit-il, qu'il soit à Paris ; s'il y est, il s'y tient » bien caché. » Enfin le ministre ajoute que d'*Ossonville* ne méritait pas les reproches qu'on lui adressait.

Le directoire, dans son message, déclare qu'il mettra au nombre de ses premiers devoirs celui de ne rien négliger pour faire punir les coupables.

Les membres du bureau central de la police écrivirent au directoire exécutif, pour lui prouver que les mandats d'amener n'avaient été lancés contre des représentans que par une erreur qu'avait commise le chef du bureau de sûreté. Cette justification parut au directoire très-peu satisfaisante ; il renvoya devant les tribunaux, *Limodin*, membre du bureau central, *Henri*, chef du bureau de sûreté, *Gaudry*, employé au bureau de surveillance, *Lafond* et *Clémenceau*, chargés de l'exécution des mandats. Si ces hommes n'avaient fait qu'une bévue, elle était forte, mais elle devint plus grave dans la suite.

Dans la séance du 7 messidor, on apprit que vingt-trois autres mandats, signés *Limodin*, devaient être lancés le 21 prairial contre vingt-trois représentans ex-conventionnels. Cette découverte donna à cet attentat un caractère incontestable de conspiration. Limodin pouvait rejeter sur une erreur de bureaux, sur une inattention du chef, la faute des quatre mandats lancés. Mais il lui était bien difficile de s'excuser, lorsqu'au lieu de quatre erreurs, il s'en trouvait vingt-sept[1]. Cette attaque contre le corps législatif fut encore aggravée par les circonstances qui l'accompagnèrent.

Le même jour où ces quatre mandats furent lancés, où vingt-trois autres devaient l'être, Paris se trouvait dans une grande agitation. Des hommes payés par les directeurs des troubles, formèrent des rassemblemens, d'abord dans la rue Verte, puis dans la rue Saint-Antoine, dont ils devaient soulever les habitans; on les entendit crier dans les rues: *Aux armes, citoyens! aux membres du directoire, aux membres des conseils, arrêtez ces coquins.*

Vingt-cinq séditieux sous la qualification et le costume de représentans, devaient exciter à la révolte les habitans des faubourgs. Ils faisaient répandre le bruit que le corps législatif allait quitter Paris.

Sans ajouter une foi entière aux rapports émanés de la police, on peut dire avec certitude que des groupes nombreux et menaçans obstruaient plusieurs ponts de Paris, et se voyaient sur les quais et les places de cette ville. Le gouvernement, sans effusion de sang, parvint à dissiper ces attroupemens. Le calme se rétablit, et les entrepreneurs de révoltes, comme à l'ordinaire, perdirent leurs frais.

[1] Le conseil des Cinq-Cents fit traduire à sa barre les membres du comité central, ils y comparurent le 18 messidor et y furent absous; on ne conçoit rien à ces erreurs, à cette indulgence.

Ces tentatives se renouvelèrent. L'on sait que les agens perturbateurs étaient, sinon tous, au moins une grande partie d'eux, agens de l'Angleterre, et jouaient le rôle d'anarchistes. On découvrit dans ce temps, que le nommé *Cazin*, un des complices de Babeuf, avait été traduit, au mois de ventose an III, au tribunal révolutionnaire pour cause de provocation à la royauté. Son accusation était fondée sur preuves écrites; il n'échappa au dernier supplice qu'à la faveur de la question intentionnelle. Cette découverte mit en évidence l'association de l'anarchie et du royalisme[1].

Les agens royalistes abondaient surtout dans Lyon; ils y entretenaient parmi le peuple, par leurs discours et leurs exemples, l'abominable habitude des assassinats, et le cri de *Matevon* était encore dans cette ville un cri de mort.

Une certaine classe de Lyonnais considérait ces meurtres comme une habitude légitime : par peur ou par connivence, les autorités constituées restaient inactives, et la bande des meurtriers qui se qualifiaient de *Compagnie de Jésus*, continuaient avec sécurité ses affreuses expéditions.

Le département des Bouches-du-Rhône, depuis long-temps semblait être redevenu le patrimoine des égorgeurs, le théâtre le plus ordinaire de leurs exploits. Leur prédilection pour ce département paraît avoir pour cause le voisinage de la

---

[1] Voyez le Moniteur, n° 271, 1ᵉʳ messidor an IV, col. 3.

Méditerranée que parcourait la flotte anglaise, et le caractère violent et facilement mobile de ses habitans.

Dès le 19 germinal, le conseil des cinq cents fut averti des excès multipliés qu'y commettaient des bandes composées de royalistes, et d'hommes qualifiés d'anarchistes. J'expliquerai dans la suite comment une même direction faisait agir, l'un contre l'autre, des partis très-opposés. Une lettre d'un administrateur de ce département porte que ces deux partis s'efforçaient tour à tour d'y établir leur empire. Deux jours après, le 21 germinal, ce conseil reçut une adresse de plusieurs habitans des Bouches-du-Rhône, qui lui demandent avec instance que des mesures efficaces soient prises, afin de purger ce département, « des » prêtres réfractaires, des émigrés rentrés, des » membres des *Compagnies de Jésus et du Soleil*, » et des égorgeurs de toute espèce qui désolent » ces contrées. » [1]

Le même jour une autre lettre apprit à ce conseil que le commissaire du directoire à Valréas, venait d'être frappé à mort, au moment même de son installation.

De nouveaux crimes produisirent de nouvelles plaintes. Le mal croissait; le conseil des cinq cents nomma une commission chargée de lui faire un

---

[1] Voyez le Moniteur, séance du conseil des Cinq-Cents du 19 et 21 germinal an IV.

CHAP. VI. — FÊTE DE L'AGRICULTURE.

rapport, qui ne put être fait qu'au mois de thermidor suivant.

Le royalisme banni des départemens de l'Ouest reportait toute son action sur d'autres parties de la France.

Pendant ces agitations et ces craintes, et en attendant le rapport sur les troubles et les crimes du Midi, on célébrait à Paris la *fête de l'Agriculture*, le 10 messidor, au Champ-de-Mars; un char antique, traîné par deux bœufs presque blancs, dont les cornes étaient dorées et garnies de banderoles, portait une charrue d'or.

Il était suivi d'un autre char plus élevé, attelé de huit bœufs, quatre de front, sur lequel était assise la figure de la liberté, entourée des attributs de l'agriculture, de fleurs, de fruits, de gerbes de blé, ombragés par des chênes verts; au-devant du char deux jeunes filles, vêtues en blanc, entretenaient, comme les vestales de l'antiquité, le feu de deux cassolettes où brûlaient des parfums.

Ces deux chars, sortis de l'École militaire, firent le tour du Champ-de-Mars, précédés par des troupes, environnés de jeunes filles couronnées de guirlandes, et portant des corbeilles pleines de fleurs et de fruits.

Un corps de musique, les autorités constituées et de la cavalerie terminèrent la marche.

Arrivé à l'autel de la patrie, le président prononça un discours analogue à la fête, et pendant que des hymnes étaient chantés et que la musique faisait entendre son harmonie, le président offrait à l'admiration publique deux laboureurs, recommandables par leur intelligence, leur bonne conduite, leur patriotisme; il proclama leur nom et posa sur leur tête une couronne civique; puis, au son de la musique, et saisissant le manche de la charrue traînée par deux bœufs que conduisait un militaire, il traça un sillon autour de l'autel de la patrie.

Avec de pareilles fêtes, les mœurs doivent s'épurer, mais cette épuration était contrariée par l'exemple des crimes que les agens perturbateurs, entretenus dans l'intérieur de la France, commettaient journellement.

L'habitude des meurtres se maintenait à Marseille comme à Lyon. Lors de la réunion, dans cette première ville, des assemblées primaires pour la nomination des officiers municipaux, sur vingt-quatre sections dont elle se composait, quinze furent troublées. On reconnut que les perturbateurs s'étaient rendus, avant l'heure, dans les lieux d'assemblée, qu'ils y avaient caché sous les bureaux, des pierres, des bâtons, des couteaux, des stylets, etc. Le 1er thermidor, ces armes servirent. Cinq hommes furent tués, plusieurs autres blessés ou mutilés.

On dénonça aussi, dans la séance du 12 thermidor, les troubles des assemblées primaires de Lyon, mais le lieu des assemblées n'y fut point ensanglanté. Enfin arriva le 16 thermidor, jour où

Thibaudeau fit le rapport, fort attendu, sur les troubles des départemens méridionaux, et notamment sur ceux qui furent excités dans les assemblées primaires.

Le rapporteur s'occupe d'abord des troubles arrivés dans les assemblées primaires de Marseille. « Il y a eu, dit-il, des violences, des excès commis,
» et le sang des citoyens a coulé dans l'enceinte
» même où ils étaient réunis pour jouir, sous la
» protection des lois, de l'exercice de leurs droits
» politiques...... Dans la section n° I., les citoyens,
» après s'être constitués provisoirement en assem-
» blée, sous la présidence du plus ancien d'âge,
» procédaient à la formation définitive du bureau,
» lorsque une foule de *citoyens étrangers* à la sec-
» tion, armés de bâtons, de sabres et de poignards,
» force la garde qui était à la porte, et se jette
» sur les citoyens qui votaient. Ceux-ci, sans ar-
» mes, n'opposèrent qu'une résistance faible et
» momentanée; les assaillans maltraitent et muti-
» lent plusieurs individus; le citoyen *Bourguignon*
» est percé d'un coup de poignard, et tombe mort
» à quelques pas du lieu où se commettent ces
» excès.

» Les citoyens, frappés de terreur et forcés par
» la violence, se dérobent aux coups qui les me-
» nacent; le président d'âge emporte avec lui les
» papiers et les votes qui avaient été déposés pour la
» formation du bureau. La force armée s'empare

» de quelques individus, et la salle d'assemblée
» est fermée.

» Dans la section n° II, avant sept heures du
» matin quelques citoyens avaient organisé le bu-
» reau provisoire. Un plus grand nombre survenu
» réclame contre cette opération prématurée,
» puisqu'elle était faite avant l'heure désignée pour
» la réunion de l'assemblée; ils ne sont point
» écoutés; alors ils se retirent à part dans la même
» salle pour former un nouveau bureau. Les ci-
» toyens premiers rendus, armés de débris de
» chaises, se jettent sur eux, brisent le bureau et
» dispersent les délibérans. Cette scène scanda-
» leuse se reproduit deux fois; la force armée
» est requise; elle saisit deux des perturbateurs,
» mais elle ne peut parvenir à rétablir l'ordre, et
» cent soixante-quatorze citoyens sont obligés de
» se retirer.

» La même chose est arrivée dans la section
» n° XVIII. Dans la section n° III, la salle était
» occupée de bonne heure par environ soixante
» personnes dont plusieurs armées de nerfs et de
» bâtons; on distinguait parmi elles *Granet*, ex-
» conventionnel, quoiqu'il ne fût pas de cette sec-
» tion, et d'autres citoyens qui y *étaient étrangers*.
» Dès qu'il fut question de se constituer provisoi-
» rement, on porta au bureau un citoyen qui n'é-
» tait pas le plus ancien d'âge; le trouble augmenta
» à la liste des citoyens qui devaient seuls voter;
» il y eut plusieurs individus maltraités, traînés

» par les cheveux et expulsés; un citoyen fut
» blessé à la main d'un coup de couteau; le
» nommé Vernet s'écriait: *Point de chouans; mais
» des montagnards...* »

Dans la section n° IV, on vit des scènes pareilles. On arracha des mains d'un orateur la constitution de l'an IV dont il argumentait, et on plaça sur le bureau la constitution de 1793. Des citoyens furent chassés par des hommes armés; le citoyen *Bonifacy* fut grièvement blessé.

Dans la section n° V, on allait procéder à l'organisation du bureau définitif, lorsqu'une foule *d'étrangers* entra en criant, força la garde, pénétra dans la salle et l'envahit; l'assemblée, ajournée au lendemain, éprouva de la part des mêmes hommes plusieurs violences; ils s'emparèrent du scrutin, et accablèrent de coups ceux qui représentaient la section. Le président, âgé de quatre-vingt-quatre ans, aurait été massacré sans le secours de quelques dragons.

Dans la section n° VI, violences pareilles; il en fut de même dans les sections n°ˢ VII, VIII, IX, XVII, XXIX, XXXII. Dans celle n° X, plusieurs citoyens furent chassés à coups de bâtons; dans celle n° XII des présens votèrent pour des absens, et il y fut commis plusieurs autres irrégularités; dans la section n° XVI, le nommé *Rubin*, soutenu par des hommes armés *étrangers* à la section, prit violemment la place du président d'âge, en disant qu'il avait des ordres pour cela, et déclama contre la constitution. Plusieurs membres de l'assemblée furent maltraités, et le citoyen Jacques-Victor Aubert fut grièvement blessé.

Dans la section n° XXIII, une minorité armée força la majorité à déguerpir.

Dans celle du n° XXXI, une foule d'hommes furieux maltraitèrent tous les citoyens, et *Claude Maria*, fils d'un juge-de-paix, fut assassiné.

Le conseil des cinq cents annula les élections faites dans les assemblées primaires de Marseille, et chargea le directoire d'y pourvoir par des remplacemens. Le conseil des anciens approuva cette résolution.

Le rapporteur donna lecture des pièces sur lesquelles son rapport était appuyé, puis il passa aux troubles de la ville d'Aix.

Sur le cours de cette ville, à onze heures du soir, dans la nuit du 3 au 4 thermidor, trois particuliers sont assassinés. Aussitôt l'administration se rassemble, un des administrateurs va chercher à son domicile *Bernard*, commissaire du directoire.

« En entrant dans la cour de la maison com-
» mune, Bernard aperçoit huit à dix personnes ar-
» mées, parmi lesquelles il reconnaît *Rochon* et
» *Lautier*, deux des commissaires de police, des-
» titués depuis douze jours, par ordre du ministre
» de la justice : *c'est le commissaire du directoire*,
» dit-on; aussitôt Rochon arme son fusil, Lautier
» porte un coup de baïonnette à Bernard et le
» blesse grièvement au bas-ventre. Celui-ci se pré-

» cipite vers la porte du lieu des séances de l'ad-
» ministration municipale; un coup de feu part et
» renverse à côté de *Bernard*, *Mercurin*, garde de
» police. La porte de la salle de l'administration
» s'ouvre, le président, deux officiers municipaux,
» deux administrateurs du département et quel-
» ques citoyens armés s'y trouvaient. Le citoyen
» *Bernard* est obligé de se sauver par une porte
» dérobée et d'aller se cacher chez une personne
» de confiance. »

Le lendemain 4, trois personnes sont assassinées à coups de fusil, et plusieurs autres les jours suivans. J'interromps le récit de ces assassinats trop pénibles à raconter. Les Provençaux auraient-ils donc alors admis les habitudes criminelles des contrées voisines, les habitudes de l'immorale et dévote Italie?

Je ne l'assure point, mais je suis fort enclin à croire que les deux partis ennemis, les royalistes et les anarchistes, étaient excités à s'entre-détruire par des moteurs invisibles ou peu aperçus. On verra bientôt des faits qui viendront à l'appui de cette opinion. Le citoyen Mauche, administrateur du département, après avoir, dans une lettre au directoire, rapporté quelques autres assassinats, termine ainsi:

« A qui appartiennent les crimes commis? est-ce
» aux royalistes? est-ce aux anarchistes? La nature et
» le choix des victimes paraîtraient décider contre
» les premiers (les royalistes), mais l'accord dans
» les mesures prises par les deux factions, leur mé-

» pris égal pour les autorités constituées ; tout an-
» nonce qu'elles agissent de concert ¹... » (Ici des
murmures, élevés au conseil des cinq cents, interrompirent la lecture de cette lettre.)

Les ordonnateurs secrets de ces troubles, de ces actes sanguinaires, soufflaient le feu de la guerre civile, excitaient les haines, les vengeances, poussaient leurs aveugles satellites aux assassinats et ne s'y exposaient pas.

Pendant que ces atrocités souillaient les départemens méridionaux, d'autres événemens se passaient à Paris. Le 30 thermidor an IV, le représentant Drouet, compromis dans l'affaire de Babeuf, et que le corps-législatif avait décrété d'accusation, s'évada, par le moyen de cordes, de sa prison de l'Abbaye.

Le tribunal criminel du département de la Seine renvoya absous les complices de la conspiration de vendémiaire, et eut l'effronterie de déclarer *qu'il n'y avait pas eu de conspiration le 13 de ce mois*. En conséquence il déclara qu'il n'y avait pas lieu à accusation contre les citoyens *Budan* et

---

¹ Cet administrateur exprimait mal sa pensée. C'est une absurdité de dire que la victime agissait de concert avec son assassin ; mais par cela même que c'est une absurdité, il faut croire qu'il n'a pas voulu dire ce qu'il a dit ; il est évident qu'il avait l'intention d'annoncer que les royalistes et les anarchistes cédaient à une même impulsion, étaient dirigés les uns en sens contraire des autres par les mêmes chefs vers un but de destruction.

Saucède; et, quoique le jury eût prononcé formellement contre les citoyens *Duval*, *Castellane*, *Langeac*, *Cadet-Gassicourt* et *Quatremère de Quincy*, ce tribunal les acquitta [1].

Le corps législatif s'occupait du Code civil, et Cambacérès publiait, avec le projet de ce Code, son discours préliminaire, ouvrage très-remarquable.

Le directoire, le 19 thermidor, accorda des secours nombreux aux familles parisiennes que le défaut de commerce avait réduits à un état d'indigence. Il conclut, le 20 de ce mois, un traité de paix avec le duc de Wurtemberg.

Par son arrêté du 18 thermidor, il refusa, malgré les instances réitérées de la cour de Suède, d'admettre en qualité de chargé d'affaires du roi de cette nation auprès du gouvernement français, M. de *Rehausen*, et donna ordre au ministre de la police de lui notifier les lois de la république, relatives aux étrangers.

Le 8 fructidor il conclut un traité de paix avec le margrave de Baden.

Au milieu de ses importantes occupations, il ne négligeait rien de ce qui pouvait lui attirer la bienveillance populaire, entretenir le feu sacré de la liberté et restaurer la morale publique. Il célébra des fêtes, et à leur magnificence ordinaire, il joignit un attrait dont les précédentes étaient privées.

---

[1] Voyez le Moniteur, n° 338, 8 fructidor an IV.

Il les embellit par des courses à pied et à cheval.

La fête commémorative des deux journées du 14 juillet et du 9 thermidor, fut célébrée par une seule et même fête qui dura deux jours.

Le 9, le directoire y assista, et son président, Carnot, prononça un discours relatif aux événemens du 14 juillet et du 9 thermidor. La pluie diminua le nombre des spectateurs, mais n'empêcha point la célébration.

Le 10, la fête fut continuée, et, pour la première fois, présenta le spectacle des courses. Le bureau central du canton de Paris y présidait. Le citoyen *Tourton* remporta le premier prix de la course à pied, et le citoyen *Bocher* le second.

La course à cheval parut ensuite ; le citoyen *Vilate-Carbonel*, monté sur le cheval normand nommé *le Veneur*, obtint le premier prix. Le citoyen *Henri Franconi* avec le cheval limosin *Azor*, obtint le second. Ces jeux intéressaient vivement les acteurs et les spectateurs.

Autre solennité. Le 23 thermidor suivant, le directoire ordonna que, dans toutes les communes de la république, la fête commémorative du 10 août serait célébrée.

A Paris, cette fête offrit une magnificence extraordinaire. Il y eut des courses ; on vit la jeunesse parisienne s'empresser de se faire inscrire pour le concours.

La course à pied fut la première. Les concurrens furent nombreux ; l'amour-propre était pour eux un stimulant plus puissant que le prix qui consistait en un sabre et une paire de pistolets de la fabrique de Versailles.

La course des chevaux vint ensuite. On n'y admit que des chevaux nés en France. Le prix était une belle carabine et une paire de pistolets d'arçons.

Puis fut exécutée la course de bagues à cheval. Le vainqueur obtint pour prix une carabine et une paires de pistolets de poche.

Après ces courses furent exécutées des évolutions aréostatiques. Les prix furent distribués au bruit des fanfares; on proclama les noms des vainqueurs qui furent placés sur un quadrige ou char antique, traîné par quatre chevaux de front, précédé de différens corps de musique, et suivi par un nombreux cortége. Après avoir fait le tour du Champ-de-Mars, ils furent triomphalement conduits aux Champs-Élysées, où leur arrivée devint le signal d'un concert.

Les vainqueurs à la course à pied furent les citoyens *Villemereux* et *Cosme*.

Les citoyens *Thurieux* et *Franconi* remportèrent le prix de la course à cheval;

Les citoyens *Roger* et *Jeannin*, celui de la course de bagues.

Je ne parlerai pas du discours énergique et sage que prononça, sur l'autel de la patrie, *Laréveillère-Lepaux*, ni des autres parties de cette fête intéressante; je n'ai voulu exposer que les avantageuses nouveautés introduites dans ces solennités.

Une autre fête moins pompeuse, fête morale et touchante, fut célébrée le 10 fructidor dans toutes les municipalités de la France : c'était *la fête de la vieillesse*.

A Paris, où les ressources abondaient plus que dans les autres communes de la république, on eût facilement pu la rendre pompeuse; cependant cette fête y fut exécutée avec plus de simplicité que de magnificence; elle n'en fut que plus belle, plus touchante.

Dans la journée du 10, chaque municipalité de Paris rassembla, au chef-lieu de l'arrondissement, les vieillards des deux sexes, les plus recommandables par leur probité ou leur patriotisme. Ceux d'entre les jeunes gens, réputés les plus dignes de l'estime publique, furent chargés de l'honorable mission de se rendre dès le matin du jour de la fête devant la maison des vieillards désignés, et d'en orner la porte avec des guirlandes de feuillages.

Les vieillards vertueux, que leurs infirmités retenaient dans leurs maisons, obtinrent le même témoignage de respect.

Des enfans des deux sexes, de huit à douze ans, réunis dans leur arrondissement, marchèrent, suivis de la musique, d'un détachement de jeunes gens armés et des administrateurs municipaux, et allèrent chercher les vieillards dans leurs maisons. Ces vieillards, la tête couverte, s'appuyaient sur quelques-uns de ces enfans dont la tête était nue.

Ainsi escortés, appuyés et honorés, ils arrivèrent au chef-lieu de leur municipalité, et y occupèrent une place distinguée. Un magistrat y prononça un discours sur le respect dû à la vieillesse, et plaça sur la tête de chaque vieillard une couronne de chêne.

De jeunes épouses présentèrent aux vieillards des corbeilles ornées de fleurs et pleines de fruits.

Toutes ces cérémonies furent accompagnées de musique et de chants analogues à la fête.

Le soir ces vieillards, conduits au spectacle de l'Opéra, se placèrent dans douze loges, ornées de draperies et de guirlandes de fleurs. A peine y parurent-ils avec les magistrats qui les conduisaient, que la salle retentit des plus vifs applaudissemens. Étonnés, attendris de leur nouvelle situation, quelques-uns, avec des formes un peu antiques, cherchèrent à témoigner leur reconnaissance au public.

On jouait *OEdipe à Colonne*, pièce convenable à la circonstance; puis on joua le *Devin du Village* de J.-J. Rousseau. Cette jolie pièce fut suivie d'un intermède composé pour la fête.

Le devin vint annoncer que l'on célébrait au village la fête des vieillards, et bientôt, sur la scène, paraît un groupe de villageois. Deux jeunes gens traînaient une charrue sur laquelle étaient assis leurs pères, et chantaient des couplets terminés par ce refrain : *honneur! honneur à nos vieillards!* et les spectateurs émus répétaient : *Honneur! honneur à nos vieillards!*

Des personnages de l'intermède préparent alors des guirlandes, les distribuent, et le devin chante :

Le temps blanchit leur tête vénérable,
Enfans, couronnez-la de fleurs.

A ces mots on entend un bruit confus dans la salle, les portes des loges où les vieillards étaient placés s'ouvrent, un essaim d'enfans s'y précipitent, ils posent des couronnes de fleurs sur leur tête blanchie par les ans. Ils les enlacent dans des guirlandes. Les vieillards embrassaient ces enfans.

Ainsi ce fut, non sur le théâtre, mais dans une partie de la salle que la pièce fut terminée.

Parmi ces vieillards honorés on remarquait deux poëtes, l'un, le duc de Nivernais, l'autre, l'abbé Lemonnier, tous deux aimables et spirituels, tous deux fabulistes [1].

Gloire aux gouvernemens qui, par des moyens aussi gracieux, ramènent les peuples à la morale! Qu'auprès de ces scènes simples et attendrissantes, nos cérémonies anciennes et vulgaires sont froides et stériles!

[1] On remarqua que l'abbé *Lemonnier*, n'étant point père de famille, repoussa la couronne de fleurs que les enfans lui offraient ; les autres vieillards le couronnèrent de leurs mains.

Il semble que les ennemis de la république, jaloux de cette fête et voulant détourner ses utiles résultats, aient voulu en effacer promptement les impressions par le triste et désolant spectacle des troubles et des révoltes.

Trente-six heures après cette célébration, dans la nuit du 11 au 12 fructidor, on entendit, dans les principaux quartiers de Paris, plusieurs détonnations très-fortes que l'on prit pour des coups de canon. Les Parisiens alarmés s'inquiétaient sur la cause de ce bruit. Voici l'extrait du rapport que le ministre fit au directoire.

Ce ministre savait que, depuis long-temps, il se tramait un nouveau complot contre le gouvernement constitutionnel. « Hier, 11 fructidor, dit-il,
» les renseignemens se multiplièrent; non-seule-
» ment les agens de la police, mais encore plu-
» sieurs bons citoyens et des militaires me don-
» nèrent des avis qui me confirmèrent ce que
» je soupçonnais déjà, que les anarchistes, déses-
» pérant de réussir à renverser le gouvernement
» en se montrant à découvert, voulaient essayer
» de mettre le royalisme en avant⁸, et peut-être
» de tenter, sous ses couleurs, un mouvement
» dont ils auraient su profiter ensuite.

⁸ Le ministre fait ici contre sens évident ; c'était le royalisme, bien plus que les anarchistes, intéressé à renverser le gouvernement, qui mettaient les anarchistes en avant, ou plutôt c'était des royalistes qui se déguisaient en anarchistes pour attirer dans le piège les aveugles de ce parti.

» On m'annonçait que les factieux se réunis-
» saient dans différentes maisons du faubourg
» Saint-Antoine, au nombre de trois à quatre
» cents, armés de sabres, de pistolets et quelques-
» uns de fusils; que le signal devait être donné
» sur les trois heures du matin par l'explosion de
» plusieurs pétards qui seraient tirés dans les dif-
» férens quartiers de Paris; qu'on devait jeter,
» dans les rues, quantité de cocardes blanches et
» répandre l'alarme, en criant que les royalistes
» assassinaient les patriotes et voulaient détruire
» la république et rétablir le trône. »

Ces faits, quoique peu avérés, réveillèrent la surveillance du ministre. Le service se fit avec une exactitude nouvelle. Le 11, à trois heures du matin, les projets annoncés reçurent une partie de leur exécution. Les boîtes et pétards furent tirés, et des cocardes blanches répandues dans plusieurs rues. Cinq drapeaux de taffetas blanc sur lesquels était cette inscription : *Mort aux républicains; vive le roi!* furent trouvés dans différens endroits, ainsi que des placards manuscrits, invitant à la royauté. Il n'y eut pas d'attroupemens. Des individus isolés répandirent ces cocardes, ces drapeaux, affichèrent ces placards. On n'en put saisir qu'un seul qui portait les drapeaux.

Le ministre, après avoir attribué cette tentative d'insurrection aux anarchistes, semble, d'après des avis récemment reçus, mettre les royalistes de moi-

tié dans l'entreprise : « Des avis que j'ai reçus de
» l'étranger m'annoncent que les chefs de ce der-
» nier parti sont entrés en composition avec le duc
» de la Vauguyon ; d'autres avis, très-précis, que
» j'ai reçus également de l'étranger, depuis quel-
» ques jours, m'assurent qu'un fameux anarchiste
» du midi a un frère émigré qui est aide-de-camp
» général de l'Empereur et a beaucoup d'influence
» sur ses déterminations. »

Le ministre parle aussi des anarchistes et de leurs projets d'exciter un soulèvement contre le gouvernement ; il dit qu'un des moyens sur lequel ils comptaient le plus « était de se diviser en deux
» colonnes, dont l'une professerait le royalisme le
» plus outré et tâcherait de recruter les émigrés
» cachés et *le petit nombre* de royalistes qui se trou-
» vent *dans toutes les classes ;* qu'alors on crierait
» *haro* sur tout ce qui professe l'attachement à la
» constitution républicaine et l'obéissance aux lois ;
» que *la colonne anarchico-royaliste se retirerait*
» *au moment du combat*, et laisserait les dupes en
» avant ; que la seconde colonne avait ordre, pour
» le moment, *de ne pas se montrer*, d'attendre et
» de saisir le moment où la manœuvre aurait
» réussi. »

Le ministre passe ensuite à quelques découvertes faites dans la matinée du 12 fructidor. Dans la cave d'un limonadier furent trouvées trois écharpes de soie tricolore et un poignard monté sur une poignée d'acier, attaché à l'une d'elles ; un sabre avec une dragone tricolore, le tout enveloppé dans une serviette marquée des lettres A. C.

« Un citoyen nommé *Louis-Toussaint Arnoux*,
» ancien membre du comité révolutionnaire de la
» section des Arcis, a été trouvé, rue de la Licorne,
» au coin de celle des Marmouzets, la tête à moitié
» emportée par l'explosion d'un pétard; on a trouvé
» à côté de lui les débris du pétard tiré, et un
» second pétard tout neuf, bien ficelé et garni
» d'une mèche, et près de ces débris, *une cocarde*
» *blanche*. »

Dans la journée du 12 le directoire publia une proclamation qui commence ainsi :

« Que les vrais patriotes, que les amis de l'or-
» dre et de la paix se réjouissent!
» C'est en vain que *l'anarchie et le royalisme*
» *réunissent leurs moyens* pour secouer les bran-
» dons de la discorde et dissoudre le gouverne-
» ment républicain; leurs efforts seront vains. »

Le directoire et le ministre de la police ne sont pas les premiers qui aient fixé leur attention sur l'association de l'anarchie et du royalisme, et plusieurs fois cette observation avait déjà été faite.

Cette association entre les deux partis extrêmes remonte aux premières époques de la révolution, et s'est constamment maintenue; j'en ai fourni des preuves suffisantes; et, d'après sa longue durée, on doit conclure que les chefs anarchistes, les chefs royalistes étaient du même parti, et ne paraissaient s'attaquer qu'afin d'attirer dans leur feinte querelle les hommes crédules et passionnés dont ils voulaient se défaire. Le passage suivant de la lettre du ministre de la police en offre une preuve.

« *La colonne anarchico-royaliste se retirerait au* » *moment du combat, et laisserait les dupes en* » *avant.* »

Cette manœuvre a souvent été mise en usage dans les séditions que les ennemis ont suscitées contre la république, et il n'est guère de crise, pendant la révolution, où ce mélange n'ait été remarqué.

La durée de l'association de ces partis extrêmes, et opposés en apparence, prouve l'existence d'un plan arrêté par les ennemis de la révolution. Ces ennemis, Anglais ou autres, corrompaient quelques républicains influens; ceux-ci entraînaient, dans leurs mouvemens, des républicains exaltés et de bonne foi. Les républicains exagérés qu'on a depuis nommés *anarchistes*, ne se déguisaient pas en royalistes; c'étaient ceux-ci qui se déguisaient en anarchistes. C'est le faible qui se déguise : on a beaucoup d'exemples de ce dernier déguisement.

Ces royalistes, dans la chaleur de l'action, soutenaient mal leur déguisement; se croyant maîtres du mouvement qu'ils excitaient, ils se décelaient pour arriver plus tôt au dénouement désiré, faisaient voir des signes et entendre des acclamations royalistes. C'est ce qui est arrivé plusieurs fois dans le Midi de la France, et notamment à Paris lors de l'attaque du camp de Grenelle.

La masse du peuple ne se soulève jamais sans instigation; elle est toujours instrument frappant et frappé; elle ne connaît ni la puissance qui la fait mouvoir, ni la matière contre laquelle elle agit. La grande difficulté, le grand art de nos ennemis consistaient à la mettre en mouvement.

Le récit exact de ces manœuvres basses et perfides formerait la partie la plus curieuse de la révolution.

CHARETTE.

BAUDOUIN frères, rue de Vaugirard, N.º 36, A PARIS.

CHAPITRE VII.

FÊTE DE LA FONDATION DE LA RÉPUBLIQUE; SUITE DES VICTOIRES DE BONAPARTE EN ITALIE; EXPLOITS DES ARMÉES DE SAMBRE-ET-MEUSE ET DU RHIN-ET-MOSELLE; MORT DE MARCEAU; VOLS; ASSASSINATS COMMIS EN DIVERS LIEUX DE FRANCE; BRIGANDS APPELÉS CHAUFFEURS; ARRESTATIONS ET PILLAGE DES COURRIERS ET DES DILIGENCES; ASSASSINAT DU REPRÉSENTANT BOLLET ET DU CORSE HISTRIA; SITUATION DU GOUVERNEMENT RÉPUBLICAIN; EMBARRAS DU DIRECTOIRE EXÉCUTIF.

Les victoires de nos armées et la constitution autorisaient les fêtes. Celle de la République fut célébrée à l'anniversaire de sa fondation, le 1er vendémiaire an V (22 septembre 1796), et le premier de l'an de l'ère républicaine, le jour même de l'équinoxe d'automne, au moment où le soleil entre dans le signe de la balance. Cette circonstance fortuite ne fut pas négligée par les ordonnateurs de la fête.

On vit, au Champ-de-Mars, un segment du zodiaque qui offrait, à sa partie supérieure, le signe de la balance. Un char magnifique, dont l'entrée fut annoncée par une salve d'artillerie, portait la figure du soleil sous les traits d'Apollon, figure colossale, dorée et assise. Ce char pompeux, traîné par douze chevaux, entouré des Heures et suivi des Saisons, chacune montée sur un char de moindre dimension, précédé et suivi de divers groupes de musiciens et de détachemens de la force armée, fit le tour de l'arène et arriva sous la partie du zodiaque où dominait le signe de la balance. Alors une forte détonation d'artillerie annonça le passage du char du Soleil sous ce signe équinoxial.

Au même instant, le feu mis à un faisceau d'objets qui représentaient les emblèmes de la royauté, réduisit en cendre et en fumée ces puérils ornemens, principal mérite des courtisans, et laissèrent voir après leur destruction, sur un fût de colonne, la statue de la République. Calme et majestueuse, elle appuyait une main sur le faisceau départemental; de l'autre, elle montrait la statue de la Liberté.

A ces cérémonies, et à quelques autres, succédèrent les jeux de course :

La course à pied;

La course à cheval;

La course de chars parut alors pour la première fois dans les fêtes du Champ-de-Mars. Ces chars, de forme antique, traînés par deux chevaux, figuraient les biges de l'antiquité. Ce dernier genre de course eut, pour les spectateurs, tout l'attrait de la nouveauté.

La fête fut une des plus magnifiques de celles qui furent données sous le directoire.

De pareilles fêtes étaient en harmonie avec les circonstances; elles convenaient à une nation glorifiée par de nombreuses victoires. Celles que Bonaparte remportait en Italie furent rapides; j'en ai déjà exposé l'heureux début, en voici la suite.

J'ai parlé de la prise de Lodi et du passage de l'armée sur le pont de cette ville ¹ ; j'ai dit aussi

---

¹ Le 21 floréal, l'armée se dirigea sur Lodi, ville située sur la rive droite de l'Adda. Le passage de cette rivière, sur le pont de cette ville, entrait dans le plan du général en chef. A l'extrémité de ce pont des batteries formidables enfilaient et en défendaient le passage.

Bonaparte avait placé, du côté de la ville, des batteries qui prenaient l'ennemi en flanc, et avait fait passer la rivière à une demi-lieue au-dessous de Lodi, à de la cavalerie munie d'artillerie légère, avec ordre d'attaquer l'ennemi. Dès qu'il vit le moment favorable, il fit battre la charge, et, par un simple à gauche, la tête de la colonne des grenadiers se trouva sur le pont.

Augereau se place en avant ; il brave la canonnade ; les grenadiers le suivent, et dans quelques secondes, au pas de course, ils arrivent à l'autre extrémité du pont, laissent en chemin plusieurs blessés, et attaquent les canonniers étonnés, les mettent en fuite, enfoncent la ligne ennemie, et la forcent à se retirer à Créma dans le plus grand désordre.

Augereau, parlant de cette action éminemment courageuse, racontait qu'un jeune tambour, toujours à son côté, battait le pas de charge. Il ajoutait que, dans la chaleur et l'exaltation où il se trouvait, des larmes coulaient de ses yeux.

On lit dans le Mémorial de Sainte-Hélène, tome VI, page 403, que ce fut après la prise de Lodi que Bonaparte commença à concevoir les projets ambitieux que, dans la suite, il mit à exécution. « Il a répété que ce n'était qu'après Lodi
» qu'étaient venues les premières idées de sa haute ambition,
» laquelle s'était tout-à-fait déclarée sur le sol de l'Égypte,
» après la victoire des Pyramides et la possession du Caire. »

On doit en induire que, depuis, Bonaparte combattit plus pour lui que pour sa patrie.

que les Français, le 28 floréal an IV, occupèrent Milan, Pavie et Cosme [1].

Cependant les habitans de certaines villes conquises, humiliés par ces victoires, excités par leurs maîtres, ou indignés des exactions de quelques chefs militaires, se soulevèrent.

Lasne, général de brigade, attaqua, le 6 prairial, au village de Bagnasco, une troupe de révoltés et les mit en déroute.

La ville de Pavie s'insurgea. Bonaparte vint lui-même soumettre ces prétendus *rebelles*, fit enfoncer à coups de haches les portes de cette ville : plusieurs habitans furent tués.

Le général français suivit le cours de ses exploits. Le 11 prairial, à Borghetto, il battit cinq mille Autrichiens, prit vingt pièces de canon; ses grenadiers passèrent le Mincio et s'emparèrent de Valleggio, village situé sur la rive opposée de cette rivière. L'ennemi, mis en fuite, eut quinze hommes tués ou blessés, et laissa au pouvoir des Français cinq cents chevaux, quatre canons et huit caissons.

Le 13 du même mois, Augereau s'empara de la forteresse de Peschiera, située sur le Mincio, à l'extrémité méridionale du lac de Laguarde, et prit quatre-vingts pièces de canon et cent soldats ennemis.

Le 15 prairial, les Français entrèrent dans Vé-

---

[1] Voyez présent volume, pages 242, 243.

ronc, et le 16, ils attaquèrent les faubourgs de Mantoue, la plus forte place de toute l'Italie. Le faubourg de Saint-Georges et la tête du pont de cette ville furent enlevés par six cents grenadiers, ainsi que le faubourg de Cheriale, ses retranchemens et sa tour; les ennemis furent forcés de se retirer dans la place.

Pendant que Bonaparte faisait le siége de Mantoue, la cour d'Autriche, alarmée des succès rapides du général français, envoya en Italie une armée composée de près de cent mille hommes, commandée par le général Wurmser.

Bonaparte n'avait guère que trente mille hommes à opposer à ces nouveaux ennemis.

Wurmser divisa son armée en trois corps; le premier, le plus considérable, formant son centre, composé d'environ quarante mille hommes, pénétra entre l'Adige et le lac de Laguarde, et s'empara de toutes les positions contenues entre ce lac et cette rivière.

Le second corps, formant sa gauche, composé de dix à douze mille hommes, suivit la chaussée qui, de Roveredo, conduit à Vérone, le long de la rive gauche de l'Adige.

Le troisième, fort de trente à trente-cinq mille hommes, se dirigea sur la rive gauche du lac de Laguarde. Par cette marche, une des grandes routes de l'armée française à Milan se trouva coupée, et le siége de Mantoue tourné.

Le 10 thermidor an IV (28 juillet 1796), Bonaparte fit transférer le quartier-général de l'armée à Brescia. Le lendemain il rétrograda et porta son quartier-général à Castelnovo, entre l'Adige et le Mincio.

Le corps du centre ennemi attaqua Corona et Montebaldo; le général Joubert, après avoir résisté pendant une journée aux ennemis, se replia sur le plateau de Rivoli.

La division de droite de l'ennemi couvrait les hauteurs de Saint-Osetto. Il avait envoyé son avant-garde à Brescia, place sans défense.

La division ennemie qui longeait la rive gauche de Laguarde s'avançait sur Vérone.

Le général français connut dès-lors le plan d'attaque de Wurmser. L'armée française, seule contre toutes ces forces, ne pouvait se maintenir; elle ne présentait qu'un contre trois; mais, seule contre chacun des corps ennemis, sa force était égale.

Bonaparte se décida sur-le-champ; il fit lever le siége de Mantoue, en sacrifia les nombreux équipages, et porta toutes les forces réunies de son armée contre un des corps de l'ennemi, contre celui de droite qui s'était avancé jusqu'à Brescia.

Une partie de l'armée dégagea, dans la position de Salo, le général Guieux qui se défendait contre une armée considérable depuis quarante-huit heures.

Le même corps ennemi s'était porté sur Lonato, afin de se réunir au corps du centre que commandait Wurmser. Bonaparte mena lui-même la brigade du général Dallemagne contre ce corps ennemi, qui, mis en déroute, éprouva une grande perte.

Wurmser avait fait passer son artillerie sur les ponts de Vérone; il s'avançait sur plusieurs points et marchait sur Mantoue pour en faire lever le siége qui depuis vingt-quatre heures était levé.

Plusieurs combats se donnèrent à Brescia, sur les bords de la Chiésa, au passage du Mincio, etc.

Le 16 thermidor fut donnée la bataille de Lonato, où trente mille Autrichiens combattaient contre vingt-trois mille français. L'ennemi culbuta l'avant-garde de la division de Masséna et prit Lonato. Bonaparte marcha pour reprendre cette position, enfonça l'armée ennemie et reprit Lonato au pas de charge. La ligne ennemie, étant coupée, une partie se rejeta sur Salo; mais attaquée de front et en queue par des divisions françaises, elle fut obligée de mettre bas les armes.

Le 18 thermidor (5 août), le général Augereau attaqua l'armée ennemie qui couvrait Castiglione, et, après un combat où la valeur des troupes suppléa au nombre, l'ennemi enfoncé, mis en déroute, perdit Castiglione. Il y eut de part et d'autre un très-grand nombre de combattans tués et blessés.

Les troupes, qui restaient du corps de droite de l'ennemi, et celles coupées dans l'affaire de Lonato, étaient poursuivies de toutes parts; plusieurs d'entre elles avaient posé les armes. Quatre mille Autrichiens de ce corps se rendirent à Lonato et demandèrent à parlementer. Bonaparte, qui venait d'arriver dans ce lieu, adressa ces mots à l'officier qui les représentait : *Allez dire à votre général que je lui donne huit minutes pour poser les armes : il se trouve au milieu de l'armée française ; passé ce temps, il n'aura rien à espérer.* Fatigués, incertains, ces Autrichiens posèrent les armes.

Toutes les actions qui suivirent celle de Castiglione ne présentèrent qu'une suite de victoires pour les Français et de défaites pour l'armée autrichienne, qui, réduite à environ trente ou quarante mille hommes, se retira à Roveredo et à Trente.

Les Français se portèrent bientôt devant Mantoue ; mais tous les équipages de siége, étant enlevés ou détruits, le général français se borna à faire bloquer la place par le général Sahuguet. Celui-ci attaqua et prit la place de Governolo, tandis que le général Dallemagne s'empara de Borgoforte, autre place située sur le bord du marais de Mantoue ; ils rejetèrent les ennemis dans cette ville où la fièvre faisait des ravages que l'automne devait accroître, et resserrèrent étroitement le blocus.

La marche momentanément rétrograde de l'armée française, et la levée du siége de Mantoue, que le général en chef fut obligé d'ordonner, à l'arrivée de l'armée autrichienne commandée par Wurmser, donna de l'espoir aux ennemis de la France ; quelques-uns eurent l'imprudence de manifester leur joie et d'agir comme si la défaite des Français était immanquable.

« La régence de Modène alors se montra ouver-
» tement notre ennemie. A Rome, les Français
» furent insultés dans les rues; on y proclama leur
» expulsion d'Italie; on suspendit les conditions de
» l'armistice............... Le cardinal Mattey, arche-
» vêque de Ferrare, témoigna sa joie à la levée
» du siége de Mantoue. Il appela les peuples à
» l'insurrection contre les Français. Il prit posses-
» sion de la citadelle de Ferrare et y arbora les
» couleurs du pape. Le pape y envoya aussitôt un
» légat, et par-là viola l'armistice. Après la ba-
» taille de Castiglione, le général français fit arrê-
» ter Mattey et le fit conduire à Brescia. Le cardi-
» nal, interdit, ne répondit que par ce seul mot :
» *Peccavi!* ce qui désarma Napoléon, qui se con-
» tenta de le mettre trois mois dans un séminaire à
» Brescia. Depuis ce cardinal a été plénipotentiaire
» à Tolentino. Le cardinal Mattey était d'une fa-
» mille princière à Rome : c'était un homme bor-
» né, de peu de talent, mais qui passait pour être
» d'une dévotion sincère. Il était minutieusement
» attaché aux pratiques du culte[1]. »

L'Autriche, humiliée de la déroute de son armée, ordonna une nouvelle expédition contre les
Français en Italie; elle leva une armée d'environ

---

[1] Mémorial de Sainte-Hélène par Las Cases, tome III, page 274.

soixante mille hommes, et en confia le commandement au maréchal Alvinzi.

Pendant ces préparatifs hostiles, et pendant que le blocus de Mantoue se resserrait de plus en plus, l'armée française ne restait pas oisive.

Masséna, le 24 thermidor, poursuivait entre le lac de Laguarde et la rivière de l'Adige, les restes de l'armée de Wurmser, prenait Corona et Montebaldo, et poussait l'ennemi à Roveredo et derrière la ville de Trente. Le 18 fructidor il prit les postes de Santo-Marco, de Pièva, et du château de la Piétra; et le lendemain la ville de Trente; le 21 et le 22 du même mois, les postes de Primolin, de la Brenta, de Covelo, de Bassano, tombèrent au pouvoir de la division commandée par le général Augereau qui, le 27 du même mois, s'empara de Porto-Legnano.

Aux environs de Mantoue, tous les postes militaires furent enlevés aux ennemis; les Français avaient déjà, comme je l'ai dit, pris Borgoforte et Governolo; il restait la place de Saint-George. Bonaparte, le 29 fructidor, l'assiégea et la prit. La garnison de Mantoue tenta de reprendre Governolo: elle fut repoussée avec perte de onze hommes.

Le 8 vendémiaire an V, environ cent cinquante hommes sortirent de Mantoue pour faire du fourrage; ils furent pris. Le 16 de ce mois, quatre mille six cents hommes firent une sortie; le général Sahuguet les repoussa dans la place, leur tua un grand

Passage du Pont d'Arcole,
17 Novembre 1796.

nombre d'hommes, et fit plusieurs prisonniers. Quelques autres sorties faites par la garnison de Mantoue furent tout aussi malheureuses; elle se défendit jusqu'au 14 pluviose an V, époque où elle capitula en se rendant prisonnière de guerre. Les Français y trouvèrent une immense quantité de munitions; en même temps ils repoussèrent les Autrichiens bien avant dans le Tyrol, et mirent en déroute les troupes du pape.

J'omets plusieurs batailles et notamment celle de Rivoli, mais je ne puis laisser Bonaparte et l'armée d'Italie, sans parler d'un des plus mémorables exploits de cette campagne, de la bataille d'Arcole. Elle dura trois jours, les 25, 26 et 27 brumaire an V; les ennemis s'y défendirent avec beaucoup de courage, les Français y firent des prodiges de valeur. Suivant le plan du général en chef, l'armée française devait reculer et abandonner au général autrichien Alvinzi presque tout le Tyrol, et plusieurs places importantes, pour aller combattre avec succès un corps d'armée de dix-huit mille hommes, commandés par Davidowich, et s'opposer à la réunion de ce corps à l'armée d'Alvinzi. Après plusieurs affaires sanglantes et funestes aux deux partis, il fallait prendre Arcole, et passer sur le pont de cette ville qui opposait une vive résistance; Bonaparte voulant essayer un dernier effort, saisit un drapeau, s'élance sur le pont, et l'y place; la colonne qu'il commandait en avait à moitié franchi la longueur, lorsque le feu de flanc et l'arrivée d'une division ennemie firent manquer l'attaque. Les grenadiers de la tête, abandonnés par la queue, hésitèrent; quoique entraînés par la fuite, ils ne voulurent point abandonner leur général; ils l'arrachèrent du milieu des morts, des mourans et de la fumée, et il fut se précipiter dans un marais où il s'enfonça jusqu'à la moitié du corps, exposé aux coups de l'ennemi. Un cri se fit entendre : *Soldats! en avant, pour sauver le général.* Aussitôt, au pas de course, ils franchissent le pont, combattent, mettent en fuite les Autrichiens, et sauvent Bonaparte. Muiron fut tué en couvrant ce général de son corps. Il y eut un grand nombre de blessés.

Je suspends ici le précis de nos conquêtes en Italie, pour m'occuper des autres armées. Celle de Rhin-et-Moselle et celle de Sambre-et-Meuse formaient ensemble une force de plus de cent cinquante mille combattans; elles étaient commandées par le général en chef Jourdan.

L'armée autrichienne, dont le chef était l'archiduc Charles, se composait à peu près d'un nombre pareil de combattans.

Le 27 prairial, le prince Charles battit à Wetzlar la division Lefebvre, et une partie de l'armée de Sambre-et-Meuse, repassa le Rhin à Cologne et à Neuwied, et l'autre partie, commandée par Kléber, se dirigea sur Dusseldorf.

Le gouvernement français ordonna aux généraux Jourdan et Moreau de franchir le Rhin, de poursuivre l'ennemi sans relâche, de le forcer, le plutôt possible, à une bataille décisive, puis de marcher à Vienne, pour y dicter les conditions de la paix. Cet ordre, quoique réitéré, fut mal exécuté.

Moreau s'étant porté, comme je l'ai dit, sur la rive droite du Rhin, prit Kell et plusieurs autres places [1]. Jourdan, à la tête de son armée de Sambre-et-Meuse, instruit du passage de Moreau de l'autre côté du Rhin, imita cet exemple, passa la Lahn, prit Francfort, Kœnistein, laissa le général Marceau devant ces places, s'avança dans le cœur de l'Allemagne, et s'empara de Wurzbourg.

Le 2 fructidor, les deux armées françaises étant maîtresses de la rive gauche du Danube, furent considérées comme réunies. Leur marche progressive fut l'occasion d'une multitude de combats et de plusieurs batailles : celle d'Heidenheim, donnée le 25 thermidor, est une des plus mémorables; elle dura dix-sept heures.

L'archiduc Charles sentit la nécessité de s'opposer à l'entière jonction des deux armées françaises. Le 24 thermidor (11 août), il attaqua nos troupes, et fit perdre aux Français beaucoup d'hommes.

Le même jour, 24 thermidor, la division du général Férino entra dans le pays de Brégentz, prit la ville de ce nom et celle de Lindau, situées sur le lac de Constance.

Moreau avait, le 21 thermidor, attaqué à Néresheim, mis en fuite les ennemis et fait quatre

---

[1] Voyez présent volume, p. 238.

cent cinquante prisonniers; il resta plusieurs jours sur le champ de bataille. « Il marcha enfin sur » Donawerth; mais il rétrograda sur Hochstet, » sans même envoyer un parti de cavalerie sur » l'Altmulh, pour essayer d'opérer sa jonction avec » l'armée de Sambre-et-Meuse. Cette hésitation, » ces fausses manœuvres, inspirèrent de la confiance » à l'archiduc; il vit qu'il pouvait encore ce qu'il » n'espérait plus, s'opposer à la réunion des deux » armées [1]. »

La mésintelligence régnait entre les deux généraux en chef; l'un, substituait ses propres plans à ceux qu'avait prescrits le directoire, et contrariait la marche de l'autre qui s'y conformait.

Dès-lors (le 5 fructidor), l'archiduc Charles reprit l'offensive, et Moreau battit en retraite. Cette retraite, fort louée, fort difficile, entraîna celle de l'armée de Sambre-et-Meuse, qui se replia sur la Lahn, où elle arriva le 24 fructidor; son quartier-général fut établi à Wetzlar. Jourdan, qui commandait cette armée, et qui en quinze jours avait perdu le fruit de ses conquêtes en Allemagne, fit sa jonction avec Moreau, et avec une division de dix mille hommes qui lui arriva de Hollande. Ses forces étaient, dit-on, supérieures à celles de l'ennemi; mais par des contre-temps fréquens à la guerre, il fut repoussé au-delà du

---

[1] Mémoires pour servir à l'histoire de France sous Napoléon, par le général Montholon; t. III, p. 338.

Rhin. Pendant cette retraite, et dans le combat d'Altenkirken, fut tué le brave général Marceau.

Dans deux combats qu'il livra alors près de Limbourg, il déploya sa valeur et ses talens ordinaires; mais pendant qu'il arrêtait l'ennemi pour donner le temps à l'armée française de passer les défilés d'Altenkirken, il reçut un coup de feu dont il mourut quelque temps après. A la nouvelle de sa blessure, les officiers et les soldats accoururent en larmes; il fut témoin du vif intérêt qu'il inspirait à ses camarades; il leur demanda la faveur de n'être point transporté sur la rive gauche du Rhin. Les Autrichiens, qu'il avait combattus, avaient pour lui la plus haute estime. L'archiduc Charles lui envoya son chirurgien; mais sa blessure était mortelle.

Le lendemain du jour où il fut blessé, les ennemis prirent Altenkirken, et ordonnèrent une suspension d'armes; et les généraux autrichiens, Kray et Hadik, vinrent visiter le général Marceau. Le cinquième des jours complémentaires, ou le dernier jour de l'an IV, il expira à l'âge de 27 ans. Il fut enterré dans le camp retranché de Coblentz, au bruit de l'artillerie des deux armées belligérantes.

Il réunissait toutes les vertus civiles aux vertus militaires. Les généraux autrichiens s'honorèrent en assistant aux obsèques de ce jeune guerrier, et en lui élevant un tombeau sur leur territoire.

Au milieu des désastres des combats, c'est un soulagement, c'est un beau et consolant spectacle, de voir des guerriers déposer leurs armes pour venir honorer les talens et les vertus de leur ennemi.

Le général Jourdan se plaignit au directoire de l'indiscipline des troupes démoralisées en Allemagne, se plaignit de l'insubordination de quelques officiers-généraux, et demanda sa retraite. Le gouvernement le remplaça momentanément par le général Beurnonville, et bientôt après par le général Hoche qui, après avoir pacifié la Vendée et les départemens infestés par les chouans, avait sollicité une descente en Angleterre qui n'eut aucun succès, par la faute, dit-on, de l'amiral Morard de Galles.

La retraite de Moreau s'opéra plus lentement, et fut marquée par plusieurs succès ; et vers les premiers jours de brumaire an V, il se replia sur la rive du Rhin, où il fut réduit à défendre Kehl et Huningue.

Les Autrichiens, le 21 nivose an V, prirent Kehl par capitulation. Les Français emportèrent de cette place tout, jusqu'aux palissades. La tête du pont d'Huningue avait, le 5 nivose an V, été prise par capitulation, et sa garnison avait repassé le Rhin.

Les uns trouvèrent cette expédition en Allemagne inutile et désastreuse, et déplorèrent les flots de sang humain qu'elle avait fait répandre sans succès ; les autres, qui voyaient avec une désolante indifférence tous les maux de la guerre, dirent : « Nos » armées ont vécu aux dépens des pays ennemis, et » ont fait une diversion favorable aux conquêtes de » Bonaparte en Italie. » Ceux qui suscitent les guerres sont bien criminels : la vraie gloire militaire ne consiste pas dans les conquêtes, mais dans la défense de la patrie.

Au seul guerrier qui défend son pays est due la reconnaissance de ses compatriotes et un honneur éternel; mais celui qui porte la désolation dans les campagnes, et franchit les frontières de son territoire, doit être, si l'on préfère les conseils de la justice à ceux de la politique, rangé parmi les brigands dont l'histoire ancienne et moderne a très-inconsidérément illustré les forfaits.

Hoche avait vaincu, soumis les chouans, mis leur chef en fuite, mais ne les avait point entièrement détruits. Il arriva ce qui arrive ordinairement à la suite des guerres civiles : ces révoltés, quoique dissous par la force, conservèrent leur ressentiment, leur désir de vengeance. Par habitude, par nécessité, ils continuèrent à commettre des excès qui satisfaisaient leur goût sanguinaire et les faisaient vivre. Les uns, repoussés du théâtre de leurs exploits, débordèrent dans les départemens voisins, s'étendirent jusque dans le Berri; dès l'an IV, ils s'étaient emparés de la ville de Sancère, et avaient établi le centre de leurs opérations dans le canton de Palluau; ils furent mis en déroute, et quarante d'entre eux en arrestation. Trois frères *Chollet*, et *Leroi*, notaire à Montrichard, étaient les chefs de cette espèce de chouanerie.

D'autres, réunis en troupes plus ou moins nombreuses, se livraient aux vols et aux assassinats, pillaient les maisons, les voyageurs et les diligences. Dans la nuit du 3 au 4 brumaire an V, une troupe de ces brigands se porta dans le lieu de Violaine, département du Pas-de-Calais : là séjournait, depuis quelques jours, le citoyen Bollet, membre du conseil des cinq-cents ; ils entrent la nuit dans sa maison, pénètrent dans sa chambre à coucher, saisissent son épouse, lui lient fortement les pieds et les mains, et portent au mari neuf coups de sabre ou de poignard. Le croyant mort, ils pillent sa maison et emportent ce qu'elle contenait de plus précieux. Bollet respirait encore ; à force de soins et de saignées, on parvint à le rendre à la vie.

Le récit de pareils événemens retentit dans les séances du corps-législatif. Dans celle du 9 brumaire an V, le député Gossuin dit : « La répu-
» blique oppose un rempart aux ennemis extérieurs,
» et la garde nationale sédentaire qui devant, aux
» termes de la constitution, assurer au-dedans le
» maintien de l'ordre et l'exécution des lois, n'est
» encore qu'en projet. Les prêtres et les émigrés
» rentrés, les partisans de l'anarchie, du roya-
» lisme, et les calomniateurs à gages ont organisé
» en France un brigandage que vous devez arrêter
» sans retard, pour éviter le massacre des répu-
» blicains. »

Dans la séance du 12 brumaire, nouvelles plaintes sur des attentats pareils. « Vos ames sont justement
» affectées de l'assassinat de notre collègue Bollet,

» dit Bernard Lagrave ; mais malheureusement,
» vous n'avez pas à gémir uniquement sur son sort.
» D'autres citoyens sont tombés, comme notre
» collègue, sous le poignard des brigands, et leurs
» familles désolées pleurent un père, un époux,
» un frère....... Depuis plusieurs mois quelques
» départemens sont en proie à des bandes de deux
» à trois cents brigands qui parcourent les cam-
» pagnes et commettent tous les crimes......... Ces
» hommes, appelés *chauffeurs*......., s'introduisent
» chez le paisible cultivateur, le lient, et tous ceux
» qui composent sa maison, allument un grand
» feu, et leur font griller les pieds et les jambes, jus-
» qu'à ce qu'ils aient déclaré le lieu où se trouvent
» renfermés leur argent et leurs effets précieux [1]. »

Dans la séance du 17 du même mois, le député Richard se récria de nouveau contre ces désordres :
« Les vols, les brigandages et les assassinats se
» multiplient d'une manière effrayante dans tous
» les départemens de la république, dit-il ; les
» courriers sont arrêtés, les voyageurs sont dé-
» pouillés, les habitans des maisons isolées sont
» égorgés ; toutes les routes sont interceptées par
» des hordes nombreuses de bandits. »

Richard proposa un projet de résolution tendant à épurer et réorganiser la gendarmerie nationale.

Dans le même temps, une troupe de voleurs,

---

[1]. Atrocités renouvelées du *bon vieux temps* et en usage dans les treizième et quatorzième siècles.

d'assassins et de *chauffeurs*, réunis depuis plusieurs siècles, reçurent une nouvelle organisation, sous un chef nommé *François Girodot*, et sous *Jean Auger;* le premier portait pour nom de guerre celui de *Beaufrançois;* il était successeur du fameux *Fleur-d'Épine* [1].

Dans le département du Loiret, dans le canton de Boisseaux et dans les bois de la Muette, de la Porte et de Champ-Baudouin, etc., se trouvaient les repaires de ces voleurs, nommés *brigands d'Orgères*, dont le nombre s'élevait à plus de deux cents. Ils étaient l'effroi et le fléau de tous les lieux champêtres à trente lieues à la ronde. Ils attaquaient les fermes, les châteaux, et même les maisons des villages; quelquefois ils s'y introduisaient par ruse et s'y présentaient vêtus en gardes nationaux, au nom de la loi, et sous le prétexte de faire des perquisitions pour découvrir des émigrés ou des prêtres réfractaires. Celui qui portait la parole se montrait décoré de l'écharpe municipale. Une fois introduits, ils pillaient la maison, en égorgeaient les habitans, et le plus souvent, pour découvrir l'en-

---

[1] *Fleur-d'Epine*, successeur de *Poulailler*, pendu en 1788 à Paris, et son lieutenant *le grand Cadet* furent arrêtés par la gendarmerie et conduits dans les prisons de Versailles; ils étaient condamnés à mort et allaient être exécutés, lorsque, le 9 septembre 1792, arriva dans cette ville le massacre des prisonniers transférés d'Orléans, et par suite celui des prisonniers détenus dans les prisons de Versailles. Ces deux brigands furent égorgés par d'autres brigands.

droit où l'argent et les effets précieux du propriétaire étaient cachés, ils employaient la ressource des *chauffeurs*, et faisaient brûler les pieds des maîtres de la maison. Ils se livraient à des actes de cruauté dont le récit fait frémir.

A la fin de l'an V, et au commencement de l'année suivante, ces brigands furent sérieusement poursuivis, attaqués, et en grande partie arrêtés et conduits dans la prison de Chartres. *Beaufrançois* était de ce nombre; mais, le 17 messidor, il parvint à s'en évader [1].

La Brie, et plusieurs autres lieux en France, étaient désolés par une pareille troupe de brigands, ils abondaient dans le département de l'Aube; leurs chefs étaient *Courioles*, *Emery* et un Parisien, nommé *Grizon*, qui fut atteint et convaincu d'avoir été l'un des assassins de M. *Delaunay*, gouverneur de la Bastille, et de la *princesse de Lamballe* [2]. Ces faits juridiquement constatés, répandent quelques lumières sur les manœuvres obscures et les crimes qui souillèrent les premiers actes de la révolution, crimes étrangers à ses principes. Il serait donc vrai qu'une politique atroce employait, dirigeait les bras de ces brigands, afin de déshonorer les nobles et généreux élans qui caractérisèrent l'aurore de cette révolution.

---

[1] Voyez histoire des brigands, chauffeurs et assassins d'Orgères, par Leclair. A Chartres, an VIII. Ouvrage très-curieux.

[2] Moniteur, an V, n. 125, p. 497.

À la fin de nivôse an V, le tribunal criminel de Troyes purgea la société de ces brigands, en les condamnant au dernier supplice.

Ces bandes de voleurs et d'assassins pénétrèrent jusque dans le département de la Seine, jusque dans Paris, et le ministre de la police fut obligé, pour obvier aux attentats qu'ils commettaient, d'ordonner, le 15 brumaire, que pendant la nuit, il serait fait des patrouilles dans les campagnes qui environnaient cette ville.

Sur les routes, ils arrêtaient les diligences et autres voitures publiques, avec cette différence que, dans celles qui partaient des pays ci-devant insurgés, ils pillaient les voyageurs et les fonds du gouvernement, tandis que, dans d'autres départemens, des messieurs bien vêtus, mais armés, invitaient poliment les voyageurs à descendre de la voiture, en protestant qu'il ne leur serait fait aucun tort : en effet, ils se bornaient à enlever l'argent de la république, et respectaient celui des voyageurs.

De plus, au conseil des cinq-cents, le 20 pluviôse an V, on accusa les prêtres réfractaires de prêcher la guerre civile, la discorde et l'assassinat, et l'on dit que les départemens où ils se montraient avec plus d'activité et de succès, étaient ceux du Bas-Rhin et de la Moselle. Des pièces furent adressées au conseil à l'appui de cette accusation.

Le 24 pluviôse, la ville d'Avignon fut agitée par des troubles. Un gendarme nommé *Petre*, fut assassiné : on l'accusait d'être du nombre des terroristes, et d'aller secrètement dénoncer ceux-ci aux royalistes: il y eut plusieurs autres excès [1].

L'intérieur de la république offrait alors un aspect affligeant, la guerre civile des départemens de l'ouest y était remplacée par une guerre sourde, honteuse et perfide, par tous les crimes du brigandage; mais, à l'extérieur, la France se présentait sous une face très-satisfaisante.

Le ministère anglais envoyait à Paris lord Malmesbury, chargé de faire au directoire des ouvertures de paix; mais les démonstrations pacifiques de ce ministère n'étaient pas sincères; elles n'avaient d'autre but que d'observer la république de près, et d'apaiser les nombreux mécontens de l'Angleterre, qui désiraient ardemment la paix. Lord Malmesbury, à chaque proposition qui lui était faite par le directoire, dépêchait un courrier à Londres pour obtenir une réponse de ses maîtres. Il jouait auprès de la république un rôle dilatoire et contraint qui devint, pour les Parisiens, un sujet de plaisanteries et de caricatures. Le 29 frimaire, le directoire lui fit notifier de quitter Paris.

Les progrès des conquêtes de Bonaparte en Italie obligeaient, comme je l'ai dit, plusieurs princes à solliciter l'alliance des Français; le duc de Plai-

[1] Une lettre lue au conseil des cinq-cents dans la séance du 11 ventôse porte : « Depuis l'arrivée du général Villot (à » Marseille) tous les crimes sont à l'ordre du jour. »

sance, le 15 brumaire, et le roi de Naples ensuite avaient fait la paix avec la France.

L'Espagne venait de conclure avec la république un traité d'alliance offensive et défensive, et de plus avait déclaré la guerre à l'Angleterre.

La cour ottomane, pour la première fois, envoya un ambassadeur chargé de résider en France auprès du directoire : ce fut Aly-Effendi ; il entra dans Paris le 1er brumaire an V, et eut le même jour une audience du ministre des relations extérieures.

Le pape Pie VI fit, le 1er ventôse, la paix avec la France.

Ces conquêtes, ces alliances donnaient au gouvernement une prépondérance, une force que la France, dans les temps les plus prospères, n'avait pu obtenir. Ces avantages l'emportaient de beaucoup sur les inconvéniens passagers que causaient, dans l'intérieur, les voleurs et les assassins. La politique, à quelques égards, paraissait s'être mêlée à leur brigandage; mais elle n'en était pas le principal objet.

Le gouvernement avait encore des ennemis plus redoutables, ceux qui manœuvraient dans l'ombre, qui embrassaient la constitution pour l'étouffer; cette constitution protectrice de tous les Français, de tous les amis de la liberté publique, couvrait aussi de son égide les partisans des priviléges, et les ennemis de cette liberté. Ces ennemis trouvaient dans l'acte constitutionnel des armes contre cet acte, et des ouvertures où pouvaient s'introduire les leviers qui devaient ébranler et faire crouler son édifice.

On dit que cette constitution contenait, en elle-même, le germe de sa propre destruction. Ce germe était dans le cœur de ses nombreux ennemis. Quelle forteresse, fût-elle la mieux munie, est capable de résister long-temps à des assaillans et à des traîtres qui sans cesse dirigent contre elle toutes les armes de la ruse et de la force? Il n'est point de place imprenable.

Je vais citer quelques exemples des manœuvres sourdes dirigées contre l'acte constitutionnel et les lois de la république.

La constitution établissait la liberté sans limites : la monnaie, signe représentatif des fortunes publiques et particulières, était un objet de commerce : et les ennemis de la république ne se bornèrent pas à introduire en France de la fausse monnaie, de faux assignats, de faux mandats; ils établirent un agiotage effréné, objet de réclamations multipliées, chancre dévorateur des finances de l'État, et dont on ne pouvait, par respect pour les lois, arrêter les ravages.

La constitution et ses lois organiques avaient établi la liberté la plus entière dans les élections; les ennemis se servirent de cette liberté pour les influencer, par la terreur ou la corruption. On en trouve la preuve dans plusieurs documens du temps et notamment dans une lettre du général Hoche, datée 8 fructidor an IV; on y lit que Frotté, chef de chouans, avait écrit à un de ses partisans ces mots remarquables: *Corrompre et s'emparer des élections.* Dans la même lettre on trouve cette maxime de la chouanerie : *Les royalistes doivent faire le sacrifice de leur opinion et accepter les places.* On n'a pas besoin de faire sentir l'immoralité de ce précepte : des royalistes ne pouvaient accepter des places, dans un gouvernement républicain, que pour trahir ce gouvernement, et violer le serment qu'ils devaient prêter d'en remplir les devoirs.

Dans la même lettre, le général Hoche attribue à un personnage que je ne dois pas désigner, cette autre phrase : *On doit se défaire de ceux qu'on ne pourra séduire* [1].

La liberté de la presse était illimitée par les lois et la constitution. Ses ennemis trouvèrent dans cette liberté une arme puissante pour attaquer, avilir et perdre dans l'opinion cette constitution. Voici encore un passage tiré d'une lettre du chouan Frotté, et cité par le général Hoche : « *Il y a à Paris des
» commissaires du roi* [2], *avec lesquels doivent
» correspondre ceux qui ne pouvant faire la guerre
» d'action, vont la faire d'opinion, pour se faire
» réintégrer dans leurs biens, soit par l'intrigue,
» soit à prix d'argent* [3].

Si l'on s'indigne contre l'ignoble morale de ces messieurs, on doit au moins applaudir à leur franchise; ils ne cachaient pas leur honte.

---

[1] Lettres du général Hoche, p. 402.
[2] On fera bientôt connaître ces commissaires.
[3] *Idem* page 403.

En conséquence, chaque matin, vingt journalistes faisaient la *guerre à l'opinion*, et répandaient avec une profusion extraordinaire, avec une effronterie étonnante, le poison de la calomnie ; les journaux des *Hebert*, des *Marat*, n'étaient guère plus grossiers, plus audacieux [1].

C'est ainsi que nos ennemis se servirent de la liberté constitutionnelle pour anéantir la constitution, et des lois pour en abuser.

Ils avaient organisé la contre-révolution dans l'intérieur de la France; leurs agens, répandus dans divers départemens, obéissaient à un comité régulateur qui siégeait à Paris. « Je garantis, écrit » encore le général Hoche, le 8 fructidor, l'exis-

---

[1] Pour donner une idée de l'impudence des journalistes de cette époque, entre mille faits qui pourraient caractériser cette impudence, je citerai le suivant.

Les députés des deux conseils se réunirent et dînèrent dans une maison située sur les Champs-Élysées ; malgré le grand nombre des convives le repas se passa avec décence et même avec dignité, on porta des toast, on chanta des hymnes patriotiques et l'on se retira de bonne heure. Les journaux vendus firent le lendemain une description dégoûtante de cette réunion paisible et amicale; ils dirent que des députés, plongés dans l'ivresse, tombaient sous les tables, que d'autres, irrités, furieux, se battaient à coups de poings, à coups de cannes, se jetaient les bouteilles à la tête et renouvelaient les scènes des noces de Pirithoüs chez les Lapithes.

Ceux qui assistèrent à ce repas et qui lurent le lendemain les journaux royalistes, durent admirer l'effronterie de ces derniers.

» tence d'un comité royal dans chacune des an-
» ciennes provinces de France [1].

» Beaucoup de chefs de chouans, portés sur les
» listes d'émigrés, ajoute-t-il dans une lettre du
» 10 fructidor, sont en ce moment à Paris, mu-
» nis de certificats de résidence : ne pensez pas
» que leur but soit de se faire rayer des listes; ils
» y vont se concerter avec les commissaires du
» roi qui résident dans cette ville. Je suis assuré
» de ce que j'avance [2]. »

Ils avaient fait pénétrer la corruption dans toutes les veines du corps social. Quelques généraux et même quelques membres des deux conseils en étaient infectés. On vit plusieurs de ces derniers revenir contre la loi du 3 brumaire, digue puissante opposée à la contre-révolution, bouclier indispensable pour préserver l'acte constitutionnel des coups de ses ennemis.

Après une longue discussion, cette loi fut enfin rapportée; et on ne tarda pas à en sentir les déplorables effets.

Des hommes plus que suspects de malveillance, des hypocrites qui revêtaient les formes de la liberté, prêtaient serment de la défendre, pour faire plus efficacement triompher ses adversaires; des

---

[1] Lettres du général Hoche, page 402.
[2] Lettres du général Hoche, p. 404.
La matière du chapitre suivant mettra dans la plus grande évidence les intrigues dénoncées par ce général.

conspirateurs, des traîtres enfin, furent admissibles aux fonctions les plus importantes.

Dans la séance du 9 brumaire, le directoire exécutif adressa au conseil des cinq-cents un message où il peignait l'état des intrigues qui contrariaient sans cesse la marche du gouvernement; et la guerre que les royalistes faisaient avec acharnement à l'opinion des républicains.

« Il n'est pas de jour, porte ce message, que
» le corps-législatif, que le directoire exécutif ne
» soient impudemment outragés et calomniés, soit
» collectivement, soit dans la personne de quel-
» ques-uns de leurs membres, ou de leurs prin-
» cipaux agens ; il n'est pas de jour que les plus
» grossières impostures ne soient publiées contre
» eux.... La calomnie a su présenter les hommes
» les plus purs, les plus dignes de leurs fonctions,
» comme des hommes de parti; elle a peint les
» uns comme fauteurs de l'anarchie ; elle a donné
» les autres comme des sectaires du royalisme ;
» elle a supposé aux uns et aux autres des projets
» de se nuire réciproquement ; elle a excité ainsi
» des soupçons, des défiances qui ont donné de
» la consistance à ces chimères....

» Ici, dit-on, les chouans ont triomphé parce
» qu'une mesure répressive contre l'anarchie a
» été prise: aussitôt tout un parti s'ébranle, on
» répand l'alarme parmi la portion laborieuse du
» peuple qui, peu instruite, est facilement trom-
» pée. Des colporteurs, dans les rues, des émis-

» saires dans les ateliers, tentent de séduire et d'é-
» garer cette masse si pure et si précieuse des
» citoyens : la liberté va être détruite, l'égalité va
» être renversée.

» Une autre fois, c'est l'anarchie qui, prétend-on,
» a remporté un avantage, parce qu'on s'est pro-
» noncé fortement pour soutenir l'énergie des
» mesures sagement adoptées par la loi contre les
» émigrés, contre les prêtres réfractaires; et sur-le-
» champ les journalistes de l'autre bord, défen-
» seurs éternels des despotes et du fanatisme,
» s'écrient tous ensemble qu'il n'existe plus d'hu-
» manité, de justice, qu'on est replongé dans le
» chaos du gouvernement révolutionnaire.

» Et pendant que l'un des partis se tourmente
» pour combattre une mesure législative ou ad-
» ministrative quelconque, pense-t-on que le
» parti opposé ait la bonne foi de la défendre?
» Non, et c'est là ce qui met à découvert le but de
» tous.

» Secrètement satisfait de l'effet du système que
» l'on oppose au sien, il s'applaudit des coups que
» l'on porte à un ennemi qu'il veut attaquer le
» lendemain avec d'autres armes, et son adver-
» saire n'est pour lui qu'un auxiliaire officieux.....

» Tous, il faut le répéter, marchent au même
» but, tous prêchent plus ou moins ouvertement
» la révolte contre les lois et les autorités.... Nous
» ne pouvons nous dissimuler que les lois qui
» existent soient insuffisantes; on en élude, avec

» impudeur, l'application. *Les assassins d'Histria*[1]

[1] Histria était un Corse que ses affaires appelaient à Paris ; il séjourna à Lyon pour y attendre la voiture publique.

Le 21 messidor an IV, à l'hôtel du Parc, où il logeait, on parla politique pendant le dîner; on le poussa à faire la déclaration de ses opinions. Aussitôt le cri fatal de *Matevon* se fait entendre; il est assailli d'injures et menacé des plus mauvais traitemens. Le lendemain matin, il se hâtait d'aller prendre sa place à la voiture publique qui devait le conduire à Paris, lorsque deux membres de la *compagnie de Jésus* l'attaquent en chemin, le frappent de deux coups de poignard et le laissent pour mort sur le pavé.

Il fut transporté mourant à l'Hôtel-Dieu; ses blessures ne furent pas jugées mortelles, et l'on conservait encore l'espoir de lui conserver la vie. Les compagnons de Jésus en furent instruits. Le 26 messidor, à trois heures après midi, trois d'entre eux se rendent à l'hôpital où gissait ce malheureux étranger, vont à son lit et le frappent à l'envi de plusieurs coups de poignards; lui arrachant ce qui lui restait d'existence.

Ce crime atroce fut commis, en plein jour, en présence de plusieurs témoins!

Les assassins furent arrêtés sur le théâtre même de leur crime, et conduits à la maison-commune. En chemin, quoiqu'entourés d'une forte garde, ces assassins furent sur le point d'être délivrés par leurs complices, qui attaquèrent à coups de pierres l'escorte et blessèrent, d'un coup de poignard, un militaire qui en faisait partie.

Traduits devant le tribunal de Châlons, ils y furent acquittés. Une partie des habitans de Lyon se porta au devant d'eux, fit éclater une joie criminelle, et au bruit des fanfares, des acclamations, les ramena en triomphe dans cette ville.

Tels étaient les exploits de ces indignes satellites de Précy, de ces égorgeurs, dits compagnons de Jésus, dont la présence déshonorait la ville de Lyon.

» ont été portés en triomphe ; des fabricateurs de
» faux mandats ont été acquittés ; les journalistes
» de tous les partis ont vainement été poursuivis ;
» juges et jurés n'osent se prononcer ; tous les
» coupables se sont joués de la loi ; les poursuites
» contre le *Postillon des Armées* ne donneraient
» qu'un scandale de plus, par l'impunité qu'il ob-
» tiendrait à son tour. »

Le directoire demande au conseil des cinq-cents des mesures capables d'obvier à tant d'abus et de réprimer l'audace de tant de libellistes gagés.

Pour répondre à cette demande du directoire, il fut proposé dans le conseil des cinq-cents diverses résolutions ; l'établissement d'un journal tachygraphe où seraient exactement publiés les travaux du corps législatif, toujours dénaturés par les autres journaux : cette proposition causa de longs débats, et ne fut pas admise.

Une résolution qui prescrivait aux crieurs de journaux de n'annoncer que leur titre sans y ajouter les sommaires des faits fut adoptée.

Le directoire se trouvait dans une position difficile ; enchaîné par la constitution, par les lois, il ne pouvait toujours repousser les attaques continuelles dirigées contre lui, ni parer la plupart des coups qu'on lui portait. Il voyait la liberté assassinée sous le bouclier des lois qui la protégeaient, et quelques-uns profiter de la liberté pour anéantir la liberté de tous.

Certes on ne s'était pas assez prémuni contre

cette espèce de lutte, contre cette foule d'ennemis secrets qui, tour à tour, ou à la fois, s'attachaient au gouvernement pour le terrasser. Le directoire ressemblait à un homme chargé de richesses, forcé de parcourir, sans armes, une forêt infestée de voleurs.

Ce gouvernement était obligé de voir, sans se plaindre, les conquêtes de ses ennemis sur l'opinion publique; de voir, sans pouvoir s'y opposer, tous les préparatifs de son avilissement et de sa ruine. Toutefois lorsqu'il existait un commencement d'action, lorsque le bras était levé pour le frapper, il pouvait se défendre et user de ses forces. C'est ce qui arriva lors de la conspiration de Babeuf et lors d'une autre conspiration dont je vais parler.

CHAPITRE VIII.

DÉCOUVERTE DE LA CONSPIRATION DE LAVILLEURNOY, DUVERNE DE PRESLE, POLY, ETC. ; PIÈCES QUI CONSTATENT SON EXISTENCE ; DÉCLARATION DE DUVERNE DE PRESLE ; PLAN DÉTAILLÉ DE CETTE CONSPIRATION ; JUGEMENT DU CONSEIL DE GUERRE CONTRE LES CONSPIRATEURS.

Les assemblées primaires allaient être convoquées pour procéder aux élections du tiers des députés qui devaient entrer au corps législatif. Les ennemis de la république virent dans cette circonstance un moyen d'arriver à leur but, soit en empêchant ces élections, soit en exerçant sur elles une influence qui pût amener dans les deux conseils des hommes dévoués à leur cause.

Les ennemis de la république, pour atteindre l'un ou l'autre de ces buts, s'agitaient et faisaient leurs dispositions. Un comité royal existait depuis long-temps à Paris; ses membres venaient de recevoir de nouvelles instructions, leur plan de conspiration était arrêté : pour éclater il ne leur manquait que le succès de certaines intrigues entamées, et surtout le succès de leurs tentatives séductrices auprès de quelques chefs de la force armée : succès nécessaires, tentatives hasardeuses !

Le 12 pluviôse an V (31 janvier 1797), le directoire exécutif, instruit de ces sourdes menées, de ces moyens de corruption, adressa aux deux conseils un message qui annonce la découverte d'une conspiration royaliste, l'arrestation des principaux conspirateurs, et lui envoya le rapport du ministre de la police.

« Tant que les commissaires royaux, dit ce mi-
» nistre, se sont bornés à méditer et combiner
» leurs horribles complots, et à correspondre se-
» crètement et avec les plus grandes précautions
» avec quelques chefs affidés, il était bien difficile
» de parvenir au but que je me proposais, et je
» n'ai pu, pendant quelque temps, que faire exer-
» cer la plus grande surveillance....... Mais j'ai
» conçu qu'ils ne pouvaient pas toujours tenir leurs
» complots dans l'ombre....... Les commissaires
» royaux, après avoir long-temps médité et con-
» certé leur plan, ont voulu le mettre à exécution;
» ils ont fait faire des enrôlemens..... Ces enrôle-
» mens partiels ne pouvaient être qu'un faible
» moyen pour l'exécution de leurs projets : aussi
» ont-ils pensé qu'il fallait s'assurer des troupes
» ou séduire quelques chefs......

» Je vous ai rendu compte, dans le temps,.....
» des propositions faites par l'un de ces commis-
» saires royaux au citoyen *Malo*, chef d'escadron,
» commandant le 21ᵉ régiment de dragons... Dans
» le même temps le nommé *Poly* faisait aussi des
» tentatives auprès du citoyen *Ramel*, commandant
» de la garde du corps législatif, qu'il avait connu à
» l'armée des Pyrénées.....

» Ces deux citoyens me firent part des propo-
» sitions qui leur avaient été faites. Je convins avec
» eux d'une maison tierce où ils devaient se rendre,
» pour me rendre compte des différentes confé-
» rences qu'ils auraient avec les commissaires
» royaux ou leurs agens.

» Dans une entrevue qu'ils eurent le 9 de ce
» mois avec le citoyen *Malo*, ce citoyen leur té-
» moigna qu'avant d'aller en avant, il était né-
» cessaire qu'il connût le plan et qu'il vît les pou-
» voirs qu'ils prétendaient avoir........ »

L'entrevue fut fixée au 11 (ventôse) à l'École-Militaire, dans l'appartement de *Malo*; elle eut lieu à l'heure fixée. Trois commissaires royaux s'y rendirent. Au signal convenu des hommes armés entrèrent et se saisirent de ces trois commissaires. Procès-verbal fut dressé de leur arrestation. Ces commissaires étaient nommés, l'un *Thomas-Laurent-Madelaine Duverne de Presle*, qui, pendant qu'il exerçait la profession d'huissier et pendant le commencement de la procédure, se faisait nommer *Théodore Dunan* [1], se disant marchand épicier, âgé de trente-trois ans; l'autre, *André-Charles Brottier*, âgé de quarante-six ans; le troisième, *Charles-Honorine Berthelot de la Villeurnoy* qui,

---

[1] Dans un interrogatoire, le président lui demande quels sont les différens noms qu'il a portés; il répond : « Comme
» j'ai beaucoup voyagé, j'ai été obligé de changer souvent
» de nom; voici ceux dont je me rappelle : *Dunan, Duval,*
» *Bertrand, Mallet, Adrien, Bonneval*, etc. »

suivant les circonstances, prenait le nom d'*Étienne*, âgé de quarante-sept ans.

On saisit, sur ces trois particuliers, des papiers qui prouvaient leur mission et les détails de la conspiration; ces papiers consistaient en lettres, instructions, proclamations, signées du roi Louis XVIII; mais il est permis de douter de l'authenticité de ces pièces, et ce ne serait pas la première fois que des conspirateurs, pour donner plus de consistance à leurs tentatives, se seraient autorisés de noms illustres.

Les arrestations des trois premiers individus en amenèrent d'autres. *Frédéric - Charles - Guillaume-Léonard Poly*, Allemand, dit *baron de Poly*, se disant fabricant de verre, âgé de vingt-six ans;

Jean-François de Bar, Parisien, général de brigade, chef de la légion de police générale, âgé de soixante-six ans;

Jean-François de Vauvilliers, professeur de langue grecque au collége de France, âgé d'environ soixante ans [1];

Jean-François Labarrière, chef de brigade, âgé de cinquante-trois ans;

Antoine-François de la Chaussée, Parisien, architecte, âgé de trente-un ans;

[1] On ne peut voir sans peine M. de *Vauvilliers*, savant helléniste, et M. *Brottier*, neveu du célèbre littérateur *l'abbé Brottier* et littérateur lui-même, confondus avec de vils intrigans, et participer à des manœuvres aussi basses qu'insensées.

Charles-Philippe Sourdat, natif de Troyes, âgé de vingt ans;

Jean-François Berenger Mersix, natif de Flamicourt, département de la Somme, homme de loi, âgé de quarante-cinq ans;

Jacques-Gaspard-Guillaume Leveux, négociant à Calais, âgé de cinquante-un ans.

Plusieurs autres furent arrêtés et traduits devant le conseil de guerre de la dix-septième division militaire. Sans y comprendre les contumaces, le nombre des prévenus s'élevait d'abord à vingt-un; il s'accrut dans la suite.

Une pièce, saisie sur un des principaux agens, intitulée : *Plan d'instruction*, contient ce qui suit :

» 1°. Poser des corps-de-garde de gens sûrs à
» toutes les barrières, même aux brèches des murs
» de la clôture de Paris; ne laisser entrer que les
» approvisionnemens et les *fidèles* attendus, les-
» quels seront en état de répondre à un mot d'ordre
» convenu, et tenu secret autant que possible; ne
» laisser sortir personne dans les premières vingt-
» quatre heures, excepté les porteurs d'ordres
» expédiés par les dépositaires de l'autorité royale.

» 2°. S'emparer, au même instant, des Invali-
» des, de l'École-Militaire, de l'Arsenal, de la
» Monnaie, de la Trésorerie, de toutes les caisses
» publiques, des Tuileries, de tous les maga-
» sins qui sont aux Feuillans, du Palais-Royal,
» du Temple, des postes aux lettres et aux che-
» vaux, des messageries et voitures publiques, des

» télégraphes, tant de Paris que de Montmartre
» et autres, s'il y en a ¹, du Luxembourg et des
» maisons des ministres.

» 3°. S'assurer du cours de la rivière, tant au-
» dessus qu'au-dessous de Paris.

» 4°. Meudon est un poste important à occuper
» sans délai. On sait qu'il ne s'y trouve plus d'ar-
» tillerie, tout ayant été transporté à la Fère;
» mais c'est le dépôt de munitions des pièces qui
» sont à Paris. De plus, il y existe trois cents che-
» vaux, des caissons, des effets, etc. Trois cents
» hommes, fournis par Sèvres, Versailles, Saint-
» Germain ou Paris, suffiront pour prendre Meu-
» don et tout ce qui s'y trouvera.

» 5°. S'emparer des magasins à poudre d'Es-
» sone; comme des moulins à farines de Cor-
» beil.

» 6°. Le village de Vincennes est fort bon; on
» peut compter sur ses habitans : il faudrait s'em-
» parer du donjon qui servirait, ou pour y ren-
» fermer des prisonniers intéressans, ou de retraite
» momentanée en cas de besoin.

» 7°. Le Temple étant une enceinte isolée, fa-
» cile à défendre, ne serait-il pas convenable de
» le choisir pour le quartier-général et pour la
» résidence des représentans du roi?

» 8°. Intercepter tous les ponts.

» 9°. Contenir le faubourg Saint-Antoine et le

---

¹ Ignorance! il suffisait de s'emparer de ceux de Paris.

» faubourg Saint-Marceau par tous les moyens mi-
» litaires.

» 10°. Une batterie serait très-utile à Montmar-
» tre; en contenant Paris elle éclairerait et assure-
» rait les routes du Nord.

» 11°. S'il échappe un des directeurs, et que la
» promesse de l'amnistie ne le ramène pas,
» *mettre sa tête à prix* et déclarer, par une *pro-
» clamation*, traître au roi et à la patrie quiconque
» le recélera.

» 12°. Par une autre *proclamation*, il serait bon
» de consigner les membres des deux conseils, à
» la garde des propriétaires, principaux locataires
» et portiers de leurs domiciles, jusqu'à nouvel
» ordre. Cette mesure pourra être éludée; mais
» elle aidera les gens de bonne volonté. Le grand
» point est d'empêcher la réunion de ces membres
» et de leur inspirer de la terreur [1]. »

Je me borne à extraire les autres articles de ce plan de contre-révolution. L'auteur veut que l'on rétablisse la *juridiction prévôtale et les anciens supplices;* que l'on brûle, sur-le-champ, les presses des journaux *jacobins*, c'est-à-dire républicains, [2]

---

[1] Plan d'instruction, pièce cotée B, pages 14 et suivantes.

[2] Parmi les journaux condamnés à la brûlure, se trouve *la Sentinelle*, par Louvet; *l'Ami des lois*, le *Rédacteur* qui ne contenait que les actes du gouvernement; le *Journal des défenseurs* de la patrie qui ne contenait que le récit des victoires de nos armées. Aucun de ces journaux ne méritait la qualification de *jacobins*.

sans oublier les plus modérés, et qu'on arrête leurs auteurs; qu'on vide les prisons, afin de faire place à ceux qu'il se propose d'y faire renfermer; qu'une *proclamation* annonce l'amnistie du roi et la paix prochaine; qu'une autre *proclamation* porte que tous les tribunaux, toutes les administrations sont provisoirement conservés.

Une suite de ce plan porte qu'il faut faire circuler dans les rues de nombreuses patrouilles, et ordonner l'ouverture des boutiques; qu'il faut se munir de *grenades*, pour dissiper les attroupemens, nommer un chef à la gendarmerie, laquelle reprendra sur-le-champ le nom de *maréchaussée*; tenir prêtes des *proclamations* à envoyer aux provinces; donner à M. de Vauvilliers la commission de directeur-général des approvisionnemens de Paris; rétablir l'ancienne police, ses anciens chefs et agens, les généralités, l'ancien calendrier, etc., etc.

Ce plan de révolte est, à plusieurs égards, conforme à celui qu'avait dressé Babeuf[1]. Son auteur raisonne dans l'hypothèse que le gouvernement qu'il se propose de renverser, frappé de paralysie, resterait sans force et n'opposerait aucune résistance; et dans cette autre hypothèse, que la masse des Français serait favorable aux entreprises des royalistes, et verrait avec plaisir la ruine du gouvernement républicain. Sous ces rapports cette tentative ressemblait à toutes celles qui l'avaient

[1] Voyez présent volume, p. 207, 208.

précédée; basées sur les mêmes erreurs, elles produisaient toujours les mêmes résultats.

Un député, qu'on n'accusera pas d'être favorable aux anarchistes, Dumolard, se glorifie, dans la séance du 19 pluviôse, de ne pas douter du royalisme de cette conspiration. « Je ne suis pas du
» nombre de ceux qui regardent la conspiration
» comme une chimère; elle existe, je le crois. Je
» pense comme vous que les jacobins étaient der-
» rière les agens (du royalisme); mais que der-
» rière ces derniers étaient ceux de la faction d'Or-
» léans, etc. »

C'est ce que voyaient ou prétendaient voir une vingtaine de membres du conseil des cinq-cents, lesquels ne pouvaient pas concevoir que les chefs de ceux qu'on nommait *anarchistes* fussent des royalistes déguisés; quoique cette vérité fût déjà mise dans la plus grande évidence.

Si l'on en croit les divers rapports, cette insurrection ne devait pas être aussi bénigne que semble annoncer le plan qui vient d'être cité. Dans le rapport de *Ramel*, commandant de la garde du corps législatif, on lit que les agens du royalisme lui firent plusieurs propositions sanguinaires. « Ils
» m'ont tant parlé d'assassiner et d'égorger, dit-il,
» que j'ai été dix fois tenté de cesser de me dégui-
» ser et de reprendre mon caractère pour les battre[1].

Le même, dans un autre rapport, dit qu'il demanda à Poly quels étaient les moyens des agens.

[1] Pièce C du procès contre Dunan, etc., p. 33.

Celui-ci répondit : « Nos moyens sont, et dans le se-
» cours de l'Angleterre et dans le mécontentement
» de la *France entière;* et Poly m'assurait encore
» que le *directoire royal*, séant à Paris, était sûr
» que le jour où Louis XVIII, ou son lieutenant-
» général, se montrerait à Paris à la tête des co-
» lonnes royales, commandées par MM. *de Bouillé,*
» *Malseigne, le prince de Poix* et *Puisaye*, douze
» mille hommes devaient s'insurger dans les mon-
» tagnes du Jura, et que Lyon devait lever l'é-
» tendard de la révolte; que, dans ce moment, ces
» deux endroits étaient inondés des officiers de
» l'armée de Condé. »

Ramel demande à Poly quels seront, après le succès de l'entreprise, les premiers actes du nouveau gouvernement. Poly répond : « Une amnis-
» tie générale; mais le parlement, qui s'installe,
» prétend que le roi n'a pas le droit de faire
» grâce [1], et, en conséquence, il décrétera de
» prise de corps MM. *La Fayette, Menou, Dumas,*
» les *Lameth*, d'*Aiguillon.* La Fayette devait être
» porté à Paris dans une cage de fer; on devait
» inventer pour lui des supplices, et inviter tous les
» potentats à envoyer des députés pour être té-
» moins de sa mort [2].

Mort à ces abominables constitutionnels de 89, disaient encore ces agens.

[1] C'est ici la traduction de ce mot fameux : *Le roi fait grâce; le parlement fera justice.*

[2] La France ne sera point déshonorée par l'exécution des

Deux passages des rapports de Ramel sont remarquables. Dans l'un, il désigne un des agens royalistes dont il n'a pu retenir le nom, mais dont il donne le signalement : vêtu en vrai sans-culotte il répétait cette phrase : « *Vous n'auriez pas cru*
» *qu'avec mon costume, on pût être l'ami du roi*
» *légitime, et j'ose vous dire que je lui rends plus*
» *de services, tel que vous me voyez, que ces Mes-*
» *sieurs ne l'ont fait.* »

Le commandant Ramel ajoute que Poly disait :
« Il va y avoir sous peu *un mouvement fait par les*
» *anarchistes;* il aura couleur royaliste, et ce
» mouvement nous mènera à notre principal but,
» celui d'empêcher les *prochaines élections.* »

» Il n'a cessé de me répéter, dit encore le comman-
» dant Ramel, qu'il fallait empêcher les prochaines
» élections. Ils s'assurent perdus s'ils ne peuvent
» y parvenir.... Si nous ne pouvons réussir, *il faut*
» *seconder les terroristes;* du moins nous nous
» vengerons. Voilà leur seconde ligne, si on les
» force dans la première[1]. »

---

projets infâmes de ces misérables; la destinée du général La Fayette sera digne de son beau caractère. Vénéré dans sa patrie, cette vénération, bien méritée, le suivra dans un autre hémisphère, chez une nation florissante, libre et généreuse; nation à l'affranchissement de laquelle il avait puissamment contribué, nation qui le recevra comme un libérateur avec un enthousiasme de reconnaissance que l'intervalle de trente années n'aura point affaibli.

[1] Pièce cotée C, pages 33, et D, page 35 et suivantes.

Póly, baron allemand, était un royaliste qui en 1793 avait joué le rôle de terroriste; il était membre de la société populaire de Dijon, portait le bonnet rouge. Ce fut pour ses excès révolutionnaires qu'il fut mis en arrestation pendant environ quatre mois; c'est ce qui résulte des aveux qu'il fit pendant son interrogatoire et de plusieurs pièces de conviction [1].

Dans un autre rapport adressé au ministre de la police, on lit ces paroles tenues par un des prétendus commissaires du roi..... « Tous les émigrés, » partant de l'armée de Condé pour prendre le

---

[1] Voici ce que, sur cet individu, dit le représentant Jean Debry, dans son rapport sur la conspiration : « Qu'est-ce que » ce Poly qui, en 1793, affublé du bonnet rouge, de la car- » magnole et de la plaque maratiste, pérorait dans les clubs » du département de l'Aube, et peut-être proscrivait, ou » faisait proscrire, en criant *vive Marat!* Est-ce un négo- » ciant français, un savant épris de l'amour de son pays, est- » ce un artisan, un homme ignorant, à qui le défaut d'ins- » truction sert d'excuse? Non, c'est un baron allemand. Mais » au moins cet homme, que son respect pour la liberté et l'é- » galité avait porté à se dépouiller de son titre de baron, et » enivré au point de le pousser dans l'exagération, va-t-il, » ne fût-ce que par pudeur, demeurer sur la ligne constitu- » tionnelle et se contenter de notre république, lui qui peut- » être voulut *la république des égaux;* point du tout; il jette » feu et flammes contre la république et la constitution; il » conspire pour faire égorger ces *scélérats républicains* qu'il » poursuivit, sans doute, comme modérés en 1793. C'est la » règle; elle est parfaitement suivie par ceux, qui avec la même » *bonne foi* ont couru la même carrière. » (Rapport de Jean Debry, p. 16.)

» *commandement des différentes provinces du*
» *Royaume*, nous sont adressés directement... Notre caisse militaire est arrivée et nous ne manquerons pas d'argent; nous saurons bien saisir
» l'occasion, en payant largement *pour faire faire*
» *un mouvement aux jacobins*, et par-là nous parviendrons à culbuter le gouvernement, et un
» prince en prendra les rênes jusqu'à ce que le
» roi soit arrivé¹. »

Un rapport du chef de brigade *Malo* offre l'exposé du plan des conspirateurs et de leurs moyens; on y remarque cette phrase : « *Ils devaient mettre*
» *en avant les jacobins et les anarchistes* pour l'exécution de leur projet (l'argent, bien entendu,
» devait être leur grand mobile), parce que, disaient-ils, ils culbuteront le gouvernement...
» *Les patriotes exclusifs sont les meilleurs instrumens et les plus sûrs* que nous puissions employer.
» Il faut bien nous garder d'attendre la convocation des assemblées primaires, etc. ²

Un passage d'une lettre que le commandant Ramel adresse, le 17 pluviôse, au ministre de la police, jetterait, s'il était avéré, différentes lumières sur les intrigues ourdies pendant le règne de la terreur et sur la main qui conduisait d'illustres victimes à l'échafaud.

« Dans le cours du procès je ferai connaître des

---

¹ Rapport coté E, page 39.
² Rapport coté F, page 43, 44.

» faits qui m'ont été révélés par *Poly* et *Fedouville*
» et qui convaincront les incrédules de la con-
» nexité des deux factions.

» Je suis bien fâché que nous n'ayons pu avoir
» ce *Fedouville* qui m'assurait positivement que
» *c'étaient les royalistes qui avaient fait monter sur*
» *l'échafaud tout le parlement de Toulouse.* On ne
» pouvait pardonner à cette dernière compagnie
» d'avoir montré de la résistance à l'enregistre-
» ment des édits du timbre et impôt territorial,
» d'avoir, par leur opiniâtreté, provoqué l'assem-
» blée des états-généraux¹. »

Ramel, retenu par une indisposition, ne put donner les détails promis dans cette lettre ; mais dans la déclaration succincte qu'il fit lors des débats, dans la séance du conseil de guerre, séance du 11 germinal, on lit cette phrase : « Le citoyen Ducaze
» vint me voir et me dit à propos du baron Poly :
» N'avez-vous pas remarqué que les mêmes hom-
» mes de 93 sont aujourd'hui des royalistes ef-
» frénés² ? »

Je laisse aux lecteurs le soin de tirer les conséquences qui naissent naturellement des témoignages que je viens de citer.

Il semblerait que Tallien eût trempé dans cette conspiration. Dans le rapport du commandant

---

¹ Affaire de Dunan etc., numéro XIII, page 33.

² Débats du procès instruit par le conseil de guerre, n. 19, pag. 206.

Ramel, du 10 pluviôse, on lit : « Je vous ai aussi
» rendu compte, citoyen ministre, que, dans le
» moment où ces propositions me furent faites par
» *Poly*, j'étais vivement sollicité de me rendre chez
» M. Del Campo, ambassadeur d'Espagne, ou chez
» Tallien, député. La femme qui me faisait ces
» propositions a beaucoup insisté. Je n'ai vu là que
» quelque basse intrigue à laquelle j'ai toujours
» cru et crois que MM. Del Campo et Tallien sont
» étrangers [1]. »

Tallien, dans la séance du 16 pluviôse, déclara
au conseil des cinq-cents, qu'il n'avait jamais eu
aucune relation directe ou indirecte avec les individus impliqués dans la conspiration, et qu'il n'avait vu qu'une seule fois l'ambassadeur Del Campo.

Cependant le capitaine Hervo, rapporteur du
conseil de guerre, déclare que Poly disait que les
conspirateurs « avaient pour eux la force armée et
» les chefs, ainsi que plusieurs représentans; il
» cita particulièrement Tallien : Celui-ci, disait-il,
» a trois projets de décrets importans dans sa
» poche; il les fera passer lorsqu'il en sera temps.
» Le premier a pour but la suspension des as-
» semblées primaires; le second, le rétablissement
» du gouvernement révolutionnaire, et le troisième,
» une loi foudroyante pour le paiement de fortes
» impositions, sous peine d'incarcération de ceux
» qui s'y refuseraient. On espère, à l'aide de ces

---

[1] Rapport coté D, p. 37, 38.

» trois décrets, tellement augmenter le méconten-
» tement du peuple, qu'il sera forcé à un mou-
» vement dont nous saurons profiter [1]. »

Ce fut d'après toutes ces notions que le député Chazal dit au conseil des cinq-cents : « Il n'est plus
» possible de le nier : il y a en France des roya-
» listes ; ils conspirent ; ils conspirent sous les cou-
» leurs anarchiques.

» Cette vérité, mise au grand jour, ne sera pas
» perdue, il faut l'espérer, pour le gouvernement
» ni pour nous, ni pour une portion de cette
» grande commune trop facile à égarer, ni pour
» la nation.

» Elle justifie ceux qui, depuis un an, la criaient
» dans le désert ; enfin, on leur rendra justice ;
» on ne dira plus qu'ils sont les complices de Ba-
» beuf, pour avoir voulu voir, pour avoir vu der-
» rière ce démagogue insensé, mais qui n'en est
» pas moins coupable, le royalisme incitateur.

» Oui, le royalisme incitait Babeuf. Il précipitait
» ainsi les furieux qui attaquèrent le camp de Gre-
» nelle, comme il lançait les affamés de germinal
» et de prairial.

» En germinal, j'étais membre du comité de
» salut public. Barthélemi, l'ambassadeur, nous
» avait écrit de Suisse : *Vous aurez un mouvement;*
» *on a fait partir d'ici pour Paris tant de mille*
» *louis, destinés à le payer.*

[1] Débats du procès instruit etc., numéro 3, page 45.

» ...... Ce ne sont pas les banquiers des terro-
» ristes : les terroristes n'ont pas de banquiers en
» Suisse.

» Mais pourquoi les royalistes conspirent-ils sous
» couleurs anarchistes ? Parce que tout est profit
» pour eux dans une pareille conspiration. Elle
» réussit ou elle échoue. Si elle réussit, ils paraissent,
» ils immolent les vainqueurs sur les vaincus. Si
» elle échoue, la royauté a, dans les victimes,
» autant d'ennemis de moins, etc. [1]. »

L'existence de cette conspiration n'était pas douteuse ; les pièces qui l'établissaient d'une manière évidente ne laissaient aucune place aux interprétations contraires et aux subterfuges : d'ailleurs, ces pièces furent toutes reconnues pour véritables par les principaux agens.

Ceux-ci justifiaient le plan d'insurrection par divers motifs; voici comment un des prévenus qui paraît être le plus prépondérant, la Villeurnoy, expose cette justification [2].

« Comme on parlait beaucoup de mouvemens
» jacobites et de la faction d'Orléans, qui parais-

---

[1] Discours prononcé par Chazal, dans la séance du 16 pluviôse.

[2] M. de Las Cases, en faisant à Bonaparte le tableau de l'émigration, parle ainsi de cet individu : « M. de la Villeurnoy,
» dont il a été tant question dans une conspiration royale, et
» qui a été mourir à Sinamary, à la suite de fructidor, *avait*
» *le ministère de la police* : il partit de bonne heure pour aller
» *l'exercer clandestinement à Paris*.... Il employa de vives ins-

» saient se coaliser pour détruire le gouverne-
» ment actuellement existant en France, j'ai pensé
» que si ce bouleversement avait lieu effective-
» ment, l'anarchie qui le suivrait serait pire que
» la commotion elle-même; que tous les bons
» Français devraient s'occuper, dans le silence, du
» moyen de substituer un gouvernement sage à
» celui qui ne subsisterait plus, préparer et mûrir
» leurs idées en conséquence. C'est dans ces vues,
» et d'après cette impulsion, que j'ai essayé de
» réunir dans un tableau général les grandes masses
» de l'administration, dont il serait si essentiel de
» ne pas briser les ressorts. J'observe que la rédac-
» tion de mes idées n'est pas un plan de contre-
» révolution; qu'elle part de l'instant où elle aurait
» lieu d'une manière quelconque. »

Dans sa position difficile, le prévenu ne pouvait guère mieux se défendre; les autres n'alléguèrent pas de meilleures raisons. *Duverne de Presle*, qui s'était donné le nom de *Dunan*, répondant à une interpellation du président du conseil de guerre, disait : « Je puis vous assurer qu'il n'entrait point
» dans nos vues de relever le trône. Nous lui di-
» sions (à notre commettant) : Laissez aller les
» choses d'elles-mêmes; si la constitution n'est

» tances pour que je le suivisse; mais je m'y refusai; la nature
» de son ministère me répugnait. »

Il paraît que ce ministre de la police devait exercer son ministère occulte, à Paris, sous le régime de la terreur.

(Mémorial de Sainte-Hélène, tome V, page 35.)

» pas bonne, si elle a des défauts, elle tombera.
» Nous étions persuadés que le pouvoir exécutif,
» n'étant pas assez concentré, il lui fallait un chef
» unique au lieu de cinq. Voilà ce que nous pen-
» sions : nous nous trompions sûrement. »

Il ajoute qu'on leur ordonnait le rétablissement de la monarchie ; mais qu'ils voulaient que ce rétablissement ne coûtât aucune goutte de sang aux Français... Nous avons particulièrement arrêté les efforts de M. de *Puisaye*...

Brottier dit que par les lettres qu'ils ont écrites, ils ont empêché les chouans de faire une nouvelle levée de bouclier.

Le président du conseil de guerre dit à Brottier: *Pourriez-vous donner quelques preuves matérielles de cette assertion ?* L'interrogé répondit : *Je ne le puis pas.*

Accablés par des preuves tranchantes et nombreuses, par leurs propres aveux, leur justification était impossible. Les prévenus sentirent tout le danger de leur situation, et pensèrent aux ressources et aux moyens d'évasion.

Une lettre écrite après leur emprisonnement, témoigne leur embarras et leur désir : « Le plus
» grand malheur de leur position, porte cette let-
» tre, est de manquer de ressources ; il n'y a de
» fonds ni chez eux ni chez leurs amis ; tous ceux
» qu'on a pu réunir fourniront à peine aux pre-
» miers besoins. Ne perdez donc pas une minute,
» une seconde, Monsieur; je vous en conjure, au

» nom de votre amitié pour ces infortunés et de
» *votre intérêt dans leur commerce.* Hâtez-vous de
» faire parvenir les fonds que vous avez disponi-
» bles; le moindre retard serait un crime et amè-
» nerait peut-être des catastrophes affreuses...
» Tout est perdu si nous n'avons de l'argent tout
» de suite. »

L'auteur de cette lettre, employant les expressions en usage dans le commerce, déguise mal son véritable objet. Il déclare que le plan des conspirateurs, malgré l'événement, subsistait encore.
« .... Rien n'est dérangé dans la *manufacture*, di-
» sait-il ; tous les fils sont parfaitement conservés
» et intacts... Si la suspension durait quelque
» temps et qu'on ne pût pas entretenir ses ateliers,
» tout serait alors dispersé et l'*établissement* détruit
» pour jamais. On est plein d'espérance pour sau-
» ver les entrepreneurs. »

Ces espérances, à ce qu'il paraît, étaient fondées sur un moyen d'évasion hardiment conçu, qui, malheureusement pour les prévenus, n'eut pas une entière exécution.

Leurs partisans parvinrent à se procurer dans les bureaux de la police une feuille à tête imprimée, et y écrivirent l'ordre suivant :

Ministère de la police générale de la république. Liberté, égalité. Ordre.

« En exécution de l'arrêté du directoire exécu-
» tif, en date de ce jour, le ministre de la police
» générale, *ordonne* au concierge du Temple de

» mettre sur-le-champ à la disposition du porteur,
» les nommés *Dunan*, *Brottier* et *Berthelot de la*
» *Villeurnoy*, prévenus de conspiration contre la
» sûreté de la république, pour être par lui con-
» duits au palais directorial.

» A Paris, le.... pluviôse, an V, de la répu-
» blique française. »

» Le ministre de la police générale, *signé* Cochon. »

En marge était le cachet du ministère de la police.

« Ma signature, dit le ministre de la police au
» directoire, m'a paru assez bien imitée pour que
» j'eusse pu m'y tromper moi-même, si je n'eusse
» pas vu le contenu de l'ordre. »

Le porteur de cet ordre, sans doute intimidé par le nombre des militaires chargés de la garde de la prison, et craignant de se compromettre dans l'exécution d'une mission aussi délicate, laissa tomber, dans la première cour, le faux ordre que l'on trouva au pied d'une sentinelle.

Ce coup manqué, les prévenus eurent recours à d'autres moyens. Ils se confiaient beaucoup en l'extrême indulgence du tribunal criminel du département de la Seine; ils redoutaient la sévérité du conseil de guerre permanent devant lequel ils étaient traduits comme *embaucheurs*.

Les débats commencèrent le 22 ventôse an V. Dans la séance du 27, après la lecture de l'acte d'accusation, un des avocats des prévenus proposa le déclinatoire du conseil de guerre dont il s'offrait de prouver l'incompétence, et demanda que l'affaire fût portée devant le tribunal criminel ordinaire du département. Les défenseurs Domanget et Chauveau-la-Garde prononcèrent de longs discours à ce sujet.

Le 28 ventôse, les prévenus se pourvurent en cassation pour cause d'incompétence. Le tribunal de cassation, le 2 germinal, admit le pourvoi, et ordonna l'apport pardevant lui des pièces de la procédure instruite devant le conseil de guerre.

Le directoire, par son arrêté du 3 du même mois, défendit au ministre de la justice et à tout dépositaire de la force et de l'autorité publique, de prêter son ministère à l'exécution de l'acte de la cour de cassation.

La question se réduisait à savoir si les embaucheurs civils, ou des particuliers qui subornaient les militaires, étaient soumis à la même loi que les militaires qui se rendaient coupables du même délit : aucune loi ne faisait cette distinction ; les prévenus présentèrent une pétition au conseil des cinq-cents ; une commission fut nommée. Le général Savary, rapporteur, se fondant sur la législation existante, et notamment sur la loi du 13 brumaire an V, proposa au conseil de passer à l'ordre du jour. Ce rapport donna lieu à de longues et vives discussions ; et, malgré les oppositions d'une faible minorité, le conseil passa à l'ordre du jour ; et le 6 germinal an VI la procédure du conseil de guerre reprit son cours.

Un autre incident vint, dans cette affaire, occuper le corps législatif. Le directoire avait par un message proposé au conseil des cinq-cents la solution de la question suivante : Remettra-t-on la peine au condamné, pour fait de conspiration, qui révélera ses complices? Dans la séance du 7 ventôse, le rapporteur de la commission, nommée à ce sujet, proposa de passer à l'ordre du jour pour ce qui regarde les condamnés ; mais pour les accusés, il soumit un projet de résolution qui applique aux cas de vol, d'assassinat et de conspiration, les dispositions du Code des délits et des peines à l'égard des fabricateurs de fausse monnaie, dont les articles 545 et 946 exemptent le prévenu de la peine qu'il a encourue, et lui promettent même une récompense s'il dénonce et procure l'arrestation de ses complices.

Après avoir entendu plusieurs discours sur cette question, le conseil ajourna la décision.

Il paraît qu'un des prévenus de la conspiration, effrayé du sort qui le menaçait, fit au directoire la proposition de révéler des secrets inconnus, de faire connaître le plan entier et les manœuvres des conspirateurs, à condition que la peine qu'il devait encourir lui serait remise. Il paraît aussi que la promesse fut faite par le directoire de solliciter une loi qui pût l'autoriser à conclure. C'est pourquoi il en fit la demande au conseil des cinq-cents, qui, comme on l'a vu, ajourna la décision.

Cependant le prévenu transmit au gouvernement deux déclarations qu'il avait offertes.

Ce prévenu, le plus actif des conspirateurs, et qui passait rapidement d'un pays à l'autre, était *Duverne de Presle*, qui se faisait parfois nommer *Dunan*. Ses déclarations, fort curieuses, quoique certainement incomplètes, n'en prouvent pas moins de quel côté partaient les troubles, les conspirations, les orages qui ont si long-temps arrêté la marche de la révolution, dénaturé ses principes; de quel côté partaient les coups qui l'ont ensanglantée pour la rendre odieuse.

Ces pièces ne font point partie de celles produites au procès; la première déclaration faite le 11 ventôse an V, est annexée au registre secret du directoire exécutif. Je vais en donner un extrait où je ne me permettrai qu'un petit nombre d'omissions indispensables.

« Citoyens, dit-il aux directeurs, je ne me dis-
» simule point, en commençant cet écrit, que c'est
» l'acte de ma condamnation que je vais remettre
» entre vos mains.

» Beaucoup de tentatives ont été faites depuis la
» révolution pour relever le trône. Toutes ont
» échoué; mais la plupart *ont coûté la vie à un*
» *grand nombre d'hommes de l'un ou de l'autre*
» *parti* [1]. Rien n'a découragé les royalistes;

---

[1] Oui, beaucoup de sang a été versé par de perfides intrigues, et ce sang appelle la vengeance de la postérité sur la mémoire des criminels auteurs de ces funestes tentatives.

» à côté d'une conspiration éteinte, il s'en
» relève une nouvelle d'autant plus dange-
» reuse, qu'à ses propres ressources, elle ajoute
» l'expérience des fautes [1]. Je dis dangereuse; non
» que je pense qu'aucune puisse désormais ren-
» verser le gouvernement établi; mais parce que
» je crois qu'il peut s'en former quelqu'une qui
» réunisse assez de moyens pour oser l'attaquer à
» force ouverte, et alors le sang français coulerait
» encore à flots, versé par des mains françaises.
» C'est pour empêcher, autant qu'il est en moi,
» le retour de ces scènes de désolation, que j'ai
» formé le projet de faire connaître tous les fils
» de la conspiration à la tête de laquelle je me
» trouve; de mettre sur la trace de celles qui lui
» succéderont; enfin de disperser de telle manière
» tous les royalistes qu'ils se trouvent forcés de re-
» noncer même à leurs espérances. Je trahis la
» cause de la royauté, je le sais; mais je crois
» servir les Français qui la désirent, en détrui-
» sant les fondemens de leurs chimériques espé-
» rances, et, si je ne me fais illusion, cette con-
» duite de ma part ne m'ôtera aucun titre à l'es-
» time de ceux qui la jugeront sans passion. »

Après cette justification, Duverne de Presle entre ainsi en matière. « Il y a bientôt deux ans que
» je suis chargé des intérêts........ (du parti). Dès
» cette époque je sentis que les royalistes n'au-

---

[1] Expérience dont on n'a guère profité.

» raient une véritable consistance que lorsque,
» réunis autour du centre commun, ils n'agiraient
» que par des mouvemens d'ensemble. Dès cette
» époque, je fis tous mes efforts pour amener à
» ce centre d'unité tous ces chefs de la Vendée et
» de la Bretagne, tous ces agens répartis dans les
» divers départemens, que je pus découvrir, les-
» quels prétendaient tous agir pour la même fin,
» et qui pourtant y tendaient tous par des moyens
» contradictoires. J'allais dans la Bretagne, dans
» la Vendée; j'allais en Suisse où réside un mi-
» nistre anglais [1] qui était spécialement chargé de
» seconder les royalistes; j'allais à l'armée de Con-
» dé; je vis....... Enfin je viens de faire un voyage
» en Angleterre, dans lequel je me suis expliqué
» avec le comte........ et avec les ministres anglais.
» Il ne fallait pas moins que toutes ces courses,
» pour faire renoncer chacun de ceux auprès de
» qui elles étaient dirigées, au plan particulier
» qu'il avait adopté, et pour faire ajourner les
» haines, les divisions qui existaient dans le parti;
» et à ce dernier égard je n'aurais jamais eu un
» succès durable dans la Bretagne et la Vendée :
» aussi ai-je été loin de regarder comme un évé-
» nement malheureux la soumission des pays
» insurgés. Elle nous servait parce qu'elle nous
» donnait la facilité de développer entièrement
» un plan plus sage que tous ceux qui avaient

---

[1] M. Wickham.

» précédé, par cette seule raison qu'il embrassait
» toute la France, et qu'il excluait tout autre mou-
» vement partiel que celui qui nous aurait rendus
» maîtres de Paris en renversant le gouverne-
» ment. »

Ici Duverne de Presle donne le plan qui fut approuvé par l'émigration et par le ministère anglais.

« La France sera divisée en deux agences. L'une,
» qui comprend les provinces de la Franche-Com-
» té, Lyonnais, Forèz, Auvergne et tout le midi,
» sera confiée à M. *de Précy*; l'autre, qui s'étend
» sur le reste de la France, sera dirigée par les
» agens de Paris. Ces deux agences s'informeront
» réciproquement de leur situation par une cor-
» respondance régulière et active. Aucun *mouve-*
» *ment* ne sera entrepris par l'une si l'autre n'en
» est prévenue d'avance, et si elle n'est en mesure
» de la seconder [1]. »

Ces deux agences devaient correspondre avec les chefs de l'émigration et avec *les agens du ministère britannique* qui payaient les frais des crimes; cette dernière correspondance avait pour objet principal la *demande des secours* pécuniaires : les agens

---

[1] Les mouvemens dont parle Duverne de Presle étaient ordinairement des assassinats, des massacres, et depuis long-temps : cette correspondance existait si un soulèvement s'opérait à Paris, des massacres souillaient en même temps le midi de la France. J'en ai fréquemment offert des preuves dans ces Esquisses.

français devaient employer ces secours à leur gré, et sans s'astreindre aux instructions que le ministère anglais pourrait leur donner sur l'emploi des fonds. On pourra, dans la correspondance avec ce ministère, donner toutes les notions qui tiendraient au service de la cause; mais, ajoute Duverne de Presle, jamais les notions qui pourraient faciliter aux Anglais la prise de quelques-unes de nos places maritimes, et en général aucune *qui n'aurait d'utilité que pour eux.* Il dit, à l'appui de cet ordre, que les chefs de l'émigration *n'ont jamais cessé de penser que les services des Anglais étaient des services perfides qui n'ont pour but que l'entière ruine de la France.*

Plus d'une fois, dans cet ouvrage, on a eu occasion de fournir des preuves de la mésintelligence existante entre les puissances ennemies de la république, et surtout de la méfiance des émigrés envers le gouvernement anglais [1].

Duverne de Presle se plaint ensuite du peu de concert qu'ont montré les royalistes dans les assemblées primaires, et que pour obvier à l'avenir à ce défaut d'accord, pour réunir les royalistes et les forcer à marcher du même pas, les chefs de l'émigration imaginèrent de former deux associations mystérieuses, l'une, composée de royalistes éprouvés, était nommée les *amis de l'ordre*, ou la *coterie des fils légitimes;* l'autre, désignée sous le titre

---

[1] Voyez présent volume, pages 126, 127, 128.

d'*institut philantropique*, se composait des royalistes timides, des égoïstes, des indifférens.

Ces deux associations devaient être établies dans toute la république; le directoire exécutif, auquel Duverne de Presle avait fait parvenir les réglemens de ces sociétés, les fit imprimer [1].

Revenons aux deux grandes agences; elles se subdivisaient en *agences principales* et en *agences municipales*; ces dernières nommaient leurs commandans militaires, qui recevaient des instructions de l'autorité supérieure, et qui formaient des compagnies composées de royalistes courageux auxquelles on fournissait des armes. « Elles se mon-
» treront, dit Duverne de Presle, *sous les couleurs*
» *républicaines*; elles auront encore un autre objet,
» celui de *forcer par les menaces ou autrement* les
» membres de l'institut philantropique à se rendre
» aux assemblées primaires. »

Ces membres et leurs agens devaient s'occuper à séduire et corrompre les corps de troupes, « à en-
» *courager la désertion*, dit encore Duverne de
» Presle; ils retiendront les soldats déserteurs dans
» les campagnes, sous prétexte de les employer
» aux travaux de l'agriculture, et ne les enrôle-
» ront qu'au besoin.

» Dans les provinces où des insurrections ont
» existé, les commandans ne négligeront rien pour

---

[1] Voyez le recueil intitulé *pièces trouvées à Venise, dans le porte-feuille de d'Entragues*, pages 38, 41.

CHAP. VIII. — CONSPIRATION. 339

» y conserver, y augmenter l'esprit royaliste; *on*
» *y préparera les paysans à un nouveau soulève-*
» *ment.* »

S'il arrivait que les préparatifs devinssent assez puissans pour suffire au renversement du gouvernement républicain, alors on renoncerait à l'influence des assemblées primaires.

« Pour préparer et développer ce plan, conti-
» nue Duverne de Presle, il fallait des fonds, et
» l'Angleterre seule pouvait les fournir.

» M. de Précy a obtenu pour l'agence dont il est
» chargé, la permission de tirer sur M. Wickham,
» ministre d'Angleterre en Suisse, les fonds qu'il
» jugerait lui être nécessaires, sauf l'approbation
» de M. Wickham.

» Et moi, j'ai obtenu pour nos dépenses pré-
» paratoires, l'assurance d'une somme de 30,000
» livres sterling qui devait m'être payée dans le
» mois de la proclamation..... à condition pourtant
» que nous n'agirions pas avant les élections;
» 1,500 livres sterling pour achats d'habits blancs,
» pour fournir à l'habillement de quelques corps,
» payables, sur la présentation du marché, à la
» même époque.

» Enfin, on devait faire passer par nos mains
» des fonds dont la quotité n'était pas encore dé-
» terminée, pour les transmettre à MM. de *Puisaye* et
» *Frotté* (chefs de la chouanerie) dont la position
» exige des dépenses plus considérables que celles
» de nos autres arrondissemens. »

Duverne de Presle parle ensuite des dispositions militaires des royalistes et des ressources sur lesquelles sont fondées leurs espérances.

« M. de *Puisaye*, qui se croit en mesure de faire la contre-révolution, veut depuis long-temps se déclarer. Nous l'en avons empêché jusqu'à ce moment. Il étend ses intelligences depuis Brest jusqu'à Laval. Je crois qu'il compte sur plusieurs des corps qui sont employés dans cette partie.

» M. *Frotté* se trouvait encore à Londres à l'époque de mon départ; mais il comptait se rendre immédiatement en Normandie où il a laissé les officiers qui servaient jadis sous ses ordres. A en juger par leurs lettres, les dispositions des habitans du pays étaient très-favorables: ils demandaient le retour de leurs chefs; ils le pressaient vivement; car les royalistes qui sont assurés d'un canton croient tous qu'ils n'ont qu'à se déclarer et que la contre-révolution est faite...

» M. de *Rochecot* qui est chargé de préparer le Maine, le Perche et le pays Chartrain, était dernièrement à Paris... Son organisation militaire n'est que de quelques cents hommes; mais uniquement parce qu'il n'a pas eu assez d'argent pour s'en attacher davantage..... M. de *Rochecot* entretient des intelligences avec les corps répartis dans le Maine; il en a même à Caen. (Il y a relativement à lui trois choses que je ne veux vous dire que verbalement.)

» M. de *Bourmont* ne fait que commencer ses

» fonctions, depuis Lorient jusqu'à Paris. Dans
» cette partie il y a beaucoup de *philantropes* [1];
» les royalistes sont plus rares.

» M. *Mallet*, ancien aide-major de Château-
» vieux, est chargé de la Haute-Normandie et de
» l'île de France jusqu'à Paris; car tous nos arron-
» dissemens, jusqu'à cinquante lieues, forment
» un triangle dont un angle s'appuie sur Paris. Il
» est tout-à-fait organisé, aura des hommes tant
» qu'il voudra avec de l'argent. *Il est le plus en*
» *mesure pour les élections.*

» Dans l'Orléanais est employé M. *Du Juglazt*;
» je ne connais pas la mesure dans laquelle il se
» trouve; je le crois très-avancé.

» Du côté de la Picardie, celui du Senonnois et de
» la Brie sont encore sans chef, et par conséquent
» sans organisation. Nous attendions un M. *Buttes*,
» qui nous est annoncé comme ayant de puis-
» santes intelligences dans la première de ces pro-
» vinces.

» Nous nous occupions de renouer des intelli-
» gences dans la Vendée. Nous étions assurés du
» succès dans le Haut-Poitou. Un chevalier de
» *Pallu Duparc* a commencé une organisation. Il
» assure avoir des intelligences jusqu'à Rochefort
» et Bordeaux. Allait se rendre d'Angleterre le

---

[1] C'est-à-dire membres de l'association secrète, dite *insti-tut philantropique* dont il a été parlé ci-dessus, page 338.

» *duc de Lorges* pour organiser ce pays sous notre
» direction.

» A Paris, il y a deux compagnies de formées.
» Une d'elles est aux ordres de M. de *Frinville*, je
» crois; je ne connais pas le commandant de l'au-
» tre. Paris, comme vous l'imaginez bien, est le
» foyer de nos intelligences. Jusqu'à présent, nous
» n'avions pas essayé de *corrompre à prix d'ar-*
» *gent* [1]. Nous l'aurions tenté maintenant, afin de
» nous procurer des données sûres sur les projets
» du gouvernement. Je vous ai dit que j'avais en-
» tre les mains *le plan de descente en Irlande*, ou
» plutôt le rapport de Carnot relatif à ce plan. Je
» sais bien comment on me l'a procuré, mais je
» ne sais pas qui. Je pourrais aisément le savoir.

» Nous mettions beaucoup d'importance à ga-
» gner la police. Nous étions peu avancés à cet
» égard; mais vous savez que nous avions déjà
» fait un premier pas. Nous tirions aussi toutes les
» semaines un extrait du rapport des commissaires
» du pouvoir exécutif sur la situation de l'opinion
» dans les départemens.....

» Mais c'est dans les conseils que nous avons
» trouvé plus de facilités. Dès le mois de juin de
» l'année dernière [2], *il nous fut fait des proposi-*
» *tions au nom d'un parti qui se disait très-puis-*

---

[1] Duverne de Presle est certainement mal informé, ou ne dit pas la vérité.

[2] Prairial an IV.

» *sant*. Nous les transmîmes au roi [1]. On offrait de
» le servir à condition qu'il n'y aurait d'autre chan-
» gement à la constitution actuelle que la concen-
» tration du pouvoir exécutif dans sa personne.
» Le roi accepta le service; mais voulut discuter
» la condition. Il demanda en conséquence qu'on
» lui envoyât un fondé de pouvoirs. Depuis lors
» il n'a cessé de le demander; mais le parti, étant
» beaucoup plus faible qu'il ne s'était annoncé, a
» relâché ses prétentions, sans pourtant y renon-
» cer entièrement. De notre côté, pensant à rétablir
» le trône par le moyen même des deux conseils,
» nous avons jugé qu'ils resteraient les maîtres d'im-
» poser au roi leurs conditions, et nous n'avons pas
» insisté sur l'envoi [2]. Il est parti, il y a environ deux
» mois, quelqu'un qui, à ce que je crois, a porté

[1] On ne sera plus surpris, d'après cette déclaration, de l'obstination de certains députés à s'opposer à toutes les mesures proposées contre les manœuvres du royalisme. On ne sera plus étonné du discours d'un député du conseil des cinq-cents, qui, dans la séance du 18 frimaire an V, disait : « Je promène » mes regards sur la république française, et je me demande : » *Où est donc le royalisme dont on fait tant de bruit ?*

[2] Je pourrais nommer une quinzaine de membres du conseil des cinq-cents qui paraissaient, par leur opposition constante à toutes mesures conservatrices de la république, être dévoués au parti royaliste; mais je ne suis pas assez certain de leur véritable opinion pour donner cette nomenclature. D'ailleurs je craindrais, en la donnant, d'exposer les hommes qu'elle désignerait au blâme ou aux éloges que, suivant les temps, ils ne mériteraient pas.

» au roi là liste des membres qui désirent la mo-
» narchie, et dont le nombre s'élève à cent qua-
» tre-vingt-quatre, *je n'affirme rien sur ce fait*[1].

» La veille ou l'avant-veille de notre arrestation,
» une personne était venue proposer de donner
» au roi une *soixantaine* de membres ; elle s'en-
» gageait à obtenir une déclaration formelle de la
» part du fils du duc d'Orléans, portant qu'il ne
» prétend ni ne prétendra jamais au trône. On
» s'engageait de plus à envoyer le jeune prince
» auprès du roi ; mais on exigeait une foule de
» conditions. Vous sentez que nous écoutions tout,
» que nous promettions tout, sans prendre cepen-
» dant d'engagement formel.

» .... Plusieurs de nos agens s'occupaient des
» administrations particulières. Un d'eux m'a dit
» être sûr que dix présidens d'administrations mu-
» nicipales étaient gagnés ; mais il ne faut pas
» ajouter une foi entière à ce dire : *les royalistes*
» *se sont toujours fait illusion sur le nombre de leurs*
» *partisans*.

» Vous sentez que *nous avons payé plus d'une*
» *brochure, que nous avons donné des articles à*
» *insérer dans plus d'un journal et donné plus*
» *d'une fois de l'argent à des journalistes*........
» Nous avions pour nous un grand avantage d'o-
» pinion. Vous ne pouvez douter qu'*avec l'argent*

---

[1] Il fait bien de ne rien affirmer, car je puis assurer que ce nombre est fort exagéré.

» que nous allions avoir, nous n'eussions donné un
» grand développement à nos moyens.... Il est des
» faits particuliers aussi que je ne veux dire que
» verbalement.

» L'agence de M. de *Précy* est d'un état très-
» différent de la nôtre. Jusqu'à présent ses prépa-
» ratifs n'ont été que militaires [1], et ce n'est que
» dernièrement qu'il vient d'adopter nos mesures
» politiques. Il est dans ce moment à Berne où
» il reçoit continuellement les comptes que lui
» rendent les agens particuliers : il en a dans tout
» le Midi. Dès l'année dernière, il avait beaucoup
» de peine à arrêter l'ardeur d'une partie d'entre
» eux qui voulaient à toute force se soulever. C'est
» à Lyon qu'il a le plus de partisans [2]. Son grand
» objet est de s'assurer de quelques villes fortes
» pour ménager l'entrée en France de l'armée de
» Condé. Je suis sûr qu'il a des intelligences à
» Besançon. Je n'avais pas eu le temps de repren-
» dre ma correspondance avec lui, et je ne puis
» savoir rien de plus précis sur sa position.

» Au nom près de quelques individus, vous
» voilà aussi instruits que moi-même dans le secret
» de la conjuration. Pour la déjouer, je suis con-
» vaincu qu'il suffirait de publier ma lettre et les

---

[1] C'est-à-dire n'ont été que des assassinats.

[2] C'est-à-dire, c'est à Lyon qu'abondent les *compagnons de Jésus* qui égorgent et jettent dans le Rhône les républicains.

» réglemens des deux associations [1]; à cette lec-
» ture vous verriez tous les royalistes rentrer sous
» terre, et, pour ce moment, vous pourriez être
» bien tranquilles sur leur entreprise; mais il ne
» suffit pas qu'ils y renoncent pour un moment;
» il faut leur en ôter pour toujours la pensée; il
» faut faire tourner, à l'avantage du gouvernement,
» la découverte du complot actuel, et lui mettre
» entre les mains les fils sur lesquels on pourrait
» en tramer d'autres. Je vais développer cette der-
» nière partie, et je dirai ensuite mon opinion sur
» l'autre.

» Il va arriver deux choses : la première, que
» les royalistes qui pensent que le gouvernement
» ne tient que les chefs de la conspiration, et rien
» du tout de la conspiration même...; proposeront
» au roi et aux anglais d'envoyer tout uniment un
» ou plusieurs nouveaux agens pour nous rem-
» placer en marchant sur nos traces; mais avec
» plus de précaution encore.

» L'autre chose, c'est qu'un parti royaliste qui
» croit qu'il est impossible de renverser le gou-
» vernement, *autrement que par des excès*, fort de
» notre mauvais succès, va se présenter en même
» temps à Londres, à Blakembourg, pour de-

---

[1] Celles de la *cotterie des fils légitimes* et de *l'institut philantropique*. On voit dans le plan de ces associations mystérieuses que les déceptions sont le principal levier employé pour les enrôlemens.

» mander qu'on lui remette des moyens dont nous
» allions faire un si mauvais usage, promettant
» *que par l'alliance qu'il contractera avec les ja-*
» *cobins, ces hommes énergiques, il ramènera en*
» *France la terreur; à la suite de la terreur le*
» *rétablissement du trône.....* Alors le ministère an-
» glais, pour ne pas paraître instruit sur les moyens,
» laissera faire [1]....... Il existe un parti extérieur
» qui compte sur l'appui de l'Espagne. A la tête de
» ce parti sont MM. de la Vau... et d'Entragues... Ce
» parti croit avoir pour lui le roi d'Espagne, et en-
» tr'autres particuliers, le marquis de Las Casas [2]. »

[1] Pour entendre ce passage, il faut savoir que l'émigration était divisée en deux factions. Il est ici question de la faction de l'Angleterre, à laquelle un bon nombre d'émigrés était attaché. C'est cette faction qui, spécialement, faisait mouvoir les hommes de la terreur pour profiter de leurs excès, comme le fait est déclaré par Duverne de Presle ; ce sont les royalistes de cette faction qui, souvent, prenaient le langage et le masque des terroristes pour entraîner à des violences, à des crimes des hommes exagérés et de bonne foi. Cette faction, de création anglaise, a toujours été entretenue par le ministère de cette nation et a commis tous les crimes reprochés à la révolution.

L'autre faction, moins sanguinaire, procédait dans ses entreprises par les voies de la séduction, de la corruption, etc. Ces deux factions, dans leurs expéditions, se croisaient, se contrariaient ou s'entraidaient et produisaient d'affreux événemens : les plus clair-voyans ne pouvaient discerner la main secrète qui les faisait commettre.

[2] Voyez un recueil intitulé : *Corps législatif, conseil des cinq-cents, pièces trouvées à Venise, dans le porte-feuille de d'Entragues,* etc., numéro 11, pages 13 et suivantes, et page 25.

Par cette déclaration, le voile est déchiré, les intrigues les plus secrètes sont mises en évidence, et les manœuvres des différens ennemis de la république, découvertes.

On a vu le mécanisme extérieur des insurrections excitées par les ennemis de la république'; ici l'on voit l'organisation intérieure de ce mécanisme, ses ressorts cachés et les mains qui le font mouvoir; on a vu les effets, l'on voit ici la cause.

Le 17 ventôse de la même année, Duverne de Presle fit une seconde déclaration qui porte plus sur les personnes que sur les choses. Il parle d'abord d'un nommé *Despomelles* qui se faisait appeler *Thebau*, et avait eu de grands rapports avec *Lemaître*. C'est lui qui avait fait les réglemens de *l'institut philantropique*, et tracé les divisions militaires. Duverne de Presle présume que cet homme pourrait bien remplacer les commissaires arrêtés.

« Nous ne connaissons pas, dit-il, les membres
» du corps législatif qui sont de notre parti. *Le-*
» *mérer* et *Mersan*² étaient nos seuls intermé-
» diaires; mais les autres sont les membres de la
» réunion de la rue de *Clichy*, ou du moins la
» plus grande partie de ceux qui la forment.... »

L'Angleterre payait ici un nommé *Hardenberg*;

' Voyez présent volume, pages 274, 275.

² Deux députés du conseil des cinq-cents auxquels une douzaine d'autres députés de ce conseil s'associèrent.

celui-ci avait des rapports directs avec *Saladin*[1].

Elle payait également le nommé *Vincent*; il parle aussi de quelques autres agens de l'Angleterre et de l'émigration.

Le conseil des cinq-cents, ayant ajourné la discussion sur les prévenus qui révéleraient leurs complices, ces deux déclarations furent peu profitables à Duverne de Presle; mais elles le seront beaucoup à l'histoire, en mettant dans le plus grand jour les affreux mystères des ennemis de la liberté française, mystères inconnus à presque tous ceux qui ont écrit sur la révolution ou qui en parlent[2].

La révélation de ces mystères, faite par un des pricipaux initiés, confirme, à quelque chose près, le système que j'ai soutenu dans le cours de ces Esquisses. Ainsi sont expliquées, par ces déclarations, toutes les résistances qui, à diverses époques, contrarièrent la révolution.

Duverne de Presle, pendant la procédure, parla comme s'il n'avait rien révélé et soutint sa cause le mieux qu'il lui fut possible.

Après de longs débats, qui n'établirent point l'innocence des prévenus, le conseil de guerre

---

[1] Membre du conseil des cinq-cents qui conspira avec les royalistes au 13 vendémiaire.

[2] Il faut excepter l'histoire de France depuis la révolution par M. *Toulongeon*, qui a connu une partie de la vérité et l'a proclamée sans ménagement.

permanent, dans la nuit du 18 au 19 germinal, à une heure et demie du matin, rendit son jugement. Après s'être proclamé compétent, ce conseil, à l'unanimité, déclara coupables du délit d'embauchage, les nommés *Brottier*, *Duverne de Presle*, *Berthelot de la Villeurnoy* et *Poly*.

Les nommés *Sourdat*, *Leveu*, *Labarrière*, *Debar* et autres, au nombre de dix-huit, furent déclarés non coupables de ce délit.

Le commissaire du directoire réclama l'application de la loi qui, portant peine de mort contre les embaucheurs, condamne à cette peine les nommés *Brottier*, *Duverne de Presle*, *Berthelot de la Villeurnoy* et *Poly*.

Il requit que les autres prévenus déclarés non coupables d'embauchage, tels que *Sourdat*, *Leveu*, *Labarrière*, *Debar*, etc., fussent sur-le-champ mis en liberté; à l'égard des nommés *Guillemot*, *de la Houssaie* et *Leserteur*, il requit qu'ils fussent envoyés pardevant le directeur du juri d'accusation de l'arrondissement de Versailles, où ils étaient traduits, avant la procédure actuelle, etc.

Le président, après avoir pris l'avis du conseil, dit: « Considérant que les suites de leur délit n'ont
» point été funestes à la république, que leur ex-
» trême franchise dans les débats a démontré en
» eux plutôt l'erreur et le fanatisme de l'opinion
» que le dessein prononcé de nuire aux intérêts de
» l'État; que d'ailleurs la puissance du gouverne-
» ment actuel le met à l'abri des dangers qui

» pourraient résulter de l'existence des coupa-
» bles; et voulant user, à leur égard, de la fa-
» culté qui lui est accordée par la loi du 2ᵉ jour
» complémentaire de l'an III, de commuer et
» même diminuer la peine, suivant les circons-
» tances atténuantes de la gravité du délit; le
» conseil commue, à l'unanimité, *la peine de*
» *mort* encourue par les nommés *Brottier*, *Du-*
» *verne de Presle*, *Berthelot de la Villeurnoy* et
» *Poly*, et condamne, savoir: les nommés *André-*
» *Charles Brottier* et *Thomas-Madeleine Duverne*
» *de Presle*, l'un et l'autre à la peine de *dix*
» *années* de réclusion; le nommé *Frédéric-Charles*
» *Guillaume Poly*, à la peine de *cinq années* de
» réclusion; le nommé *Charles-Honorine Berthelot*
» *de la Villeurnoy*, à la peine d'*une année* de
» réclusion. »

A l'égard des autres prévenus, le conseil de guerre adopte le réquisitoire du commissaire du directoire.

« Le conseil ordonne en outre que la somme de
» *vingt-quatre mille livres tournois*, envoyée par
» *l'Angleterre* pour le compte de *Duverne de*
» *Presle*, et qui existe entre les mains du prévenu
» *Gaspard-Guillaume Leveu*, sera versée dans les
» mains du capitaine rapporteur près le conseil
» de guerre, à la charge, par ce dernier, d'en
» opérer le versement dans la caisse du payeur
» général de la trésorerie nationale, etc. »

La sentence fut prononcée le 19 germinal, à une

heure et demie du matin, et, dans le courant de la même journée, le directoire prit un arrêté qui ordonne que *Brottier, Duverne de Presle,* la *Villeurnoy* et *Poly,* seront réintégrés dans la maison d'arrêt du Temple et traduits devant les tribunaux pour y être jugés, non sur le crime d'embauchage, pour lequel ils ne peuvent plus être jugés, mais sur le fait de la conspiration contre la république, dont ils ont été déclarés coupables par jugement du conseil militaire.

Si l'on considère la nature des circonstances où se trouvait le gouvernement, encore jeune, et n'étant pas assis sur des bases assez solides; si on le considère sans cesse en butte aux traits des factions ennemies de la république, à leurs calomnies continuelles, aux assauts des conspirations perfides, sanguinaires et toujours renaissantes; si à ces considérations, on joint le devoir imposé au gouvernement par la nation française représentée, devoir qui l'oblige de conserver intact le dépôt sacré de la constitution; alors on sera à portée de juger la conduite du conseil de guerre et celle du directoire exécutif, et de juger si l'indulgence de ce tribunal n'était pas funeste et hors de saison, et si la sévérité du directoire ne se trouvait pas justifiée par des circonstances impérieuses.

Je ne prononce point; mais je dois ajouter que cette conspiration, précédée par tant d'autres, ne fut point la dernière.

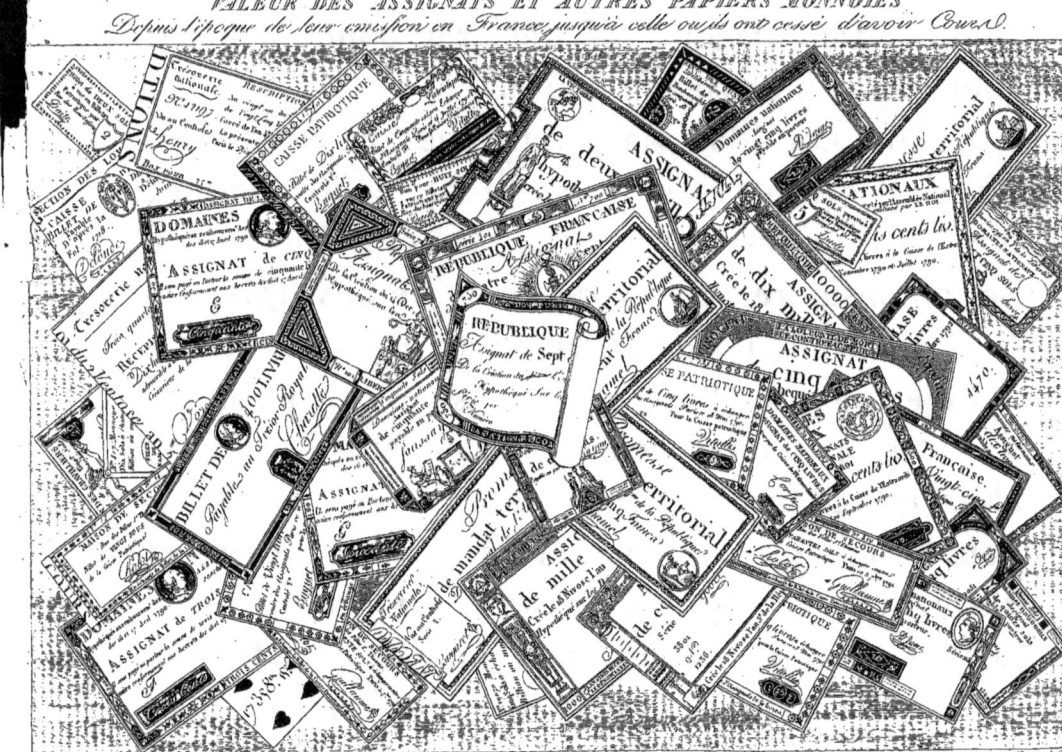

BONAPARTE
Général en chef de l'armée d'Italie.
(11 Avril, 1796).

BAUDOUIN frères, Rue de Vaugirard, N.° 36, A PARIS.

CHAPITRE IX.

ÉLECTIONS INFLUENCÉES; PARTI DE CLICHY FORTIFIÉ; PARTIS CONSTITUTIONNEL, CLICHIEN, DIRECTORIAL; MENACES DES ARMÉES FRANÇAISES CONTRE LES ROYALISTES DE CLICHY ET DES CONSEILS; BARTHÉLEMY NOMMÉ DIRECTEUR; VIOLENS DÉBATS, SCÈNE SCANDALEUSE DANS LE CONSEIL DES CINQ-CENTS; CONQUÊTES EN ITALIE; PRISE DE LORETTE ET DE ROME; LA MADONE ENVOYÉE AU DIRECTOIRE; MUSÉUM DE PARIS ENRICHI PAR CES CONQUÊTES; PRÉLIMINAIRES DE PAIX AVEC L'AUTRICHE SIGNÉS A LÉOBEN; ALLIANCE ET NÉGOCIATIONS DE PAIX AVEC D'AUTRES PUISSANCES; SIEYES ASSASSINÉ PAR UN ABBÉ; THÉOPHILANTROPES; CERCLES CONSTITUTIONNELS; VAINES TENTATIVES DES CONSTITUTIONNELS AUPRÈS DU DIRECTOIRE; SITUATION DE LA VILLE DE LYON; SOCIÉTÉS POLITIQUES.

La découverte des manœuvres de l'abbé Brottier, de la Villeurnoy, de Duverne de Presle et autres, et la punition de ces agens du royalisme durent momentanément déconcerter les conspirateurs en chef, mais ne dérangèrent presque rien dans leur plan arrêté. Les agences royales dans les départemens, secondées par plusieurs membres des deux conseils, et surtout par ceux qui dominaient la société de Clichy, travaillaient avec ardeur et sécurité, par les voies constitutionnelles, à ruiner la constitution. Ils avaient pour quelque temps renoncé aux attaques à main armée qui, jusqu'alors, avaient sans succès fait verser beaucoup de sang; ils avaient adopté une marche plus lente, qu'ils croyaient plus sûre et qui devait les conduire au même but. Cette marche, indiquée dans la déclaration de Duverne de Presle, fut exactement suivie. Le royalisme, pour s'emparer de la république, la dominer et l'anéantir, s'appliqua à placer ses partisans dans les principales fonctions. Il y parvint en influençant les élections qui se firent dans le mois de germinal an V. Elles s'opérèrent au milieu des agitations, résultat nécessaire des intrigues et des résistances qu'opposaient à la volonté générale les agens secrets ou la *cotterie des fils légitimes*, et l'obéissance des membres de *l'institut philantropique* à cette cotterie [1].

Par l'effet de cette influence, le nouveau tiers de députés se composa de plusieurs républicains, mais d'un plus grand nombre d'hommes qui ne l'étaient guère : les uns avaient déjà trahi la république, les autres se montraient disposés à les imiter ; ces nouveaux élus vinrent en partie renforcer la société de Clichy.

Tandis que les deux agences de Paris et de Lyon combinaient leurs attaques, que dans les départemens les *agens principaux* et *municipaux* les secondaient sourdement ou à force ouverte, que ces agens faisaient mouvoir les membres de

---

[1] Voyez sur ces deux associations secrètes, ci-dessus pages 337, 338.

l'institut philantropique; à Paris, la société de Clichy, composée des députés attachés au même parti, quoique tous n'adoptassent point les projets du royalisme pur, favorisait l'exécution de ces projets, en dirigeant sans cesse contre le directoire exécutif des attaques concertées, en restreignant ses pouvoirs, en soulevant l'opinion publique contre lui et contre ses agens, en déclamant sans cesse à la tribune, et en faisant répandre par une infinité de journaux, de libelles et d'affiches à sa disposition, mille calomnies contre les directeurs fidèles à leur devoir.

Les députés sociétaires de Clichy, à chaque occasion, demandaient le rapport de plusieurs lois qu'ils nommaient *révolutionnaires*, et ces lois étaient les premiers remparts que la république pouvait opposer à la contre-révolution. Ils demandaient le rappel des émigrés, celui des prêtres insermentés; ils demandaient tout ce qui pouvait troubler, désoler la France et anéantir la liberté.

Les députés républicains voyaient avec douleur et indignation la démolition successive de l'édifice constitutionnel qu'ils avaient élevé avec tant de peines et au milieu de tant de dangers. Ils résistaient de tout leur pouvoir aux démolisseurs; mais n'étant point en majorité, et ne concertant point leur résistance, ils ne faisaient que de vains et honorables efforts.

Cette diversité d'opinion et de but faisait souvent, dans l'un et dans l'autre Conseil, dégénérer les discussions en débats tumultueux, et causait quelquefois des scènes scandaleuses.

Le parti de Clichy avait la majorité, et de plus la force des actions concertées : dix hommes qui se concertent en surmontent mille qui agissent isolément.

Entre le parti royaliste de Clichy et celui des républicains, s'était formé un parti mixte, celui des *constitutionnels*, composé d'habiles royalistes, qui affectaient un attachement rigoureux à la constitution, et d'hommes purs, irréprochables, mais sans cesse effrayés par le fantôme de la terreur; pour le fuir ils s'écartaient de la voie salutaire, et se tenaient à une distance presqu'égale des républicains et des royalistes. Ce parti avait l'avantage de blâmer tour à tour les écarts des deux autres partis, d'être flatté, recherché par eux, et le désavantage de n'en contenter aucun. Ce tiers parti embarrassé était fort embarrassant ; son indécision devint funeste à la prospérité publique.

Ce parti *constitutionnel* était composé d'élémens différens; à l'arrivée du nouveau tiers, les royalistes le divisèrent. Sur la division de ce parti, écoutons un homme qui le connaissait bien et dont la véracité n'est pas douteuse.

« A cette époque (en l'an V), dit-il, on vit un
» troisième parti, c'était un dédoublement des
» *constitutionnels;* il avait dirigé une grande partie
» des élections du nouveau tiers des conseils, sur-
» tout celles de Paris; il affectait une grande

» sévérité de principes et la portait jusqu'au rigo-
» risme. Exclusif comme les jacobins, il repous-
» sait tous les hommes qui avaient pris quelque
» part à la révolution ; il était en opposition au
» directoire, nullement par conscience mais par
» système ; il annonçait hautement qu'il fallait
» anéantir les terroristes, proscrire les conven-
» tionnels, et rapporter toutes les lois révolution-
» naires. Ce parti dominait surtout dans le conseil
» des Cinq-cents : on y remarquait *Pastoret*,
» *Boissy-d'Anglas*, *Jourdan*, des Bouches-du-
» Rhône, *Henri Larivière*, *Lemerer*, *Camille*
» *Jordan*, *Pichegru*, *Delarue*, *De Mersan*, etc....
» Dans le conseil des Anciens, on comptait de ce
» parti *Tronçon-Ducoudrai*, *Siméon*, *Emery*,
» *Portalis*, *Marbé-Marbois*, *Dumas (Mathieu)*,
» *Berenger*, etc. [1].

» Il y avait certainement des ambitieux et des
» intrigans dans chaque parti, il y avait dans le
» parti constitutionnel d'honnêtes gens qui y te-
» naient plus par devoir que par principe. »

Il se trouve des ambitieux, des intrigans et des honnêtes gens dans tous les partis. Les ambitieux sont très-dangereux, parce qu'aucun crime, aucune bassesse ne les arrête ; les intrigans sont méprisables ; les honnêtes gens font rejaillir sur le

[1] Duverne de Presle, dans sa déclaration, dit que *Lemerer* (dont la figure était celle de Robespierre) et *De Mersan* étaient les seuls avec lesquels les agens du royalisme correspondaient.

parti qu'ils embrassent l'estime dont ils jouissent ; ils sont souvent trompés ; mais ce n'était pas ici la question, elle se réduisait à ces termes : Fallait-il attaquer ou soutenir le gouvernement ? fallait-il laisser détruire la république en la livrant à ses ennemis, ou la défendre en les combattant ?

Le cas était urgent, le royalisme avait pénétré jusqu'au cœur de l'état, le mal qu'il faisait empirait à vue d'œil ; ainsi un parti intermédiaire était hors de saison : il fallait se prononcer ouvertement et arborer sans dissimulation le drapeau du royalisme, ou celui du républicanisme, abattre Clichy ou le directoire.

Le directoire avait son parti, il était fort et se composait des membres des deux conseils qui, dépouillés de passion et de vaines craintes, voyaient clairement la marche progressive des Clichiens et les avantages effrayans et toujours nouveaux que le royalisme obtenait sur la république. Les principaux membres de ce parti étaient *Bailleul*, *Boulay de la Meurthe*, *Jean De Bry*, *Poulain-Grandpré*, *Chazal*, *Chénier*, etc.

Ce parti se composait aussi des armées et des généraux qui s'indignaient de voir une société, celle de Clichy, neutraliser leurs victoires et leur enlever le fruit du sang qu'ils avaient répandu et répandaient journellement. Bonaparte, qui déjà dictait des lois à plusieurs trônes, manifestait une pareille indignation contre cette société qui travaillait à faire passer le sceptre du pouvoir, en

France, en des mains qui n'étaient pas les siennes.

A l'occasion de la fête du 14 juillet, célébrée le 26 messidor an V, Bonaparte envoya au directoire une adresse, et donna à son armée un ordre du jour qui contenaient des témoignages de son indignation et des menaces contre le parti royaliste.

Dans un dîner, donné pendant cette fête, le général Berthier porta le toast suivant : « A la » constitution et au directoire de la république » française ! Qu'il soit, par sa fermeté, digne des » armées et des hautes destinées de la république, » et qu'il anéantisse les contre-révolutionnaires » qui ne se déguisent plus ! »

Voici celui du général Lannes : « A la destruc- » tion du club de Clichy. Les infâmes ! ils veulent » encore des révolutions : que le sang des patriotes » qu'ils font assassiner retombe sur eux. »

La réunion de Clichy avait ses meneurs et ses dupes, et ceux-ci n'y voyaient point de royalisme ; ils se croyaient menacés, poursuivis par les poignards sanglans de Marat ou de Robespierre. Chez les uns cette peur n'était que feinte, chez les autres elle paraissait sincère. Cette peur fit la force de Clichy ; les meneurs ne négligeaient rien pour l'entretenir et la fortifier : suivant eux, hors de Clichy tout était jacobin. Que ne fait pas la peur en politique !

Comme parmi les dupes il se trouvait quelques républicains de bonne foi, on se bornait, en leur présence, à déclamer contre le directoire, à peindre une partie de ses membres sous les couleurs les plus odieuses ; mais on se gardait bien de les mettre dans les grands secrets. Voici ce qu'à cet égard Thibaudeau nous révèle :

« Non contens de leur réunion de Clichy, les
» royalistes en avaient une moins publique chez
» *Gibert-Desmolières.* On assurait qu'elle était
» composée d'un député par département, et que,
» pour centraliser son action et mieux dissimuler
» sa marche, elle avait imaginé de nommer un
» comité de quarante membres qui s'était réduit
» successivement à vingt ; de vingt à neuf indi-
» vidus qui avaient le secret du parti et faisaient
» agir à Clichy et dans les conseils, conformé-
» ment au plan convenu[1]. »

Les manœuvres des clichiens ne furent pas sans profit pour leur parti. On s'en aperçut au premier prairial an V (20 mai 1797). Le général Pichegru, nommé membre du conseil des Cinq-cents, fut, par une très-grande majorité, élevé à la présidence de ce conseil. Les députés, pour la plupart, ignoraient encore les actes de trahison de ce général, et ne voyaient en lui que ses victoires ; et sans s'apercevoir de l'impulsion secrète qu'ils recevaient, ils saisirent avec enthousiasme l'occasion de lui témoigner leur gratitude. Pichegru, grâce à cette ignorance, obtint la presque unanimité des suffrages.

---

[1] Mémoires de Thibaudeau, tome II, page 182.

Cependant les élections venaient d'amener au même conseil un général qui, par ses hauts faits militaires, était aussi digne de la reconnaissance nationale, et l'était bien plus encore par son constant attachement aux principes du gouvernement républicain ; le vainqueur de Fleurus, *Jourdan*, parut dangereux aux clichiens ; Pichegru qui leur était cher, à cause de ses trahisons, fut préféré[1].

Un autre triomphe fut, dans le même temps, obtenu par les clichiens. Conformément à l'article 137, titre VI, un des cinq directeurs devait sortir par le sort, et un nouveau membre devait, par le corps législatif, être élu à sa place. Le conseil des Cinq-cents, dans sa séance du 5 prairial, et le conseil des Anciens, dans sa séance du 7 du même mois, nommèrent pour membre du directoire exécutif le citoyen *Barthélemy*, ambassadeur de la république française en Suisse. Cette nomination, fruit des manœuvres de la réunion de Clichy, accrut l'audace de ses membres. Ils étaient déjà en possession de diriger les principales opérations du corps législatif, ils voulurent les maîtriser entièrement.

« Les clichiens, dit Thibaudeau, obtinrent la

---

[1] La trahison de Pichegru pouvait être connue des meneurs de Clichy ; elle ne l'était point des autres députés. Elle fut découverte plus tard, lorsque Bonaparte, s'étant rendu maître de Venise, se saisit des papiers de d'Antragues et les envoya au directoire qui les fit imprimer le 18 fructidor. Sur cette trahison de Pichegru, voyez présent volume, page 231.

» création de commissions pour les affaires des
» colonies, pour reviser les lois révolutionnaires,
» celles sur les cultes, sur l'instruction publique,
» sur la marine, sur les armées. Les discussions
» qui précédèrent la création de ces commissions
» étaient remplies d'aigreur et de fiel[1]. »

Les membres de ces commissions, d'après les insinuations de Clichy, présentaient leurs rapports dans le sens du parti, les assaisonnaient de déclamations contre le directoire, contre ses agens et surtout contre la révolution et ses lois. Les expressions de la partialité la moins couverte, celles du mépris, et même les injures éclataient dans leurs rapports. Ils se plaignaient des excès révolutionnaires, et provoquaient des excès dans un sens opposé; ils prêchaient la modération avec les accens de la fureur; ils se disaient sans cesse les défenseurs les plus zélés de la constitution, et sans cesse ils en sapaient les fondemens.

Maîtres des commissions les plus importantes, ceux de Clichy, par une direction et des lenteurs combinées, mettaient en souffrance plusieurs parties du service, excitaient des plaintes et des mécontentemens qu'ils rejetaient sur le directoire et sur ses agens; ils l'accusaient du mal qu'ils faisaient eux-mêmes.

Le parti qui se croyait le plus sage, le parti *constitutionnel*, s'aperçut, mais un peu tard, des

[1] Mémoires de Thibaudeau, tome II, page 180.

manœuvres de Clichy, du but où tendaient les meneurs de ce club. Voici comment s'exprime un de ces constitutionnels sur l'état des finances :

« Plaintes persévérantes du directoire, pallia-
» tifs impuissans, augmentation du désordre dans
» toutes les branches du service, gémissemens des
» honnêtes gens : tel est le tableau qu'offre l'exa-
» men des discussions qui eurent lieu sur les fi-
» nances jusqu'au 15 fructidor.

» Les circonstances étaient alors devenues si pres-
» santes ; on était tellement alarmé de l'opiniâtre
» sécurité des commissions, si fatigué du despo-
» tisme de Gibert-Desmolières en cette partie, si
» convaincu que les plaintes du directoire n'étaient
» que trop fondées, que les membres de Clichy
» même résolurent avec les constitutionnels de
» demander que la commission des finances fût
» renouvelée. Vaublanc devait en faire la propo-
» sition ; il fut prévenu par Bérenger qui joignait
» au patriotisme du caractère et des lumières. Je
» l'appuyai fortement, mais nous fûmes combattus
» par les clichiens et les directoriaux. Hardy nous
» disait, en parlant des royalistes : *Ils ont fait le*
» *mal ; qu'ils s'en tirent comme ils pourront.* Ce
» fut pour nous un trait de lumière et un mauvais
» augure[1]. »

---

[1] Mémoires de Thibaudeau, tome II, page 200.

Il fallait être ombrageux comme l'étaient les constitutionnels pour tirer un mauvais augure de paroles qui résultaient na-

Voilà, à quelques discours près, les actes de résistance que les constitutionnels opposèrent aux entreprises des clichiens; et cependant en se réunissant franchement aux républicains, qu'ils nommaient *directoriaux*, ils auraient composé une majorité assez puissante pour arrêter les envahissemens des royalistes, pour faire disparaître les désordres que ces royalistes avaient introduits dans toutes les parties administratives; enfin assez puissante pour détourner un torrent de maux. Mais des amours-propres blessés, des préventions invétérées, irréfléchies, des espérances déçues avaient indisposé les constitutionnels contre les républicains; et quoique leurs opinions ne différassent que par une légère nuance, leur réunion ne put jamais entièrement s'opérer. S'ils s'accordaient à combattre l'ennemi commun, ils se rangeaient pendant le combat, sous des drapeaux différens, employaient une manœuvre qui leur était propre.

Cependant le gouvernement, sans défense, restait exposé aux coups des clichiens. Ceux-ci invoquaient contre lui des principes qui tuent, au lieu des principes qui conservent. La république était alors comme une place assiégée. Fallait-il qu'elle

---

turellement de la conversation et de l'état de la république, et que prononçait un homme connu pour un caractère franc, loyal, qui ne préméditait guère ses discours. Hardy devait être d'autant moins suspect aux constitutionnels, que Robespierre l'avait honoré de sa persécution; il était du nombre des soixante-treize.

ouvrît ses portes comme en temps de paix? elle était frappée de maladie, fallait-il lui imposer le régime de la santé?

Les clichiens fiers de leurs succès, fiers d'avoir dépouillé la constitution de ses lois conservatrices, dans les emportemens de la discussion, ne cachaient guère plus leurs desseins, prenaient le ton de maîtres, menaçaient et injuriaient ceux qui leur étaient contraires; ils témoignaient leur horreur pour les terroristes, et ils imitaient leurs fureurs.

La séance du 15 prairial fut remarquable sous ce rapport. Les clichiens, toujours en état d'hostilité contre le directoire, s'élevèrent avec fureur contre un de ses agens, contre Sonthonax, commissaire du gouvernement à Saint-Domingue, et lui imputèrent des fautes graves. Cette affaire, source de tant de rumeur, et de tant de volumes, était fréquemment et sans à propos ramenée dans les débats du corps-législatif. A l'occasion d'un projet de résolution sur les prénoms de *Marat* et de *Robespierre*, donnés à quelques enfans dans leur acte de naissance, on passa au commissaire Sonthonax, toujours accusé sans être entendu. Dumolard, répondant à son collègue le général Savary, se permit de dire: *Oui, des scélérats seuls peuvent défendre*

---

[1] Le général *Savary*, député au conseil des Cinq-cents, n'est pas le même que le général *Savary-Rovigo*; c'est un autre homme.

Sonthonax. De violens murmures s'élevèrent. Savary répondit: « Je m'attendais bien que Dumo-
» lard ne manquerait pas de se servir des moyens
» de tactique qui lui sont ordinaires. Cette tacti-
» que consiste: 1° à faire dire à un opinant ce qu'il
» n'a pas dit; 2° à effrayer le reste de l'assemblée
» par des déclamations usées et désormais sans ob-
» jet; enfin à nous présenter sans cesse ici les
» noms de *Marat* et de *Robespierre* comme des tê-
» tes de Méduse, qui doivent pétrifier tous ceux
» aux yeux desquels on les offrira... Quant à moi,
» je sais que de tels moyens ne m'effraieront pas,
» et que plus on aura mis d'emportement et de
» feinte chaleur à provoquer des contradicteurs à
» cette tribune, en les défiant d'y monter, plus je
» mettrai de sang-froid et de persévérance à faire
» entendre mon opinion: elle n'est point celle
» d'un parti; je n'ai jamais divisé les citoyens fran-
» çais qu'en deux classes, les républicains et ceux
» qui ne le sont pas, les amis de la constitution
» et ceux qui ne le sont pas.... Or, je le demande
» à Dumolard, ne se constitue-t-il pas juge de
» Sonthonax, qui n'est pas même accusé, lorsqu'il
» se sert d'expressions que nous venons d'enten-
» dre? Je lui demande, si, assis sur un tribunal,
» il oserait dire: *Celui qui défendra cet accusé*
» *sera déclaré son complice*. Eh bien! un législa-
» teur doit-il être moins prudent, moins circons-
» pect qu'un juge? etc. » On applaudit à Savary.
Bientôt après Tarbé monte à la tribune et fait un

rapport au nom de la commission des Colonies. Dès son début il déclare Sonthonax convaincu des crimes qu'on lui impute, et excite dans le conseil des murmures violens. « Nul ne se présente pour
» plaider sa cause..., dit-il; on veut ajourner le
» moment où ses pouvoirs cesseront.... Vous savez
» quels maux ont causés, ont produits à la France,
» depuis cinq années, les *décrets atroces* qui lui
» ont été enlevés par les mêmes hommes qui de-
» mandent aujourd'hui des ajournemens?....

» Une partie du conseil frémit d'indignation, » dit le rédacteur du Moniteur.

L'orateur furibond, quoique fréquemment interrompu, continue son rapport et ses déclamations virulentes contre les hommes et les choses de la révolution. L'indignation de l'assemblée ne peut plus être contenue; elle éclate avec violence. Cent membres sont debout, et demandent que le rapporteur soit rappelé à l'ordre; plusieurs s'élancent à la tribune; Thibaudeau a la parole : il dit que l'intention manifestée par le conseil avait toujours été de renvoyer toutes les propositions déjà faites à la commission des Colonies, afin qu'elle présentât un projet contenant un ensemble de mesures propres à sauver la colonie de Saint-Domingue. « Vous donniez au rapporteur une pro-
» fonde attention, ajouta-t-il; vous attendiez de
» lui un exposé rapide des faits, une analyse, un
» résumé des motifs déjà présentés. Qu'avez-vous
» entendu, représentans du peuple? une critique

» amère, une censure indécente des opérations
» des assemblées nationales depuis cinq ans...... »

L'orateur parle ensuite de l'assertion de Dumolard : « Ce n'était qu'un mot d'un membre, lancé
» au milieu d'une vaine et longue déclamation ;
» mais en ce moment le même système est professé
» par le rapporteur d'une commission.... Quel est
» donc ce système nouveau ? cette jurisprudence
» étrange, qui menace d'embrasser dans la même
» accusation, et l'accusé et celui qui se présentera
» pour le défendre ? Vous attestez que tel homme
» est coupable, et vous ne craignez pas de dire à
» vos collègues : *Si vous défendez cet homme, vous*
» *êtes coupables aussi.* Quel langage ! Est-ce une in-
» sultante ironie ? Est-ce un projet d'usurpation et
» d'asservissement ? Êtes-vous donc les juges d'un
» homme dont je ne conteste ni les erreurs ni les
» fautes ?.... Mais enfin, cet homme accusé devra
» paraître devant un tribunal ; voulez-vous le ju-
» ger à l'avance, dicter contre lui la sentence
» fatale, et ne l'envoyer devant ses juges que pour
» constater l'identité ? Ne vous y trompez pas, cette
» condamnation, prononcée à l'avance par des re-
» présentans du peuple, est, non-seulement un
» outrage à la justice, une violation des droits,
» un oubli des principes d'humanité, mais encore
» une usurpation directe et manifeste de ce pou-
» voir judiciaire dont vous réclamez l'indépen-
» dance. Ainsi vous ébranlez la constitution par
» sa base, vous, qui vous dites ses défenseurs......

» punissez, mais ne cherchez pas à comprendre,
» dans la proscription due au crime, des hommes
» qui s'honorent d'avoir fondé la république, et
» qui, n'en doutez pas, sauront la maintenir. »

Alors, de toutes les parties de la salle, ces cris d'adhésion : *Oui, oui, vive la république!* se font entendre, les chapeaux sont agités. Thibaudeau continue : « Je le déclare; si l'on veut bannir la
» liberté de cette enceinte, enchaîner les suffra-
» ges, étouffer les voix, on ne réussira pas. Si ce
» joug affreux nous menaçait, nous saurions le
» briser. »

Thibaudeau demande que le rapport de Tarbé soit renvoyé à la commission qui a manqué au conseil et s'est manqué à elle-même, et qu'elle en fasse demain un autre plus digne du conseil.

Tarbé demande à répondre, il cherche en vain à s'excuser, en disant que le rapport a été fait avec trop de précipitation; il est au désespoir de ce qui vient de se passer, et surtout d'avoir choqué la majorité de l'assemblée. On lui crie : *Dites toute l'assemblée.*

Son intention n'était point de jeter un ferment de discorde; il proteste de sa fidélité à la constitution qui est, dit-il, une *planche* salutaire, au milieu de l'orage que nous avons éprouvé. On lui crie : *Dites une forteresse.*

On demande à plusieurs reprises le renvoi à la commission, et l'on s'oppose à ce que Tarbé continue. Pastoret, Vaublanc parlent ensuite, et l'on persiste à demander le renvoi.

Merlin de Thionville est à la tribune : « Ce n'est » pas par quelques mots d'excuse, dit-il, qu'on » parviendra à effacer l'aigreur et l'amertume » d'un rapport qu'on avait préparé. »

Il parle ensuite de la marche progressive du royalisme. « Aujourd'hui on fait une proposition, » demain une plus forte, après demain une exa- » gérée. Le soir elles sont répétées dans Paris, » colportées par les journaux aristocratiques qui » les répandent dans les départemens et alarment » les citoyens sur le sort de la république... En » allant ainsi de plus fort en plus fort, de succès » en succès, où s'arrêtera-t-on, je le demande? ou, » pour mieux dire, où veut-on aller?... Est-ce à » la tyrannie? Celle qu'on semblerait vouloir nous » donner me serait en horreur, plus en horreur » peut-être, que celle sous laquelle nous avons » gémi ; de toutes les tyrannies, elle serait la plus » plate.... Hé quoi ! on vous parle de *décrets* » *atroces*, rendus depuis cinq années ; mais, si je » ne me trompe, dans ces cinq années, l'assem- » blée législative est comprise, et Tarbé en était » membre. Ce sont donc ses anciens collègues qu'il » accuse.... »

Il demande le renvoi du rapport à la commission, ce renvoi est enfin adopté [1].

[1] Moniteur n°. 261, 21 plairial an V. Conseil des Cinq-cents, séance du 15 prairial.

Cet échec ne découragea point les clichiens; on les vit, avec leur assurance ordinaire, continuer la même marche. Gibert-Desmolières, bientôt après, proposa un projet de résolution, dont l'objet était de dépouiller le directoire et le ministre des finances, de la surveillance des négociations de la trésorerie. En conséquence, il proposa de rapporter la loi du 3 frimaire an IV qui autorisait la trésorerie à faire des négociations avec l'approbation du directoire exécutif. Ce projet donnait toute la surveillance des négociations à la commission de finances, composée de membres clichiens du conseil des Cinq-cents. On demanda l'ajournement sur ce projet qu'on n'avait pas eu le temps d'examiner. Malès en fit sentir les graves inconvéniens; il supposa, ce qui était très-possible, que la trésorerie nationale et les commissaires, membres du corps législatif, pourraient s'entendre pour faire manquer tous les services et laisser le gouvernement sans ressource; « alors, l'armée sera sans paie, dit-il,
» sans nourriture, sans vêtemens, et on viendra
» vous dire: *Les commissaires de la trésorerie sont*
» *responsables :* singulière garantie avec laquelle
» on n'aura pu empêcher les bataillons de se
» dissoudre et le gouvernement de tomber en
» ruine ! »

On rejeta l'ajournement, et, malgré les nombreuses réclamations, on déclara l'urgence; on ferma la discussion, et le projet fut adopté par une majorité contestée : mais le président se hâta de déclarer que la séance était levée.

Le lendemain, Leclerc de Maine-et-Loire réclama contre cette résolution précipitamment arrachée, et qui, si elle était maintenue, déshonorerait le conseil. On interrompit Leclerc par l'ordre du jour.

Savary demanda que Leclerc fût entendu, et prouva par des exemples qu'il pouvait réclamer le rapport d'une résolution prise la veille.

Quoique souvent interrompu, Leclerc parvint à faire entendre cette phrase : « Il est impossible » que, dans la résolution prise hier, les bons » esprits ne voient pas l'effet de la lutte scanda- » leuse qui existe entre le directoire et la com- » mission des finances.... » Ces mots devinrent le signal d'un tumulte violent. *Vauvilliers*, celui qui avait fortement été compromis dans la conspiration de Brottier, la Villeurnoy, et qui, acquitté par le tribunal criminel, fut nommé député et faisait parti du dernier tiers, Vauvilliers demanda que l'orateur qui insultait le conseil fût rappelé à l'ordre.

A peine ces paroles sont-elles entendues, qu'il se manifeste une scène tellement bruyante et scandaleuse, que la Convention, dans le fort de ses orages, n'en avait guère vu de pareille. Sept à huit députés du nouveau tiers s'élancent avec fureur à la tribune, voici leurs noms : *Job-Aimé, Maillard, Duplantier, de la Haye* (de l'Aisne),

Couchery, *Madier*. Les cris, « *à l'ordre, à l'ordre,*
» *en place!* » se font entendre vainement.

« La tribune est assiégée, l'orateur Leclerc
» entouré de membres qui veulent lui ôter la
» parole... Le Moniteur nomme quelques députés,
» qui, suivant son récit, vinrent à la tribune pour
» soutenir Leclerc; mais c'est une erreur. Malès
» était à la tribune et y fut maltraité [1].

» Tout le reste du conseil est debout, dans la
» plus extrême agitation. Plusieurs altercations
» particulières s'engagent. Tout-à-coup des cris
» violens s'élèvent. On a vu *de la Haye* (de l'Aisne)
» s'élancer à la tribune, saisir *Malès* à la gorge,
» et celui-ci repousser vigoureusement l'autre, et
» le forcer de redescendre les marches de la tri-
» bune.

» Les cris à *l'ordre*, à *l'Abbaye,* se font entendre
» de toutes parts. Les huissiers se portent à la
» tribune. Le président se couvre. Une très-
» longue agitation succède. Ce n'est qu'avec une
» extrême difficulté et beaucoup de temps, que
» les huissiers parviennent à ramener l'ordre.

» L'assemblée entière est enfin dans le silence.
» La tribune est vide [2]. »

---

[1] Voyez le Moniteur n° 278, page 1112, 3e colonne, et n° 1128, 3e colonne.

[2] Moniteur nos 276, 277, séance du 1er messidor an V. Témoin de cette scène pénible, je puis dire que le Moniteur ne l'a pas décrite avec exactitude, que loin de charger le tableau il en a adouci les traits. Parmi ces furieux, il en était un très-

Le président découvert dit : Le citoyen Leclerc a la parole.

Leclerc, le plus doux des hommes, étonné d'être l'innocente cause de ces emportemens royalistes, reprend son discours, et soutient que la résolution adoptée est déshonorante parce qu'elle est le fruit de la précipitation ; « en effet, dit-il, c'est la pre-
» mière fois qu'il arrive qu'un projet de résolution
» entièrement lié à un rapport dont la lecture
» a duré deux heures et demie, est enlevé de vive
» force avec l'impression de ce rapport, sans dis-
» cussion, un jour où l'on sait que beaucoup de
» membres s'absentent du conseil, et malgré les
» réclamations de ceux qui voulaient l'ajourne-
» ment, jusqu'à la distribution du long travail
» dont ce projet est le complément. »

A ces raisons Leclerc ajoutait : « Mille voix s'é-
» lèvent déjà dans le public pour affirmer ce que
» je ne présente ici que comme un sujet de crainte,
» parce qu'il n'est que trop connu qu'il existe, de-
» puis long-temps, une lutte scandaleuse entre
» le directoire exécutif et la commission des fi-
» nances, et que dernièrement encore un des
» membres de cette commission s'est laissé em-

vigoureux, qui jeta en bas de la tribune un député républicain ; mais comme, dans une persécution assez récente, il a montré un beau caractère, a prouvé qu'on pouvait avoir un tempérament violent, et être juste et désintéressé, je ne le nommerai pas, ou si je le nommais ce serait pour le louer ; les actes de vertu effacent bien des fautes.

» porter à cette tribune, au point de rappeler des
» personnalités, des injures, des mouvemens
» de colère entre lui et les membres du direc-
» toire. »

On écouta paisiblement le discours de Leclerc; mais on repoussa ses propositions par l'ordre du jour. Quelques autres députés essayèrent de faire revenir l'assemblée sur sa résolution; mais leurs tentatives furent vaines. Les meneurs de Clichy voulaient se rendre maîtres des finances, et, par elles, opérer la contre-révolution.

Heureusement que le conseil des Anciens, dans sa séance du 9 messidor, rejeta, presqu'unanimement, ce projet de résolution.

Les clichiens obtinrent encore un avantage; le temps de la présidence de Pichegru était écoulé. On porta le général Jourdan pour lui succéder, mais ils s'étaient si bien concertés qu'ils parvinrent à faire nommer un député de leur parti, Henri Larivière.

Cet état de guerre, de tourmente, ces progressifs empiétemens de pouvoir, ces attaques continuelles, devaient avoir un terme funeste à l'un ou à l'autre parti; le gouvernement ou le royalisme devait succomber. On verra, dans la suite, le récit de cette catastrophe. Mais avant d'en offrir le tableau, je dois parler de divers faits qui en précédèrent l'époque, et notamment des succès de nos armées.

J'ai annoncé la prise de Mantoue par l'armée

d'Italie; après cette conquête et les victoires éclatantes de *Rivoli* et de la *Favorite*, elle marcha sur Rome, prit *Ancône*, et les douze cents hommes qui composaient l'armée du pape furent faits prisonniers. Cette armée prit aussi *Lorette* et sa chapelle illustrée par tant d'actes de dévotion, par tant de merveilles, tant d'offrandes; l'argenterie dont elle était enrichie devint la proie du vainqueur; on l'évalua, tant en or qu'en argent, à un million.

Les conquérans ne sont pas dévots. Outre les riches offrandes et les *ex-voto* que contenait la *Santa-Casa*, ils enlevèrent *la Madone* elle-même, si fameuse par ses miracles; elle n'en fit pas un seul pour punir ses ravisseurs[1].

Le 1er ventose an V, le pape conclut avec la république française un traité de paix par lequel il renonce à ses prétentions sur Avignon et le comtat Venaissin, cède Bologne, Ferrare, la Romagne, s'engage à payer vingt millions en numéraire et cinq en diamans ou effets précieux, etc.

Ce traité fut ratifié le 19 germinal par le conseil des Cinq-cents, et le 10 floréal par celui des Anciens.

Bonaparte, ayant assuré ses conquêtes en Italie, tourna une partie de ses forces contre l'Autriche

---

[1] Cette statue, transportée au palais du directoire, fut reléguée dans les greniers de ce palais, et y resta docilement jusqu'à ce que Bonaparte conclût le concordat avec le Pape.

antérieure. Le 26 ventose an V (16 mars 1798), il franchit le Tagliamento. L'archiduc Charles, forcé dans ses retranchemens, laissa le territoire vénitien et le Tyrol à découvert.

Le 29 du même mois de ventose, Bernadotte s'empara de vive force de la forteresse importante de Gradisca. Après plusieurs combats et plusieurs succès, le même général se rendit maître de Trieste. Le 9, Masséna, à la suite d'une action très-vive, s'empara de Klagenfurth, capitale de la Carinthie, et le 12 Bernadotte prit Laybach.

L'Autriche, pressée vivement par l'armée d'Italie, ne l'était pas moins du côté du Rhin. Le 1er prairial, l'armée de Rhin-et-Moselle, commandée par le général Moreau, passa le Rhin, en plein jour, en face de l'ennemi, prit Kehl, Offenbourg, etc.

Presque en même temps, dans la nuit précédente, l'armée de Sambre-et-Meuse, que commandait le général Hoche, passa aussi le Rhin à Neuwied et prit cette ville, ainsi que Diesdorff, et mit en déroute les troupes autrichiennes.

Ces deux armées allaient pénétrer dans l'intérieur de l'Allemagne, et leur début présageait des succès; l'armée d'Italie s'avançait sur Vienne. L'empereur, attaqué des deux côtés, sentit le danger; il demanda un armistice, et le 26 germinal (15 avril), il signa, à Léoben, les préliminaires de la paix. Aussitôt des courriers, envoyés aux armées, portèrent l'ordre de suspendre les hostilités contre l'Autriche.

Alors, le général Hoche écrivit au directoire une lettre dont voici la première phrase : « Après » avoir fait trente-cinq lieues en quatre jours et » obtenu la victoire dans trois batailles et cinq » combats, l'armée de Sambre-et-Meuse a appris » avec la plus douce émotion, sur les bords de » la Nidda, la nouvelle de la paix, etc. »

Moreau écrivit, le 7 floréal, sur le même sujet au directoire en ces termes : « L'adjudant-général » Sola vous porte le traité conclu avec l'empereur; » sa conclusion rend inutiles toutes les dispositions » militaires, etc. »

Cette nouvelle, annoncée le 6 floréal au corps législatif, produisit le plus vif enthousiasme parmi ses membres.

Le conseil des Cinq-cents décréta que les armées de la république avaient bien mérité de la patrie et de l'humanité; et sur la motion de Jean de Bry, décréta qu'une fête serait célébrée en mémoire de la cessation des hostilités, et qu'un monument serait élevé pour en conserver le souvenir. Le directoire, le 14 floréal, adressa des lettres de félicitation, témoignages honorables de bonne et glorieuse conduite, à plusieurs militaires; au général de division *Desaix*, au général de division *Duhem*, au général *Jordie*, à l'adjudant-général *Demont*, au général *Debelle*, au général de division *Championnet*, au général de division *Lefebvre*, au général de division *Grenier*, au général de brigade *Ney*, au citoyen *Soult*, aide-de-camp, employé à l'armée de Sambre-et-Meuse, qui tous s'étaient distingués par leur courage aux divers passages du Rhin et dans les affaires qui suivirent ce passage.

Les bases des stipulations préliminaires avec l'empereur étaient sa renonciation à la Belgique, la reconnaissance des limites de la France, telles qu'elles avaient été décrétées; l'établissement et l'indépendance d'une république dans la Lombardie.

On publia, à cette époque, le sommaire suivant de tous les avantages remportés par les troupes de la république, depuis le 15 pluviose an III, jusqu'au 1er ventose an V:

« Cent soixante-onze victoires, dont trente-six
» en batailles rangées; soixante-huit mille neuf
» cent cinquante ennemis tués; cent vingt-quatre
» mille huit cent trente-sept prisonniers de guerre.
» Prise de cent cinquante-une places fortes ou
» villes importantes; deux cent trente-six mille
» forts, camps ou redoutes; quatre mille trente-
» huit bouches à feu; soixante-dix-huit mille
» cinq cent soixante-un fusils; un million neuf
» cent cinquante-huit mille cent cinquante livres
» de poudre; cent trente-cinq drapeaux; trois mille
» neuf cent trente-six chevaux, etc., etc., etc. »

Que de maux, que de désastres, que de sang

---

[1] Second tableau des campagnes des Français, page 68.

répandu dans l'intervalle d'à peu près deux ans, pour défendre une cause sainte contre les attaques redoublées du despotisme !

Des troubles excités par les oligarches de Venise et par douze mille Esclavons qu'ils avaient fait venir dans cette ville, excitèrent et soulevèrent les patriotes. Quelques membres de la junte, et notamment le doge, le 18 floréal, proposèrent de changer le gouvernement et de se jeter dans les bras des Français. Ils firent ouvrir et exposer aux regards du public les fameuses prisons appelées *Piombi*, où tant de victimes avaient perdu la liberté et la vie.

Cependant, les Esclavons avaient grossi leur nombre et couraient les rues en menaçant les habitans et criant : *Vive saint Marc!* Le gouvernement ne s'opposa pas aux excès de cette troupe; il y eut beaucoup de tumulte. Le lendemain, les habitans s'étant mis sur la défensive, les brigands furent dispersés. Après l'arrivée d'un corps de troupes françaises, commandé par le général Baraguey-d'Hilliers, la tranquillité fut entièrement rétablie.

Le 27 floréal, le général Augereau, à la tête de sa division, entra dans Venise, et une municipalité remplaça l'ancien gouvernement.

Dans le même temps, un mouvement à peu près semblable eut lieu dans la ville de Gênes, et la république ligurienne commença à s'établir.

Les conquêtes d'Italie produisirent, outre des alliés, des forces nouvelles, la diminution de celles de nos ennemis, des contributions considérables, et des avantages d'un autre genre. Conformément aux traités conclus avec diverses puissances, le gouvernement français, en l'an V, nomma une commission composée d'artistes et de savans, chargés de recueillir les chefs-d'œuvre des arts et les plus précieux monumens de l'antiquité, conservés dans les villes de Parme, Plaisance, Milan, Crémone, Modène, Cento, Bologne, Mantoue, Pesaro, Fano, Lorette, Perouse, Foligno, Venise, et de Rome. Les commissaires recueillirent d'abord les chefs-d'œuvre de peinture, et le Musée de Paris, fondé par la Convention, s'enrichit de cent quarante-deux tableaux; les plus beaux ouvrages de l'Albane, des Carraches, du Corrège (on admirait, de ce dernier peintre, son Saint-Jérôme, un des plus beaux tableaux de la peinture moderne); du Dominiquin, du Guerchin, du Guide, de Léonard de Vinci, du Parmesan, du Perugin, de Pietro, de Cortone, de Raphaël, etc., etc. Ces précieux tableaux se trouvaient, pour la plupart, dans un état de dégradation qui ne permettait pas qu'on les exposât en public. Il fallut les nettoyer, les encadrer tous, en rentoiler et restaurer plusieurs. Ils ne purent être exposés, dans le grand salon du Muséum, que le 18 pluviose an VI.

Dans la suite, de nouveaux tableaux envoyés à Paris accrurent le nombre de ces chefs-d'œuvre. Le Muséum s'enrichit encore des productions des plus célèbres sculpteurs de l'antiquité, déterrées, à diverses époques, et conservées à Rome, au Musée du Vatican, et ailleurs. On y vit le torse, la belle Vénus, dite de *Médicis*, le Laocoon, et cette belle statue, nommée *Apollon du Belvédère*, ouvrage incomparable et sans prix, la plus sublime production de l'art du statuaire. En l'an IX, ces monumens, au nombre de cent quatre-vingt-quatre, furent exposés, pour la première fois, au Muséum, dans la galerie des Antiques.

Les mêmes conquêtes produisirent à la France des monumens littéraires, des volumes manuscrits et imprimés, très-précieux par leur rareté, e.c., etc. On sait quel fut en 1815 le sort de tant de richesses; les conquêtes enlevèrent au Muséum ce que les conquêtes y avaient apporté.

Les mois de germinal et de floréal furent fertiles en grands événemens. La paix faite avec le pape, les préliminaires de paix signés par l'Autriche, les antiques républiques de Venise et de Gênes, tyrannisées par leurs magistrats, furent dissoutes, et des municipalités les remplacèrent. Les républiques liguriennes ou *cisalpines* commencèrent à s'organiser. Ajoutons que le roi de Portugal envoya un négociateur en France pour traiter la paix avec la république; ce négociateur, refusant d'accéder à des propositions qu'il avait d'abord admises, fut invité à sortir de Paris et de la république.

La république conclut, à la fin de germinal,

un traité d'alliance offensive et défensive avec le roi de Sardaigne.

L'Angleterre envoya de nouveau, au mois de prairial, un négociateur pour traiter de la paix avec la France : c'était lord *Malmesbury*. Les commissaires du directoire étaient : *Le Tourneur*, ex-directeur, *Préville le Pelley*, officier de marine, et *Maret*. Le lieu des négociations fut la ville de Lille.

Pour caractériser le tableau de l'intervalle de temps que j'ai parcouru dans ce chapitre, je dois y joindre quelques autres traits.

Le 22 germinal an V, l'abbé *Poule*, neveu du célèbre prédicateur de ce nom, se présenta au mois de ventose, chez le député Bentabole, y déclama contre la représentation nationale, provoqua ce député à se battre en duel, et, quelques jours après, lui adressa une lettre injurieuse et menaçante. Le 21 germinal, le même abbé se rendit au palais des Tuileries où logeait le député et archiviste Camus, lui fit les mêmes provocations, lui adressa de pareilles injures, et lui dit : *Il faut que vous me fassiez raison ; il faut nous battre ensemble.*

Le lendemain, 22 germinal, sur les sept heures et demie du matin, cet abbé s'introduisit dans l'appartement du député Sieyes. Après l'avoir attendu dans son antichambre, il vit paraître ce député. Poule demande qu'il lui fasse payer sa pension. Sieyes répond qu'il ne se mêle pas d'affaires individuelles. L'abbé insiste ; Sieyes l'invite à se retirer, le prenant, à son costume et à ses discours, pour un charretier. Après plusieurs débats, l'abbé Poule tira un pistolet de sa poche et dit : *Je ne sors pas d'ici; il me faut de l'argent ou je vous brûle.....* Sieyes montre ses goussets vides, et demande le temps d'aller dans son cabinet pour y chercher de l'argent. Pendant qu'il s'y dispose, ce dialogue animé et bruyant avait attiré la domestique de Sieyes. Ce fut lors de son apparition que l'abbé Poule ajuste et lâche son pistolet sur Sieyes, qui, opposant son bras pour parer le coup, fut gravement blessé. Le pistolet, trop fortement chargé, éclata dans la main de l'assassin. Sieyes, dont le sang ruisselait, eut la présence d'esprit de pousser dehors sa domestique, de sortir avec elle et de renfermer l'abbé Poule dans son antichambre. Enfin, l'assassin fut arrêté; et, le 15 prairial, traduit devant le tribunal criminel de la Seine, qui le condamna à vingt ans de fer et à six heures d'exposition.

Le tribunal, si indulgent à l'égard de certains accusés, se montra trop sévère envers celui-ci, qui n'était qu'un *fou dangereux*, comme le dit l'archiviste Camus.

Je ne parlerai point d'une prétendue insurrection des hommes du faubourg Saint-Antoine, que les membres de Clichy présentèrent comme un épouvantail, et qu'une patrouille de huit hommes suffit pour dissiper; ni des lois qui favorisaient la rentrée des émigrés et des prêtres déportés ou sortis volontairement, et contribuer à la ruine de la république.

Je ne m'arrêterai pas sur d'autres matières, plus ou moins importantes, qui furent l'objet des débats du corps-législatif, sur les interminables discussions qui s'élevèrent au sujet de nos colonies, sur l'état des finances, sur la validité de certaines élections troublées par des malveillans, sur les troupes de brigands appelés *chauffeurs*, etc., etc. Mais je crois convenable de parler de quelques établissemens que fit le directoire pour ramener la classe peu instruite de la société à des principes de morale dont les orages de la révolution l'avait écartée, et pour opposer des digues au torrent contre-révolutionnaire qui inondait Paris et les départemens, y causait des ravages, et en faisait craindre de plus graves encore. Je citerai d'abord l'association des *théophilantropes*.

Cette association fut organisée au mois de nivose an V. Ceux qui examineront sans prévention les bases et le but de cette institution, jugeront que, dans les circonstances, elle était éminemment nécessaire. On n'y professait point une religion nouvelle, on y respectait toutes celles qui existaient, on s'abstenait rigoureusement de déclamations contre elles; on plaignait, sans les blâmer, les personnes entraînées dans les erreurs, adonnées aux superstitions de toutes les sectes, et on y recommandait les devoirs qui lient les individus à leur famille, et les familles à la société.

On n'y trouvait rien qui pût faire naître des passions haineuses, les schismes, les controverses, rien qui pût enflammer l'ambition ni l'amour des richesses ; peu de cérémonies, et aucune d'elles ne donnait prise au ridicule. Point de serment, point d'engagement, de menaces, ni de rigueurs. On employait la raison et les leçons de l'expérience pour introduire dans tous les cœurs les principes du juste et de l'honnête. Cette institution était un cours de morale.

On ne pouvait, sans éprouver la plus douce émotion, dans la salle consacrée aux réunions des théophilantropes, lire les principes de sociabilité, les préceptes moraux, inscrits sur les murs de cette salle. En voici quelques-uns :

Nous croyons à l'existence de Dieu et à l'immortalité de l'ame.

Adorez Dieu, chérissez vos semblables ; rendez-vous utile à la patrie.

Le bien est tout ce qui tend à conserver l'homme et à le perfectionner.

Le mal est tout ce qui tend à le détruire ou à le détériorer.

Enfans, honorez vos pères et mères et obéissez-leur avec affection ; soulagez leur vieillesse ; pères et mères, instruisez vos enfans.

Femmes, voyez dans vos maris les chefs de vos maisons, rendez-vous réciproquement heureux.

Des discours étaient prononcés par un orateur qui faisait sentir les avantages d'une vie régulière, des actes de bienfaisance et de vertus; des hymnes étaient chantés avec enthousiasme par les assistans qui se croyaient au milieu de parens et d'amis bienveillans....

Quoique ces réunions fussent dépourvues de l'attrait des cérémonies, des pompes religieuses, de l'entraînement des récits merveilleux, qu'elles parlassent plus au cœur qu'aux sens et à l'imagination, le nombre de ceux qui s'y rendaient croissait avec une telle rapidité qu'on fut obligé de multiplier, dans la capitale, les lieux d'assemblées. Il s'en forma dans les départemens; il s'en forma même hors de France. Les théophilantropes prospéraient lorsque Bonaparte parut avec ses projets ambitieux : les despotes redoutent les moralistes. Ceux-ci furent sacrifiés, et l'an X (1801) vit disparaître ces associations.

Vers la même époque, au commencement de messidor an V, se forma une autre institution, purement politique. Ce fut le *cercle constitutionnel*, société destinée à balancer l'influence, toujours croissante, du club de Clichy. Tous les députés qui ne fréquentaient pas cette dernière société, se rendirent dans la nouvelle. Il s'y introduisit aussi des patriotes étrangers au corps-législatif, et des hommes plus ambitieux du pouvoir et de la fortune que de la prospérité publique; il y eut enfin des intrigans comme il s'en trouve dans toutes les réunions politiques.

Thibaudeau blâme l'établissement du cercle

constitutionnel : « Ce qu'il avait de mieux à faire, » dit-il du directoire, c'était de dissoudre Clichy, » et s'il l'eût voulu, *rien n'eût été plus facile.* » Mais si le directoire eût tenté cette dissolution, les Clichiens, les *constitutionnels* eux-mêmes n'eussent-ils pas élevé la voix contre lui? ne l'eussent-ils pas traité de violateur de la constitution qui, à de certaines conditions, autorisait l'existence des sociétés politiques[1]?

Il eût fallu prouver que le club de Clichy était une association contraire à l'ordre public, faire le procès à ses membres; rien n'était plus difficile, n'était plus dangereux alors.

Les députés, membres du club de Clichy, concertant les attaques qu'ils se proposaient de faire dans le corps législatif, on sentit la nécessité de concerter la défense et de réunir les autres députés pour opérer un concert d'action, pour s'entendre dans les nominations et obtenir une majorité ; dans l'état des choses il parut nécessaire de battre les ennemis du directoire avec les mêmes armes que ces ennemis employaient contre lui.

Ce fut alors que le parti, nommé *constitutionnel,* tenta de se rapprocher du directoire. Il fit des démarches auprès du directeur Carnot, elles furent accueillies; mais les autres directeurs, moins favorablement disposés, persistèrent à ne faire aucune concession. Les ambitieux de ce parti constitution-

---

[1] Constitutions de l'an III, article 362.

nel s'emparèrent de la négociation. « Ils exigeaient,
» dit Thibaudeau, comme une condition préala-
» ble et *sine quâ non*, des changemens dans le
» ministère. Ils voulaient faire renvoyer *Merlin*,
» *Truguet*, *Ramel*, et *Charles Delacroix* : Carnot
» et Barthélemy y consentaient. On sonda Barras
» sur ce changement, il n'y parut pas très-opposé[1]. »
Le changement fut refusé.

« Cependant les clichiens, instruits de ces ten-
» tatives de rapprochement, mirent tout en œuvre
» pour les empêcher de réussir... Ils continuaient
» de souffler le feu sur des matières embrasées ; ils
» poussaient le directoire hors de mesure par leurs
» accusations, et le représentaient aux constitu-
» tionnels comme insensible à leurs avances. Ainsi
» les constitutionnels, en voulant ramener le di-
» rectoire à la paix, excitèrent, sans le vouloir, la
» guerre dans son sein ; car dès ce moment se
» forma irrévocablement, entre les directeurs, la
» scission qui isola entièrement *Carnot* et *Barthé-
» lemy* de leurs collègues[2]. »

---

[1] Mémoires de Thibaudeau, tome II, page 208.
[2] Ibid., page 209.

On conçoit sans peine comment Barthélemy, que les royalistes comptaient parmi leurs partisans, et que le parti de Clichy
avait porté au directoire, dût être attaché à ce parti ; mais
on ne peut aussi facilement expliquer comment Carnot, célèbre par la droiture et l'énergie de son caractère, autant que
par ses talens et son patriotisme, ait en quelque sorte secondé
les projets de Clichy et se soit associé au sort de cette société.

Les clichiens, contrariés par l'établissement du *cercle constitutionnel*, ne pouvaient contenir l'expression de leur mécontentement. Le Marchant de Gomicourt, dans la séance du 9 messidor du conseil des Cinq-cents, fit un rapport sur la destruction des loups. Il trouva plaisant de mettre en parallèle ces animaux dévorans avec les membres des sociétés populaires. Il dit ensuite : « Des renseignemens, postérieurs au premier rap-
» port que je vous ai soumis, ont instruit votre
» commission que ces animaux féroces com-
» mencent à donner de justes inquiétudes, que
» voyant sans doute quelques moutons (les cli-
» chiens) se réunir, ils ont cru devoir en faire
» autant : mais, citoyens, vous saurez proté-
» ger les porteurs de laine, et peut-être, pour
» anéantir leurs ennemis, adopterez-vous le pro-
» jet de résolution que je présente à la discussion. »
Cette plaisanterie fade, déplacée et de mauvais

Cette étonnante métamorphose se serait-elle opérée parce que, comme dit Thibaudeau, *Carnot*, poussé par les ambitions du parti constitutionnel, ayant proposé aux autres membres du directoire, le changement du ministère fut irrité de voir sa proposition rejetée ou éludée? Ou serait-ce parce que son épouse, qui exerçait sur son esprit un empire absolu, trompée elle-même par des rapports et des insinuations perfides, l'aurait porté à embrasser un parti contraire à ses principes? C'est sur quoi je ne prononcerai pas. Dans les mémoires de Carnot on voit bien les témoignages de son irritation, mais on n'en voit guère la cause.

goût, plut fort aux clichiens, et fit sourire de pitié ceux qui n'étaient pas de ce parti.

Une partialité évidente déshonorait la majorité du corps législatif. Deux partis paraissaient dans cette arène. L'un combattait pour obtenir la rentrée des émigrés, la rentrée des prêtres déportés, et la contre-révolution qui devait en résulter, demandait le rétablissement des cloches dans les clochers des villes et des villages, moyen favorable aux soulèvemens et toujours employé avec succès par les insurgés de la Vendée[1]. Ce parti dépouillait chaque jour la constitution de ses lois protectrices, la laissait dans cet état de dénuement, exposée aux assauts de ses ennemis; il l'embrassait pour l'étouffer, et employait jusqu'aux matériaux de son édifice pour en saper les fondemens.

L'autre parti, le parti des républicains, à ces manœuvres sourdes opposait des faits. Voici quelques parties du discours qu'à la séance du 16 messidor prononça le député Bailleul :

---

[1] Ce fut le député Camille Jordan qui proposa au conseil des Cinq-cents le rétablissement des cloches. Pons de Verdun publia à ce sujet une chanson dont le refrain était :

> Que serait la religion,
> Sans les dindin, dindin, dindon.

Camille Jordan était un honnête homme trompé, qui, craignant le retour de la terreur passée, s'aveuglait sur l'état présent.

« Vous avez entendu le rapport sur les cultes [1]; rapport qui, selon moi, équivaut à la plus horrible conspiration.... Enfin on vous a proposé le rappel des prêtres déportés ; il n'y a pas jusqu'aux orgues et aux cloches qui ne soient l'objet de votre sollicitude.... Échauffer le fanatisme, rappeler les prêtres insoumis, ouvrir nos frontières aux émigrés; voilà quelle sera la conséquence nécessaire des propositions que je viens d'énoncer. Vous pouvez mépriser ces réflexions; mais vous n'arrêterez pas les malheurs qui vous menacent et qui fondront sur vous.... il faut être bien cruellement aveugle ou de bien mauvaise foi pour ne pas frémir, je ne dirai pas de ce qui doit arriver, mais des horreurs déjà commises, mais des horreurs qui se commettent chaque jour, à l'ombre de cette humanité barbare qui promène le poignard du fanatisme, du royalisme et de la vengeance sur les républicains.

» Il n'y a pas de jour que l'on ne vous parle de la terreur.... mais que ne vous parle-t-on de cette terreur nouvelle qui pèse sur toute la France ? que ne met-on sous vos yeux les cadavres de ces administrateurs fidèles, de ces acquéreurs de domaines nationaux, massacrés, non pas il y a trois ans, mais avant-hier, mais hier ? que ne vous dit-on quels sont ces sicaires et de qui ils reçoivent leur impulsion ? On ne vous parle pas de l'impunité des

---

[1] Rapport de Camille Jordan.

» crimes les plus épouvantables; ils continuent
» leurs ravages, et, les pieds dans ce sang si cher
» à la patrie, on vient sérieusement, et d'une voix
» calme et sanctifiée, vous proposer de sonner
» des cloches. »

Le parti de Clichy s'opposa vivement, et avec succès, à l'impression demandée du discours de Bailleul.

Dans la même séance du 16 messidor, le directoire adressa au conseil des Cinq-cents un message dont voici quelques parties.

« Le directoire se voit forcé de vous peindre la
» triste situation où se trouve la commune de
» Lyon. Cette cité intéressante par sa population,
» ses manufactures et son commerce, dont les
» habitans ne désirent que le calme et la tran-
» quillité, est depuis long-temps le réceptacle
» d'une foule de brigands qui y accourent de
» plusieurs points de la république, qui s'agitent
» sans cesse et se permettent chaque jour des
» vols multipliés, des voies de fait et des assas-
» sinats [1]. Des renseignemens précis, que le direc-
» toire a reçus, annoncent que ces brigands,
» connus sous le nom de *chauffeurs* et de *compa-*
» *gnons de Jésus*, sont réellement organisés en

---

[1] Ces brigands étaient les agens que M. de Précy entretenait à Lyon avec l'argent de l'Angleterre. Précy était le chef de l'agence royale qui comprenait tous les départemens méridionaux de la France. (Voyez ci-dessus présent volume, pages 336, 339, 345.)

» compagnies et commandés par des chefs dont
» les projets contre-révolutionnaires ne sont pas
» douteux. Leur nombre augmente de jour en
» jour et devient continuellement plus effrayant;
» ces bandes sont renforcées par des déserteurs,
» des réquisitionnaires et par des émigrés rentrés,
» que la correspondance assure être en grand
» nombre dans cette commune. Ceux-ci, à la vé-
» rité, ont beaucoup plus de soin que les autres
» de se cacher; mais leur haine connue pour le
» gouvernement républicain, le ressentiment
» qu'ils conservent contre une révolution qui les
» a privés de leurs biens, sont pour eux des mo-
» tifs de fomenter en secret les désordres, et sur-
» tout de désigner aux poignards les acquéreurs
» de domaines nationaux.

» Les excès commis par cette horde de brigands,
» ne se concentrent pas dans la seule commune de
» Lyon; ils affligent encore les départemens qui
» environnent celui du Rhône. C'est par eux que,
» le 5 de ce mois, *Harel*, maréchal-des-logis du
» neuvième régiment de dragons, a été blessé à
» Lyon de deux coups de poignard. Un des indi-
» vidus dénoncé comme assassin du Corse *Histria*,
» qui ont été acquittés, est prévenu d'être l'auteur
» de ce meurtre [1]; c'est par eux que, le 27 prai-
» rial, *Picolet*, capitaine de gendarmerie, a été
» violemment provoqué dans un café; que le 8 du

[1] Voyez sur l'assassinat du Corse Histria, ci-dessus présent volume, page 307.

» même mois, le malheureux *Bigot*, de Feurs, a
» été tué dans la rue Écorchebeuf ; que, le 3 pré-
» cédent, le courrier de Paris a été arrêté à un
» quart de lieue du faubourg de Vaize. »

Le directoire dit ensuite qu'il a employé tous les moyens que lui offrent les lois existantes, que ces moyens sont insuffisans, que la gendarmerie, peu nombreuse, mal payée, mal armée, manque d'objets nécessaires à son service qu'elle remplit avec mollesse. Les coupables, traduits devant les tribunaux, par la terreur qu'ils inspirent aux juges, sont sûrs de l'impunité; les scélérats sont arrachés des mains de la justice par leurs complices. Par l'effet de la même terreur, les jurés et les témoins n'osent parler suivant leur conscience. Le peuple, voyant la justice paralysée, se fait justice lui-même :
« C'est ainsi, continue le message du directoire,
» que, le 7 floréal dernier, sur trois voleurs pris
» en flagrant délit, l'un est jeté dans la Saône
» par le peuple et le deuxième précipité d'un qua-
» trième étage ; que le 15 du même mois, deux
» coupables condamnés à l'exposition, furent mas-
» sacrés par le même peuple ; que le 27 du même
» mois, quatre autres criminels étaient sur le
» point de subir le même sort, sans les prompts
» secours qui sont survenus. C'est ainsi encore
» que, le 1ᵉʳ de ce mois, un homme prévenu d'être
» *chauffeur de pieds*¹, a été tué sur le pont Saint-
» Vincent et jeté dans la Saône.

¹ Voyez sur ces *Chauffeurs*, présent volume, page 295.

» Veuillez, citoyens représentans, prendre dans la plus prompte considération cet état vraiment critique où se trouve la commune de Lyon, état dont *les habitans*, il est bon de le répéter, *gémissent*, sans qu'il soit en leur pouvoir de le faire cesser. »

Le directoire dit que les lois sont impuissantes dans cette ville, qu'en outre les administrateurs et leurs employés ne touchent point leurs traitemens, et il demande de prompts remèdes à ces maux [1].

Quelques députés de Lyon atténuèrent ou excusèrent une partie de ces faits, et s'opposèrent à l'impression du message; d'autres de la même députation s'attachèrent à disculper les habitans de Lyon des crimes qui s'y commettaient. Mais cette justification était inutile et déplacée, puisque le directoire n'attaquait nullement les habitans, qu'au contraire il parlait d'eux avec intérêt, et disait que ces habitans gémissaient de tant de désordres. Malgré l'évidente inutilité de cette justification, on crut nécessaire de la reproduire : il ne fallait pas manquer une occasion d'accuser le directoire.

Dans la séance du 1ᵉʳ thermidor, parut une adresse de l'administration centrale du département du Rhône, où les faits contenus dans le message sont traités d'*assertions fausses*, de *calomnies préparées avec plus d'art que de vraisemblance*. L'auteur de l'adresse ne discute point ces faits, en

---

[1] Moniteur, n. 294, page 1174, an V.

parle à peine, se borne à des déclamations, et à des dénégations vagues; puis s'attachant à justifier les Lyonnais que le directoire ne dénonçait pas, il frappait à côté du but. Le directoire n'avait accusé que les *brigands*, les *chauffeurs* et les *compagnons de Jésus*, et avait loué la patience et dépeint le sort malheureux des habitans de Lyon. Mais cette adresse fournissait au député *Imbert-Colomès*, l'occasion de prononcer un long discours pour justifier les Lyonnais et inculper le directoire [1].

La discussion sur cette affaire n'eut point de résultat remarquable. On mit plus d'intérêt à détruire les cercles constitutionnels qui s'établissaient dans plusieurs villes, sociétés rivales qui semblaient s'élever au-dessus de celle de Clichy et lui

---

[1] *Imbert Colomès,* député de Lyon au conseil des Cinq-cents, était un des agens de l'émigration. Dans une correspondance saisie, on trouve une de ses lettres de l'an 1795 qui porte : « Tous m'écrivent que Lyon est plus royaliste que ja-
» mais, que *tous les honnêtes gens y sont armés,* qu'il n'y a,
» dans la ville, qu'un seul parti ; que tous les habitans dési-
» rent mon arrivée, que *j'y serai de la plus grande utilité à*
» *la bonne cause,* par l'influence que j'ai toujours eue et que
» j'ai conservée sur l'opinion des Lyonnais ; que partout les
» royalistes se réunissent, etc. »
Dans le recueil intitulé : *Papiers saisis à Bareuth et à Mende*, on trouve cette lettre et un grand nombre d'autres qu'il adresse aux agens et aux chefs de l'émigration, ou qui lui sont adressées par eux, avant, pendant et après l'époque de l'an V. La présence d'un tel député dans un sénat républicain était un contre-sens. Cet homme était là pour violer ses sermens et pour trahir.

disputer sa prépondérance. Quelques troubles se manifestèrent à Auxerre, à Clermont, et les clichiens les attribuèrent aux membres de nouvelles sociétés. Un prétendu cercle constitutionnel de Sainte-Menehould envoya une adresse au conseil de Cinq-cents qui fut lue dans la séance du 19 messidor. Elle était signée *Villemar*, président, et *Delor*, secrétaire ; elle avait le ton menaçant et les formes des anciennes sociétés jacobines. Guillemardet, après la lecture, éleva des doutes sur l'authenticité de cette pièce. « J'ai le pressentiment le » mieux fondé, dit-il, que l'adresse est fausse et » que les signatures sont contrefaites..... On a » voulu prendre quelques-uns de nous pour dupes; » on s'est trompé. »

On fut bientôt convaincu que le pressentiment de Guillemardet était fondé. Quelque temps après, dans la séance du 25 messidor, on lut une lettre de la municipalité de Sainte-Menehould qui déclarait qu'aucune société populaire n'existait dans cette commune, et que les noms de *Villemar* et *Delor* y étaient inconnus. Cette imposture des Clichiens en fit soupçonner beaucoup d'autres.

Un acte du gouvernement accrut l'animosité. Le directoire changea une grande partie du ministère; à l'exception de *Ramel* et de *Merlin* de Douai, les autres ministres furent renvoyés. Charles Delacroix fut remplacé aux relations extérieures, par *Talleyrand-Périgord*; Benezech, à l'intérieur, par *François de Neufchâteau*; Truguet, à la marine, par *Préville-Pelet ;* Petiet à la guerre, par le général *Hoche*[1]; et Cochon, à la police générale, par *Lenoir Laroche*[2].

Ces changemens furent, dit-on, l'effet d'une intrigue où figuraient madame de Staël et ses amis. Si l'on en croit Thibaudeau, « la nomination de Tal-
» leyrand aux relations extérieures fut arrêtée dans
» un dîner chez Barras, à Surêne. Ce directeur,
» ajoute-t-il, continuait d'avoir des relations avec
» le parti constitutionnel, écoutait toujours ses
» confidences et s'en moquait dans ses orgies.
» Madame Staël qui recevait le matin les jacobins,
» les émigrés le soir et à dîner tout le monde,
» était pour ainsi dire le dépositaire de tous les
» projets et profitait de sa situation pour faire
» réussir les siens [3] »....

Il faut dire la vérité : le directoire changea ses ministres parce qu'il les soupçonnait d'être de connivence avec ses ennemis, et qu'à l'égard de quelques-uns il avait acquis la certitude de leurs infidélités. L'intrigue put avoir part à ces nominations, mais elle n'agit point dans le renvoi des ministres.

Duplantier fit un rapport contre les *cercles constitutionnels*, et proposa un projet de résolution qui

---

[1] Hoche, n'ayant pas l'âge requis, fut remplacé par le général *Scherer*.

[2] Quelques jours après, le 7 thermidor, *Lenoir-Laroche* donna sa démission.

[3] Mémoires de Thibaudeau, tome II, pages 211, 212.

contenait les sociétaires dans des limites si étroites, les réduisait à un si petit nombre, bornait le temps de leur assemblée à si peu d'intervalle, que ce projet devint l'objet de la risée générale. Cependant, tout ridicule qu'il parut, il trouva quelques défenseurs, ou plutôt, on partit de-là pour se répandre en injures contre les jacobins défunts et pour rappeler les excès passés. A ces terreurs feintes ou sans fondement, à ces plaintes hors de saison, Bailleul opposait les excès passés et présens, commis et qui se commettaient journellement par les agens du royalisme : « Le sang coule à Lyon, à » Marseille, dit-il, dans le midi, dans l'ouest et » dans le Calvados où soixante républicains ont » été assassinés... » Des cris de fureur interrompent l'orateur, la discussion est fermée, et l'on charge la commission de faire un nouveau rapport. »

Ce fut Siméon qui, dans la séance du 6 thermidor, fit ce rapport nouveau ; il proposa de défendre provisoirement toute société particulière s'occupant de questions politiques. Gommaire demanda par amendement qu'une semblable défense fût appliquée aux réunions de représentans du peuple, ajoutant que s'il y avait eu des cercles constitutionnels, c'était la réunion de Clichy qui les avait fait naître. Alors, se sentant blessés, les clichiens poussent des cris violens et prolongés, mettent l'assemblée dans la plus vive agitation et demandent la question préalable. En vain Philippe Delleville plaida leur cause; on ne se rendit qu'à un amendement proposé par Siméon, lequel portait que, hors de leur enceinte, les représentans du peuple seraient soumis aux lois comme les autres citoyens. Sur la motion de Malès, le projet de résolution fut renvoyé à la commission pour qu'elle présentât un mode de poursuite contre les représentans du peuple qui violeraient eux-mêmes la loi sur les réunions.

Les deux partis étaient trop contrariés, trop aigris, pour pouvoir se maintenir dans les bornes des règles parlementaires; le dénouement approchait, tout présageait une explosion, elle éclata : je vais en exposer les détails.

CHAPITRE X.

PLAINTES CONTRE DES TROUPES AVANCÉES PRÈS DE PARIS, FORCES DES DEUX PARTIS; PRÉPARATIFS DES HOSTILITÉS; JOURNÉE DU 18 FRUCTIDOR; SES RÉSULTATS.

L'HORIZON politique se chargeait de nuages orageux.

Dans la séance du 30 messidor, on dénonça au conseil des Cinq-cents l'arrivée d'un corps de troupes vers Paris : quatre régimens de chasseurs à cheval, tirés de l'armée de Sambre-et-Meuse, et une partie de l'état-major de cette armée, devaient se rendre les 13, 14, 15 et 16 thermidor, par des chemins détournés à la Ferté-Alais, petite ville près de Corbeil, distant de *sept lieues* de Paris. D'autres troupes, aussi par des chemins détournés, devaient aller à Soissons. Dans la séance du 1ᵉʳ thermidor ces bruits étant reproduits, le conseil des Cinq-cents arrêta qu'il serait fait un message au directoire pour lui demander des éclaircissemens sur cette marche de troupes, et sur son approche inconstitutionnelle de la commune de Paris. Le directoire, pendant la même séance, répondit qu'il était vrai que ces troupes devaient passer à la Ferté-Alais distant de *onze lieues* de Paris [1] pour se rendre à une destina-

---

[1] En dénonçant le directoire sur l'approche de ces troupes,

tion éloignée, qu'il en fut instruit hier, et qu'aussitôt il donna des ordres nécessaires pour empêcher les troupes de passer et de séjourner dans la distance de six myriamètres, fixés par l'article 69 de la constitution. Une partie de l'assemblée, peu satisfaite de la réponse du directoire, fit nommer une commission pour examiner l'objet du message. Cette commission apprit le lendemain qu'il venait d'arriver à Étampes deux régimens de cavalerie et une demi-brigade d'infanterie.

A la nouvelle de l'approche de ces troupes, le parti de Clichy renforça les membres de la commission des inspecteurs, et lui adjoignit deux généraux, Pichegru et Willot; la minorité de l'assemblée demandait le général Jourdan; il n'était pas du parti de Clichy, cette proposition fut rejetée.

Les clichiens se plaignirent amèrement du changement opéré dans le ministère, changement qui, pour eux, fut un sujet d'alarme. Dans la séance du 2 thermidor, Henri-Larivière dit ouver-

---

on avait dit, pour rendre cette approche plus grave, que la Ferté-Alais était située à *sept lieues* de Paris; le directoire dit *onze lieues;* un député *huit lieues;* le directoire en répondant au message du conseil des Cinq-cents, dans la séance du 4 thermidor, demande que l'on trace la ligne que les troupes ne doivent point franchir, et dit que la distance de Paris et de la Ferté-Alais n'est pas certaine. Il croyait qu'elle était de *onze lieues.* Des géographes la mettent les uns à *douze,* les autres à *treize lieues.*

tement que les membres du directoire étaient divisés, que Carnot et Barthélemy ne marchaient pas avec les trois autres membres.

Dans la séance du 3 thermidor le rapporteur de la commission chargée de faire un travail sur l'approche des troupes arrivées auprès de Paris, proposa d'envoyer deux messages au directoire, l'un pour lui demander qui avait donné l'ordre de la marche de ces troupes, et l'autre pour savoir quel était le nombre des troupes stationnées à Paris dans le rayon constitutionnel au premier messidor, et quel il était dans le moment.

Les clichiens affirmaient que la majorité du directoire avait secrètement ordonné au général Hoche de faire approcher des troupes à quelque distance de Paris. Ils ajoutaient que ces troupes étaient destinées à l'arrestation de plusieurs députés ; il y eut, à ce sujet, réunion chez Tronçon-Ducoudray. Ceux qui la composaient « parurent tellement frappés de l'éminence » du danger, dit Thibaudeau, que le plus grand » nombre fut d'avis *d'attaquer le directoire, de* » *mettre pour cela la constitution de côté et d'agir* » *révolutionnairement*[1]. »

On y parla de rendre un décret de suspension, d'arrestation ou de mise hors la loi contre la majorité du directoire. On fit le dénombrement des forces dont on pouvait disposer pour assurer

---

[1] Mémoires de Thibaudeau, tome II, page 216.

l'exécution de cette mesure violente. « On dis-
» cuta, on divagua beaucoup, dit encore Thi-
» baudeau; l'on convint, qu'avant d'arrêter un
» plan, on se concerterait avec Carnot, Pétiet
» et Cochon, et l'on s'ajourna au lendemain[1]. »

Cette réunion, composée de huit ou dix députés, les moins passionnés de Clichy, et les plus estimés des constitutionnels, eut lieu le lendemain; les membres furent étonnés de n'y voir ni *Pichegru* ni *Willot*, et conçurent des soupçons de cette absence. On discourut beaucoup et on n'arrêta rien. Les purs royalistes de Clichy prirent de l'ombrage de cette réunion, et comme ils avaient besoin de ceux qui la composaient, ils employèrent, pour les attacher à leur parti, des caresses, et surtout des promesses d'être plus modérés dans leurs discours.

« Une sorte de lassitude et de découragement
» s'empara des constitutionnels ; ils s'entendaient
» encore, mais ils ne se concertaient plus. »
Et ce tiers parti resta inactif et laissa faire.

Ainsi, par des accusations, des intrigues, des préparatifs hostiles, les partis préludaient à leur ruine réciproque.

« Clichy réclamait l'honneur de *renverser seul*
» le directoire...., dit aussi Thibaudeau; il eut
» l'espérance d'en écarter Barras, en le chica-
» nant sur son âge. On prétendait qu'il n'avait

[1] *Mémoires de Thibaudeau*, tome II, page 217.

» pas quarante ans lors de sa nomination. Willot,
» son ennemi personnel, se chargea de l'attaque,
» et fit, dans la séance du 4 thermidor, une
» motion formelle sur cet objet; elle échoua,
» puisqu'elle n'était fondée que sur des conjec-
» tures[1]. »

Dans la séance du 17 thermidor, Delarue, au nom de la commission des inspecteurs, fit un rapport sur les troupes qui s'étaient approchées de la capitale, en passant les limites, non encore tracées, que la constitution avait prescrites. Aux faits déjà connus, le rapporteur ajouta plusieurs détails dont on n'avait point parlé. Il dit que des déserteurs arrivent à Paris en habit bourgeois; que de grands désordres se sont manifestés pendant la marche de ces troupes; qu'à Chartres, on a fait une distribution d'armes à cinq cents hommes : ces faits n'étaient pas entièrement exacts.

Le rapporteur fut démenti par une lettre de l'administration municipale de Chartres, qui affirme que le fait de la distribution d'armes à cinq cents hommes est dénué de vérité comme de vraisemblance, et que la tranquillité la plus parfaite règne dans cette commune[2].

Dans la séance du 23 thermidor, on lut un message du directoire, contenant des pièces officielles

---

[1] Mémoires de Thibaudeau, tome II, page 220.
[2] Moniteur an V, n° 322, page 1286.

qui firent disparaître tout ce qui restait d'obscur sur la marche des troupes dans les environs de Paris.

Les travaux du corps-législatif se continuaient avec assez de calme; tandis que les clameurs des journaux, des pamphlétaires, précurseurs ordinaires des grands orages politiques, entretenaient le feu de la discorde, excitaient les partis et les appelaient aux combats; vingt-cinq ou trente de ces écrits périodiques, gagés par les meneurs de Clichy, chaque matin, faisaient, sur le directoire et ses agens, tomber une grêle de traits acérés, tandis que le directoire n'avait pour les repousser que deux ou trois journaux [1].

Outre ces écrivains gagés, les clichiens comptaient sur la commission des inspecteurs des deux conseils, commission dont ils avaient étendu les attributions et accru l'importance par l'adjonction de deux généraux, *Pichegru* et *Willot*. Elle tenait ses séances dans le château des Tuileries, au pavillon Marsan; elle fut, vers cette époque, transformée en un véritable club, et composée de tous les habitués de Clichy et autres adhérens.

« Ils comptaient, dit Thibaudeau : 1° sur les gre-
» nadiers de la garde du corps-législatif, que Du-
» mas disait être bien disposés; 2° sur une partie
» du 21ᵉ régiment de chasseurs; 3° sur la garde

---

[1] On verra, vers la fin de ce chapitre, les titres et le nombre des écrits périodiques gagés par le royalisme.

» nationale de Paris, réorganisée avec certaines
» précautions [1]. »

Ils avaient pour auxiliaires la presque majorité du corps-législatif, deux directeurs, l'un trompé, l'autre dévoué; de plus, une infinité d'individus, émigrés rentrés, des chefs de chouans et des satellites de l'agence royale de Paris. C'était avec ces forces qu'ils espéraient ruiner la république et rétablir la royauté.

Le directoire avait pour lui la force inhérente à un gouvernement établi, les généraux et les armées de la république, ses nombreux agens et commissaires, une forte minorité dans le corps-législatif, et la majorité des Français qui affectionnaient la république et redoutaient l'ancien régime.

Telles étaient les forces des deux partis.

Les clichiens, possédés du vertige de l'esprit de parti, entraînés par de folles espérances, pouvaient-ils, avec des moyens aussi misérables, contre des forces aussi puissantes, espérer du succès? Le destin aveugle ceux qu'il veut perdre.

Des avantages obtenus par des calomnies journalières, par des violences et surtout par la corruption, les avaient plongés dans un tel délire qu'ils croyaient pouvoir facilement anéantir le directoire, et renverser le gouvernement républicain, et, d'accord

[1] Mémoires de Thibaudeau, tome II, page 272.

avec l'agence de Paris, rétablir aussi facilement l'ancien régime [1].

Le directoire voulait, devait et pouvait se conserver, conserver la république et la constitution.

Ces deux partis se disposaient secrètement, l'un à l'attaque, l'autre à la défense.

Dans la séance du 28 thermidor, Fargues vint annoncer au conseil de Cinq-cents qu'il existait un complot tendant à égorger deux cent huit membres dans l'un et l'autre conseils; que ce complot n'avait pas encore été exécuté, parce que ses auteurs étaient incertains sur la question de savoir si l'on investirait le corps-législatif pour en assassiner les membres désignés, ou si on les égorgerait à domicile. Cette annonce, qui tendait évidemment à raviver les haines contre le directoire, ne fit pas fortune; le conseil passa à l'ordre du jour.

Ce qui inquiétait beaucoup le parti de Clichy, c'était les adresses que les armées envoyaient au directoire; elles protestaient toutes de leur énergique dévouement à la république, de leur haine contre le parti qui menaçait le gouvernement.

---

[1] Le député P....... long-temps habitué et chaud partisan de Clichy, quelques années après les événemens de cette époque, me déclara qu'il avait ignoré les intentions secrètes des meneurs de cette réunion, que quelques jours avant le 18 fructidor, on lui annonça que ces intentions étaient le rétablissement de la royauté; alors il s'indigna, demanda un congé, et se retira dans son pays.

L'armée de Rhin-et-Moselle, dans les derniers jours de thermidor, disait dans la sienne : « Les » agens de l'étranger travaillent en tous sens l'es- » prit public pour l'anéantir ; qu'a-t-on fait pour » remédier à tant de maux ? Vingt et quelques » séances du conseil des Cinq-cents ont été occu- » pées à entendre des rapports sur les prêtres, les » cloches et les émigrés.... Les vainqueurs sont » nus et la défaite n'a été profitable qu'aux vain- » cus [1]... les perfides ! ils protestent de leur atta- » chement à la constitution, et ils la morcèlent, » ils la déchirent feuille à feuille en l'invoquant » toujours [2]. »

Cette adresse et beaucoup d'autres furent considérées comme un attentat à la constitution qui défend spécialement à la force armée de délibérer ; mais une adresse est-elle une délibération ? Quoi qu'il en soit les reproches contenus dans ces adresses paraissaient bien fondés.

Le général *Augereau*, que Bonaparte avait envoyé à Paris, fut nommé par le directoire commandant de la dix-septième division militaire, contenant Paris et les départemens environnans ; *Dammartin*, employé à l'armée d'Italie, fut chargé de commander l'artillerie de cette division, et le gé-

---

[1] Le système financier des meneurs consistait à faire manquer tous les services, à dégoûter les employés et à faire déserter les militaires, en les laissant dans un entier dénuement.

[2] Moniteur, n° 340, pages 1359, 1360.

néral de brigade *Verdières*, du commandement temporaire de Paris. Le directoire destitua deux membres du directoire du département de la Seine, Popelin et Trudon, pour quelques intrigues politiques. Le gouvernement s'entourait de ses partisans, éloignait ses ennemis et s'apprêtait à résister aux attaques.

Il savait que les meneurs de Clichy étaient des parjures, des conspirateurs, des agens des ennemis de la république. Il connaissait, par *la déclaration de Duverne de Presle*, par les *papiers saisis à Venise dans le porte-feuille de d'Antraigues*[1], quels étaient les plans de contre-révolution, l'organisation mystérieuse et perfide établie dans l'intérieur de la république. Il savait tout aussi bien les délibérations les plus secrètes de Clichy ; ses espions y participaient et assistaient aux conciliabules des meneurs[2].

Les deux partis, soit pour l'attaque ou la défense, s'observaient et préparaient silencieusement leurs moyens. Les discussions des deux conseils, quoiqu'elles tendissent à l'asservissement général, étaient assez calmes ; le parti républicain voyait les progrès du mal, en gémissait, lançait par-

---

[1] Ces pièces n'étaient pas encore rendues publiques, elles ne furent imprimées qu'après le 18 fructidor.

[2] Je sais, et j'ai appris dans le temps, de bonne part, que le député B... et le jeune duc de la... assistaient à ces conciliabules, et venaient instruire le directoire des délibérations qu'y prenaient les clichiens.

fois quelques traits, mais combattant sans plan, attaquant isolément de nombreux ennemis qui marchaient de concert, leurs traits devenaient impuissans. Quelques-uns, frappés de crainte, semblaient caresser leurs ennemis et se résigner à la soumission. Cet état de choses dura jusqu'au 13 fructidor. Dans la séance de ce jour, Duprat dénonça un imprimé intitulé : *Déclaration à mes commettans*, par *Bailleul*.

Ce député disait dans cet écrit que la tribune n'étant plus libre, il s'adresse aux Français et va leur parler sans ménagemens. Il peignait l'état du conseil des Cinq-cents, la tyrannie qu'y exercent les clichiens, les lois attentatoires à tous principes de liberté qu'ils ont fait rendre. Il parlait d'une vaste conspiration, de la puissante influence qu'exerçaient dans toutes les administrations les ennemis de la république, etc., etc.

Duprat cita divers passages de cet écrit, et demanda qu'il fût renvoyé à une commission chargée de présenter les mesures qu'elle jugera convenables.

Les clichiens, qui qualifiaient toujours de terroristes leurs adversaires, ne pouvaient appliquer ce reproche à Bailleul, un des soixante-treize proscrits, une des victimes de Robespierre et de la terreur. Plusieurs autres députés de la minorité, proscrits comme lui, partageaient ses opinions; quoique froissés par ceux qui avaient abusé de la liberté et tyrannisé la France en son nom, ils n'en restaient pas moins attachés à cette liberté.

Hardy était de ce nombre, il monte à la tribune ; après avoir comparé la tyrannie présente avec les commencemens de celle de Robespierre, et parlé des efforts courageux que lui opposèrent Louvet et Bailleul, il dit : « Dans ce moment la France entière
» retentit de clameurs contre une faction désorga-
» nisatrice qui tend à renverser le gouvernement
» et la constitution qui la créa, et certes, au milieu
» de ces inquiétudes et de ces alarmes, il est per-
» mis à un représentant du peuple de proclamer
» les siennes. Oui, je le dis avec l'intime convic-
» tion de la vérité, nous sommes dans les mêmes
» circonstances où nous étions lorsque Louvet dé-
» nonça Robespierre. Aujourd'hui on agite la ques-
» tion de savoir si l'on créera à Paris un nouveau
» tribunal révolutionnaire. A la suite d'un rap-
» port fallacieux on a eu l'impudeur de vous pro-
» poser de faire traîner à Paris des citoyens, de
» les arracher à leur famille, à leurs juges naturels
» pour les livrer aux mains des nouveaux Fouquier-
» Tinville, et on ne veut pas que les vrais républi-
» cains, ceux qui ont dénoncé Robespierre, qui
» l'ont combattu, qui ont résisté à son despotisme
» fassent entendre leurs réclamations. Aujourd'hui
» un mouvement réactionnaire nous entraîne à la
» contre-révolution. Je réclame, pour dire ma pensée
» par écrit, une liberté qu'on n'a plus à cette tri-
» bune ; car dernièrement encore notre collègue

» Lamarque, qui a tant souffert pour la liberté, a été
» interrompu par des membres qui lui ont dit
» qu'il n'était pas leur collègue. »

Plusieurs membres s'écrient alors : *C'est vrai*, et une violente agitation se manifeste dans l'assemblée. Un homme, placé dans une des tribunes, ose crier : *à bas les brigands*. A ces mots l'agitation redouble, celui qui les a prononcés est désigné ; on le chasse des tribunes.

Le calme se rétablit ; Hardy continue son discours ; mais, sans doute intimidé par les puissantes clameurs des clichiens, après les avoir assez bien désignés comme les auteurs de la désorganisation générale, il attribue ensuite cette désorganisation à la faction d'Orléans, désigne Tallien comme le chef de cette faction, ce qui cause de grandes rumeurs, et fournit à celui-ci l'occasion de faire l'apologie de sa conduite politique.

Le conseil passa à l'ordre du jour sur la proposition de Duprat.

Rovère, d'abord terroriste, puis royaliste, était alors chef de la police de la commission des inspecteurs. Il composait des pamphlets et des affiches contre les directeurs, et chargeait le nommé Veyrat du soin de les faire imprimer et placarder. Veyrat dénonçait le tout au directoire ; et, peu de temps après, les pamphlets étaient saisis et les affiches déchirées. Ces contrariétés accrurent l'irritation de Rovère et de la commission des inspecteurs, et les décidèrent à avancer le moment de l'attaque [1].

Voici comment Thibaudeau, membre de cette commission, nous la représente. « C'était comme
» un club où l'on parlait sans s'entendre, et où
» l'on ne décidait rien; le directoire y avait ses
» espions qui lui rendaient compte à la minute de
» ce qui s'y disait... La plupart des députés, les
» clichiens surtout, avaient les yeux tellement
» fascinés qu'ils semblaient ne pas voir le volcan
» sur lequel nous étions, et, jusqu'au dernier jour,
» ils formaient des plans comme s'ils eussent été
» sûrs d'un avenir. Il y en avait même qui se flat-
» taient que le directoire n'oserait jamais atta-
» quer... ainsi le 15 (fructidor) encore, ils s'oc-
» cupaient sérieusement d'organiser une police.
» Dossonville, homme du métier et employé par
» Rovère, leur avait soumis un plan: la dépense
» s'élevait à cinquante mille francs; ils ne vou-
» laient pas demander cette somme aux conseils
» pour ne pas éventer leur projet; ils s'indus-

[1] Les clichiens, c'est-à-dire leurs meneurs et les chefs de l'agence royale, devaient attaquer le directoire. Thibaudeau, bien informé, dit positivement que le plus grand nombre des clichiens étaient d'avis *d'attaquer le directoire, et de mettre pour cela la constitution de côté.* L'auteur des *Anecdotes secrètes sur le 18 fructidor,* quoique tout dévoué aux victimes de cette journée, dit que, dans une réunion à la commission des inspecteurs, on fit la proposition d'attaquer le directoire ou de mettre trois directeurs en état d'accusation. Le directoire savait qu'il devait être attaqué.

» triaient pour trouver le quart de cette somme
» par des cotisations volontaires : c'était vraiment
» à faire pitié¹. »

Le 16, dans cette commission, on s'occupa de divers bruits alarmans. Rovère, qui dirigeait une police particulière, lut les rapports inquiétans pour les conjurés. Quelques membres, après cette lecture, voyant venir l'orage se retirèrent prudemment.

« Je ne sais pourquoi, continue Thibaudeau,
» les commissions que j'avais laissées si décidées
» à rompre en face au directoire, ne firent point
» de rapport au conseil le 17. La séance du con-
» seil des Cinq-cents fut plus paisible qu'elle ne
» l'avait jamais été : c'était le calme trompeur qui
» précède la tempête². »

Plusieurs personnes voyant l'orage près d'éclater, entamèrent pour le prévenir des négociations inutiles : les partis étaient trop avancés pour se faire des concessions réciproques. La crise fatale approchait ; le directoire, de concert avec la minorité du corps législatif, faisait ses dispositions.

Les royalistes étaient parvenus à entraîner la constitution sur les bords de l'abîme. Pour la préserver de sa chute il fallait porter une main audacieuse sur l'arche sainte, il fallait opérer ce que

¹ Ils firent plus ; ils invitèrent publiquement, dans un de leurs journaux, les zélés du parti à venir à la *commission des inspecteurs*, déposer des sommes pour le succès du mouvement projeté. J'ai lu cette invitation dans un des journaux royalistes.

² Mémoires de Thibaudeau, tome II, pages 263, 267.

AUGEREAU

BAUDOUIN frères, Rue de Vaugirard, N° 36, A PARIS.

dans les gouvernemens monarchiques on nommait *un coup d'État.*

Le directoire, informé d'heure en heure, de minute en minute, de toutes les résolutions prises par les conjurés, apprit qu'ils devaient attaquer pendant la nuit du 17 au 18 fructidor; il prévint le coup.

Le ministre instruit que Ramel, qui commandait les huit cents grenadiers de la garde du corps-législatif, avait mis cette troupe sous les armes, lui envoya, à minuit, l'ordre de se rendre auprès de lui. Ramel refusa d'y obtempérer.

A trois heures du matin du 18 fructidor an V, (4 septembre 1797) le général Augereau, à la tête d'environ douze mille hommes, occupa plusieurs postes, mit de fortes gardes à toutes les avenues, et investit les deux édifices du corps-législatif; ces dispositions terminées, il fit tirer un coup de canon, signal convenu.

A trois heures et demie du matin, à l'entrée occidentale du jardin des Tuileries, dite *le Pont-Tournant*, gardée par les grenadiers, parut une troupe armée, commandée par le général Lemoine. Ce général fit parvenir à Ramel l'ordre suivant : « Le » général Lemoine somme, au nom du directoire, » le commandant des grenadiers du corps-légis- » latif, de donner passage par le Pont-Tournant » à une colonne de quinze cents hommes chargés » d'exécuter les ordres du gouvernement. » Le porteur d'ordre ajouta au commandant Ramel, que

la résistance serait inutile, que ses huit cents grenadiers étaient enveloppés par huit mille hommes et quarante pièces de canon. Ramel répondit que ne devant obéissance qu'au corps-législatif, il allait lui demander une autorisation. Il donna des ordres à sa troupe, et se rendit à la commission des inspecteurs, où il trouva les généraux Pichegru et Willot. « J'envoyai, dit-il, des ordonnances
» chez le général Dumas, chez les présidens des
» deux conseils, Lafon-Ladebat pour les Anciens
» et Siméon pour les Cinq-cents. Je fis aussi pré-
» venir les députés dont les logemens m'étaient
» connus dans le voisinage des Tuileries. J'enga-
» geai le général Pichegru à venir reconnaître
» l'investissement que nous trouvâmes déjà formé.
» Je renouvelai au capitaine Vallière, comman-
» dant du poste du Carrousel, et au lieutenant
» Leroi, commandant celui du Pont-Tournant, de
» tenir ferme [1]. »

Pendant que Ramel faisait tous ces mouvemens, toutes ces recommandations, le poste du Pont-Tournant fut forcé, les divisions d'Augereau et de Lemoine entrèrent dans le jardin des Tuileries, et dirigèrent une batterie contre la salle du conseil des Anciens.

A quatre heures et demie, le général Verdière vint signifier aux députés, déjà réunis aux Tuileries, l'ordre de sortir du lieu de leurs séances; les

---

[1] Journal de l'adjudant Ramel, 2ᵉ édition, pages 8 et 9.

députés s'y refusèrent. Le général Verdière, après plusieurs représentations, fit fermer toutes les issues de la salle. Le général Dumas s'y présenta, mais instruit que ses collègues y étaient enfermés, il se retira, et, à la faveur de son habit militaire, il parvint à s'échapper de Paris.

Ramel, qui se trouvait avec ses grenadiers près de la salle du conseil des Cinq-cents, reçut d'Augereau l'ordre suivant, que lui remit, à cinq heures et demie, un aide-de-camp : « Il est ordonné » au commandant des grenadiers du corps-légis- » latif, de se rendre avec son corps sur le quai » d'Orsay où il attendra de nouveaux ordres. » Ramel n'obéit point à cet ordre : bientôt abandonné par ses grenadiers, il fut arrêté et conduit prisonnier au Temple [1].

Le directoire fit, pendant la nuit, afficher, dans Paris, des imprimés, contenant les pièces trouvées à Venise, dans le porte-feuille de d'Antraigues, pièces où se trouvait la preuve incontestable de la trahison de Pichegru; où se trouvaient aussi les déclarations de Duverne de Presle, où la conspiration des clichiens et leur projet de rétablir l'ancien régime, étaient mis en évidence, et où l'on voyait l'organisation que le royalisme avait secrè-

---

[1] Ramel arrivé au Temple, trouva dans cette prison La Villeurnoy et Brottier que, quelques mois avant, il avait fait emprisonner, et essuya leurs railleries amères. C'est là un des nombreux inconvéniens de la conduite de ceux qui changent d'opinions et de parti.

tement établie en France, l'état des deux agences, etc., etc, et quelques autres pièces. Il publia en même temps la proclamation suivante aux citoyens de Paris :

« Le royalisme, par un nouvel attentat, vient
» de menacer la constitution; après avoir, depuis
» un an, ébranlé, par des manœuvres ténébreuses,
» toutes les bases de la république, il s'est cru as-
» sez fort pour en consommer la ruine; il s'est cru
» assez protégé pour oser diriger ses premiers coups
» contre les dépositaires suprêmes de l'autorité
» exécutive; des armes étaient distribuées journel-
» lement aux conjurés, et tout Paris sait que l'un
» des distributeurs a été arrêté avec un grand
» nombre de bons, sur lesquels il avait déjà déli-
» vré beaucoup de fusils; des cartes timbrées *corps-*
» *législatif*, et marquées d'une R, ont été répan-
» dues pour servir de signe de reconnaissance
» aux conjurés chargés de poignarder le direc-
» toire et les députés fidèles à la cause du peuple.

» Un grand nombre d'émigrés, d'égorgeurs de
» Lyon, de brigands de la Vendée, attirés ici par
» les intrigues du royalisme, et le tendre intérêt
» qu'on ne craignait pas de leur prodiguer publi-
» quement, ont attaqué les postes qui environ-
» naient le directoire exécutif; mais la vigilance
» du gouvernement et des chefs de la force armée
» a rendu nuls leurs criminels efforts.

» Le directoire exécutif va placer sous les yeux
» de la nation les renseignemens authentiques

» qu'il a recueillis sur les manœuvres du roya-
» lisme. »

Le directoire parle ici des pièces qui établissent clairement la trahison de Pichegru, les manœuvres perfides de plusieurs députés, et dévoilent le plan d'une conspiration permanente contre la république [1].

Une autre proclamation portait que tout individu qui rappellerait la royauté, la constitution de 1793 ou d'Orléans serait à l'instant fusillé. Elle menaçait aussi de peines très-sévères ceux qui attenteraient aux personnes et aux propriétés.

« Cette expédition, dit Thibaudeau, fut exécutée
» aussi tranquillement qu'un ballet d'opéra. Il n'y
» eut aucune résistance. Le bon peuple de Paris
» resta immobile [2]. »

Quelques députés, réunis dans la salle des inspecteurs, dans celles des deux conseils, furent arrêtés ou mis en fuite. Plusieurs se rassemblèrent chez l'un de leur collègue, dans une maison de la rue Gaillon et dans une autre maison du voisinage. Ils résolurent tous de se rendre au lieu de leurs séances. Ils s'y rendirent vers midi au nombre d'environ quatre-vingts, mais ils furent repoussés.

Ne sachant quel parti prendre ils se réunirent dans le logement d'André de la Lozère, rue Neuve-

---

[1] J'ai cité une partie de ces pièces, présent volume, pages 231 et suivantes, et pages 333 et suivantes.

[2] Mémoires de Thibaudeau, tome II, page 272.

du-Luxembourg, au nombre de près de cent cinquante. Ils y rédigèrent une *adresse* au peuple sur les violences qu'ils venaient d'éprouver. Mais que peut une adresse contre une armée et des canons! et quelle partie du peuple aurait écouté, secouru ces royalistes?

Le directoire envoya un détachement de chasseurs contre ce rassemblement. Au lieu de se rendre dans le lieu où il se trouvait, ces chasseurs trompés investirent dans la même rue une maison où demeurait Lafon-Ladebat, président des Anciens. Il s'y trouvait quelques collègues qui avec lui furent arrêtés. Les députés rassemblés chez André de la Lozère, instruits de cet événement vers quatre heures après-midi, se retirèrent.

Les deux membres du directoire qui tenaient pour le parti clichien eurent un sort différent. Carnot eut le bonheur d'échapper aux gardes qui venaient pour l'arrêter. On répandit le bruit qu'il avait été assassiné, on ajoutait même que son cadavre avait secrètement été enterré [1]. *Barthélemy* fut arrêté dans son lit.

Les principaux membres des deux commissions d'inspecteurs arrêtés aux Tuileries, étaient *Pichegru*, *Willot*, *Aubry*, *Delarue*, *Rovère;* plusieurs autres députés s'étaient rendus dans la salle des séances; ils parvinrent à en sortir et se retirèrent.

---

[1] On trouve des détails qui méritent confiance sur l'évasion de ce directeur dans les Mémoires sur Carnot; page 259.

On conduisit au Temple tous ceux qui furent arrêtés.

A huit heures du matin les membres des deux conseils qui ne marchaient pas sous les drapeaux de Clichy, avertis des événemens, se rendent au lieu de leurs séances; ils en trouvent les portes fermées et gardées par la force armée. On leur annonce que leur poste nouveau est, pour le conseil des Cinq-cents, dans la salle de l'Odéon; pour le conseil des Anciens, dans l'amphithéâtre de l'École-de-Médecine. Les membres de cette minorité si long-temps opprimée, en se rencontrant dans ces lieux nouveaux, se félicitaient, s'embrassaient et se disaient : *Enfin nous voilà délivrés. La France obtiendra ce qu'elle a droit d'attendre de nous ; tant de sacrifices, d'actes d'héroïsme et de dévouement, tant de travaux, de dangers et de sang répandu ne seront point perdus pour elle, ses ennemis n'en recueilleront pas les fruits!* etc.

Les grenadiers de la garde du corps-législatif, qu'on avait voulu entraîner dans le parti vaincu, vinrent se ranger autour des députés fidèles à leur serment. A dix heures la séance du conseil des Cinq-cents s'ouvrit sous la présidence de Lamarque, l'un des derniers ex-présidens. Poulain-Grandpré eut la parole.

« Les mesures qui ont été prises, le lieu où nous
» nous trouvons, dit-il, annoncent que la patrie a
» couru les plus grands dangers, et rien ne nous
» atteste encore que ces périls n'existent plus. Ren-

» dons grâce au directoire; c'est à lui que nous
» devons le salut de la patrie; je demande qu'il
» soit à l'instant créé une commission de cinq mem-
» bres qui sera chargée de présenter le plutôt
» possible toutes les mesures qui, dans les circons-
» tances actuelles, peuvent concourir au salut pu-
» blic et au maintien de la constitution de l'an III. »

La commission fut nommée et le conseil arrêta qu'il serait fait un message au conseil des Anciens et un autre au directoire, le premier pour annoncer aux Anciens que le conseil des Cinq-cents était réuni, le second pour demander des renseignemens sur les événemens présens.

Porte demanda que le directoire fût autorisé, vu les circonstances impérieuses, à faire entrer, dans le rayon de douze lieues moyennes, les troupes nécessaires pour protéger le corps-législatif et le directoire. Après quelques débats, cette proposition fut adoptée. Puis on nomma une commission de cinq membres qui provisoirement furent chargés de remplacer des inspecteurs de la salle.

Dans la séance du soir le directoire adressa au conseil des Cinq-cents les renseignemens qu'il demandait. « Le directoire exécutif s'empresse, dit-
» il dans son message, de vous faire part des me-
» sures qu'il a été forcé de prendre pour le salut
» de la patrie et le maintien de la constitution. Il
» vous transmet à cet effet toutes les pièces qu'il a
» réunies et celles qu'il a fait publier avant que
» vous fussiez rassemblés. S'il eût tardé un jour de

» plus, la république était livrée à ses ennemis.
» Les lieux mêmes de vos séances étaient le point
» de réunion des conjurés; c'était-là qu'ils dis-
» tribuaient hier leurs cartes et les bons pour déli-
» vrance d'armes; c'est de-là qu'ils correspon-
» daient cette nuit avec leurs complices; c'est-là,
» enfin, ou dans les environs, qu'ils essayaient en-
» core des rassemblemens clandestins et séditieux,
» qu'en ce moment même la police s'occupe de
» dissiper [1]. C'eût été compromettre la sûreté pu-
» blique et celle des représentans fidèles, que de
» les laisser confondus avec les ennemis de la pa-
» trie dans l'antre des conspirations. »

Le directoire, après avoir dans ce message détaillé les pièces probantes qu'il adresse au conseil,
ajoute qu'il a suspendu provisoirement de toute
fonction les membres de l'administration centrale
du département de la Seine et ceux des administrations municipales de Paris.

Boulay de la Meurthe, membre de la commission nommée le matin, vint faire son rapport. Après
avoir dit que les circonstances ne permettaient pas
de longues discussions et commandaient des résolutions promptes et vigoureuses, il ajoute : « Il y a
» quelques mois, la paix paraissait assurée; le
» peuple français l'avait en quelque sorte procla-

---

[1] Ces rassemblemens se composaient de députés qui, mis
hors du lieu de leurs séances, s'étaient réunis chez Lafon-Ladebat, et chez André de la Lozère.

» mée par des transports de joie. Le commerce se
» ranimait partout; tous les genres d'industrie
» commençaient à se déployer... Tout est changé,
» renversé : la paix avec les puissances belligé-
» rantes paraît éloignée : tous les esprits sont dans
» l'alarme et l'agitation, tout présente l'image
» d'une guerre intestine... le nom de républicain...
» est tellement avili qu'on ose à peine le pronon-
» cer. Tous ceux qui ont donné à la liberté des
» marques d'attachement, semblent être proscrits.
» Tout cela est l'ouvrage d'une vaste conspiration
» dont l'objet est d'anéantir la république et la li-
» berté et de rétablir le trône....

» Cette conspiration est prouvée matériellement
» par les pièces que le directoire a mises sous nos
» yeux.

» ...Non-seulement le but, mais les moyens
» et tout le développement de cette conspiration
» sont mis en évidence; les agens en sont répan-
» dus et organisés dans toute la république. Mais,
» citoyens représentans, ce qu'il faut vous dire,
» et c'est avec douleur que nous vous le di-
» sons, un des grands foyers de cette conspira-
» tion, celui dans lequel elle paraissait mettre sa
» principale espérance était dans le corps-législa-
» tif. Il ne faut pas croire que ce fût dans la majo-
» rité : non, cette majorité est bonne, elle est
» amie de la liberté et de la constitution, elle veut
» le bonheur du peuple. Nous croyons qu'il n'y a
» qu'un très-petit nombre de nos collègues qui

» servissent la conspiration; mais ils formaient
» dans le corps-législatif un parti qui avait sou-
» vent obtenu la majorité. »

L'orateur parle ensuite de ce parti, de sa marche concertée, des rôles distribués, de ses attaques continuelles contre le directoire dont ils diminuaient la considération par des calomnies, et les pouvoirs en s'emparant de ses attributions, et déclare qu'il faut mettre ces ennemis dans l'impuissance de nuire à la chose publique.

» ....Le triomphe des républicains ne sera
» souillé par aucune goutte de sang. Malheur à
» celui qui, dans cette grande circonstance, son-
» gerait à rétablir les échafauds. Les propriétés,
» les personnes, tout sera respecté. Il est question
» ici, non de vengeance, mais de salut public......
» Il n'y a pas, je le répète, un seul moment à
» perdre. Vous êtes vainqueurs aujourd'hui; si
» vous n'usez pas de la victoire, demain le combat
» recommencera; mais il sera sanglant et ter-
» rible, etc. »

A la suite de ce rapport, un membre de la même commission proposa un projet de résolution en plusieurs articles. Le premier portait que les opérations des assemblées primaires, communales et électorales de quarante-neuf départemens, étaient déclarées illégitimes, comme ayant été influencées par une infinité d'agens royaux. Après quelques débats en faveur des élections de deux départemens, l'article fut adopté.

Les articles II et III déclarèrent valables les opérations de quelques assemblées électorales.

L'article V charge le directoire de nommer aux places devenues vacantes dans les tribunaux, en vertu des articles précédens.

Par les articles VII et VIII, la loi du premier prairial dernier, et l'article Ier de celle du 9 thermidor dernier sont rapportés comme contraires à l'acte constitutionnel.

L'article IX rétablit et remet en vigueur les six premiers articles de la loi du 3 brumaire, pendant les quatre années qui suivront la paix générale.

L'article II de la loi du 9 messidor dernier concernant les chefs des Vendéens et des chouans est pareillement rapporté.

L'article XIII était important, et devait exciter des réclamations. Il consistait en une liste de proscription de quatre-vingt-trois députés. Sur les représentations de leurs collègues, dix-sept députés furent exceptés de cette liste. Le général *Savary* parla en faveur de *Normand*, il fit l'éloge de ses services dans la Vendée, et plusieurs témoignages honorables vinrent à l'appui. Son nom fut rayé de la liste fatale.

Boulay de la Meurthe parla en faveur de *Thibaudeau* et obtint sans peine le même succès.

Doulcet fut réclamé honorablement par Philippe-Dumont, Hardy, Dubois-Dubay et Bellegarde; sa radiation fut prononcée. Les députés *Crécy*, *De-*

torcy, *Tarbé*, *Richoux*, *Bovis*, *Bontoux* et *Rémusat* furent pareillement exceptés.

Grégoire éleva la voix en faveur de *Siméon*; mais cette voix devint impuissante, lorsque Salicetti représenta que Siméon avait émigré et qu'il était resté un an à Livourne.

Il restait sur la liste de proscription les noms de *soixante-cinq personnes*, savoir quarante-un du conseil des Cinq-cents, parmi lesquels on remarquait, *Aubry*, *Job-Aimé*, *Boissy-d'Anglas*, *Bourdon-de-l'Oise*, *Cadroy*, *Couchery*, *Dumolard*, *Gibert-Desmolières*, *Henri-Larivière*, *Imbert-Colomès*, *Camille-Jordan*, *Lemarchand-Gomicourt*, *Lemerer*, *Mersan*, *Madier*, *Pastoret*, *Pichegru*, *Quatremère de Quincy*, *Saladin*, *Siméon*, *Villaret-Joyeuse*, *Willot*.

Dans le conseil des Anciens, le nombre des proscrits était de douze, parmi lesquels on distinguait *Barbé-Marbois*, *Dumas*, *Lafon-Ladebat*, *Lomont*, *Muraire*, *Portalis*, *Rovère*, *Tronçon-Ducoudray*, etc.

Les deux directeurs, *Carnot* et *Barthélemy*, y étaient compris. Puis s'y trouvaient inscrits les agens royaux qui avaient figuré au premier rang dans la dernière conspiration, l'abbé *Brottier*, *Lavilleurnoy* et *Duverne de Presle*, dit *Dunan*, enfin l'ex-ministre de la police *Cochon*, *Dossonville*, ex-employé à la police; le général *Miranda*, le général *Morgan*, *Suard*, journaliste; *Mailhe*, ex-conventionnel, et *Ramel*, commandant des grenadiers du corps-législatif.

Plusieurs de ces malheureux échappèrent à la peine portée contre eux. D'autres subirent leur sort, qui fut très-rigoureux. Quinze d'entre eux, renfermés au Temple, en furent tirés le 23 fructidor, à trois heures du matin, pour être conduits à Rochefort, et de-là embarqués pour la Guyane [1].

[1] Ces déportés étaient *Bourdon-de-l'Oise*, *Rovère*, *Pichegru*, *Aubry*, *Delarue*, *La Villeurnoy*, *Brottier*, *Dossonville*, *Ramel*, *Barthélemy*, *Murinais*, *Tronçon-Ducoudray*, *Barbé-Marbois*, *Lafon-Ladebat*, *Willot*, et *Letellier* domestique de Barthélemy.

Si l'on s'en rapporte au journal de Ramel, journal qui contient beaucoup d'erreurs, d'exagération, et même de calomnies, ces déportés eurent à souffrir dans la traversée les rigueurs des élémens et des hommes. Murinais, vieillard recommandable, mourut à Synamary.

L'abbé *Brottier* se lia avec *Billaud de Varennes*, déporté après le 9 thermidor, ce qui déplut fort aux autres nouveaux déportés. La Villeurnoy, à la suite d'une querelle qu'il eut avec l'abbé, accabla ce dernier d'injures les plus grossières et de coups. « Nous accourûmes à la case, dit Ramel; *laissez*
» *Messieurs, laissez-moi corriger ce drole-là*, nous dit La Villeurnoy, *ce traitement lui est nécessaire, et quand vous le*
» *connaîtrez, vous me remercierez; c'est un démon de discorde;*
» *et l'abbé Maury avait bien raison quand il écrivait aux*
» *princes: S'il ne s'agit que de tout brouiller, on ne pouvait*
» *mieux faire que d'envoyer l'abbé Brottier; il désunirait les*
» *légions célestes.* » (Journal de Ramel, seconde édition, page 102.)

Le 15 prairial an VI, *Aubry*, *Barthélemy*, *Delarue*, *Dossonville*, *Letellier*, *Ramel*, *Willot* et *Job-Aymé* parvinrent à s'évader. Plusieurs de ces déportés périrent, et d'autres furent rappelés à Paris.

Mais reprenons les articles du projet de résolution. Le treizième porte que les biens des proscrits seront séquestrés, et que la main-levée ne leur sera accordée que sur la preuve authentique de leur arrivée au lieu fixé pour leur déportation.

Par les articles XV et XVI tous les individus inscrits sur la liste des émigrés et non rayés définitivement, sont tenus de sortir dans les vingt-quatre heures de Paris et d'autres villes, et dans les quinze jours du territoire de la république, sous peine d'être traduits devant une commission militaire pour y être jugés dans les vingt-quatre heures. Ces articles sont applicables aux individus qui, ayant émigré, sont rentrés en France, quoiqu'ils ne soient inscrits sur aucune liste d'émigrés.

L'article XXIII révoque la loi du 7 de ce mois, qui rappelle les prêtres déportés.

La rigueur de ces articles causa beaucoup de remue-ménage et de désappointement en France. On vit une infinité d'émigrés, de prêtres rentrés sans autorisation, s'agiter pour se soustraire à la loi. Les uns s'empressaient de partir, et les voitures publiques ne pouvaient suffire à leur empressement; les autres cherchaient des asiles secrets pour se dérober aux poursuites; ceux-là assaillaient les ministres, les députés pour solliciter une exception.

La duchesse d'Orléans, le prince de Conti et madame de Bourbon, furent, par la même loi, obligés de quitter la France : dans la nuit du 27 au 28 fructidor, ils partirent pour l'Espagne.

Par cette résolution, plusieurs lois que les clichiens avaient fait rendre furent rapportées, et le directoire fut investi du pouvoir de déporter, par des arrêtés individuels motivés, les prêtres qui troubleraient dans l'intérieur la tranquillité publique. Le directoire usa amplement de cette autorisation.

Le conseil des Anciens approuva cette résolution.

Quelques membres de ce conseil témoignèrent d'abord leur inquiétude de se voir transférés dans l'amphithéâtre de l'École-de-Médecine; mais bientôt elles furent dissipées, et lorsque ce conseil se trouva en nombre suffisant pour délibérer à l'exemple du conseil des Cinq-cents, il se déclara en permanence, et approuva, après une discussion contradictoire, toutes les résolutions prises par le conseil des Cinq-cents.

Le 20 fructidor le conseil des cinq-cents prit une résolution qui ordonne la déportation des propriétaires, entrepreneurs, auteurs, rédacteurs des journaux gagés par le royalisme, et dont le projet donne les titres [1].

---

[1] Il est curieux de connaître le nombre et les titres de ces folliculaires soldés qui combattaient journellement contre la république; les voici :

Le *Mémorial*, le *Messager du soir*, le *Miroir*, *Nouvelles politiques*, *nationales et étrangères*; l'*Observateur de l'Europe* à Rouen, *Perlet*, le *Petit-Gautier* ou la *Petite-Poste*, le *Postillon des armées* ou *Bulletin général de France*, le *Précurseur*, la *Quotidienne*, *Rapsodies du jour*, le *Spectateur du*

Le corps-législatif décréta qu'il serait fait une adresse aux départemens et aux armées. Celui qui en fut chargé traça le tableau de la conspiration avec plus de vigueur que de précision. Je m'abstiendrai d'en rapporter des fragmens parce qu'ils n'offriraient rien de nouveau aux lecteurs.

Le directoire fit aussi une proclamation aux Français, que, par la même raison, je m'abstiendrai de citer.

Dans la séance du 21 fructidor, le conseil des Cinq-cents procéda à la nomination de dix candidats à présenter au conseil des Anciens pour l'élection d'un directeur, à la place de l'ex-

---

Nord, le *Tableau de Paris*, le *Thé*, la *Tribune publique*, le *Véridique*, l'*Argus*, *Annales catholiques*, les *Actes des Apôtres*, l'*Accusateur public*, l'*Anti-terroriste*, l'*Aurore*, le *Censeur des journaux*, le *Courrier de Lyon*, *Courrier extraordinaire*, *Courrier républicain*, le *Cri public* ou *Frères et amis*, le *Défenseur des vieilles institutions*, le *Déjeuner*, l'*Echo*, l'*Éclair*, l'*Europe littéraire*, *Gazette française*, *Gazette universelle*, le *Grondeur*, l'*Impartial bruxellois*, l'*Impartial européen*, l'*Invariable*, le *Journal des journaux*, le *Journal des Colonies*, le *Journal général de France* ou le *Gardien de la constitution*, et l'*Abréviateur universel*.

A ces *quarante-deux* journaux on pourrait joindre *vingt-cinq* autres, imprimés à Paris ou dans les départemens, dont les noms sont consignés dans le procès-verbal de la séance permanente des Cinq-cents (fructidor an V, page 86.).

Ainsi, *soixante-sept* journaux qui, la plupart, paraissaient chaque matin, étaient occupés à corrompre l'opinion publique, à répandre le venin de leurs calomnies sur les fonctionnaires patriotes, et à décrier, à insulter le gouvernement républicain.

directeur *Barthélemy*. On voit par les bulletins que le nombre des votans était de deux cent soixante-trois, c'est-à-dire en majorité.

Les candidats qui obtinrent le plus de voix étaient *François de Neufchâteau*, ministre de l'intérieur; il en eut deux cent vingt-quatre; *Merlin*, ministre de la police, deux cent quatorze; le général *Masséna*, deux cent dix; *Garat*, ex-ministre, deux cent huit; *Goyer*, ex-ministre, deux cent une, etc.

Le lendemain, la même opération eut lieu pour le remplacement de l'ex-directeur *Carnot*. *François de Neufchâteau* réunit deux cent cinq suffrages; le général *Masséna*, cent quatre-vingt-quatorze; le général *Augereau*, cent quatre-vingt-douze, *Garat*, ex-ministre, cent quatre-vingt-dix; *Goyer*, ex-ministre, cent quatre-vingt-neuf.

Merlin de Douai fut nommé directeur en remplacement de *Barthélemy*, et *François de Neufchâteau* à la place de *Carnot*; le 24 fructidor ils furent solennellement installés au palais directorial.

On fit plusieurs autres changemens, plusieurs autres destitutions. Le gouvernement et les administrations furent purgés de tous les hommes qui inclinaient vers le royalisme ou qui le servaient; et la république se trouva affranchie de toutes les lois contre-révolutionnaires rendues depuis l'introduction du dernier tiers.

Le 24 fructidor, la permanence du corps-législatif étant levée, les membres des deux conseils se réunirent dans leurs salles ordinaires et rentrèrent dans les limites constitutionnelles.

Cette excursion hors de ces limites, ces lois rapportées ou rétablies, ces destitutions, ces déportations, ces proscriptions, ces rigueurs, cette régénération générale, quoique opérée, par la majorité dans le directoire, par la majorité, dans l'un et l'autre conseils, étaient, je le déclare, illégales, inconstitutionnelles et d'un exemple très-dangereux. Mais, impérieusement commandées par les circonstances, elles étaient d'une nécessité absolue pour le salut de la république. Sans elles, la France eût été déchirée par les troubles, ensanglantée par la guerre civile; sans elles plus de liberté.

Les projets de Clichy, s'ils eussent obtenu un moment de succès, auraient plongé la France dans un abîme de maux. Les armées, leurs généraux, indignés, à la faveur de la suspension des hostilités, auraient marché sur Paris. Les émigrés rentrés, les nombreux fanatiques qui abondaient à Paris et dans les départemens, quelques régimens séduits, les grenadiers de la garde du corps-législatif, auraient, sans doute, opposé des résistances. Les Vendéens, les chouans auraient repris les armes. A quels dangers n'eussent pas été exposés les chefs de l'émigration, qui s'apprêtaient à rentrer en France[1]? Les différens corps de l'armée française, venus au secours de la liberté, auraient-ils borné leur vengeance à ordonner de simples déportations? Le projet des meneurs de Clichy était donc aussi criminel qu'absurde.

M. de Las Cases transmet dans son Mémorial de Sainte-Hélène, la pensée de Bonaparte. Dans le cas où les clichiens eussent abattu le directoire, ce général était décidé à marcher sur Lyon avec quinze mille hommes. « Là, dit-il, se seraient
» ralliés à lui tous les républicains du Midi et de la
» Bourgogne: les Conseils, victorieux, n'auraient
» pas été trois ou quatre jours sans se diviser
» violemment; car si leurs membres étaient uni-
» formes dans leur marche contre le directoire,
» on savait qu'ils étaient loin de l'être dans le but
» ultérieur qu'ils se proposaient. Les meneurs,
» tels que Pichegru, Imbert-Colomès et autres,
» vendus à l'étranger, poussaient violemment au
» royalisme et à la contre-révolution, tandis que

---

[1] Les princes, chefs de l'émigration, se disposaient à faire leur entrée en France. Voyez une lettre datée de La Haye, envoyée au ministre de la police générale, par l'ambassadeur de France près la république batave. (Moniteur, an V, n° 356, 1ʳᵉ colonne.) Dans cette lettre on lit qu'un prince français entretenait des correspondances en France; qu'il avait un puissant parti dans le conseil des Cinq-cents; qu'il allait être appelé par ce parti, qu'il préparait ses équipages de campagne, les avait envoyé chercher à Gotha, et qu'on travaillait à les mettre en état de servir.

» Carnot et autres voulaient des résultats tout-à-
» fait contraires. La confusion et l'anarchie n'eus-
» sent donc pas manqué d'être aussitôt dans
» l'État[1]! »

Il dit ensuite : « Les vrais contre-révolution-
» naires étaient en petit nombre, et leur préten-
» tion trop ridicule et trop absurde[2]! »

Le directoire adressa au corps-législatif une nouvelle correspondance saisie, qui confirmait le royalisme des projets de Clichy, et prouvait que leur partisan Imbert-Colomès était à Lyon l'agent principal de la royauté[3].

Le général Moreau, instruit de l'événement de

---

[1] Mémorial de Sainte-Hélène, par M. le comte de Las Cases, tome IV, page 227.

[2] *Idem*, page 228.

[3] Imbert-Colomès eut le bonheur d'échapper et de se réfugier en Suisse. Les quatre-vingt-neuf premières pages du recueil intitulé : *Papiers saisis à Bareuth et à Mende*, contiennent la correspondance d'Imbert-Colomès avec divers agens ou chefs de l'émigration. Il s'en trouve une où un personnage très-éminent adresse à Imbert-Colomès ses regrets sur l'événement du 18 fructidor, et sur l'heureuse évasion de cet agent (page 17 du recueil); on y lit cette phrase : « Si vous
» connaissez les lieux où quelques-uns de *vos dignes collègues*
» se sont retirés, soyez mon interprète auprès d'eux; dites-
» leur qu'ils partagent les sentimens que je viens de vous
» exprimer; ajoutez-leur que ce *nouveau revers* n'abat point
» *ma constance immuable*, comme ma tendre bienveillance
» pour eux, et que j'ai la douce et ferme confiance que leur
» courageux attachement aux principes de la monarchie n'en
» sera point ébranlé. »

fructidor, adressa au directoire une lettre de dévouement. Il vint à Paris, et fit parvenir au ministre de la police les nombreux papiers trouvés dans les fourgons que, le 2 floréal précédent, il avait saisis à Offembourg, lorsque l'armée qu'il commandait entrait dans cette place. « Je suivais
» de près les hussards qui y entrèrent les pre-
» miers, dit ce général, et j'y trouvai les four-
» gons de la chancellerie, de la poste et d'une
» partie de l'armée ennemie, et les équipages de
» plusieurs officiers-généraux, entre autres ceux
» du général *Klinglin*, dont les soldats se parta-
» geaient les dépouilles. Je donnai l'ordre de re-
» cueillir avec soin tous les papiers qu'on trouve-
» rait. On en chargea un fourgon, qui fut conduit
» le lendemain à Strasbourg sous l'escorte d'un
» officier. »

L'impression de ces papiers, en deux gros volumes, mit au jour une infinité d'intrigues, de rapports d'espions et de lettres des conspirateurs. La trahison de *Pichegru*, tantôt sous son vrai nom, tantôt sous le nom de la *belle*, *de l'aimable Zède*, de *Poinsinet*, de *Baptiste*, etc., est encore mieux dévoilée que dans les papiers de d'Antraigues.

Ceux qui furent déportés ou qui s'évadèrent, publièrent bientôt des écrits où ils exhalèrent leurs plaintes amères, et prouvèrent pour la plupart leur haine pour le gouvernement républicain, et leur attachement au royalisme [1] !

[1] Parmi cette nuées de pamphlets, on distingue ceux-ci :

Sans l'expression du vœu des armées, peut-être le coup d'Etat du 18 fructidor n'aurait pas été frappé. Le général Hoche et son armée étaient franchement décidés à y concourir; et c'est pour aider le directoire dans cette expédition hardie, qu'il détacha de son armée des troupes et les envoya dans les départemens voisins de Paris.

Bonaparte avait calculé qu'en offrant au directoire de venir à son secours, son devoir s'accordait avec son intérêt. L'adresse de l'armée d'Italie qu'il commandait était menaçante contre le parti de Clichy, et l'ordre du jour qu'il donna à cette armée ne l'est pas moins. « Soldats, je le sais, » portait cet ordre, votre cœur est plein d'an- » goisses sur les malheurs de la patrie; mais si

---

Proclamation du directoire exécutif aux Français, et réponse des Français au directoire exécutif. Le journal des armées coalisées, le *Précurseur,* la *Lanterne magique républicaine,* les *Conscrits de la Belgique aux Cinq-cents, et à leur chancelier, sur les journées du* 18 *fructidor et* 30 *prairial; le* 18 *fructidor ou anniversaire des fêtes directoriales; Appel à la nation française par Roland Gaspard Lemérer; Imbert-Colomès au conseil des Cinq-cents, à ses commettans, et au peuple français, Etrennes aux amis du dix-huit.* Ensuite parurent les écrits des déportés à la Guiane; en voici quelques-uns : *Journal de l'adjudant-général Ramel, Déportation et naufrage de J. J. Aymé ex-législateur, Anecdotes secrètes sur le* 18 *fructidor, et nouveaux mémoires des déportés à la Guiane,* etc. Ces écrits ne peuvent guère servir de matériaux à l'histoire; ils sont dictés par l'indignation et l'esprit de parti. Les malheurs de ces hommes font oublier leur faute et excusent les exagérations de leurs plaintes.

» les menées de l'étranger pouvaient l'emporter,
» nous volerions du sommet des Alpes avec la ra-
» pidité de l'aigle pour défendre cette cause qui
» nous a déjà coûté tant de sang. »

« Ces mots, lit-on dans le Mémorial de Sainte-
» Hélène, décidèrent la question. Les soldats en
» délire voulaient tous marcher sur Paris; le
» contre-coup en retentit aussitôt dans la capitale;
» et le directoire, que chacun croyait perdu,... se
» trouva tout-à-coup fort de l'opinion publique;
» il prit aussitôt l'attitude et la marche d'un parti
» triomphant; il terrassa à l'instant tous ses en-
» nemis. »

Bonaparte envoya le général Augereau à Paris pour porter au directoire l'adresse de l'armée d'Italie et des drapeaux qu'elle avait pris sur l'ennemi: on ne doit pas douter qu'il le chargea de la défense du directoire.

Bonaparte exposa dans ses conversations à Sainte-Hélène les avantages et les inconvéniens des trois partis qu'en cette occurrence il avait à choisir. Le premier, dit-il par l'organe de M. Las-Cases, consistait à se déclarer le partisan de Clichy. « Mais,
» dit-il, il était déjà trop tard; l'armée se pronon-
» çait, et les meneurs du parti... en l'attaquant sans
» cesse ne lui laissaient pas la possibilité de prendre
» cette résolution. »

Le second parti, continue-t-il, était de défendre le directoire et la république. Voici ce qui le détermina à l'embrasser. « Tous les écrivains, restés

» fidèles à la révolution, s'étaient déclarés d'eux-
» mêmes les ardens défenseurs et les apologistes
» zélés de l'armée et de son chef. »

En adoptant le troisième parti, Bonaparte aurait dominé les deux factions, se serait présenté *franchement* dans la lutte, comme régulateur de la république. « Mais il ne pensait pas qu'il fût
» encore dans l'esprit du temps ni dans l'opinion
» publique, de lui permettre une marche aussi
» audacieuse [1]. »

Déjà Bonaparte avait jeté des yeux avides sur la proie qu'il devait dévorer, et l'on voit que ce général, s'il n'avait pas craint de se perdre par une entreprise prématurée, aurait favorisé les clichiens; c'était-là, dit Las-Cases, son désir et son espérance. « Nous sommes portés à le croire par
» le fait suivant. Dans le moment de la crise entre
» les deux factions, un arrêté secret, signé des
» trois membres, composant le parti du direc-
» toire, lui demanda trois millions pour soutenir
» l'attaque des conseils. Napoléon, sous divers pré-
» textes, ne les envoya pas, quoique cela lui fût
» facile; et l'on sait qu'il n'est pas dans son carac-
» tère d'hésiter pour des mesures d'argent [2]. »

Clichy voulait rétablir la royauté; mais il voulait que ce rétablissement s'opérât en faveur d'un homme autre que Bonaparte; celui-ci, par cette considération et par la crainte de n'être point se-

---
[1] Mémorial de Sainte-Hélène, tome IV, pag. 224, 225.
[2] Mémorial de Sainte-Hélène, tome IV, pag. 229.

condé par son armée, et quoiqu'il eût un secret penchant pour Clichy, se détermina à combattre ce parti, à encourager et favoriser le directoire.

Quant au refus des trois millions, refus qui n'est pas suffisamment constaté, Bonaparte étant le seul qui en parle, on peut le révoquer en doute; mais on n'a pas de notions assez certaines, et on ne peut pas non plus le taxer de fausseté. Toutefois ce refus est en opposition manifeste avec la conduite de Bonaparte. Ce fut évidemment pour fortifier le directoire et l'aider à la destruction du parti de Clichy, qu'il envoya le général Augereau à Paris, qu'il écrivit son ordre du jour, et qu'il fit l'adresse envoyée au directoire.

Ce qui prouve encore l'entier assentiment du général Bonaparte à la journée du 18 fructidor, ce sont les lettres qu'on lui adressa, et celles qu'il écrivit sur cette journée. Le général Augereau s'empressa le même jour de lui communiquer les succès qu'il avait obtenus contre les royalistes. « Enfin, mon général, dit-il, ma mission est rem-
» plie, et les promesses de l'armée d'Italie ont été
» acquittées cette nuit. »

Le ministre Talleyrand lui écrit, le 22 fructidor, pour lui annoncer « qu'une conspiration véritable,
» et tout au profit de la royauté, se tramait de-
» puis long-temps contre la constitution. Déjà
» même elle ne se déguisait plus; elle était visible
» aux yeux les plus indifférens. Le mot *patriote*
» était devenu une injure; toutes les institutions

» républicaines étaient avilies. Les ennemis les
» plus irréconciliables de la France accouraient
» en foule, et y étaient accueillis, honorés. »

Le même ministre, le 30 fructidor, adresse encore une lettre à Bonaparte, et lui annonce que
« les cours de Vienne et de Londres étaient d'ac-
» cord avec la faction qui vient d'être abattue chez
» nous..... Les membres de Clichy et le cabinet de
» l'empereur avaient, pour objet commun et ma-
» nifeste, le rétablissement du roi en France, et
» une paix honteuse, par laquelle l'Italie devait
» être rendue à ses anciens maîtres. »

Le général Bernadote lui mande les événemens du 18 fructidor, et il s'exprime avec lui comme un républicain qui s'adresse à un homme de la même opinion.

Bonaparte lui-même adressa, le 26 fructidor, au directoire, une proclamation sur les événemens du 18, et, après avoir exposé les mesures militaires qu'il a prises, pour assurer le succès de cette journée, et dit qu'il allait s'occuper d'une proclamation pour les habitans de Lyon, il ajoute :
« Dès l'instant que j'apprendrai qu'il y a le
» moindre trouble, je m'y porterai avec rapi-
» dité. Comptez que vous avez ici cent mille
» hommes qui sauraient faire respecter les mesures
» que vous prendrez pour asseoir la liberté sur
» des bases solides. »

Ce n'est pas ainsi qu'on aurait écrit à Bonaparte, ce n'est pas ainsi qu'il aurait écrit lui-même, s'il eût été contraire aux événemens de fructidor, s'il n'y avait pas contribué.

Et cependant, ce qui n'étonnera que les gens étrangers aux iniquités de l'ambition, l'on verra dans la suite ce même Bonaparte se récrier contre le 18 fructidor, en faire un chef d'accusation contre le directoire et un prétexte pour le dissoudre.

Journée du 18 fructidor,
an 5 de la République.

CHAPITRE XI.

FÊTE QUI COMMENCE L'AN VI DE LA RÉPUBLIQUE; MORT DU GÉNÉRAL HOCHE; CÉRÉMONIES FUNÈBRES; OPINION DE MALLET-DUPAN SUR LES CONSPIRATIONS DES ÉMIGRÉS; PRISE DU SAINT-ESPRIT PAR SAINT-CHRISTOL ET BÉSIGNAN; BONAPARTE A PARIS; INQUIÉTUDES QU'IL CAUSE; SA RÉCEPTION SOLENNELLE AU DIRECTOIRE; DIVERSES FÊTES DONNÉES A BONAPARTE; IL EST NOMMÉ MEMBRE DE L'INSTITUT; ASSASSINATS ET VOLS DE DILIGENCES; HOMÉLIE DE L'ÉVÊQUE D'IMOLA; RÉPUBLIQUES D'ITALIE; PRISE DE ROME PAR LES FRANÇAIS; MAYENCE RENDU A LA FRANCE; EXPÉDITION D'ÉGYPTE; BRIGANDAGES, CORRESPONDANCES SAISIES.

Le 18 fructidor suspendit le cours des conspirations, préserva la France des désastres d'une guerre civile, ramena le calme dans le gouvernement, et fit renaître l'espérance et la joie dans l'ame de tous ceux à qui la liberté et la république étaient chères. Ces sentimens se manifestaient par de nombreuses adresses de félicitations que les divers départemens envoyaient aux deux conseils.

Ces circonstances, cette disposition des esprits donnèrent un nouvel éclat à la fête qui ouvrit l'an six de la république.

Le 1er vendémiaire, dès le matin, des salves d'artillerie annoncèrent la solennité du jour. A midi le directoire, escorté par sa garde, précédé par les ministres, se rendit d'abord aux Invalides, où le président la Réveillère-Lépaux prononça un discours analogue à la fête; puis le cortége arriva et prit place au Champ-de-Mars sur le tertre nommé *Autel de la patrie*. Toutes les autorités constituées, l'Institut, le corps diplomatique, y assistèrent dans les rangs qui leur étaient assignés. Après des évolutions militaires, le même président du directoire prononça un second discours où sont décrits à grands traits les événemens et les résultats du 18 fructidor. Ce discours commença et finit par cette invocation répétée : « Grâces te » soient rendues, Souverain arbitre des destinées » de l'Univers; grâces te soient rendues, la France » est république ! »

La carrière alors s'ouvrit aux courses à pied, à cheval et en char. Les vainqueurs, proclamés par des juges, se dirigèrent, au son des trompettes, vers l'édifice de l'Ecole-Militaire où les prix leur furent distribués, et de-là ils se rendirent aux Champs-Elysées, où on les accueillit en triomphateurs. Des danses, des chants, des illuminations, et non de ces humiliantes distributions, égayèrent les Parisiens pendant toute la nuit. Le ciel était beau et l'affluence immense.

Une nouvelle fâcheuse altéra la joie de cette fête. On apprit que le brave général Hoche, célèbre par ses éminens services rendus à la république, avait, le troisième jour complémentaire, cessé de vivre. Voici ses dernières paroles; elles étaient pour la patrie et pour ses amis : *Adieu, mes amis, adieu, mes amis ; dites au gouvernement de veiller sur la Belgique ; adieu, mes amis.*

On soupçonna beaucoup que le poison avait causé sa mort. Le procès-verbal de l'ouverture de son corps, dressé en présence d'une réunion de médecins et de chirurgiens expérimentés, semble confirmer ces soupçons; mais faute de certitude on ne doit rien dire de plus.

Mort à Wetzlar, son corps fut transporté avec toute la pompe militaire à Coblentz et de-là au fort de Pétersberg. Il y fut inhumé à la place même où étaient déposés les restes du général Marceau. Pendant ce transport, Hoche reçut, outre les honneurs funèbres de son armée, ceux des habitans des villes et des villages qui se trouvaient sur le passage. A Braunsfels, le prince, à l'approche du convoi, fit répondre par toute son artillerie à celle des militaires français. Il se rendit même, à la tête de ses troupes, sur le lieu où devait passer le corps du défunt ; il le salua à plusieurs reprises.

A Weilbourg, les magistrats et les principaux habitans de cette ville vinrent en grand deuil recevoir le corps, et l'accompagnèrent jusqu'au lieu où il fut déposé.

Le gouverneur autrichien de la forteresse d'Ehrenbreistein disposa une partie de ses troupes pour former la haie à gauche, tandis que les Français la formaient à droite. Le gouverneur de la ville du Thale, les officiers de son état-major et la garnison vinrent recevoir le corps aux avant-postes, l'accompagnèrent jusqu'aux bords du Rhin au bruit du canon de la forteresse.

Des enseignes à la romaine, surmontées de couronnes de chêne et de lauriers, se faisaient remarquer par les inscriptions suivantes, contenant l'exposé des principaux exploits du défunt :

« Général en chef à 25 ans.............. An Ier.
» Il débloqua Landau..................... An II.
» Il pacifia la Vendée.................... An III et IV.
» Il vainquit à Neuwied.................. An V.
» Il chassa les fripons de l'armée.... An V. »

Les généraux Lefèvre, Championnet et Grenier prononcèrent l'éloge funèbre de Lazare Hoche, qui, au courage militaire, à l'habileté d'un général du premier ordre, joignait d'autres mérites : il aimait sincèrement les soldats, ses amis et sa patrie ; il était, de plus, doué d'une probité sévère : aussi fut-il le fléau des fournisseurs infidèles.

Le directoire exécutif, par arrêté du 2 vendémiaire, ordonna que, le 10 de ce mois, une cérémonie funèbre aurait lieu au Champ-de-Mars en mémoire du général Hoche. Le corps-législatif arrêta que la cérémonie funèbre, en mémoire de ce général, serait célébrée à Paris le 10 vendémiaire, et le 30 dans chaque chef-lieu de canton et dans toutes les armées.

Cette cérémonie fut, à Paris, exécutée avec une

pompe extraordinaire. Rien de ce qui peut exciter des regrets, émouvoir l'ame et honorer un mort, ne fut omis. Chants funèbres, vers héroïques, musique lugubre, marches militaires, panégyrique, couronnes déposées sur le cénotaphe par des groupes de vieillards et de jeunes filles, offrirent un spectacle noble et touchant.

Le 2 vendémiaire, il fut ordonné au général Augereau de remplacer le général Hoche dans le commandement en chef des armées de Rhin-et-Moselle et de Sambre-et-Meuse, alors nommées *Armée d'Allemagne*.

Tels furent les événemens et les actes qui suivirent le 18 fructidor. On croyait, d'après la rigoureuse épuration qui s'opéra dans cette journée, d'après les arrestations et les déportations nombreuses qui en furent la suite, que la république serait entièrement purgée de ses ennemis, que le système du gouvernement occulte, des agences supérieures et inférieures, des fils légitimes, etc., était tombé en dissolution; il n'en fut rien : les directeurs de ce système, qui causa beaucoup de malheurs particuliers et aucun bien général, continuèrent encore long-temps leurs tentatives meurtrières et absurdes [1]. Les agens de ce parti

---

[1] Dans les lettres que Mailet-Dupan adressait au roi de Sardaigne, lettres qui furent saisies en Italie, on en remarque une qui est relative à la conspiration de La Villeurnoy, Brottier et Dunan, etc.

« Trois de ces agens, dit-il, me sont personnellement connus...

pouvaient être comparés à ces insectes qui inquiètent, irritent ceux qui en sont piqués, mais ne les tuent pas.

Quelques jours après le 18 fructidor, une insur-

» L'abbé *Brottier*, homme de lettres, est une espèce de fanatique
» et du nombre de ceux qui, dès l'origine jusqu'à ce jour, ont
» attendu la contre-révolution complète à chaque renouvelle-
» ment de lune. M. *de La Villeurnoy*, ancien maître des re-
» quêtes, était un homme du monde et de plaisir, aussi cré-
» dule que léger, et ayant de l'esprit sans jugement. *Dunan*
» est un ancien sous-lieutenant de marine, petit intrigant sans
» talent et qui a vécu à Berne plusieurs mois avec une cour-
» tisane qu'il faisait passer pour sa femme, son vrai nom
» est *Duverne de Presle*. *Poly* est le quatrième des agens royaux
» emprisonnés; il a avoué avoir été *terroriste par politique* et
» paraît appartenir à la classe, extrêmement nombreuse en
» France, des intrigans subalternes. Tels étaient les quatre
» hommes chargés en chef de restaurer la monarchie et de
» finir une révolution qui a dompté la moitié de l'Europe et
» qui menace l'autre.

» L'ineptie, l'indiscrétion, la folle confiance de ces mes-
» sieurs n'ont pas besoin d'être remarquées; mais on retrouve
» dans leur conduite le résultat de l'*erreur invincible* où d'ab-
» surdes rapports maintiennent les royalistes de l'extérieur et
» leurs conseils; c'est de considérer comme des contre-révo-
» lutionnaires, comme des soupirans après l'ancien régime,
» tous les Français qui ne sont pas jacobins. Il n'y a jamais
» de nuances pour les ignorans. »

En parlant de la même conspiration, le même écrivain, dans le *postscriptum* d'une autre lettre, s'exprime ainsi : « *Le*
» *fond et les principales circonstances de ce projet sont cer-*
» *tains* ; j'en connais les agens, leurs pratiques, les mains qui
» fournissaient de l'argent.... *les plus dangereux ennemis de*

CHAP. XI. — MORT DE HOCHE. 451

rection se manifesta dans le midi de la France; elle était suscitée par deux fameux chefs de contre-révolution, *Saint-Christol*, émigré rentré, et rayé provisoirement par le département de Vaucluse, et *Bésignan*, autre émigré[1]. Ils parvinrent à réunir et armer une troupe assez considérable. Le 27 fructidor, à six heures du matin, ils s'emparèrent de la citadelle du Saint-Esprit. Ils prenaient le titre remarquable de *généraux des deux conseils*. Maîtres de cette place, un d'eux envoya l'ordre suivant au caissier de la république.

« Monsieur Lefebvre, caissier de la république
» au port Saint-Louis, remettra l'argent de sa caisse
» au présent porteur. Le 14 septembre 1797

» *la royauté sont les royalistes*. Le 22 janvier, un de ces *im-*
» *béciles*, à qui j'avais écrit très-fortement pour le détourner
» d'entrer dans aucune de ces manœuvres, me répondit en
» m'envoyant, par la poste ordinaire, les pièces de leur pro-
» jet, *il était conforme à celui qui vient d'être dénoncé.* » (Moniteur, an VI, p. 238.)

Le même numéro du Moniteur contient plusieurs autres lettres de Mallet-Dupan, elles sont curieuses et contribuent à confirmer tout ce qui a été dit sur cette conspiration et sur la maladresse des conspirateurs. (Voy. présent volume; p. 310 et suiv.)

[1] Besignan avait émigré deux fois, il rentra après le 12 germinal : « A cette époque, dit Jacomin, il vint à Paris ; je le
» fis arrêter et conduire au comité de sûreté générale, mais
» sur la recommandation du *marquis* de Rovère, il fut mis en
» liberté, ce fut d'après cela qu'on saisit sa correspondance. »
(Moniteur, an VI, p. 35.)

» (28 fructidor an V). *Signé* SAINT-CHRISTOL, gé-
» néral de l'armée des deux conseils. »

Plusieurs habitans de la ville, effrayés, en sortirent; cependant, une partie de la garde nationale répondit à l'appel. Les administrateurs municipaux décidèrent que deux d'entre eux se dévoueraient, et que, sans escorte, sans armes, mais décorés de leurs écharpes, ils se présenteraient à la citadelle.

A leur approche, ces administrateurs furent couchés en joue. Ils parvinrent auprès du chef Saint-Christol, et lui demandèrent de quel droit il s'était emparé du fort de la commune. Il répondit qu'il en avait agi ainsi par nécessité, et que sa troupe n'était armée que pour faire exécuter la constitution de l'an III. Les municipaux répliquèrent que cette constitution était en plein exercice, n'éprouvait aucune résistance, et le sommèrent, au nom de la loi, de se retirer: il s'y refusa. En sortant, les municipaux furent insultés par des hommes de ce chef, qui leur criaient: *Avec vos f..... rubans rouges, blancs et bleus! Qu'est-ce que tu f... de cette cocarde?*

Les municipaux dépêchèrent des courriers dans les communes voisines, à l'administration centrale du Gard, au général Boisset pour leur demander des secours. Bientôt Saint-Christol fit mettre des sentinelles à toutes les portes de la ville, et vint lui-même dans l'assemblée de la commune, y répéta qu'il avait pris les armes pour la constitution de l'an III. On le somma de nouveau de faire retirer sa troupe, il répondit qu'il ne sortirait point de la ville, et que dût-il avoir ses quatre membres cloués aux portes, il y resterait.

Saint-Christol se rendit chez le garde-magasin des vivres et lui demanda douze cents rations de pain pour alimenter sa troupe.

A deux heures des détachemens de la bande de Saint-Christol se portèrent chez divers particuliers de la ville, les mirent à contribution et désarmèrent, au nom du roi, la garde nationale.

A six heures et demie du soir, une troupe de ces brigands se présenta de nouveau dans le lieu des séances de la municipalité, et, braquant leurs armes à feu sur les municipaux, leur déclarèrent que la municipalité était destituée. Les municipaux, mis en fuite, se réunirent dans une maison du faubourg; menacés d'y être arrêtés, ils se retirèrent à Saint-Paulet, commune voisine.

Enfin quatre cents hommes de troupes de ligne, commandés par l'adjudant-général Alméras, s'avancèrent sur la ville du Saint-Esprit, les brigands effrayés ne les attendirent pas; après avoir levé sur les habitans une contribution, ils évacuèrent la ville, passèrent le Rhône sur le pont, traînant avec eux cinq pièces de canon pris dans la citadelle. Saint-Christol et sa troupe se portèrent sur la commune de Boulène, et y tuèrent sept à huit personnes; de-là ils se rendirent à Sainte-Cécile et à Valréas. Vivement poursuivie, cette troupe se dispersa[1].

Cette levée de boucliers méditée depuis longtemps, et avant que ces auteurs connussent les événemens de Paris, devait coïncider avec l'attaque que les chefs de Clichy projetaient contre le directoire. Saint-Christol et Bésignan avaient enrôlé et réuni environ quatre cents hommes, leurs satellites, la plupart voleurs de diligences et de recettes du gouvernement. Mais cette tentative, comme tant d'autres, causa des maux sans succès et s'évanouit.

Il y eut des troubles dans quelques autres lieux du midi de la France, à Castres, à Montauban, ensuite dans la Haute-Loire où les compagnons de Jésus, organisés en légions, exerçaient effrontément des pillages et des assassinats; les patriotes sans secours se trouvaient forcés de chercher un asile dans les bois. Dans les départemens du Puy-de-Dôme, dans celui de la Lozère, de l'Allier, plusieurs mouvemens pareils se manifestèrent ; ils étaient dirigés par la *coterie* secrète des *fils légitimes*. La connivence des membres de cette coterie et des principaux membres de Clichy fut constatée par plusieurs correspondances saisies et lues au conseil des Cinq-cents.

Dans le mois de vendémiaire, on apprit que les Français prisonniers à Olmutz venaient d'être mis

---

[1] Moniteur, an VI, p. 35.

en liberté par l'empereur. Parmi ces prisonniers on remarquait le général La Fayette. L'empereur mit une condition à la liberté de ce général, celle de ne jamais rentrer dans ses Etats sans sa permission spéciale. Le général français lui fit cette réponse : « J'ai des devoirs à remplir dont je ne
» puis me délier moi-même; je dépends, par les
» liens de ces devoirs, des États-Unis, et avant tout
» je dépends de la France, et je ne puis contrac-
» ter d'engagemens incompatibles avec les droits
» que mon pays peut exercer sur moi. » M. La Fayette ajouta que son intention invariable était de ne jamais mettre le pied sur un territoire de la dépendance de l'empereur [1].

Ce bienfait ou plutôt cette réparation d'une injustice révoltante, fut l'effet des négociations entamées à Udine pour la paix entre la France et l'Autriche [2]. Ces négociations étaient lentes, et les deux partis faisaient, en attendant leurs résultats, de formidables préparatifs de guerre.

Enfin le traité de paix définitif entre la répu-

[1] Les prisonniers français étaient au nombre de quinze : le général *La Fayette*, son épouse et ses deux filles, *Latour-Maubourg*, son épouse et ses deux filles et son frère *Charles*, *Bureau de Pusy* et son épouse, *Louis Romeuf*, adjudant du général de La Fayette, *Villaume*, *Pillet* et le major impérial d'*Anethenner*.

[2] Les prisonniers d'Olmutz arrivés à Hambourg le 15 vendémiaire an VI écrivirent au général Bonaparte comme à celui auquel ils étaient redevables de leur liberté.

blique et l'empereur, roi de Hongrie et de Bohême, fut conclu le 26 vendémiaire (17 octobre 1797) à Campo-Formio près d'Udine. Par ce traité, l'empereur renonce, en faveur de la république française, à tous ses droits et titres sur les ci-devant provinces belgiques, connues sous le nom de Pays-Bas autrichiens.

Il consent à ce que la république française possède en toute souveraineté les îles ci-devant vénitiennes du Levant; savoir : Corfou, Zante, Céphalonie, Sainte-Maure, Cérigo, et autres îles en dépendantes, ainsi que Butrinto, Larta, Venizza, et en général tous les établissemens vénitiens en Albanie, qui sont situés plus bas que le golfe de Lodrino.

La république française consent à ce que Sa Majesté l'empereur possède en toute souveraineté, l'Istrie, la Dalmatie, les îles ci-devant vénitiennes de l'Adriatique, les Bouches du Cattaro, la ville de Venise, les lagunes et les pays compris entre les États héréditaires de l'empereur, la mer Adriatique, et une ligne qui partira du Tyrol, suivra le torrent en avant de Gardola, traversera le lac de la Garda jusqu'à Lacise, etc.

L'empereur renonce à perpétuité à tous les pays qui font partie de la république cisalpine, il reconnaît cette république comme puissance indépendante.

Il fut, de plus, arrêté qu'un congrès serait réuni

à Rastadt, et que les souverains y enverraient des plénipotentiaires.

Ce traité, le 5 brumaire suivant, fut signé par le directoire exécutif, et envoyé à la ratification du corps-législatif; il en reçut la nouvelle avec des transports de joie qui se reproduisirent dans tout Paris.

Le conseil des Cinq-cents, dans son comité secret du 9 brumaire, et le conseil des Anciens, dans son comité secret du 13 du même mois, approuvèrent et ratifièrent ce traité de paix.

Le directoire nomma *Treillard et Bonnier* pour plénipotentiaires au congrès de Rastadt. Bonaparte s'y rendit, et après y avoir fait quelque séjour, il revint en France, passant par la Suisse [1] et par Genève. A cinq heures du soir, le 15 frimaire, il entra dans Paris. Le lendemain il eut une audience du directoire.

La présence de Bonaparte à Paris, les grands services qu'il venait de rendre à la république, sa gloire, les hommages qu'il recevait, son ambition déjà bien connue, les intrigans qui l'entouraient, la force morale que ses conquêtes lui avaient acquise dans l'opinion publique, le rendaient redoutable aux amis de la liberté, et causaient des inquiétudes au directoire. Cet homme, qui voulait tout dompter, se montrait indomptable.

[1] Bonaparte passant à Soleure, le capitaine d'artillerie fit tirer le canon en l'honneur du général français. Ce capitaine fut emprisonné; le directoire demanda vivement sa liberté.

Le directoire avait conçu le projet de faire une descente en Angleterre, le seul ennemi et le plus dangereux qui restât à la France. Par son arrêté du 19 frimaire, il chargea le général Bonaparte, aussitôt que sa mission diplomatique à Rastadt serait terminée, de prendre le commandement de l'armée destinée à cette expédition, qu'on nommait *armée d'Angleterre*. Ce général roulant dans sa tête plusieurs plans de conduite, hésita: le gouvernement n'osait plus lui donner des ordres.

Bonaparte, accoutumé au commandement, ne savait plus obéir. Il se considérait lui-même comme fort supérieur aux membres du directoire, qu'il gratifiait avec mépris de *cinq rois à terme*. « Enivré de gloire, à son retour d'Italie, dit Fou-
» ché, accueilli par l'ivresse française, il médita
» de s'emparer du gouvernement suprême; mais
» sa faction n'avait pas encore jeté d'assez pro-
» fondes racines. Il s'aperçut, et je me sers de ses
» expressions, que *la poire n'était pas encore*
» *mûre*. De son côté, le directoire, qui le redou-
» tait, trouvait que son généralat nominal de l'ex-
» pédition d'Angleterre le tenait trop à portée de
» Paris; lui-même se souciait peu d'aller se briser
» sur les côtes d'Albion. A vrai dire, *on ne savait*
» *trop qu'en faire*. Une disgrâce ouverte eût révolté
» l'opinion publique et l'eût rendu lui-même plus
» fort [1]. »

---

[1] Mémoires de Joseph Fouché duc d'Otrante, p. 42.

CHAP. XI. — BONAPARTE A PARIS.

On sent dans quelle situation embarrassante se trouvait le directoire ; il lui fallait et ménager l'opinion publique et ménager Bonaparte, il lui fallait même le caresser. C'est, dans une république, un être bien dangereux qu'un vainqueur sans morale, sans patriotisme ; il n'est soumis qu'à son ambition, ne respecte que ce qui peut contrarier sa marche ; il considère l'envahissement de l'autorité suprême comme une propriété légitime, comme le prix de ses services.

Le 20 frimaire, le directoire fit célébrer, par une cérémonie pompeuse en audience solennelle, Bonaparte, ses victoires, et la paix qu'elles avaient amenée. La cour du Luxembourg fut le théâtre de cette cérémonie : elle était magnifiquement décorée. Un vaste amphithéâtre reçut toutes les autorités constituées de Paris. Au centre était un autel de la patrie. Les cinq directeurs occupaient la partie supérieure ; ils dominaient les ministres et le corps diplomatique. Un vaste pavillon abritait l'autel et l'amphithéâtre ; des faisceaux, signe de l'union et de la force ; des trophées militaires et des drapeaux pris sur les ennemis, réveillaient des souvenirs flatteurs, inspiraient de nobles pensées, ajoutaient encore à la splendeur de cette scène.

Lorsque toutes les autorités furent en place, le président du directoire ordonna à un huissier d'aller avertir les ministres des relations extérieures et de la guerre, les généraux Bonaparte et Joubert, ainsi que le chef de brigade Andreossi, restés dans une des salles du directoire.

La musique exécutait des symphonies; elles furent interrompues par les cris: *Vive la république! vive Bonaparte! vive la grande nation!* Bonaparte paraît, les acclamations redoublent; il s'entend qualifier de *libérateur de l'Italie*, de *pacificateur du continent*. On entonne des chants patriotiques et à la strophe qui commence par ces mots: *Amour sacré de la patrie*, tous les assistans, spontanément, se levèrent et se découvrirent au milieu des transports de joie. Alors le vainqueur de l'Italie fut présenté au directoire exécutif, conduit par le ministre des relations extérieures, qui prononça un discours fort adroit où les craintes qu'inspirait ce général étaient exprimées, mais placées de manière à faire mieux ressortir les éloges qu'il lui prodiguait; ce ministre semblait, par des suppositions, obscurcir un instant sa gloire pour la montrer ensuite dans un plus brillant éclat.

Bonaparte prit la parole et, comme ceux qui sont accoutumés à commander, il exprima quelques pensées fortes, mais la plupart sans liaison entre elles.

« Pour obtenir une constitution fondée sur la
» raison, dit-il, le peuple français avait dix-huit
» siècles de préjugés à vaincre.....
» La religion, la féodalité et le royalisme ont
» successivement, depuis vingt siècles, gouverné

LA RÉVEILLÉRE LEPAUX.

BAUDOUIN frères, Rue de Vaugirard, N.º 36, A PARIS.

» l'Europe ; mais de la paix que vous venez de
» conclure, date l'ère des gouvernemens repré-
» sentatifs. »

Bonaparte voulut se donner les honneurs de la modestie, en louant les résultats de ses services et en les attribuant au gouvernement : sous ce voile, il se louait lui-même.

Après avoir remis le traité signé à Campo-Formio, il finit par la phrase suivante :

« Lorsque le bonheur du peuple français sera
» assis sur *les meilleures lois organiques*[1], l'Eu-
» rope entière deviendra libre. »

Ces mots, *meilleures lois organiques*, prononcés par un vainqueur ambitieux, parurent à tous ceux qui les entendirent étranges et audacieux. Ce conquérant semblait régenter le corps-législatif, lui reprocher l'insuffisance des lois, annoncer ses projets futurs, et jeter dans le torrent du Rubicon quelques pierres qui devaient lui en préparer le passage. Les auteurs de cette scène, qui paraissaient d'accord pour se complimenter en public, cachaient des pensées et des vues bien différentes.

Le président du directoire, Barras, prononça un discours où les louanges à Bonaparte ne furent point épargnées. Il lui prédit les succès qu'il allait remporter contre l'Angleterre ; peignit la situation

---

[1] La plupart des assistans au lieu de *les meilleures lois*, entendit *de meilleures lois organiques*. Dans le premier cas, c'était un reproche déguisé, dans le second, le reproche était patent.

de la république, avant le 18 fructidor; parla des avantages de la paix et finit en donnant, au nom de la France, l'accolade fraternelle au général.

Après ces discours, le Conservatoire de musique exécuta une symphonie et fit entendre le *Chant du retour*, paroles de Chénier, musique de Méhul.

On y remarquait ce refrain :

Tu fus long-temps l'effroi, sois l'amour de la terre,
O République des Français !
Que le chant des plaisirs succède aux cris de guerre :
La victoire a conquis la paix.

Le ministre de la guerre conduisit ensuite et présenta au directoire le général de division Joubert, et le chef de brigade Andréossi, chargés par le général Bonaparte, à son départ de l'armée d'Italie, de porter à Paris le drapeau que le corps-législatif, en signe de la reconnaissance nationale, avait décerné à cette brave armée, et sur lequel étaient des inscriptions qui rappelaient ses principaux exploits.

Cette présentation fournit au ministre de la guerre l'occasion de prononcer un discours ; aux généraux Joubert et Andréossi de débiter chacun le leur; enfin, au président du directoire, de leur répondre.

Les mots *meilleures lois organiques* prononcés par Bonaparte, refroidirent l'enthousiasme qui avait éclaté au commencement de la cérémonie, et un accident malheureux vint encore y porter la tristesse [1].

Un dîner magnifique succéda à la cérémonie, et plusieurs toasts furent portés à la prospérité de la république, par le président du directoire. Ce dîner fut suivi d'un bal.

Bonaparte, honoré, fêté, caressé de toutes parts, lisait dans tous les journaux, entendait dans toutes les sociétés, dans tous les spectacles, ses éloges en vers et en prose. On ne se rassasie pas d'un pareil mets; on s'irrite contre ceux qui en refusent l'offrande. Dans cette circonstance, le corps-législatif crut convenable de donner une fête à Bonaparte.

Le 30 frimaire, les membres des deux conseils, dans la vaste galerie du Louvre dont on avait retiré les tableaux, donnèrent un splendide dîner au général. Cette galerie, la plus longue qui existe en Europe, offrait sur la même ligne une table d'environ huit cents couverts. Là se trouvaient mêlés les députés des deux conseils, les membres du directoire exécutif, les ministres, les ambassadeurs de toutes les puissances amies, les généraux, les chefs des principales autorités constituées. De ce mélange, il ne résulta aucune confusion. Par un accident arrivé à une décoration, le dîner, qui de-

---

[1] Un ouvrier curieux, placé sur un échafaud qui débordait la corniche du Luxembourg, voulut s'avancer sur une planche mobile pour mieux voir la cérémonie; la planche céda sous le poids de son corps, il tomba du haut des toits dans la cour et mourut de sa chute.

vait commencer à quatre heures, ne commença qu'à huit. La galerie, magnifiquement décorée de festons de chêne, éclairée par des festons de lumières, offrait, par sa longueur et le bon ordre qui y régna, un spectacle admirable. A chaque toast porté alternativement par les présidens de l'un et l'autre conseils, une fusée, partant de l'extérieur de la galerie, donnait le signal à l'artillerie placée sur la terrasse du jardin des Tuileries, qui répondait par une salve de canons.

On semblait se disputer l'honneur de flatter Bonaparte, de l'enivrer de louanges, d'exalter son orgueil. Le 5 nivose, l'Institut national l'admit au nombre de ses membres. Le 9 du même mois, on donna à la rue Chantereine, où se trouvait la maison qu'il habitait, le nom de *rue de la Victoire*; et, dans la nuit du 10 au 11 nivose, ce changement de nom fut opéré.

Pendant qu'on prodiguait au vainqueur d'Italie les fêtes, les honneurs et les adulations, les troupes que Saint-Christol avait réunies du côté de Saint-Esprit, après avoir été chassées de cette ville, étaient dispersées, mais non détruites. Ces brigands désolaient le midi de la France et se livraient aux attentats de toute espèce. Plusieurs autres parties de la république en furent infestées, et notamment pendant le mois de frimaire an VI. On les voyait en plein jour, dans les environs de Paris, arrêter, piller les diligences et tuer ceux qui essayaient de faire quelque résistance : Brie-Comte-

Robert, le village de la Grand-Pinte, Villejuif, etc., furent, près de la capitale, le théâtre de leurs exploits. Plusieurs tentatives de troubles, plusieurs vols extraordinaires se manifestèrent aussi à Paris pendant le mois de nivose suivant [1].

Ailleurs, ils assassinaient des fonctionnaires publics, et le commissaire du directoire exécutif du département de la Sarthe fut, au commencement de frimaire, poignardé par des agens royalistes.

Le 6 frimaire, une troupe de douze cents hommes parut à Tarascon; ils attaquèrent une colonne mobile qui se trouvait sans armes. Le général Bon vint promptement à son secours, mit les brigands en déroute, leur tua huit hommes et en arrêta trois qui furent traduits à Marseille devant le conseil de guerre.

Le 8 frimaire, le général Lasne, accompagné de trois officiers, fut attaqué entre la Palud et Pierrelatte, par huit hommes. Le général et ses

---

[1] Dans la nuit du 19 au 20 de ce mois trois hommes vêtus en officiers de gendarmerie se portent à la caserne de la rue Poissonnière, remettent un faux ordre au chef du poste, et en obtiennent douze fusiliers, un caporal et un sergent. Avec cette troupe, à quatre heures du matin, ils marchent à l'hôtel du Nord, rue de Richelieu, l'investissent, se font conduire à l'appartement de l'envoyé du dey d'Alger, font chez lui des recherches minutieuses, et ne voyant ni l'or ni les diamans qu'ils espéraient y trouver, ils se retirent, amènent la troupe et au premier détour ils s'en séparent et la remercient.

officiers, armés de carabines, font feu sur les brigands, en tuent deux, poursuivent les autres, les prennent et les font conduire prisonniers à Avignon.

On prit des mesures sévères pour faire cesser ce brigandage extraordinaire. A Paris, des colonnes mobiles étaient nuit et jour en marche. Dans le Midi, on employa les mêmes moyens, et l'on parvint à se saisir de plusieurs de ces malheureux, et notamment du nommé *Rey*, un des fameux égorgeurs de ces contrées. Il fut conduit à Paris par le lieutenant Borelli.

A Guissau, département de la Drôme, un détachement de la gendarmerie nationale fut attaqué par les brigands, et sept gendarmes furent mortellement blessés.

L'on pourchassait les brigands en frimaire, et en nivose on s'occupait en même temps à former l'armée d'Angleterre destinée à la descente dans cette île. Des détachemens de diverses armées se dirigèrent vers les côtes de l'Océan. Alors une noble émulation s'empara des Français ; ils voulurent contribuer à une expédition qui tendait à réduire le plus acharné des ennemis de la république. On s'empressa de toutes parts de porter au gouvernement les sommes dont chacun pouvait disposer ; on vit des femmes, des enfans, sacrifier à la patrie l'argent destiné à leur toilette, à leurs amusemens ; les membres du corps-législatif, les ministres, jusqu'aux moindres employés de toutes les administrations, ainsi qu'une infinité de particuliers, voulurent participer à cette œuvre patriotique.

Le 2 pluviôse, le conseil des Cinq-cents vint siéger dans sa nouvelle salle, au palais Bourbon, la même qui aujourd'hui est occupée par la chambre des députés. Ce fut l'occasion d'une cérémonie. Un discours du président, la musique et des salves d'artillerie, en firent tous les frais. Le 1er ventôse suivant, les représentans parurent à la séance revêtus de nouveaux costumes prescrits par la loi.

Portons un instant nos regards sur l'état de l'Italie. On y voit la république Ligurienne et la république Cisalpine organisées à la manière de la république française, les États du pape agités par l'amour de la liberté, qui se propage de proche en proche; le duché d'Urbin secoue le joug. On voit dans la Romagne, le cardinal évêque d'Imola Chiaramonte, prononcer le jour de Noël, 25 décembre 1797 (5 ventôse an VI), une homélie, où il se qualifie de *citoyen*, et fait l'apologie de la liberté et de l'égalité. « La forme du gouvernement démo-
» cratique, dit-il, adoptée chez nous, mes très-
» chers frères, n'est point en opposition avec les
» maximes que je viens de vous exposer; elle ne
» répugne pas à l'Évangile, elle exige, au con-
» traire, ces vertus sublimes qui ne s'acquièrent
» qu'à l'école de Jésus-Christ. »

Il parle ensuite de l'égalité si recommandée dans la religion évangélique. « Si, dans l'état démocra-
» tique, l'homme concourt au maintien de l'éga-

» lité, lorsque, de toutes ses forces, il travaille au
» bien de la société..... combien plus éclate l'amour
» de l'égalité dans celui qui, entièrement dévoué
» aux lois, à la société, à ses frères, sans rien es-
» pérer ni désirer d'eux, aspire à la seule récom-
» pense que Dieu a préparée à ceux qui l'ai-
» ment [1]. » Partout, dans ce sermon, l'évêque
Chiaramonte fait l'apologie de la démocratie, et
surtout de la liberté et de l'égalité qu'il n'a pas de
peine à faire concorder avec les maximes de l'Evangile. Ce cardinal est le même qui, dans la suite,
par la grâce de Dieu et de Bonaparte, fut élevé à
la papauté, sous le nom de Pie VII.

Dans le mois de nivôse, Rome devient le théâtre de plusieurs insurrections. Le 8 nivôse, un soulèvement des plus violens se manifeste contre les Français résidant dans cette ville ; les insurgés se portent au palais de l'ambassadeur de France. Cet ambassadeur, Joseph Bonaparte, est insulté dans son palais ; les troupes du pape tuent, à ses côtés, le général *Duphot* qui devait se marier le lendemain. La légation française est forcée de sortir de Rome et des États romains. A Rome et dans des lieux voisins, les soldats du pape injurient ou poignardent tous ceux qui portent la cocarde française.

Il fallait des troubles, il fallait un mouvement,

---

[1] Homélie du citoyen cardinal, évêque d'Imola, pages 22, 36, etc.

des assassinats semblables pour autoriser la cour de Naples à faire entrer son armée dans la capitale du monde chrétien.

Quand les Français se furent éloignés de Rome et qu'il n'en restait plus dans cette ville, le gouvernement papal renouvela la ruse qu'il avait employée lors de l'assassinat de Basseville; il fit, par un édit, défense à tous, sous peine de mort, de se permettre aucune insulte contre les étrangers, et il ordonna des neuvaines.

Ce mouvement et ces massacres amenèrent la prise de Rome, et le général Berthier, à la tête de l'armée française, le 22 pluviôse, entra dans cette ville. Le pape Pie VI, malgré les dévotes et inutiles processions qu'il avait fait exécuter quelques jours avant, n'ayant pas eu le temps de fuir, se trouva pris et fut gardé à vue. Il partit quelque temps après et se rendit à Florence, et Rome fut organisée en république.

En Suisse, le pays de Vaud secoua le joug de Berne, et refusa de prêter le serment exigé par le sénat de cette ville. Cette émancipation fit naître une guerre civile. Une armée française, commandée par le général Ménard, le 9 pluviôse (28 janvier), entra dans le pays de Vaud, et les *magnifiques seigneurs de Berne* furent forcés de céder; le pays de Vaud fut organisé en république *Lémanique*, et plusieurs autres cantons imitèrent son exemple.

La république batave, à l'exemple du gouvernement de France, fit son 18 fructidor. Le 3 pluviôse an VI, ou 22 janvier 1798, vingt-deux députés de l'assemblée nationale batave furent arrêtés. La liberté publique gagna, dit-on, à cette opération qui s'exécuta sans obstacles, et sans qu'il en coûtât une goutte de sang.

Pendant que les négociations se continuaient à Rastadt, les troupes autrichiennes ayant achevé d'évacuer Mayence, le 10 nivôse an VI (30 décembre 1797), celles des Français entrèrent dans cette place et occupèrent en même temps le fort de Cassel. A cette nouvelle, Merlin de Thionville et Rewbel rasèrent leurs moustaches [1].

Les négociations n'empêchaient pas qu'il n'y eût, vers les bords du Rhin, de temps en temps, des hostilités de part et d'autre. Conformément au traité de Campo-Formio, les Français voulurent s'emparer du fort du Rhin devant Manheim. Le général autrichien opposa de la résistance; il y eut un combat très-vif où périrent près de six cents hommes, faute de s'entendre. Deux mots adressés au commandant autrichien eussent prévenu cette inutile effusion de sang.

Par traité, signé le 10 pluviôse an VI, et ap-

---

[1] Merlin de Thionville et Rewbel, commissaires du gouvernement à Mayence, pendant le siége de cette place par les Autrichiens, s'y défendirent jusqu'à la dernière extrémité ; forcés de se rendre, ils jurèrent de conserver leurs moustaches jusqu'à ce que Mayence fût rendue aux Français : ils tinrent leur serment.

prouvé le 22 du même mois par le directoire exécutif, la république de Mulhausen fut réunie à la république française.

Pendant tous ces événemens au dehors de la France, pendant que le général Brune, puis le général Schawenbourg poursuivaient, battaient les soldats de Berne, qu'on négociait à Rastadt, que le pape fuyait, que Rome, que le pays de Vaud s'organisaient en république, que des préparatifs immenses et des dons patriotiques se faisaient pour opérer une descente en Angleterre ; pendant toutes ces choses et plusieurs autres, Bonaparte, nommé chef de cette dernière expédition, ne songeait guère à la commander : il avait d'autres vues, était entraîné vers un but différent. Embarrassé de sa situation expectative, il prit une détermination ; voici, suivant Fouché dans ses Mémoires, quel en fut le motif :

Après avoir dit que le directoire ne savait que faire de Bonaparte, il ajoute : « On était à la
» recherche d'un expédient, lorsque l'ancien
» évêque d'Autun, si délié, si insinuant, et que
» venait d'introduire aux affaires étrangères l'in-
» trigante fille de Necker, imagina le brillant
» ostracisme en Égypte. Il en insinua d'abord
» l'idée à Rewbel, puis à Merlin, se char-
» geant de l'adhésion de Barras..... On en fit une
» affaire d'État. L'expédient parut d'autant plus
» heureux, qu'il éloignait tout d'abord l'âpre
» et audacieux général, en le livrant à des

» chances hasardeuses. Le conquérant donna
» d'abord à plein collier dans l'idée d'une expé-
» dition qui, ne pouvant manquer d'ajouter à sa
» renommée, lui livrait des possessions loin-
» taines; il se flattait déjà d'y gouverner en sultan
» ou en prophète; mais bientôt se refroidissant,
» soit qu'il vît le piége, soit qu'il convoitât toujours
» le pouvoir suprême, il tergiversa. Il eut beau
» se débattre, susciter obstacles sur obstacles,
» tous furent levés, et quand il se vit dans l'al-
» ternative d'*une disgrâce* ou de rester à la tête
» d'une armée qui pouvait révolutionner l'Orient,
» il ajourna ses desseins à Paris, et mit à la voile
» avec l'élite de nos troupes. »[1]

Je n'ai pas besoin d'avertir que l'auteur cité ne mérite pas une extrême confiance, en disant que Bonaparte fut décidé par la crainte d'une *disgrâce*, il est en contradiction avec lui-même. Il oublie que plus haut il avait dit qu'une *disgrâce* ouverte de la part du directoire contre Bonaparte eût révolté l'opinion publique. Il est certain qu'après les échecs qu'il éprouva en Egypte, et peu de temps avant son retour en France, ses partisans dans le corps législatif, et notamment son frère Lucien, accusèrent le directoire d'avoir exilé Bonaparte en Orient; mais, comme on le verra dans la suite, le directoire répondit victorieusement à cette accusation. Bonaparte n'était pas alors

[1] Mémoires de Joseph Fouché, duc d'Otrante, p. 43.

assez flexible pour faire ce qui n'était pas dans sa volonté.

Tandis qu'il commandait en Italie, il avait sérieusement pensé à l'expédition d'Egypte, et le 29 thermidor an V, il écrivait au directoire : « Les temps ne sont pas éloignés où nous senti-
» rons que pour détruire véritablement l'Angle-
» terre, *il faut nous emparer de l'Égypte.* Le vaste
» empire ottoman qui périt tous les jours, nous
» met dans l'obligation de penser de bonne heure
» à prendre des moyens de conserver notre com-
» merce du Levant. »

Dans une autre lettre adressée le 27 thermidor au ministre Taleyrand, il dit : « S'il arrivait qu'à
» notre paix avec l'Angleterre, nous fussions obligés
» de céder le Cap de Bonne-Espérance, il *faudrait*
» *alors nous emparer de l'Égypte.* » Bonaparte demandait ensuite au ministre des renseignemens sur la possibilité d'envahir ce pays étranger. Ce ministre lui répondit et lui apprit que sous Louis XV, le ministre Choiseul avait formé le même projet ; il lui communiqua tous les plans qui existaient au ministère des relations extérieures, et applaudit à son projet. « L'Égypte, dit-il, comme colonie,
» remplacerait bientôt les productions des Antilles,
» et, comme chemin, nous donnerait le commerce
» de l'Inde. »

Ainsi depuis long-temps Bonaparte désirait l'expédition d'Égypte, et pendant son séjour à Paris, il la désirait impérieusement et se refusait de même à commander celle qu'on projetait contre l'Angleterre. Dès le 15 ventose an VI, l'expédition d'Égypte fut arrêtée par le directoire qui accorda à Bonaparte tout ce qu'il demandait, et il demandait beaucoup.

Pendant les préparatifs très-publics pour la descente en Angleterre, il s'en faisait de très-secrets pour l'expédition d'Égypte. On s'occupait à Toulon de l'armement de plusieurs vaisseaux; on faisait dans les environs des levées de marins. Le général Berthier fut envoyé à Gênes, avec charge de demander aux Génois de mettre à la disposition de la France tous les bâtimens en état de service pour une expédition importante et secrète; on lui promit soixante-dix vaisseaux, etc.

La première révélation du secret de cette expédition se trouve dans le Moniteur sous la date du 11 germinal : « Il se prépare, y lit-on, une expédi-
» tion à la fois savante et militaire, dont la desti-
» nation est dans une autre partie du monde. Des
» hommes très-distingués dans toutes les sciences
» et dans tous les arts, au nombre de dix-neuf, en
» font partie.... On parle de l'Égypte où nous des-
» cendrions, dit-on... » Ce fut évidemment pour réparer l'indiscrétion du Moniteur, que le directoire prit, deux jours après, un arrêté qui ordonne à Bonaparte de se rendre à Brest, dans le courant de la décade pour y prendre le commandement de l'armée d'Angleterre.

Le général Bonaparte, après avoir visité nos

ports, partit, le 30 germinal, pour Toulon, et le directoire fit annoncer qu'il partait pour Rastadt. Les savans et artistes, les généraux et ouvriers dont il avait fait choix, partirent pareillement pour ce port. A l'exception d'un très-petit nombre d'initiés, tous ceux qui s'embarquèrent ignoraient absolument le but de l'expédition.

Tous les préparatifs terminés, le 30 floréal an VI (19 mai 1798), l'escadre destinée à l'expédition de l'Égypte mit à la voile; des bâtimens sortis des ports voisins se réunirent ensuite à elle. Cette escadre se composait de treize vaisseaux de ligne dont un de cent vingt canons et trois de quatre-vingts, de six frégates et d'une douzaine de bricks, corvettes ou avisos, et d'environ cent quarante bâtimens de transport qui portaient vingt mille combattans, deux mille employés, une quantité immense de munitions de bouche et de guerre et d'instrumens de toute espèce, etc. Bonaparte amenait aussi sur son escadre, commandée par le vice-amiral Brueys, une centaine de savans et d'artistes tels que *Bertholet, Dubois, Desgenettes, Larrey, Thouin, Geoffroy, Delille, Conté, Champy, Monge, Fourier, Costaz, Girard, Redouté, Denon, Lapeyre*, etc. Je voudrais les nommer tous, parce que leurs conquêtes furent les seules utiles.

Parmi les généraux de terre et de mer qui partirent, on compte Berthier, Caffarelli, Kléber, Desaix, Regnier, Lannes, Murat, Damas, Andréossi, Junot, Marmont, Davoust, Belliard, Duchayla, Decrès, Gantheaume, etc.

Cette flotte esquiva celle de l'Angleterre, commandée par l'amiral Nelson, et se porta devant Malte, qui, après quelque résistance, fut forcé de capituler. Le 24 prairial, les Français l'occupèrent[1]. L'armée continua sa marche, et débarqua le 1er messidor près d'Alexandrie en Egypte.

Laissons Bonaparte et son expédition; nous donnerons dans la suite le précis de ses exploits, aventureux, et reportons-nous en France.

Le corps législatif devait, au terme de la constitution, être renouvelé par tiers. Le 1er germinal an VI, plusieurs assemblées électorales se divisèrent; chaque division fit des nominations différentes; quelquefois les deux divisions donnèrent leur suffrage aux mêmes individus. Ce système de scission que le directoire favorisa, pouvait convenir dans les circonstances où la cotterie des fils légitimes, malgré les événemens de fructidor, manœuvrait avec une activité nouvelle; mais ce moyen ne saurait être approuvé dans tout autre temps. Il était, en général, contraire, sinon à la lettre, au

---

[1] Le grand-maître, le 23 prairial, envoya une députation à Bonaparte; le chef de cette expédition, le commandeur Bosredon Ransija, de la langue d'Auvergne, qui déjà voyait qu'on prenait les armes, avait écrit au grand-maître que son devoir, comme chevalier, était de faire la guerre aux Turcs mais non contre ses compatriotes, il fut mis en prison et relâché ensuite pour négocier.

moins à l'esprit de l'acte constitutionnel. Le corps-législatif fut occupé pendant une grande partie des mois de germinal, floréal et prairial, à discuter sur la légitimité de l'une ou l'autre de ces scissions qui rompaient l'unité des corps électoraux.

J'ai dit que la coterie des fils légitimes s'était emparée des élections : il est démontré, par les longues discussions qui s'élevèrent à ce sujet, que cette coterie opérait sur les hommes exagérés, toujours portés à se plaindre du gouvernement et à se soulever contre lui; qu'elle opérait aussi sur les indifférens et les faibles. Auprès des premiers, les fils légitimes n'avaient besoin que de prendre le masque de l'exagération; auprès des autres, que de faire sentir la nécessité d'un état tranquille, et leur faire craindre le retour de la terreur. En prenant, en quittant tour à tour ces différens masques, les fils légitimes parvenaient à diriger les nominations. On a tant de preuves de ces changemens de rôle, qu'il n'est plus permis de douter que les agens de l'étranger, payés par Wickam, ne s'insinuassent dans toutes les classes, parmi les hommes de tous les partis, pour les séduire, les corrompre et les diriger : mais ces coupables manœuvres paraîtront des actes innocens, si on les compare aux excès que ces mêmes agens avaient commis, fait commettre ou commettaient depuis les premiers temps de la révolution, jusque vers le commencement du règne de Napoléon.

Il est des hommes dont je pourrais citer les noms

et les titres que j'ai souvent indiqués dans cet ouvrage, qui, placés dans leur cabinet, loin du péril, calculaient froidement les résultats des soulèvemens, des guerres civiles, qu'ils avaient excités, des assassinats, des incendies, des massacres qu'ils avaient ordonnés, des torrens de sang qu'ils faisaient répandre et des disettes qu'ils amenaient. Ces hommes qui remuaient les peuples, comme on déplace les pièces d'un jeu d'échecs, mettaient toujours leurs crimes à côté des actes de dévouement des Français, et se plaisaient à déchirer le sein d'une nation franche et généreuse, ne sont plus inconnus. Ce sont eux qui ont ensanglanté la révolution, produit le régime de la terreur, et qui payaient la bande des compagnons de Jésus et des fils légitimes. Ces hommes faisaient partie du ministère anglais où étaient ses infâmes satellites. Ils ont dupé, flatté, trahi tour à tour, et fait périr dans les camps ou sur l'échafaud, et ceux qui leur étaient opposés, et ceux qui les servaient. C'était en franchissant des torrens de sang humain, versé par leurs ordres, qu'ils marchaient à leur but.

Aux nombreuses preuves que j'ai réunies dans ces Esquisses et qui ont donné à cette opinion le caractère d'une vérité historique, je vais joindre celles que me fournissent les pages du Moniteur de cette époque, en omettant toutefois les faits inconvenans et invraisemblables qu'elles contiennent.

Cette digression, quoique déplacée, ne sera pas inutile à ceux qui recherchent la vérité.

Durand de Maillane, député, soupçonné d'entretenir des intelligences avec les ennemis de la république, fut arrêté; on saisit et on examina ses papiers. On y trouva une pièce que lui avait adressée une personne inconnue, pièce qui fut déclarée étrangère à la procédure; mais comme elle ne l'était pas à l'histoire secrète de la révolution, elle fut publiée. Je ne transcrirai pas entièrement cette pièce parce qu'elle est longue, parce qu'elle contient des inexactitudes évidentes, et des assertions calomnieuses contre des personnes éminentes, assertions que je ne puis admettre; je n'en citerai que les faits qui me paraissent vrais. Ainsi je passe sous silence ce que l'auteur dit sur l'émigration, sur la conduite d'un grand personnage, lors de la tenue de l'assemblée des notables; sur ses projets, sur l'affaire de Favras, sur le départ du roi, sur les moyens employés pour décider la noblesse française à l'émigration et sur un dépôt de pièces fait au parlement.

La malignité publique admet avec plaisir des imputations que l'histoire repousse lorsqu'elles sont sans fondement. Je ne tire de cette pièce que ce qui confirme les diverses notions que j'ai données relativement à la funeste influence des étrangers sur notre révolution.

« Il est un temps prescrit par l'expérience, dit
» l'auteur de la pièce, pour que la vérité soit mise
» au jour en toutes choses. On peut néanmoins
» avancer, en attendant qu'on ait ramassé çà et là,

» cette vérité que *c'est le dehors qui a dirigé Ro-*
» *bespierre.* Il était entouré d'agens de...... qui lui
» ont successivement désigné les personnes dont
» il craignait les remords[1]...

» On sait que tous les membres des parlemens
» qui ont eu connaissance du dépôt fait par M. le
» duc de F......... ont été guillotinés[2] ; que M. de
» Malesherbes l'a été parce qu'il était dépositaire
» du codicile secret[3]. »

La publication de cette pièce en amena une autre qui contient des révélations pareilles. Le député Rousseau, homme d'une probité sévère, fit insérer dans le Moniteur du 30 germinal suivant, une lettre dont voici quelques parties.

« .... J'étais persuadé depuis long-temps qu'une
» main invisible avait souvent dirigé Robespierre
» et ses abominables suppôts dans le choix de leurs
» victimes. J'étais persuadé que c'était à Coblentz
» qu'avaient été prononcés la plupart des arrêts
» qu'une férocité stupide et aveugle exécutait dans

---

[1] Voy. présent volume, page 326, ce que dit M. de Las Cases, sur un agent envoyé de Coblentz du temps de Robespierre pour résider à Paris en qualité de ministre de la police.

[2] Dans une lettre que le commandant Ramel adresse au ministre de la police, il dit qu'un émigré nommé *Fédouville,* lui a assuré positivement que *c'étaient les royalistes qui avaient fait monter sur l'échafaud tout le parlement de Toulouse.* (Présent volume, p. 323.)

[3] Moniteur, an VI, 20 germinal, p. 802.

» toute la France contre une foule de républicains,
» et que les anarchistes de l'an II, en se couvrant
» du manteau du républicanisme, n'avaient été
» que les instrumens de la vengeance et de l'am-
» bition.... etc.

» J'en dois la première idée à un citoyen avec
» lequel j'ai été détenu : il avait vécu à la cour et
» connaissait mieux que personne les secrètes in-
» trigues et le caractère perfide (de certains hom-
» mes puissans).

» Tous les jours, à la lecture des listes des con-
» damnés, il m'indiquait les noms de ceux dont.....
» Coblentz avait demandé la mort, et m'en ex-
» pliquait les motifs.

» Cette idée, je l'avoue, me parut d'abord ab-
» surde. Quelle apparence, lui disais-je, que le
» tribunal révolutionnaire soit vendu au royalisme,
» ou qu'il le serve à son insu? Ni l'un ni l'autre
» n'est vraisemblable.

» Cependant plus les exécutions se multipliaient,
» plus les remarques de mon camarade de déten-
» tion acquéraient de vraisemblance et de poids :
» Comment ne voyez-vous pas, me disait-il, qu'on
» poursuit et qu'on égorge de préférence, tout
» ce qui a pris part à la révolution ou qui, devant
» émigrer, a refusé de le faire?

» Quel est le crime de *Le Chapelier?* la nuit du
» 4 août.

» Pourquoi *Thouret* et *d'Éprémesnil* vont-ils en-
» semble à l'échafaud? C'est parce que le premier

» s'est assis sur un fauteuil...... et que l'autre a sou-
» levé le parlement contre l'autorité du trône.

» Des patriotes trompés croient que l'ex-maire
» *Bailly* a été guillotiné pour avoir déployé le
» drapeau rouge au Champ-de-Mars : c'est une
» erreur. On a puni Bailly d'avoir présidé la séance
» du Jeu de Paume. Si cela n'était pas, tous les
» municipaux qui l'ont accompagné au Champ-
» de-Mars n'auraient-ils pas partagé le sort qu'on
» a fait éprouver à leur chef ?.....

» Voyez, me disait-il une autre fois, voyez le
» prix que le général *Custine* a reçu de ses ser-
» vices ; il était noble et a servi la république ;
» c'est un crime qu'on ne pardonne point à Co-
» blentz ; et vous verrez tous les ci-devant nobles
» qui commandent encore aujourd'hui, ou qui ont
» commandé des armées républicaines, éprouver
» successivement le même sort.

» Effectivement peu de temps après, *Biron* et
» ensuite *Beauharnais* furent guillotinés. *D'Es-*
» *taing*, qui avait commandé en chef la garde
» nationale de Versailles, le fut de même......

» Voilà l'ex-comte de *Mirepoix* condamné : il
» avait cent mille écus de rente ; il n'avait point
» émigré, il fallait qu'il pérît. Vous verrez toute
» la ci-devant haute noblesse et tous les membres
» du parlement, restés en France, punis de même
» de leur non-émigration. »

L'auteur de la lettre parle ensuite de *Camille Desmoulins* « qui fut conduit à l'échafaud, dit-il,

» pour avoir, le 12 juillet 1789, donné le signal
» de la liberté. »

Les généraux qui, dans la Vendée, servaient franchement la république, tels que *Quétineau*, *Westermann* et le député *Phélipeaux*, avaient rempli leurs devoirs et dénoncé les abus révoltans qui se commettaient dans cette malheureuse guerre, furent envoyés à l'échafaud.

L'auteur cite le fait suivant : Les comités avaient créé six commissions populaires chargées d'entendre les réclamations des patriotes incarcérés. Ces commissions ne trouvèrent que des coupables. « Cependant, dit-il, dans la maison d'arrêt où j'é-
» tais, un détenu fut élargi par elles. Vous allez
» peut-être en conclure que c'était un patriote, un
» républicain bien prononcé..... Vous saurez que
» ce détenu était incarcéré pour avoir dit dans sa
» section que la France n'était point propre à for-
» mer une république et qu'elle ne pouvait se pas-
» ser d'un roi. C'était ce que portait l'écrou de ce
» particulier, et c'est après avoir vu cet écrou que
» la commission le mit en liberté. »

Le même rapporte un autre fait. « Un officier
» de dragons, ex-noble du ci-devant Dauphiné,
» et qui avait quitté le service pour ne pas prêter
» le serment à la république, est traduit au tribu-
» nal révolutionnaire de Paris. Brochet, un des
» jurés de ce tribunal, lui demande s'il s'est trouvé
» à l'assemblée de Vizille (assemblée tenue par
» les nobles du Dauphiné, malgré les ordres du

» roi »; il répond qu'il ne s'y est pas trouvé. *Tu es bien heureux*, lui dit le juré, *car tu l'aurais payé de ta tête*. Et il fut acquitté. »

L'auteur en conclut que le tribunal révolutionnaire recevait les ordres de Coblentz [2].

Les deux pièces, dont je viens de faire une brève analyse, contiennent des conjectures, une manière de voir particulière à un individu, des assertions calomnieuses et presque toujours sans appui. Mais elles contiennent aussi des vérités.

Dans l'une et l'autre pièce, domine une erreur manifeste. Ceux qui les ont rédigées semblent attribuer à Coblentz et à l'émigration tous les malheurs et les crimes de la révolution, malheurs et crimes qui appartenaient principalement au ministère anglais. L'action de Coblentz n'était que subordonnée, secondaire, tandis que le ministère britannique donnait l'impulsion première, fournissait ses plans, ses nombreux satellites et son argent.

Malgré l'influence que les agens des ennemis tentèrent d'exercer sur différens corps électoraux, les nominations furent en général dans le sens du gouvernement. On remarqua, au nombre des nouveaux députés, *Lucien Bonaparte*, frère du général de ce nom, et plusieurs autres qui ont montré des talens et un beau caractère. Les scissions, il faut

---

[1] Voy. le tome I des Esquisses, page 23.
[2] Moniteur, an VI, 30 germinal, p. 842.

l'avouer, et le jugement qu'en porta le corps législatif, en déclarant légale telle scission, et illégale telle autre, contribuèrent en plusieurs lieux à écarter du corps législatif les partisans du royalisme.

L'espace de temps que le directeur François de Neufchâteau devait rester en fonctions étant expiré, le corps législatif, les 24 et 26 floréal, procéda à la nomination d'un nouveau membre du directoire, et le citoyen Treilhard, ex-député, ministre plénipotentiaire à Rastadt, fut nommé directeur.

François de Neufchâteau, aussitôt après qu'il eut cessé ses fonctions de directeur, fut envoyé à Seltz, situé sur la rive gauche du Rhin, presqu'en face de Rastadt, pour demander réparation des insultes que le général Bernadotte, ambassadeur à Vienne, avait éprouvées, insultes qui l'obligèrent à s'éloigner de cette ville. Il eût été plus expéditif d'envoyer François de Neufchâteau à Rastadt, mais la constitution s'opposait à ce qu'un directeur sortant se rendît hors des limites de la France. Cet ex-directeur arriva à Seltz le 5 prairial; le 18 messidor ses négociations avec le ministre Cobenzel furent terminées, et le 29 de ce mois, François de Neufchâteau fut à son retour nommé ministre de l'intérieur.

Bernadotte, sorti de Vienne, reçut l'ordre de se rendre à Strasbourg; puis nommé ambassadeur auprès de la république batave, il n'accepta point. Le directoire nomma à cette ambassade le citoyen

Roberjot, qui, avant de s'y rendre, devait exercer à Rastadt les fonctions d'un des plénipotentiaires de la république.

Le 18 prairial, Jean-Debry partit pour Rastadt, et y remplit aussi les fonctions de ministre plénipotentiaire. Sieyes fut dans le même temps envoyé en ambassade à la cour de Berlin. Enfin le directoire nomma Bernadotte ministre de la guerre; il accepta. Ces déplacemens trop fréquens n'étaient pas sans inconvéniens.

Le corps législatif, après s'être long-temps occupé d'élections et de scissions, se livra à des discussions sur diverses matières législatives, sur les finances, sur les hypothèques, sur la classification des lois, sur des objets de police générale, etc.

Le directoire, qui changeait peut-être trop fréquemment de ministres et d'ambassadeurs, se maintenait cependant sans rien faire d'indigne de sa puissance, et montrait de la fermeté partout où elle était nécessaire.

L'armée d'Angleterre était organisée sur les côtes de l'Océan; les ports de Brest, de Rochefort se remplissaient de bâtimens de guerre, lorsque, le 30 floréal, une flotte anglaise, composée de trente-une voiles, fit une descente entre Ostende et Blankemberg. Elle bombarda la première de ces places et causa plusieurs dégâts. Trois cents soldats et la faible garnison d'Ostende suffirent pour décider la flotte à renoncer à cette expédition. Parmi les Anglais, descendus à terre, quinze cents furent faits prisonniers.

Les Anglais tentèrent plusieurs autres attaques à La Hogue, à Fécamp, au Hâvre, à Flessingue, qui n'eurent pas plus de succès. Ils avaient dans la plupart de ces places des affidés qui ne leur servaient guère. A Ostende ces affidés, en voyant la flotte anglaise, eurent l'imprévoyante audace de crier : *Vive le roi George ! vive l'Angleterre !* ils furent arrêtés et fusillés. L'or de l'Angleterre, dans nos ports comme dans nos villes de l'intérieur, faisait des traîtres et des victimes.

Tous nos ports étaient bloqués par les escadres anglaises. Les vaisseaux français n'en pouvaient sortir sans danger. Plusieurs tentatives furent faites de part et d'autres ; les unes pour sortir de cet état d'inactivité, les autres pour le maintenir, ce qui donna lieu à des combats inégaux, où les Français montrèrent plus de courage qu'ils n'obtinrent de succès. L'Irlande était en pleine insurrection contre le gouvernement anglais ; il importait aux Français de favoriser ce mouvement, en portant des secours aux insurgés ; c'était l'objet principal de l'armée française, dite *Armée d'Irlande.*

Le 5 fructidor an VI, une escadre française, composée de trois frégates et d'une corvette, put néanmoins sortir de Rochefort, ayant à bord onze cent cinquante hommes, commandés par le général Humbert ; elle arriva le 5 suivant sans accident sur la côte du sud-ouest d'Irlande, débarqua dans la baie de la ville de Killala et fit plusieurs prisonniers.

Après quelques victoires, le général Humbert se vit attaqué par vingt mille hommes, soutenus par cent pièces de canon, commandés par lord Cornwallis. Humbert, après s'être, pendant seize jours, maintenu sur le sol ennemi, ne put résister à des forces si supérieures. Dans un combat donné à Ballinamack le 22 fructidor, huit cents Français enveloppés furent faits prisonniers. Ainsi se termina la première expédition d'Irlande.

Une seconde tentative fut faite par la France. Le 30 fructidor, il sortit de Brest une escadre composée d'un vaisseau de ligne, de huit frégates ou corvettes, portant des troupes destinées à soutenir en Irlande l'expédition du général Humbert. Cette escadre fut rencontrée en mer par une flotte anglaise qui s'empara de sept bâtimens français. Ces tentatives malheureuses décidèrent le gouvernement à renoncer aux descentes en Irlande.

Ces échecs furent peu sensibles : la république française avait de puissans motifs de sécurité : elle était en paix avec ses anciens ennemis; l'Angleterre seule continuait les hostilités. Elle était en paix avec la Prusse, la Suède, le Danemarck, avec la république batave son alliée; le traité de paix de Campo-Formio avait désarmé l'Autriche, et les points litigieux de ce traité se négociaient au congrès de Rastadt. La Suisse avait vu ses oligarques soumis et son gouvernement organisé en république;

Genève était devenue une ville française; un traité maintenait le Piémont ; la Ligurie, la Cisalpine et les États de Rome formaient trois républiques, organisées à l'instar de celle de France, et devenaient pour cette dernière un rempart redoutable. L'Espagne était l'alliée de la France. Bonaparte, maître de Malte, allait conquérir l'Égypte; il enlevait aux Anglais l'espoir de dominer dans la Méditerranée. Jamais la France républicaine n'avait paru aussi forte, ne s'était trouvée dans une situation plus rassurante et plus prospère.

L'intérieur de la France présentait un aspect un peu moins satisfaisant. La coterie des fils légitimes, les chefs de chouans, les chefs de voleurs et d'assassins incommodaient toujours les habitans de certains cantons, et inquiétaient les voyageurs sur les routes; mais, comme leurs attaques étaient partielles, la police parvenait sinon à les détruire entièrement, au moins à les intimider et à diminuer leur nombre.

Le chef des chouans, *Cœur-de-Lion*, célèbre par ses exploits sanguinaires, était, ainsi que plusieurs de ses complices, renfermé dans les prisons de Rennes; il parvint à s'en échapper. Cette évasion fut une calamité pour le pays.

A cette époque, on parvint à dissoudre et emprisonner les brigands et chauffeurs de la forêt d'Orgère, dont j'ai déjà parlé [1].

---

[1] Voyez présent volume, pages 291, 292.

En messidor an VI, on s'aperçut que, dans les départemens de l'ouest, les satellites des fils légitimes redoublaient d'audace. Dans celui d'Ille-et-Vilaine, il existait une bande d'assassins qui se faisait nommer *royal-carnage*. On arrêta, pendant ce mois, plusieurs de ces brigands : on distinguait parmi eux les nommés *Lesseix*, chef de chouans, *Hezinière*, officier de la même bande, *Bonfils*, *Guillemot*, dit *Sans-Pouces*, *Vincent Bauger*, dit *Deux-Mille*, *Martin*, capitaine chouan, *Pierre Forestier*, dit *Dubois*, chef de ce parti ; *Sans-Rémission*, frère du chef de chouans dit *Brise-Fer*, etc., etc. Ces dénominations peignent assez bien le caractère de quelques-uns des suppôts que les contre-révolutionnaires mettaient en activité.

Pendant le même mois, des brigands infestaient les départemens méridionaux. Dans les Basses-Alpes, à Manosque, et dans les communes environnantes, ils s'attroupaient au nombre de deux cents, et menaçaient le pays et les contrées voisines.

Les agens anglais abondaient à Paris pendant le même mois. Leur nombre inquiétait le gouvernement ; ils furent dénoncés à la tribune du conseil des Cinq-cents : le directoire, le 21 messidor, ordonna des visites domiciliaires qui ne produisirent que peu de résultat.

Le fameux *Dominique Allier*, dont j'ai parlé [1],

---

[1] Voyez présent volume, p. 451.

troublait le département de la Haute-Loire. Le 16 fructidor an VI, il fut arrêté par la gendarmerie dans le lieu de Saint-Gervais, commune de Tirange ; il était, avec deux autres personnes, caché dans un souterrain contigu à une maison. L'administration centrale de la Haute-Loire envoya au directoire le procès-verbal des objets contenus dans ce souterrain, et une lettre trouvée sur Allier. Voici ce procès-verbal, puis cette lettre.

« Premièrement, une forge à monnaie, son ba-
» lancier, avec tous ses écrous et pièces ; plus,
» environ trente creusets, un chandelier de com-
» position, environ deux aunes de lames décou-
» pées, de composition fausse, pour servir à la
» fabrication de la monnaie ; une lampe à huile,
» deux sacs à poudre vides, un calice en argent et
» la patène de composition ; un sac de pièces de
» fausse monnaie sans être frappées ; une bouteille
» d'eau forte et une de mercure....

» Plus..... une petite boîte contenant de mauvaises
» hosties ; plus une chemise sale...., plus un stylet
» avec son fourreau, plus un porte-feuille avec un
» almanach et un peigne ; plus une autre boîte
» contenant de grandes et de petites hosties ; plus
» une aube avec son cordon ; plus une nappe d'au-
» tel, une couverture de calice, une chasuble avec
» l'étole et un tablier de femme, un missel romain ;
» plus une pierre sacrée enveloppée ; plus une
» mauvaise lime. Nous avons en outre trouvé dans
» ledit souterrain, un paquet de papier que nous

» avons renfermé sous enveloppe et fait sceller
» par l'administration du canton de Saint-Pal [1]. »

La lettre, ou instruction secrète, était adressée à Dominique Allier par le comte de Surville, qui se qualifiait de *commissaire départi dans l'intérieur du royaume de France, près les Français amis du trône et de l'autel* [2].

---

[1] On ne doit pas s'étonner de ce qu'un poignard ou stilet se trouve mêlé parmi des objets de culte ou des vêtemens sacerdotaux, des prêtres avaient autrefois le privilége de placer sur l'autel des armes pendant qu'ils célébraient la messe; mais je crois qu'il est sans exemple que les ustensiles du culte catholique se trouvent confondus avec des instrumens de fausse monnaie.

Un autre témoignage du mélange d'objets aussi incohérens se trouve dans une lettre du commissaire du directoire à Lannion, département des côtes du Nord, elle est datée du 20 fructidor an VI. Ce commissaire rapporte qu'étant à la recherche d'un brigand nommé *Guillaume*, surnommé *Jeannette*, parce que, dans ses expéditions, il se déguisait souvent en femme; il fut trouvé chez un cultivateur du canton de Lannion, les objets suivans dont procès-verbal fut dressé : « Quantité d'ornemens et habillemens sacerdotaux, une pierre
» sacrée, une liasse de papiers, un calice d'argent, un mous-
» queton et un pistolet chargés; un registre intitulé *de la*
» *confrérie de Jésus* ; les contes de notre joyeux Lafontaine,
» en deux volumes, dorés sur tranche avec les estampes dont
» ils sont ornés ; des hosties et autres objets servant à l'exer-
» cice du culte catholique. » (Moniteur, an VI, n. 364, p. 1458.)

[2] M. de Surville fut, le 27 vendémiaire an VII, fusillé dans la ville du Puy.

« Au moment où je vous écris, mon cher Allier,
» porte cette pièce, nous apprenons qu'il s'orga-
» nise à Riga un ordre de chevalerie dont l'objet
» est la destruction entière du philosophisme, du
» jacobinisme et du républicanisme en Europe. Je
» vous préviens que j'y suis affilié ; plusieurs de
» ses membres sont déjà des hommes de la plus
» grande distinction, soit par la fortune, soit par
» la naissance, soit par la dignité. Nous ignorons
» encore quel en sera le chef, mais tout porte à
» croire que ce choix pourra tomber sur M. le duc
» de Bourbon, attendu qu'on ne veut point de tête
» couronnée, si ce n'est comme simple associé,
» et que, dans la réalité, c'est le seul *prince vierge*
» qu'il y ait peut-être dans le monde entier. »

L'auteur de la lettre ajoute qu'il a accepté de ce duc dix louis qu'il lui avait offerts. Il dit ensuite que l'argent est chose fort utile, et que, lorsqu'il s'est présenté à la cour d'un prince, s'il avait eu plus d'aisance, et qu'il y eût paru dans un équipage et des habits plus riches, avec un domestique, il aurait obtenu un plein succès. Après quelques niaiseries semblables, il invite Allier à réunir une assemblée d'hommes sages, et à leur déclarer que lui, Allier, est suffisamment autorisé pour agir en son nom. Il ajoute qu'un éminent personnage, à la recommandation du roi de Sardaigne, ayant accordé sa confiance à un nommé P.... (peut-être Précy) « il n'ose plus la donner
» à un autre, et cela, par la crainte qu'il a des

liaisons de P.... avec *tous les membres de la der-*
» *nière législature* qui se faisaient forts, *comme*
» *des imbécilles ou des imposteurs* qu'ils étaient,
» *de rétablir toutes choses par des intrigues et par*
» *des décrets,* et qui, en attendant, *mangeaient dix*
» *fois plus d'argent à l'Angleterre* et au pauvre.....
» qu'il n'en aurait fallu pour faire dix contre-ré-
» volutions [1]. »

Cette pièce concourt avec beaucoup d'autres à justifier la journée du 18 fructidor [2]. Son auteur nous révèle un dissentiment existant parmi les contre-révolutionnaires ; et, comme on a dû le remarquer, il n'est pas le seul qui ait fait de pareilles révélations. Si ceux de Clichy étaient, suivant lui, des *imbécilles* ou *des imposteurs*, parce qu'ils prétendaient faire

---

[1] Moniteur, an VII, n. 361, p. 1445, 1446.

[2] Chaque jour on faisait la découverte de semblables correspondances. Un percepteur des douanes, dans le lieu de Belleville-en-Terre, fut tué d'un coup de fusil par un chef de brigands. L'assassin laissa son fusil dans la maison de l'assassiné ; bientôt il revient pour le prendre ; le père du percepteur présent au meurtre de son fils, voyant l'assassin rentrer chez lui, et pensant qu'il revenait pour le tuer aussi, se saisit du fusil, couche en joue le meurtrier et le tue.

On trouva sur le brigand plusieurs papiers ; dans l'un d'eux on lisait qu'une nouvelle chouannerie s'organisait ; qu'un nommé *Debar*, signataire d'une de ces pièces, chargeait un sieur Poinskilli de commander un canton.

Une seconde pièce contient l'ordre de prendre des mesures pour arrêter sur la route la voiture qui porte à Brest les fonds de la république. (Moniteur, an VII, n. 42, p. 172, 173.)

la contre-révolution avec des *intrigues* et des *décrets;* comment veut-il que soient qualifiés les conspirateurs de son parti qui assassinaient ? Il est certainement des nuances dans les crimes : et je crois que séduire et corrompre sont des actes moins criminels que d'assassiner.

La domination a donc des attraits bien puissans, puisque, pour en jouir, il est des hommes qui foulent aux pieds tous principes de morale et d'ordre social, renoncent à la dignité d'homme, se vautrent dans la fange des crimes, et prennent la route de l'échafaud pour arriver au but de leur ambition.

CHAPITRE XII.

FÊTE DE LA FONDATION DE LA RÉPUBLIQUE; PREMIÈRE EXPOSITION DES PRODUITS DE L'INDUSTRIE FRANÇAISE; EXPLOITS DE L'ARMÉE FRANÇAISE EN ÉGYPTE; COMBAT NAVAL DEVANT ABOUKIR; COALITION DE QUELQUES PUISSANCES; BRIGANDAGES; PRISE DE NAPLES PAR LES FRANÇAIS; DISPOSITIONS HOSTILES; CONGRÈS DE RASTADT; SA DISSOLUTION RÉSOLUE; ARRESTATION D'UN COURRIER FRANÇAIS PARTANT DE RASTADT; ASSASSINAT DES MINISTRES PLÉNIPOTENTIAIRES DE FRANCE; AUTEURS DE CE CRIME.

La fête de la fondation de la république et l'ouverture de l'an VII furent, comme les années précédentes, célébrées par le directoire avec la magnificence ordinaire. Depuis celle de la fédération, fête sans pareille, jamais il ne s'en était vu d'aussi brillante. Je me tais sur les cérémonies, sur les courses, les illuminations, les feux d'artifices; mais je dois m'arrêter avec plaisir sur une institution qui pour la première fois parut en France et s'y introduisit pendant cette fête.

Le ministre François de Neufchâteau eut une heureuse inspiration lorsque, réunissant l'utile à l'agréable, il joignait, à tous les spectacles dont les impressions sont passagères, un spectacle instructif et propre à développer le génie des Français, à étendre le cercle des connaissances humaines.

Au Champ-de-Mars, au bas et à l'ouest du tertre

appelé *l'autel de la patrie*, était construit un quartier percé de plusieurs rues bordées de constructions, servant de boutiques ou de magasins : dans ces magasins se trouvaient étalés les produits de l'industrie française. Pour la première fois, le premier vendémiaire an VII (22 septembre 1798), on vit en France cette exposition ; elle s'est depuis, chaque année, renouvelée en différens lieux de Paris, et malgré les vicissitudes politiques elle se maintient encore avec succès.

Dès le 9 fructidor précédent, le ministre de l'intérieur avait chargé les administrations centrales d'avertir les fabricans et manufacturiers pour qu'ils fissent parvenir à Paris les ouvrages qu'ils fabriquaient : ils répondirent à cet appel. La veille de la fête, ce ministre se rendit au Champ-de-Mars, accompagné d'une escorte militaire, de musique, de hérauts d'armes, de plusieurs magistrats, d'artistes et de savans qui composaient le jury des arts. Il fit le tour du nouvel établissement, puis monté sur l'autel de la patrie, il prononça un discours dont voici le début.

« Ils ne sont plus ces temps malheureux où l'in-
» dustrie enchaînée osait à peine produire le fruit
» de ses méditations et de ses recherches ; où des
» réglemens désastreux, des corporations privilé-
» giées, des entraves fiscales étouffaient les ger-
» mes précieux du génie ; où les arts, devenus en
» même temps les instrumens et les victimes du
» despotisme, lui aidaient à appesantir son joug

» sur tous les citoyens, et ne parvenaient au suc-
» cès que par la flatterie, la corruption et les hu-
» miliations d'une honteuse servitude.

» Le flambeau de la liberté a lui......... Aussitôt
» l'industrie s'est élevée d'un vol rapide, et la
» France a été couverte des résultats de ses ef-
» forts. Des agitations politiques, inséparables des
» circonstances, des guerres intérieures et exté-
» rieures, telles que les annales du monde n'en
» offrent point d'exemples, des fléaux et des obs-
» tacles de tous les genres se sont en vain opposés
» à ses progrès; elle a triomphé des factions, des
» circonstances, de la guerre; elle a vaincu tous
» les obstacles, et le feu sacré de l'émulation a
» constamment agrandi la sphère de son acti-
» vité. »

Le ministre fait ensuite sentir l'utilité de cette exposition. Les échantillons d'industrie pour y être admis furent soumis à l'examen d'un jury, et le premier vendémiaire le directoire, d'après la décision des jurés, décerna des prix aux manufacturiers et artistes qui furent jugés dignes de cet honneur.

Cette exposition dura jusqu'au 19 vendémiaire. Les Parisiens s'y rendaient en foule pendant le jour et y restaient pendant une partie de la nuit; ils admiraient le quartier de l'exposition, ses rues alignées, coupées entre elles à angle droit, et éclairées par des festons de lumières; ils admiraient dans ce même quartier le *temple de l'industrie* dans lequel le 5 et le 10 de ce mois on exécuta des symphonies.

Dans la suite la durée de ces expositions annuelles fut plus considérable ; mais cette institution était alors à sa naissance.

Les deux conseils, chacun dans son enceinte, célébrèrent, par des discours, de la musique et des chants patriotiques, la fête du premier vendémiaire.

D'autres scènes moins agréables, moins utiles se passaient en Orient.

Après la prise de l'île de Malte, la flotte française se dirigea sur les côtes de l'Égypte, arriva le 13 messidor an VI (premier juillet 1798) devant Alexandrie.

Le 14, quoique l'artillerie ne fût pas encore débarquée, on attaqua cette ville par escalade ; après une assez vive résistance elle fut prise ; et le soir, les deux tours ou forteresses se rendirent. Le vainqueur montra beaucoup de modération, ne changea rien à l'ordre établi, traita avec les Arabes, maintint le schérif qui fut décoré de l'écharpe tricolore, et se borna au désarmement des militaires.

Après la prise d'Alexandrie, la ville de Rosette se soumit et envoya une députation qui portait un drapeau tricolore. L'armée française, le 19 thermidor, partit d'Alexandrie pour se rendre au Caire. Elle fut retardée dans sa marche par les combats de Rhamanieh, des Pyramides, et le combat donné au devant du Caire. Le général en chef fit, le 5 thermidor, son entrée triomphale dans cette principale ville d'Égypte.

Cependant, l'escadre française, commandée par l'amiral Brueys, ne pouvant pas entrer dans le port d'Alexandrie, s'était embossée dans la rade d'Aboukir. Les communications entre l'armée et l'escadre ayant pendant quelques jours été interrompues par des partis d'Arabes, ce ne fut que le 9 thermidor que Bonaparte apprit avec étonnement que cette escadre, qui avait reçu l'ordre de se retirer à Corfou, même au port de Toulon, était encore dans cette rade et n'y était pas en sûreté.

Le 14 thermidor (1er août), vers les trois heures après midi, deux vaisseaux détachés de l'escadre anglaise vinrent reconnaître la ligne d'embossage française. Bientôt la flotte anglaise parut; le combat s'engagea. Les Français qui n'étaient point préparés, reçurent long-temps des bordées de canon sans y répondre. Le combat devint bientôt très-acharné, dura seize heures, et ne finit que le 15 à deux heures après midi. A onze heures du soir, le feu prit au vaisseau l'Orient, de 120 canons; il sauta, et répandit le désordre dans la ligne française. Les deux partis eurent beaucoup à souffrir.

« L'amiral *Brueys* défendit avec opiniâtreté l'hon-
» neur du pavillon français; plusieurs fois blessé,
» il ne voulut point descendre à l'ambulance. Il
» mourut sur son banc de quart, en donnant des
» ordres. *Casabianca*, *Thévenard* et *Du Petit-*

» *Thouars*; acquirent de la gloire dans cette mal-
» heureuse journée, etc. »

Les Anglais perdirent beaucoup dans ce combat; les Français perdirent plus encore. Ces derniers eurent deux vaisseaux brûlés, l'Orient et l'Hercule, onze pris, deux coulés bas et quatre qui échappèrent et vinrent aborder sur les côtes de France. Cette affaire eut de fatales conséquences pour la France. L'empereur Turc lui déclara la guerre; il se forma une coalition entre l'Angleterre, la Russie et la Porte-Ottomane. Les Maltais se soulevèrent, mais furent bientôt réprimés. L'armée d'Égypte perdit un grand appui, et Bonaparte dut renoncer à l'espoir de faire un établissement solide en Orient. Les négociateurs impériaux au congrès de Rastadt, voyant la France privée momentanément de l'élite de ses armées, privée de ses plus habiles généraux, se montrèrent plus exigeans et moins disposés à la paix.

Le directoire s'occupa de conjurer l'orage dont la république était menacée; il ordonna la levée de deux cent mille conscrits, et demanda au corps-législatif, cent vingt-cinq millions pour subvenir aux dépenses extraordinaires que nécessitait la mise en activité de service de cette levée d'hommes. Cette somme extraordinaire, par décret du 22 vendémiaire an VII, fut accordée au directoire, et il fut ordonné qu'elle serait prise sur la vente des biens nationaux. Le général Jourdan, président du conseil des Cinq-cents, étant nommé général en chef de l'armée de Mayence, dans la séance du même jour, offrit sa démission que le conseil accepta. L'empereur d'Autriche et le roi de Naples levaient des troupes et faisaient des préparatifs hostiles. Ainsi la France et l'Autriche, en négociant la paix, s'apprêtaient à la guerre.

La légation française au congrès de Rastadt, composée de *Bonnier*, *Jean Debry* et *Roberjot*, avait déjà fait plusieurs concessions à la paix. Le 12 vendémiaire, elle renonça aux territoires et places de Kehl et de Cassel. La possession de quelques îles du Rhin, le maintien de quelques péages, la conservation ou l'établissement de quelques ponts sur ce fleuve; les nombreux intérêts de la noblesse immédiate dont les possessions se trouvaient situées sur la rive gauche du Rhin; la forteresse d'Erhenbreistein, bloquée par les Français, et que les Impériaux désiraient ravitailler : ces objets litigieux, et plusieurs autres, éloignaient une conclusion plus désirée par les Français que par leurs ennemis. Ceux-ci, depuis le départ de Bonaparte pour son expédition d'Égypte, se refusaient à toute concession, revenaient même sur des points déjà arrêtés dans le congrès, et citaient des exemples pour autoriser cette tergiversation [1]; par ce moyen les débats devenaient interminables.

La note que, le 7 brumaire, les ministres français remirent à la députation de l'Empire est énergique :

---

[1] Moniteur, an VII, n. 44.

« Il est difficile, après avoir lu cette étonnante ré-
» ponse..... de modérer l'expression des sentimens
» pénibles qu'elle fait naître. Aux difficultés de tout
» genre, et nullement fondées, dont elle est rem-
» plie, à l'affectation qu'on y remarque de mettre
» sans cesse en question ce qui est évidemment
» résolu, à l'ambiguïté des articles même consen-
» tis, à cette série d'intercessions peu motivées,
» ou tout-à-fait inconvenantes qui occupent des
» pages entières, on ne saurait s'empêcher de re-
» connaître des vues dilatoires, et de concevoir
» enfin des doutes sérieux sur les véritables inten-
» tions de la députation de l'Empire. La république
» française ne veut point la guerre; mais elle ne la
» craint point; elle veut conclure la paix; la dé-
» putation ne veut-elle qu'en parler? La générosité
» du gouvernement français est allée au-delà de
» toutes les espérances; on ne doit pas s'attendre à
» de nouvelles concessions de sa part. »

Plusieurs notes furent échangées, et l'hiver de l'an VII s'écoula tout entier inutilement. Je dirai quel attentat horrible et digne des hordes les plus sauvages, mit fin à ces négociations; mais je dois avant jeter un coup-d'œil rapide sur l'état de l'Europe.

Avant l'expédition d'Égypte, la France, calme et prospère, jouissait du fruit de ses victoires. Quelques mois après le départ de Bonaparte, la scène politique changea; nos ennemis ayant conçu l'espérance de la troubler, la déchirer et la vaincre, mirent en jeu tous les moyens qui leur étaient familiers, la perfidie et la corruption. Des agens anglais dans les départemens du Nord, dans les environs de Bruxelles, de Luxembourg, de Gand, soulevèrent une partie de la population. Plusieurs combats furent livrés contre eux, et plusieurs chefs, instigateurs de révoltes, furent arrêtés, et notamment le fameux chef Salembier qui fut supplicié à Bruges.

Dans les premiers jours de frimaire an VII, une troupe de ces révoltés qui s'étaient réfugiés dans le pays de la *Campine*, fut prise et taillée en pièces; ils laissèrent leurs vivres, leurs voitures et huit cents fusils. Le 17 du même mois, le général Jardon tomba sur une autre troupe de révoltés dont plus de sept cents perdirent la vie. On prit leur artillerie, leur trésor, leurs munitions et les prisonniers qu'ils avaient faits dans les affaires précédentes. On prit beaucoup de prêtres et de soldats autrichiens.

Dans le même temps, d'autres agens du ministère anglais s'efforçaient d'allumer un incendie éteint, de réorganiser, dans nos départemens de l'Ouest, l'affreuse guerre civile des chouans et de la Vendée, source de dévastation et de mort.

Dans le Midi de la France, les brigands nommés *Compagnons de Jésus*, du *Soleil*, *Fils légitimes*, quoique depuis long-temps poursuivis, reprenaient leur audace et continuaient avec assurance leurs exploits féroces et leurs brigandages sur les chemins. La commune d'Escatalins, département de la Haute-Garonne, était un des foyers de cette conspiration permanente.

Les brigands infestaient les départemens de la Haute-Loire et de l'Ardèche. Le 30 brumaire ils commirent deux assassinats épouvantables sur deux jeunes gens nommés Merle et de Plagnat, dont ils avaient depuis peu incendié la maison.

Au dehors, j'ai dit qu'une coalition de souverains s'était formée, bientôt l'Autriche devait s'y joindre, et n'attendait pour cela qu'une occasion favorable. Naples, entièrement sous sa direction et sous celle de l'Angleterre, ne prenait plus la peine de cacher ses desseins. Le général Mack organisait l'armée napolitaine, et se disposait à une guerre offensive; le consul général de la république française fut insulté à Naples, et la reine Caroline, qui par ses actes violens s'est acquis une triste célébrité, remplissait les prisons de tous ceux qu'elle soupçonnait être dans les principes français.

Le général Championnet approchait : arrivé à Rome dès le 29 brumaire, il eut, peu de jours après, l'occasion de signaler sa présence. Le général Mack fit sommer les corps avancés de l'armée française stationnée dans la république romaine, d'évacuer leurs postes, et les menaça, en cas de refus, de faire marcher son armée contre eux. Championnet écrivit, le 3 frimaire, au général napolitain pour lui reprocher cette agression et la violation des traités.

Mack répondit en demandant que l'armée française évacuât sur-le-champ les États romains, et se retirât dans la république cisalpine ; ajouta qu'une réponse négative serait considérée comme une déclaration de guerre. Ce général Mack demandait sa perte, celle de la reine Caroline et de son ministre Acton.

On obtint la certitude que le roi de Sardaigne faisait cause commune avec la cour de Naples. Les troupes françaises s'emparèrent, le 20 frimaire, de Turin, et bientôt après de tout le reste du Piémont. Le roi renonça à son autorité et se retira dans son île de Sardaigne.

Les troupes françaises ne s'attendant pas à l'irruption de l'armée napolitaine, furent, après quelque résistance, obligées de se replier, d'abandonner Rome, en laissant une garnison au château Saint-Ange, et de se retirer sur Civita-Castellana, position militaire : la retraite se fit en bon ordre.

Bientôt l'armée française reprit l'offensive. En quittant Rome elle avait dit aux habitans : *Dans vingt jours nous rentrerons dans vos murs ;* il ne s'en écoula que dix-sept, et Rome rentra sous la domination française. Plusieurs combats valurent aux Français des succès brillans ; ils prirent douze mille Napolitains, quatre-vingt-dix-neuf pièces de canon, vingt-un drapeaux, trois mille chevaux, des bagages, mirent l'armée napolitaine en pleine déroute, Mack et son roi en fuite. L'armée française marcha sur Naples.

Le roi, sa famille et le fameux ministre Acton se réfugièrent en Sicile.

Les Français, maîtres de la ville et du royaume de Naples, y remplacèrent une tyrannie insupportable par un gouvernement républicain. Mais ce changement ne s'opéra point sans de grandes difficultés[1].

Cette défaite de l'armée de Naples, cette conquête des Français auraient dû rendre l'Autriche moins difficile dans ses négociations avec la France; mais l'Autriche poussée par l'Angleterre et par la Russie, et en même temps sentant le besoin de faire la paix, après une longue hésitation, se décida pour la guerre. Cette puissance avait déjà, même avant la conquête de Naples, adopté ce

[1] Les Français eurent à combattre à Naples les Lazzaronis, espèce de pauvres fainéans, dévots et assassins, qui s'y trouvaient au nombre de plus de soixante mille. Ils voulurent aussi s'emparer des moyens superstitieux qu'employait le clergé pour diriger les habitans crédules.

Saint Janvier est considéré comme le dieu tutélaire de Naples; il est le général en chef de l'armée. Dans les temps de guerre, sa statue vêtue en général avec l'épée au côté, est promenée dévotement dans les rues de la ville. Le sang de saint Janvier contenu dans un vase de verre est une relique très-vénérée à Naples. Quand le saint approuve les événemens son sang se liquéfie; s'il les désapprouve, il reste figé; ce qui est un présage sinistre.

A l'entrée des Français il fallait pour se rendre le peuple favorable, que le miracle de la liquéfaction du sang de saint Janvier s'opérât. Le général Championnet manda l'archevêque et lui ordonna avec menaces de faire le miracle; le miracle se fit; le sang du saint parut liquide aux yeux de tous les dévots, qui rassurés, crièrent *miracle*.

dernier parti ; elle s'y maintint : c'est ce qui explique ces lenteurs, ces tergiversations qui caractérisèrent les opérations du congrès de Rastadt. On ne s'occupa alors qu'à prolonger les discussions, en laissant luire, de temps en temps, quelques espérances de paix ; enfin, lorsqu'on se crut en mesure de soutenir la guerre, on ne dissimula plus, et on résolut de dissoudre le congrès.

« Long-temps avant le 30 germinal, la légation
» française s'apercevait que les moyens de tout
» genre étaient employés par les ennemis de la
» paix pour opérer la dissolution du congrès, et
» nous comptions effectivement, dit un des minis-
» tres plénipotentiaires, le voir expirer insensi-
» blement par la retraite successive de ceux qui le
» composaient[1]. »

Le 24 germinal (13 avril), le ministre plénipotentiaire de l'empereur d'Autriche, d'après l'ordre de son souverain, quitta Rastadt. La députation de l'Empire, dans sa séance du 4 floréal, déclara sa suspension. Alors la légation française, par une note du 6 du même mois, arrêta que sous trois jours elle sortirait de Rastadt. Le directoire exécutif, pour donner à l'Europe un témoignage de ses intentions pacifiques, avait prescrit à cette légation de rester au congrès jusqu'à la dernière extrémité ; elle sentit qu'elle touchait à cette extrémité, et qu'elle n'était plus en sûreté à Rastadt où elle avait éprouvé des insultes.

[1] Déclaration individuelle, p. 3.

CARNOT.

BAUDOUIN frères, Rue de Vaugirard, N.º 36, À PARIS.

CHAP. XII. — ASSASSINAT.

Le 30 germinal, les pontonniers qui servaient à passer la correspondance des ministres français à Seltz avaient été enlevés par des troupes autrichiennes. Ces mêmes troupes, dans la soirée du 1er floréal, arrêtèrent le courrier de la légation française, muni d'un passe-port et de sa plaque, et prêt à passer le Rhin pour se rendre à Strasbourg. Ils s'emparèrent de sa correspondance, le firent prisonnier, et le conduisirent à Gernsbach, quartier-général du colonel impérial *Barbaczy*.

Plusieurs ministres plénipotentiaires, membres du congrès, le baron d'Albini, ministre électoral de Mayence, au nom de tous les subdélégués présens de la députation de l'Empire, et les ministres de la légation prussienne, écrivirent au colonel *Barbaczy*, pour se plaindre de cet attentat au droit des gens, pour demander la mise en liberté du courrier français, et la restitution des dépêches qu'il portait.

Le colonel répondit à la lettre du baron d'Albini qui se plaignait aussi des troupes qui entouraient la ville de Rastadt, que dans les circonstances présentes de la guerre, les patrouilles étaient nécessaires à Rastadt et dans les environs, et qu'il ne pouvait faire aucune déclaration satisfaisante relativement au maintien de la sûreté du corps diplomatique qui s'y trouvait.

Et relativement à l'enlèvement du courrier français et de ses dépêches, il dit qu'il ne peut accéder au vœu des ministres ; qu'il en avait rendu compte à ses chefs; qu'il attendait leurs ordres. Il répondit au comte Bernstorf et au ministre d'État du margrave de Baden, envoyés par les ministres plénipotentiaires du roi de Prusse : « *Qu'il ne* » *pouvait et ne voulait répondre à rien ;* mais » qu'il enverrait simplement la lettre des ministres » du roi de Prusse à qui il appartiendrait; qu'il » avait également envoyé les dépêches enlevées » au courrier français, *et ne pouvait dire autre* » *chose*[1]. »

Dans cette réponse, on aperçoit déjà un mystère auquel le colonel Barbaczy paraît initié. Cette violation du droit des gens était le prélude d'un attentat bien plus criminel.

Le 9 floréal (28 avril), la légation française, qui avait promis de partir sous trois jours, ne voulut pas manquer à cette promesse. Les préparatifs étaient faits, lorsqu'à sept heures et demie du soir, un capitaine de hussards de Szecklers, vint de la part de son colonel Barbaczy, déclarer verbalement au baron d'Albini que la légation française pouvait quitter Rastadt avec sécurité. Ce même capitaine vint aussi auprès des ministres français ; et leur signifia l'ordre de partir dans vingt-quatre heures. Il faut remarquer qu'au moment de cette signification inutile et insolente, les hussards de Szecklers s'étaient emparés de Rastadt et de toutes ses avenues.

[1] Rapport officiel sur l'assassinat des ministres français, p. 10, et pièces justific., p. 33, 34, 35.

A huit heures, les ministres français, montés en voiture, se rendirent, du château, à la porte de Rastadt qui conduit à Rhinau. A cette porte, les voitures furent arrêtées. Les trois ministres descendirent seuls; on leur exhiba l'ordre de ne laisser entrer ni sortir personne, ordre contradictoire avec celui que leur avait intimé le colonel Barbaczy. Les ministres français, après avoir employé près d'une heure à discuter avec les officiers du poste, remontèrent au château, témoignèrent leur mécontentement et retournèrent à leurs voitures. La consigne fut levée et ils purent partir. Mais la crainte d'être arrêtés de nouveau par des patrouilles les détermina à demander une escorte au capitaine Burckhard qui commandait la ville et les hussards de Szecklers. Le secrétaire de la légation de Mayence se chargea de cette commission. La réponse se fit attendre long-temps; elle fut enfin apportée par le major du margrave de Bade, M. de Harrant. Elle était ainsi conçue: *Le capitaine ne pouvait pas donner d'escorte, puisqu'il n'en avait pas l'ordre; mais,* ajoutait-il, *les ambassadeurs français ne trouveront point d'obstacles en chemin.*

M. de Harrant, demandant l'explication de ces paroles, obligea le capitaine à lui répéter que les ministres français pouvaient passer le Rhin en toute sûreté [1].

[1] Pièces officielles concernant l'assassinat de Rastadt, traduites de l'allemand, p. 17.

Suivant une relation particulière, il ajouta : Que si des patrouilles de Szecklers rencontraient les voitures des ministres français, elles leur rendraient les honneurs militaires.

Six voitures qui contenaient les trois ministres français, *Roberjot, Jean Debry* et *Bonnier*, leur famille et leur suite; plus deux voitures occupées par la légation ligurienne, sortirent de Rastadt, entre neuf et dix heures du soir. La nuit était obscure, le temps pluvieux. Une torche allumée éclairait faiblement la marche, et laissait apercevoir, de loin en loin, des hussards voltigeant sur la route. Ces voitures avaient à peine parcouru l'espace de deux cents pas qu'elles furent arrêtées. Un détachement d'environ soixante hussards de Szecklers, embusqués sur le canal de la Murg, fondit brusquement sur elles, le sabre à la main. La première voiture reçut le premier assaut : c'était celle où se trouvaient Jean Debry, son épouse, enceinte de six mois, et ses deux filles. Voici le récit de ce ministre : « C'est sans doute, (dit-il à sa femme, au
» moment où sa voiture fut arrêtée,) la demande de
» nos passe-ports, et en même temps je tendis le
» passe-port allemand qu'ainsi que mes collègues
» j'avais pris du baron d'Albini ; je le tendis par la
» portière droite, et cette circonstance, indiffé-
» rente en elle-même, me sauva la vie ; car si
» je fusse descendu de l'autre côté, le canal de la
» Murg qui le bordait m'eût ôté tout moyen d'é-
» chapper. Mon passe-port est mis en pièces ; la

» voiture s'ouvre avec violence ; je me présente ;
» deux scélérats m'en arrachent ; avant que je
» fusse à terre ma montre m'était enlevée. Une
» foule d'autres bandits se presse autour de moi,
» me fouille et me pousse vers la tête des chevaux
» de la seconde voiture. En ce moment, un Szeck-
» lers à cheval et le sabre à la main, arrive en
» criant de loin et en mauvais français : *Le minis-*
» *tre Jean Debry !* Je présumais encore que cette
» question avait pour but de réparer, par égard
» pour le caractère dont j'étais revêtu, ce qui ve-
» nait d'être fait. Mon cocher..... qui pensait comme
» moi, répondit, en me montrant, que j'étais le
» ministre Jean Debry. La question me fut faite
» une seconde fois ; son cheval me touchait : *Oui,*
» lui dis-je d'une voix forte, *c'est moi qui suis*
» *Jean Debry, ministre de France.* J'avais à peine
» achevé que, se levant sur ses étriers, il me porta
» un violent coup de sabre sur la tête ; il redou-
» blait ; je me laissai tomber et rouler dans le fossé
» qui bordait le chemin. C'est sans doute en ce
» moment que ceux qui me tenaient de côté et qui
» m'assaillaient par derrière, me frappèrent à
» coups redoublés. Je ne me rappelle que de l'i-
» dée soudaine que je saisis rapidement, de me
» laisser tomber et de feindre d'être mort. Celui-
» là dut croire que je l'étais effectivement qui me
» porta par derrière, et sur le cou, le furieux coup
» de sabre qui pénétra huit doubles de drap, et,
» quoique amorti sur une forte cravatte de mous-

» seline, faillit me briser les vertèbres. Probable-
» ment ce fut en parant les coups qu'on me portait
» à la tête, que je reçus ceux qui m'ouvrirent le bras
» gauche. Étendu dans le fossé, j'entendais les cris
» de ma femme et ceux de mes filles qui deman-
» daient leur père. Un moment après, l'un des
» Szecklers, qui croyait apparemment que j'avais
» quelque chose à piller, s'approcha de moi; je le
» sens m'arracher ma cravatte avec violence, me
» soulever le bras droit, sans doute pour savoir si
» j'étais mort; je le laisse retomber. Il me quitte,
» en me portant vers le haut de la cuisse gauche,
» un coup de pointe de sabre qui s'amortit sur un
» bourrelet de chemise, ne me laissant qu'une con-
» tusion douloureuse [1]. »

Je dirai bientôt comment Jean Debry sortit de cette affreuse situation.

Aux cris que poussaient les assassins de Jean Debry, Roberjot, autre ministre de France, fit ouvrir la portière de sa voiture, en descendit avec son épouse, et ils cherchèrent leur salut dans la fuite; mais bientôt, apercevant que la voiture de Boccardi, ministre ligurien, était vide, Roberjot pensa que ce ministre et son frère étaient allés auprès de quelques patrouilles qui leur disputaient le droit de suivre les ministres français. Cette pen-

[1] Narré fidèle du forfait commis à Rastadt, dicté par Jean Debry, l'un des ministres plénipotentiaires, le 17 floréal an VII.

sée rassura les deux époux; ils revinrent sur leurs pas. Ils étaient près de monter dans leur voiture, lorsqu'une troupe de Szecklers fond sur eux; ces hussards demandent le nom du mari, qui répond qu'il est Roberjot; aussitôt ils le saisissent, lui enlèvent ses montres, son porte-feuille et sa bourse. Un d'eux, d'une haute taille, et qui avait l'air d'un officier, lance à Roberjot un coup de sabre qui fut suivi de beaucoup d'autres. Le malheureux tombe sous leurs coups redoublés. Sa femme en pleurs veut se jeter sur le corps de son époux, les hussards s'y opposent et la rendent témoin de son supplice. Ces assassins se portent alors vers la voiture de Boccardi; n'y ayant trouvé personne, ils reviennent sur celle de Roberjot qui n'était pas mort et que sa femme espérait sauver; ils le frappent de mille coups, séparent son crâne de son corps, et ce crâne fut ramassé par un Szecklers, et fut placé dans sa sabretache.

Le ministre Bonnier eut un sort pareil. Sept à huit hussards de Szecklers arrêtent les chevaux, Bonnier leur présente son passe-port qu'ils déchirent; ils l'arrachent de sa voiture, le frappent à coups de sabre; aussitôt arrive un hussard à cheval qui lui porte plusieurs coups. Bonnier tombe mort sur le bord du chemin, et son corps étendu resta pendant la nuit à côté des roues de la voiture de Jean Debry.

Belin, secrétaire de Jean Debry, qui fut plusieurs fois pris pour le ministre Bonnier, et faillit perdre la vie, fait dans sa déclaration l'observation suivante : « Les rôles, dit-il, étaient partagés entre » les bandits. C'est le même hussard qui a porté » les premiers coups aux citoyens Jean Debry et » Roberjot; sa fonction était sans doute de donner » le signal de l'égorgement des victimes[1]. »

Cette observation s'applique aussi à la manière dont Bonnier fut assassiné; un hussard accourut sur ce ministre pendant qu'on le frappait et lui porta le coup mortel.

Les cris pitoyables des mourans, les cris d'effroi et de douleur des épouses, des enfans, les cris de rage des assassins, leurs efforts pour s'assurer de leurs victimes, les efforts des victimes pour échapper au fer homicide dont chacun s'attendait à être frappé, des pillages, le sang, la mort, un pâle flambeau qui au milieu d'une nuit obscure éclairait ces horreurs : tels sont les principaux traits de ce tableau épouvantable.

Dès que les assassins crurent que les trois ministres étaient frappés de mort, suivant sans doute les ordres qui leur étaient prescrits, ils ne tuèrent plus personne, mais ils continuèrent à piller ceux qui restaient dans les voitures : ils y étaient en proie à la douleur et aux plus vives alarmes; les hussards les entouraient.

Le ministre ligurien, Boccardi et son frère, té-

---

[1] Déclarations individuelles sur l'assassinat des ministres français à Rastadt; déclaration de Belin, p. 49, 50.

moins de ces scènes d'horreur, de cet attentat contre tous les principes de morale et de politique, dès les commencemens de l'attaque rentrèrent dans Rastadt, se hâtèrent d'en informer les autres plénipotentiaires, et demandèrent des secours. Ceux-ci se réunirent aussitôt chez le ministre directorial de Mayence.

Rosenstiel, secrétaire de la légation française, fut arraché de sa voiture par son domestique qui lui annonça qu'on assassinait les ministres français. Il se sauva à travers des prairies, escalada la clôture des jardins du château, et de-là se rendit à la maison des ministres de Bade.

Madame Roberjot, après l'affreux spectacle du massacre de son mari; après s'être plusieurs fois écriée: *On l'a haché devant mes yeux;* après avoir vu sa voiture pillée, restait entourée des affreux Szecklers qui, à plusieurs reprises, tentèrent d'ouvrir la portière de sa voiture. « Un quart-d'heure
» après l'assassinat, dit-elle dans sa déclaration,
» deux hussards montèrent sur le devant de la
» voiture et éteignirent les deux bougies des
» lanternes : j'ai cru alors que c'était mon dernier
» moment et qu'on allait m'assassiner; je dis à
» mon domestique qui ne me quitta jamais: *C'en*
» *est fait de nous; voilà notre dernière heure...* Ils
» s'en allèrent et nous restâmes plus d'une heure au
» milieu du grand chemin, sans voir ni entendre
» personne. J'entendis enfin approcher quelqu'un
» de la voiture, c'était le major de Harrant, au

» service du margrave, qui me rassura, et fit con-
» duire les voitures en ville. La mienne s'arrêta
» devant la porte du baron de Jacobi, second
» plénipotentiaire de Prusse au congrès. Je fus ti-
» rée de la voiture et portée par le ministre de
» Danemarck, le baron de Rosenkrants, dans la
» maison de M. Jacobi[1]. »

L'épouse et les deux filles du ministre Jean Debry, incertaines sur l'état de leur époux, de leur père, incertaines sur le sort que leur réservaient les hussards assassins qui entouraient leur voiture, sentirent que cette voiture s'avançait vers Rastadt. Mais sa marche suspendue à chaque instant sans motif apparent, réveillait autant de fois leurs alarmes. Enfin cruellement balottées entre la vie et la mort, elles arrivèrent à Rastadt, dans la rue du château, où les membres du congrès vinrent les recevoir, et parvinrent, malgré les Szecklers, à les conduire dans l'appartement qu'elles avaient précédemment occupé au château. On vint bientôt les avertir qu'elles n'y étaient pas en sûreté. Elles cédèrent aux invitations de madame de Reden, épouse du ministre de Bremen-Hanovre qui les invita à se rendre chez elle; elles y passèrent le reste de la nuit.

Le lendemain, à sept heures du matin, M. de Reden vint leur annoncer un bonheur qu'elles n'espéraient plus. « La joie l'oppressait tellement,

---

[1] Déclarations individuelles, p. 21.

» disent ces dames dans leur déclaration¹, qu'il
» eut peine à nous dire ces mots : *Il est sauvé, je*
» *l'ai vu.* »

Jean Debry, couvert de sang, de boue, sans chapeau, sans cravatte, venait, en effet, d'arriver chez M. de Goërtz, ministre du roi de Prusse. Les dames, transportées de joie, s'y rendirent aussitôt.

Voici le récit de ses souffrances :

Il sortit du fossé où il s'était laissé tomber et gagna le bois voisin. En y entrant il s'évanouit et crut s'être endormi; saisi de froid, percé par la pluie, il se réveilla, marcha dans le bois et monta sur un arbre creux ; puis craignant d'être aperçu par des patrouilles, il se jeta à terre dans le fourré le plus épais qu'il pût trouver. Les hussards passèrent non loin du lieu où il s'était caché ². Les douleurs que lui faisaient éprouver ses blessures rendaient sa situation insupportable. Il entendit sonner sept heures à Rastadt. Il prit la résolution de braver les dangers et de se rendre dans cette ville. Laissons-le raconter lui-même la suite de ses malheurs.

« Sorti du bois, j'aperçus à vingt pas de moi
» deux paysans qui tenaient le même chemin dans
» la prairie. Je me hâtai de les joindre, pour être
» moins remarqué; ma figure affreuse, couverte

¹ Déclarations individuelles, p. 33.

² Il est certain que des patrouilles cherchaient Jean Debry pour le perdre, tandis que le major de Harrant le cherchait pour le sauver. Ce major, dans ses recherches, s'adressa

» de boue et de sang, les fit reculer d'effroi. Je
» leur expliquai comme je pus que j'étais ministre
» français, que j'avais été assassiné; ils me placè-
» rent entre eux deux. Hélas j'ai su depuis, et j'a-
» joute cette preuve à mille autres, pour convaincre
» ceux qui feignent de regarder cet attentat comme
» l'ouvrage de la brutalité des hussards, j'ai su,
» dis-je, que ces deux malheureux, pour prix de
» leur pitié, avaient été arrêtés et transférés au
» quartier-général. Un groupe d'individus était
» au lieu de l'affreuse scène de la veille; à mon ap-
» proche on s'éloigna. Je passai vite, mais non assez
» rapidement cependant, pour ne pas apercevoir, à
» dix pas l'un de l'autre, les cadavres mutilés de
» mes deux malheureux collègues. Ils étaient en-
» tièrement nus et me parurent avoir été lavés.
» La pluie qui tombait à torrens me favorisait ; je
» passai les deux postes sans être remarqué et j'ar-
» rivai enfin, hors d'haleine, privé de forces et
» couvert de sang, chez le comte de Goërtz, pre-

au bailli de Rheinau; celui-ci lui raconta : « Que des hussards
» impériaux avaient déjà fait des perquisitions relativement
» à un Français blessé et fuyant, et dont la *découverte leur*
» *importait infiniment* ; qu'ils avaient fortement recommandé
» qu'au cas que l'on trouvât un Français, ressemblant au si-
» gnalement qu'ils en donnèrent, de bien se donner de garde
» de le conduire à Rastadt, mais de le faire passer en dehors
» de la ville et de le leur mener à Mukensturm par un che-
» min désigné; ou bien qu'on devait le garder soigneuse-
» ment et leur en donner connaissance. » (Procès-verbal
des ministres plénipotentiaires à Rastadt, p. 8.)

» mier ministre plénipotentiaire de S. M. le roi
» de Prusse. »

Le même jour, 10 floréal, les corps des ministres Bonnier et Roberjot furent inhumés au cimetière avec tous les honneurs militaires. Jean Debry, sa famille, la veuve Roberjot, la légation ligurienne et leur suite, à une heure après midi, partirent de Rastadt. On leur avait accordé une escorte. M. de Jordan, secrétaire de la légation prussienne, et M. de Harrant, major des gardes du Margrave, voulurent accompagner les voyageurs français jusqu'au Rhin. Ces voyageurs n'étaient pas sans inquiétude; ils reconnurent, parmi les hussards de cette escorte, quelques-uns des assassins de la veille. Enfin, après avoir pris congé du secrétaire de la légation prussienne et du major, le cortége atteignit la rive du Rhin qu'il franchit sur un bateau. Echappés aux égorgemens, les Français arrivèrent de Seltz où la femme de Jean Debry, tombée à genoux sur la terre de la patrie, l'arrosa de ses larmes.

Après le départ du ministre français, les autres ministres, indignés de cet attentat contre l'humanité, contre la foi promise et le droit des gens, attentat sans exemple chez les nations civilisées, se retirèrent le même jour, 10 floreal (29 avril), à Carlsruhe, et y rédigèrent un *rapport officiel* qui fut signé par les trois ministres composant la léga-

---

[1] Narré fidèle du forfait commis à Rastadt, etc., par Jean Debry, pag. 89, 90.

tion prussienne, par le ministre du roi de Danemarck, le ministre de l'électeur bavarois, le ministre du roi d'Angleterre, électeur de Brunsvick-Lunébourg, etc., etc.

Cette affreuse expédition excita l'indignation de tous ceux qui n'en étaient ni les auteurs ni les instrumens. Elle était l'œuvre méditée de la politique et non une irruption improvisée. Les assassins avaient reçu l'ordre d'épargner les épouses, la famille et la suite, de n'égorger que les trois ministres français et de s'emparer de leurs papiers : leur conduite prouve l'existence de cet ordre.

Quels étaient les ordonnateurs de ce crime? Le premier soupçon, fondé sur toutes les apparences, se porta sur la cour de Vienne. Le crime s'était commis sur le territoire de l'Empire, par un régiment impérial d'hussards hongrois, les Szecklers; ce corps était commandé par le colonel Barbaczy qui paraît avoir présidé à l'exécution, en avoir disposé les moyens, et, par ses refus, ses promesses insidieuses, avoir attiré les ministres français dans le piége.

Cette opinion domina, et aussitôt que la France fut informée de l'événement, un cri général se fit entendre : *Vengeance contre la cour de Vienne!* Il se répéta dans la cérémonie funèbre qui, le 20 prairial, fut célébrée au Champ-de-Mars, en l'honneur des malheureux Bonnier et Roberjot. Dans le discours que Chénier prononça en cette lugubre solennité, il demanda qu'une pyramide fût élevée à la mémoire des victimes et à la honte de l'Autriche, sur laquelle serait gravée cette inscription : *La maison d'Autriche fit assassiner les ministres de la république française au congrès de Rastadt : la maison d'Autriche ne pèse plus sur l'humanité.*

Le cri de vengeance contre l'Autriche fut inscrit dans tous les lieux publics, dans toutes les salles, tous les bureaux des administrations de la république. Ajoutons que, pour graver plus profondément le souvenir du crime imputé à l'Autriche et inspirer l'esprit de vengeance contre les auteurs de l'assassinat des ministres français, le conseil des Cinq-cents prit un arrêté digne des républiques antiques. Les siéges que devaient occuper, dans la salle du conseil des Cinq-cents, Bonnier et Roberjot, resteront vides; leurs costumes de représentans, couverts d'un crêpe, y seront placés; ils continueront d'être appelés comme existans; lorsque leurs noms seront prononcés les députés et les citoyens des tribunes se lèveront avec respect, et le président ajoutera ces mots : *Assassinés au congrès de Rastadt..... Que leur sang retombe sur les auteurs de l'horrible massacre !* répondront les secrétaires.

Cependant dominait à la cour de Vienne un homme éclairé, prudent, doué d'un noble caractère, et dont la loyauté n'était pas incertaine ; l'archiduc Charles ne pouvait participer à un crime aussi atroce, à une faute aussi grossière en politique. La puissante influence dont jouissait ce prince, suffirait pour disculper la cour de Vienne.

Le colonel Barbaczy émet une opinion différente. Dans la lettre que, le 30 avril (11 floréal), il adressa à l'archiduc Charles, il attribue l'événement à une trentaine de brigands bien armés qui *couchèrent en joue* les postillons des voitures, les forcèrent d'arrêter; que ces brigands parlaient tous français; que les hussards de Szecklers, attirés par le bruit, étaient venus au secours des ministres attaqués. Il ajoute qu'il leur avait offert une escorte, et qu'ils la refusèrent dédaigneusement. Ce colonel cherche à persuader à l'archiduc que le ministre Jean Debry était d'accord avec le directoire de France pour opérer les massacres de Bonnier et de Roberjot. Ces assertions sont démenties par des preuves matérielles, par le témoignage de tous les ministres que les diverses puissances de l'Europe avaient envoyés au congrès. Ils certifient qu'une escorte fut demandée par ces ministres, et refusée par le colonel Barbaczy; que ce furent les hussards de ce colonel qui sabrèrent et tuèrent les ministres français; que ces brigands ne portaient point d'armes à feu dans cette expédition, et que, par conséquent, ils n'ont pu coucher en joue les postillons; enfin, on vit le lendemain, à Rastadt, les Szecklers vendre ouvertement les objets qu'ils avaient pillés dans les voitures. Quelle absurdité de supposer que le di-

[1] « Les Szecklers chargés du meurtre étaient en uniforme, à pied, n'ayant d'autre arme que leurs sabres, l'officier qui commandait l'expédition était seul à cheval. » (Note fournie par Jean Debry.)

rectoire ait envoyé une trentaine d'hommes hors de France pour y aller assassiner ses ministres: comme si le directoire avait besoin de telles violences et de tels crimes ; comme s'il n'avait pas la faculté de rappeler, par un arrêté, des fonctionnaires dont il aurait été mécontent! Quelle absurdité de supposer que Jean Debry, d'accord avec le directoire, ait consenti à se faire assassiner, jusqu'à un certain point[1], afin qu'on assassinât complètement ses deux collègues! Quel intérêt assez puissant aurait pu déterminer ce ministre à jouer un rôle si pénible, si dangereux, si atroce, si contraire à ses principes connus, à sa conduite constamment morale et régulière? On n'en découvre aucun. Au reste, le témoignage du colonel des hussards de Szecklers peut-il être de quelque poids dans la balance, à côté des témoignages de douze ministres de diverses puissances, hommes graves, choisis pour négocier la paix de l'Europe, témoins des

---

[1] Le procès-verbal des plaies de Jean Debry, dressé le 11 floréal à Strasbourg par le médecin en chef de l'hospice de cette ville, porte qu'il a été reconnu sur la tête de ce ministre neuf à dix impressions dans la peau provenant de coups de sabre violens; une plaie transversale d'un demi-pouce sur le milieu du nez, pénétrant dans l'os; une forte contusion de quatre pouces d'étendue sur les dernières vertèbres du cou, trois autres contusions sur les vertèbres et sur l'omoplate gauche, deux autres plaies sur l'avant-bras gauche; l'une, longue d'un pouce, a pénétré près de l'os ; l'autre, longue de deux pouces, pénétrait jusqu'à l'os ; de plus une contusion à la cuisse gauche, résultant d'un coup de pointe de sabre, etc.

événemens, et dont le récit donne un démenti formel à celui du colonel de hussards ?

Mais c'est trop s'arrêter sur Barbaczy. Dans ses deux lettres à l'archiduc Charles[1], on voit l'homme coupable qui cherche à se justifier, à cacher son crime en le rejetant sur d'autres[2].

On accusa des émigrés d'être les auteurs de l'attentat de Rastadt. Jean Debry déclare cette accusation injuste et sans fondement : « Il n'y en » avait pas un seul, dit-il; on a osé même faire » publier à Vienne une gravure qui les représente » dans cette horrible action[3]. J'ai démenti for- » mellement à la tribune cette infâme inculpa- » tion.... Nous avons fermé les yeux sur le séjour » des émigrés dans le Margraviat; aucun ne s'est » mêlé d'affaire politique; ils ne se montraient » nulle part..... Je ne crois pas qu'aucun d'eux ait » voulu se prêter à l'exécution d'un pareil for- » fait[4]. »

On a aussi accusé de ce forfait le ministère an-

---

[1] Lettres de M. Barbaczy, colonel des hussards de Szecklers à l'archiduc Charles, 30 avril et 1 mai 1799.

[2] Ces absurdités, quoique très-évidentes, ont pourtant été adoptées par l'auteur de l'article *Roberjot* dans la Biographie de Michaud, et par l'auteur de la *Revue chronologique sur l'Histoire de France*; peut-être par quelques autres, tant il est vrai que les hommes se laissent égarer par l'esprit de parti!

[3] J'ai cette gravure sous les yeux, on a affecté d'y représenter les meurtriers et les pillards en habits bourgeois.

[4] Note manuscrite fournie par Jean Debry.

glais. Il avait intérêt de rompre les négociations de paix ; il serait resté le seul ennemi de la république française si elles eussent obtenu un résultat utile : quoique peu délicat dans ses moyens d'attaque contre la France, ce ministère paraît être entièrement étranger à ce crime.

Voici une opinion nouvelle sur l'auteur de l'attentat de Rastadt, elle a été transmise à une personne très-digne de foi par M. Koch, conseiller aulique, résident alors à Vienne; il ne craignait pas auprès de ses amis d'en garantir la vérité.

Caroline, reine de Naples, chassée de ses États par les conquêtes des Français, se réfugia d'abord en Sicile, puis à la cour de l'empereur. Désirant rompre les négociations de Rastadt et se venger des Français, elle eut une entrevue avec Barbaczy, colonel des hussards de Szecklers, et le chargea, au nom de l'empereur, de faire exterminer par ses hussards les plénipotentiaires de la France; le colonel fit quelques difficultés, demanda un ordre signé de l'empereur. La reine de Naples lui dit impérieusement que l'empereur l'avait chargée de lui transmettre cet ordre et qu'il devait obéir. Le colonel, qui n'avait pas assez d'élévation d'ame, assez de vertus, pour désobéir à l'ordre qui lui prescrivait un crime, s'inclina devant le pouvoir, promit obéissance et tint sa promesse criminelle [1].

Ce fait est confirmé par M. Gohier, dernier

---

[1] Note manuscrite fournie à l'auteur.

président du directoire. Voici comme il s'exprime dans ses Mémoires : « La feue reine de Naples
» était à Vienne lorsque le congrès de Rastadt
» fut dissous. Ce n'était pas assez pour cette femme
» cruelle de s'être baignée dans le sang de ses su-
» jets, il lui fallait du sang français, et elle trouva
» dans le colonel des hussards de Szecklers un
» homme assez atroce pour la servir à souhait.

» On voit maintenant pourquoi ce crime hor-
» rible, qui a profondément affligé l'archiduc Char-
» les et toute la cour impériale, n'a pas été pour-
» suivi [1]. »

La résolution impolitique, irréfléchie de l'attentat de Rastadt, décèle assez bien une vengeance féminine. En effet, un chef d'État, quelqu'immoral qu'il fût, n'eût jamais osé, en face des nations civilisées, se rendre coupable d'un tel forfait.

Cependant la commission impériale, ayant reçu le rapport du margrave sur les terres duquel s'était commis le crime, adressa le 11 juin 1799 (23 prairial an VII), à la diète générale de l'empire, une lettre où elle demande qu'il soit fait des recherches et un examen sévère sur les auteurs de l'attentat de Rastadt. On y lit ces phrases : « Sa Majesté im-
» périale n'a pas d'expressions pour rendre jusqu'à
» quel point elle a été révoltée et saisie d'horreur
» à la première nouvelle de ce forfait commis sur
» le territoire de l'empire, sur des personnes dont

---

[1] Mémoires de Louis-Jérôme Gohier, section 14, p. 58.

» l'inviolabilité se trouve sous la sauvegarde spé-
» ciale du droit des gens ; impression qui, vu le
» respect inaltérable de Sa Majesté impériale pour
» la dignité de l'homme, pour la morale et pour
» les principes sacrés du droit des gens, ne s'effa-
» cera jamais de son ame profondément émue par
» cette catastrophe funeste..... Sa Majesté impé-
» riale déclare de la manière la plus formelle,
» devant la diète générale de l'empire, à toute
» l'Allemagne et à l'Europe entière, qu'il n'y a que
» la plus éclatante satisfaction qui puisse apaiser
» la juste indignation du chef de l'empire [1]. »

La diète de l'empire délibéra, dans les journées des 23 et 24 prairial, sur ces propositions, ajourna la procédure, et détermina quelques règles qu'il était convenable de suivre. Après ces démonstrations, les poursuites se ralentirent, puis cessèrent entièrement.

« Le jour de la vengeance arrive tôt ou tard,
» dit M. Gohier....... Au moment de donner une
» bataille, les hussards de Szecklers firent de-
» mander à nos braves s'il était vrai, qu'en les
» combattant, ils fussent déterminés à ne faire au-
» cun prisonnier. *Malheureux ! défendez-vous*, fut
» la réponse, et le régiment fut exterminé [2]. »

La guerre entre la France et l'Autriche avait,

[1] Pièces officielles concernant l'assassinat commis sur les ministres français au congrès de Rastadt, p. 75, 76.

[2] Mémoires de Gohier, président du directoire, tome I, page 60.

dès le 3 ventose, été publiquement déclarée. L'archiduc Charles, à la tête d'une armée formidable, s'avançait sur la rive droite du Rhin; Jourdan commandait l'armée de Mayence, et devait résister en face à l'archiduc Charles; mais ses troupes respectèrent Rastadt et le congrès, et, jusqu'après la catastrophe, s'en tinrent éloignés d'environ huit lieues.

Masséna, dès le 16 ventose, marcha par le pays des Grisons, dans le dessein de prendre en flanc l'armée autrichienne. Au secours de cette armée ennemie s'avançait une armée de vingt-cinq mille Russes, commandée par le fameux général Souwarow.

Le pape Pie VI mourut le 6 ventose, et le général Championnet, vainqueur de Naples, fut, pour cause d'abus de pouvoir, destitué d'abord, et, le 7 ventose, mis en état d'arrestation. Le général Macdonald le remplaça.

Tels sont les événemens dont l'affaire de Rastadt m'a obligé de retarder le récit.

FIN DU QUATRIÈME VOLUME.

Cartes d'Entrée aux Comités.

Cartes d'Entrée aux Comités.

TABLE

DES MATIÈRES DE CE VOLUME.

Chapitre premier.

pages

Coincidence des événemens de prairial avec les troubles intérieurs de la France. . . . . 1, 2 et 3
Assassinats commis à Lyon par les compagnies de Jésus. . . . . 5 et suiv.
Discours de Chénier sur les crimes commis à Lyon. . . 7, 8, 9
Émissaires perturbateurs; exploits sanglans de la compagnie du Soleil. 12
Massacre des prisonniers du fort Saint-Jean par la compagnie du soleil. . . . . 13, 14 et suiv.
Récit du duc de Montpensier sur ces massacres. 18 et suiv.
Mort du fils de Louis XVI; procès-verbal des médecins et chirurgiens sur l'état de son corps. . 28, 29, 30, 31
Résultats de cette mort. 32
Prise de la place de Luxembourg. 33
Divers succès de nos armées. 35, 36
Combats sur mer. 37
Lettres remarquables saisies sur le chouan Cormatin; lettre d'une duchesse. 38, 39
Descentes des Anglais sur nos côtes. 39
Affaire de Quiberon. . . . . 40 et suiv.
Les Anglais et les émigrés mis en déroute, laissent des provisions immenses à Quiberon. 47

Chapitre II.

	pages
Anniversaire du 14 juillet.	54
Nouveau projet de soulèvement général.	55
Influence anglaise.	55, 56
Anniversaire du 9 thermidor.	57
Paix avec l'Espagne.	58
Sections séditieuses, leurs adresses à la barre de la Convention qui cède trop à leurs demandes sanguinaires.	59, 61, 62
Troubles dans les départemens du Midi.	62, 63
Paix avec le landgrave de Hesse-Cassel	63, 64
Succès des armées françaises.	64
Étrangers en grand nombre à Paris, révolte qu'ils y causent. Journaux séditieux, pamphlets.	64, 65, 66
Révolte des sections de Paris.	66, 67, 68,
Acte constitutionnel accepté.	68, 69, 69
Révolte contre le gouvernement, attroupemens, violence, massacres en plusieurs lieux.	70, 71
Action remarquable du député Tellier.	71, 72.
Agioteurs, pillage, pamphlets, placards séditieux, groupes, proclamation de la Convention	73, 74, 75, 76
Préludes du 13 vendémiaire	78 et suiv.
Comité central des puissances étrangères à Paris.	82
Révolte des sections de Paris	84
Fête funèbre	87
Attaque des sections de Paris.	92, 93, 96
Journée du 13 vendémiaire.	96, 97 et suiv.

Chapitre III.

Suites de la journée de vendémiaire.	110
Modération de la Convention après la victoire.	113, 114
Bonaparte, général en chef	115
Symptômes de division dans la Convention.	ibid.

DES MATIÈRES.   533

                                                            pages

Taillen soupçonné de trahison 116
Réunion de Clichy, etc. 117
Conspiration de Lemaître. . . . . . . 118 et suiv.
Pièces, lettres des contre-révolutionnaires. . . . 119
Séance en comité secret. 123
Dénonciation contre Rovère et Saladin. . . . 124, 125
Lettres de la correspondance de Lemaître. 126, 127 et suiv.
Désordres du Midi de la France . . . 141, 142 et suiv.
Assassinats à Lyon et ailleurs. 142, 143, 144
Compagnie de Jésus et du soleil. . . . 144, 145, 147
Tallien dénoncé. . . . . 146, 147 et suiv.
Abolition de la peine de mort. 153
Clôture de la session conventionnelle. 154
Coup-d'œil sur la Convention. . . . . 154, 156 et suiv.

Chapitre IV.

Organisation des deux conseils et du directoire exécutif 161, 162
Finances, assignats. . . . . 163, 164 et suiv.
Echange de cinq députés, d'un ministre et de deux ambassadeurs avec la princesse, fille de Louis XVI. 167, 169
L'ambassadeur de Toscane congédié. 167, 168
Arrivée des députés prisonniers en Autriche au conseil des Cinq-cents. 170
Détails sur les malheurs de ces députés. 171, 172 et suiv.

Chapitre V.

Condamnation de Lemaître 193
Faux rapports des agens du royalisme 194
Arrestation et correspondance de Geslin. . . 194, 195
Sociétés turbulentes à de Paris 196
Journaux séditieux. Babeuf 197, 198
Les sociétés sont fermées. 198, 199

                                                                    pages
Rapport sur les sociétés populaires 199, 200
Complot prévenu. 201
Conspiration de Babeuf. . . . . . . 201, 202 et suiv.
Nombre des conjurés arrêtés 212
Affaire du camp de Grenelle. . . . . 217, 218 et suiv.
État de la Vendée. 219, 220
Stofflet et Charette. . . . . 221, 222 et suiv.
Charette fusillé. 228
Le général Hoche contre les chouans. 229
Exploits de nos armées 230, 231
Trahison de Pichegru. . . . . . . 231, 232 et suiv.
Moreau, général en chef. 238
Bonaparte en Italie. 238, 239
Ses conquêtes . . . . 240, 241 et suiv.

Chapitre VI.

Finances, mandats 246
Fête de la reconnaissance et des victoires. . . 249, 250
Mandat d'amener contre des représentans. 251
Baron de Batz à la tête de la police de Paris. . . . 252
Fait faux. Bureau central de Paris. 253
Conspiration manquée. 254
Complice de Babeuf travaillant en faveur du royalisme. 255
Agens royalistes à Lyon; cris de Matevon; Compagnie
 de Jésus. 255, 256, 258
Fête de l'agriculture. 257
Troubles à Marseille. . . . . 259, 260 et suiv.
Déclaration absurde du tribunal criminel du départe-
 ment de la Seine. 264
Actes du directoire. 265
Fêtes; courses au Champ-de-Mars. 266, 267
Fêtes de la vieillesse. 268, 269
Complot déjoué à Paris le 12 fructidor. . . . 271, 272
Union du royalisme et de l'anarchie. . . 273, 274 et suiv.

Chapitre VII.

	pages
Fête de la fondation de la république.	277
Suite des victoires de Bonaparte en Italie ; prise de Lodi.	279
Événemens en Italie.	284, 285
Blocus de Mantoue.	286
Bataille d'Arcole.	287
Exploits des armées de Rhin-et-Moselle et de Sambre-et-Meuse.	288, 289
Mésintelligence entre les généraux Moreau et Jourdan.	290
Jourdan est remplacé par le général Hoche.	292
Retraite de Moreau.	292
Guerriers conquérans.	293
Hoche soumet les chouans ; brigandage des chouans.	293
Ils assassinent le député Bollet.	294
Chauffeurs ; ce que c'est.	295
Voleur reconnu pour avoir été l'assassin de madame de Lamballe.	297
Vols des diligences ; bandes de voleurs.	298, 299
Lord Malmesbury envoyé à Paris sous le prétexte de faire la paix.	299
La cour ottomane envoie, pour la première fois, un ambassadeur pour résider à Paris.	300
Ennemis cachés de la république.	300, 301, 304
Correspondance des émigrés produite par le général Hoche.	301, 302
Journaux séditieux.	303
Plaintes du directoire sur ces journaux.	305, 306
Le corse Histria assassiné à Lyon d'une manière cruelle par les compagnons de Jésus.	307
Embarras du directoire.	308, 309

Chapitre VIII.

pages

Conspiration de La Villeurnoy, Duverne de Presle, Brottier, Poly, etc. . . . . 310 et suiv.
Pièces qui prouvent cette conspiration. . . . 314 et suiv.
Discours de Chazal. 325
Justification des conspirateurs. 327
Faux ordre du ministre de la police, tendant à mett e les conspirateurs en liberté. 329
Déclaration de Duverne de Presle, où il dévoile le plan de la conspiration. . . . . 333 et suiv.
Émigrés divisés en deux factions. 347
Jugement contre les conspirateurs. 350

Chapitre IX.

Divers partis dans le corps législatif. 353
Intrigues et noms des hommes de parti. 357
Les généraux Pichegru et Jourdan au corps législatif. Clichy, composé de royalistes et de dupes. . . . 359
Les députés clichiens dominent les commissions et le corps législatif. 360
Les généraux Jourdan et Pichegru membres du corps législatif. 361, 362
Le directoire est inquiété par les clichiens. . . 364, 365
Discours de Savary et de Thibaudeau contre les manœuvres et la tyrannie des députés de Clichy. 365, 366, 367 et suiv.
Discours de Merlin sur le même sujet. 370
Discussion sur les finances. 371, 372
Scène scandaleuse à la tribune du corps législatif, dont les clichiens sont les auteurs. 372, 373
Discours de Leclerc. 374
Prise de Mantoue. L'armée française marche sur Rome; Ancône, Lorette et sa Madone sont la proie des vainqueurs. 375, 376

DES MATIÈRES. 537

	pages
Succès de nos armées; traité de Léoben.	377
Hostilités suspendues.	378
Troubles à Venise ; prise de cette ville par l'armée française.	380
Tableaux et objets d'arts recueillis en Italie et envoyés au Muséum de Paris.	381, 382
L'Angleterre envoie en France un nouveau négociateur pour traiter de la paix	383
Assassinat du député Sieyes par un abbé Poule.	383, 384
Théophilantropes.	385, 386
Cercles constitutionnels	387
Etat du corps-législatif.	388
Discussion sur les cloches.	391, 393
Discours de Bailleul sur les partis et sur l'état de la république	392
Brigandages et assassinats de la compagnie de Jésus dans la ville de Lyon.	393 et suiv.
Longue discussion sur les brigands de Lyon.	396, 397
Manœuvres dont la perfidie est découverte	398
Changement de ministres	398, 399

CHAPITRE X.

Arrivée d'un corps de troupes près de Paris, inquiétudes qu'en conçoivent les clichiens	402, 403
Rapport et discussion à ce sujet	404 et suiv.
Projet de renverser le directoire conçu par les clichiens	405, 406
Forces que les clichiens prétendaient opposer au directoire.	407
Forces du directoire	408
Adresses des armées	410
Déclaration de Bailleul à ses commettans	412
Discours de Hardy.	413

pages

Clichy transféré à la commission des inspecteurs des deux conseils, son état. 414, 415
Journée du 18 fructidor; ses détails et ses résultats. 416, 417 et suiv.
Noms des proscrits. 429
Querelle entre La Villeurnoy et l'abbé Brottier. . . . 430
Nombre et titre des journaux séditieux. . . . 432, 433
Deux nouveaux directeurs nommés. 433, 434
Résultat supposé du triomphe des clichiens. . . 435, 436
Correspondance secrète des ennemis de la république, saisie par Moreau et adressée au directoire. . 437, 438
Pamphlets et autres écrits publiés en faveur du parti de Clichy. 438, 439
Bonaparte favorise l'événement du 18 fructidor; lettres qui le prouvent. . . . . . 439, 440, 441 et suiv.

Chapitre XI.

Fête de la fondation de la république. 445
Mort du général Hoche; ses funérailles; honneurs funèbres qui lui sont rendus à Coblentz et à Paris. 447, 448
Hoche est remplacé par le général Augereau. . . . 449
Lettres de Mallet-Dupan. 449, 450
Insurrection de Saint-Christol et Besignan; ils s'emparent de la citadelle du Saint-Esprit; sont obligés de fuir. 451, 452, 453
Troubles en divers lieux de France. 454
Délivrance des Français prisonniers à Olmutz; lettre de M. Lafayette à l'empereur d'Autriche. . . 454, 455
Traité de paix conclu à Campo-Formio; ses principaux articles. 456
Arrivée de Bonaparte à Paris, inquiétudes qu'il cause. 457, 458
Audience solennelle que lui donne le directoire; détails de cette cérémonie. 459, 460

pages

Dans son discours il déplaît par une expression inconvenante 461, 462
Le corps législatif lui donne un dîner magnifique . . 463
Eloges dont Bonaparte est enivré. 464
Brigandage de la troupe de Saint-Christol, brigandages aux environs de Paris; vol des diligences ; diverses attaques ; arrestation de plusieurs brigands. 464, 465, 466
Dons patriotiques pour les frais de la descente en Angleterre. 466
État de l'Italie, sermon du cardinal - évêque d'Imola en faveur de la liberté et de l'égalité 467
Insurrection à Rome, l'ambassadeur français est insulté dans son palais ; le général Duphot est assassiné à ses côtés 468
Prise de Rome par les Français; le pape Pie VI est fait prisonnier 469
Révolution dans le pays de Vaud. 469
La république batave fait son 18 fructidor. . . . 469 ; 470
Rentrée des Français dans Mayence 470
Bonaparte nommé général en chef de l'armée de l'Angleterre. 471, 472
Projet d'une expédition en Égypte. 472, 473
Préparatifs pour l'expédition que Bonaparte doit commander. 474
Généraux, officiers de mers, savans et artistes, et nombre de vaisseaux destinés à cette expédition. . 475, 476
L'escadre française part de Toulon, prend Malte et débarque près d'Alexandrie 476
Scissions dans les assemblées électorales 476
Influence des fils légitimes sur les élections 477
Pièces qui attestent l'influence étrangère sur le régime de la terreur. . . . . 478, 479 et suiv.
Changement dans les premiers fonctionnaires de la république 485

Ministres plénipotentiaires au congrès de Rastadt.	486
Descente des Anglais sur nos côtes.	486, 487.
Armée d'Irlande.	487, 488
Exploits du général Humbert.	488
Etat florissant de la république.	488
Etat intérieur de la république, chefs de chouans, brigands, chauffeurs.	489, 490
Agens anglais nombreux à Paris.	490
Dominique Allier arrêté, ce que l'on trouve dans sa demeure ; lettre saisie sur lui	491, 492
Découverte semblable.	492
Lettre d'un émigré ; institution d'un ordre de chevalerie; son objet remarquable..	493
Justification de la journée du 18 fructidor.	494

Chapitre XII.

Fête de la fondation de la république, et première exposition des produits de l'industrie française pendant cette fête.	496, 497 et suiv.
L'armée française, en Égypte, prend Alexandrie et autres places.	499
Prise du Caire, combat d'Aboukir, ses funestes résultats.	500, 501
Levée de deux cent mille conscrits	501
Armée de Mayence, commandée par le général Jourdan.	502
Congrès de Rastadt, état des négociations.	502, 503
Espérances des ennemis, troubles qu'ils suscitent dans l'intérieur de la France et en Belgique ; guerre civile dans cette contrée.	503, 504
Brigands, compagnie de Jésus, la Vendée et la chouanerie réorganisées.	504, 505
Coalition de quelques souverains; agression du général napolitain Mack.	505
Le roi de Sardaigne chassé du Piémont	506.

DES MATIÈRES.

pages

Mack s'empare de Rome abandonnée par les Français.. 506
Les Français reprennent cette capitale, et font la conquête du royaume de Naples. 506, 507
Sang de saint Janvier. 507
Congrès de Rastadt; ses négociations sans utilité; sa dissolution prochaine; la légation française arrête qu'elle sortira de cette ville. 507, 508
Courrier et dépêches de la légation française enlevés par des troupes autrichiennes 509
Plaintes des ministres étrangers, réponse du colonel des Szecklers. 509, 510
Rastadt et ses avenues occupés par les hussards de Szecklers 510
Les ministres français en sortant de Rastadt sont arrêtés à une porte de cette ville; on leur refuse une escorte . 511
Leurs voitures sont arrêtées en sortant de Rastadt par des hussards de Szecklers qui les assassinent. 512, 513, 514 et suiv.
Suite de ces massacres, rentrée à Rastadt . . 513 et suiv.
Indignation des Français à la nouvelle de ces massacres, décret du conseil des Cinq-cents 522, 523
Impostures du colonel des hussards 524
Prétendus auteurs du crime de Rastadt . 524, 525 et suiv.
Véritable auteur de ce crime 527, 528
Evénemens du dehors. 529, 530

FIN DE LA TABLE DU QUATRIÈME VOLUME.

ERRATA.

Page 29, ligne 2. Desault médecin, *lisez* chirurgien en chef de l'Hôtel-Dieu.

40, 11. D'agent, *lisez* d'argent.

id., 17. M. l'évê, *lisez* l'évêque.

176, 1. Le 4 juillet, *lisez* le 4 juin.

271, première ligne de la note. Fait ici contresens, *lisez* fait ici un contresens.

303, lig. 21. Des toast, *lisez* des toasts.

383, lig. 12. *Retranchez* ces mots : neveu du célèbre prédicateur de ce nom.

FIN DE L'ERRATA.

www.ingramcontent.com/pod-product-compliance
Lightning Source LLC
Chambersburg PA
CBHW070822230426
43667CB00011B/1669